袁世海自述

肆

袁菁 执笔

目录
CONTENTS

骤雨

壹肆贰　别母泪　莫名突变　　　　　　　　/ 1214

壹肆叁　莫须有　苦熬岁月　　　　　　　　/ 1232

壹肆肆　才相逢　兄弟永诀　　　　　　　　/ 1252

壹肆伍　返舞台　再陷围城　　　　　　　　/ 1280

壹肆陆　喜相遇　互诉衷肠　　　　　　　　/ 1298

壹肆柒　拍资料　长影结谊　　　　　　　　/ 1307

迎春

壹肆捌　《闯王旗》　久盼甘雨　　　　　　/ 1312

壹肆玖　斗病魔　誓夺青春　　　　　　　　/ 1324

壹伍零　丛中笑　春花烂漫　　　　　　　　/ 1331

壮志

壹伍壹　整旗鼓　推陈出新　　　　　　　　/ 1338

壹伍贰	迎冰雪　老区慰问	/ 1350
壹伍叁	赴山东　球场笑谈	/ 1355
壹伍肆	心许党　终闻喜讯	/ 1363
壹伍伍	访漳河　演西门豹	/ 1367
壹伍陆	赴西德　文戏殊荣	/ 1376

重任

壹伍柒	明方向　雨润心田	/ 1384
壹伍捌	《探母》愿　重修流传	/ 1387
壹伍玖	传帮带　南进火炉	/ 1407
壹陆零	育"种苗"　赶赴大连	/ 1435
壹陆壹	赴香港　情深谊重	/ 1448
壹陆贰	重流传　不拘一格	/ 1476
壹陆叁	小学生　《侠女除暴》	/ 1501
壹陆肆	改革潮　引领潮流	/ 1517
壹陆伍	父与子　同修古剧	/ 1557
壹陆陆	重普及　广交益友	/ 1564
壹陆柒	里程碑　艺术庆典	/ 1573
壹陆捌	庆徽班　振兴京剧	/ 1586
壹陆玖	忆幼春　情长谊厚	/ 1599
壹柒零	话三国　几去扶桑	/ 1607
壹柒壹	手足情　血浓于水	/ 1612

余热

壹柒贰　庆元宵　喜获殊荣　　　　　　　　　/ 1630

壹柒叁　金婚别　痛断肝肠　　　　　　　　　/ 1634

壹柒肆　脑梗死　养病刻徒　　　　　　　　　/ 1646

壹柒伍　青梅酒　再论英雄　　　　　　　　　/ 1658

壹柒陆　乔迁喜　颐养天年　　　　　　　　　/ 1662

壹柒柒　原班人　红灯再亮　　　　　　　　　/ 1671

壹柒捌　丹心献　华彩翩翩　　　　　　　　　/ 1687

壹柒玖　转瞬间　幕合衣叠　　　　　　　　　/ 1703

身后

壹捌零　悼先贤　漫漫白雪　　　　　　　　　/ 1711

壹捌壹　龙入海　拳拳诚心　　　　　　　　　/ 1719

后记　　　　　　　　　　　　　　　　　　　/ 1721

骤雨

ZHOUYU

壹肆贰 别母泪　莫名突变

我家的特点之一就是许多家务事都非常规律化，一切都按照"剧本"演练，所以生活上总是显得很有秩序，这都应归于福瑗持家有方。

六月初的天气还不热，一般的情况下，不会晚上在院内乘凉，但是福瑗每逢过六一儿童节时，就会将在中秋过后清洗干净收藏好的，夏季用来乘凉的藤椅、竹躺椅等摆放在院中。

六月五日，周日。晚上十点了，小妹、小弟、小玲都睡了。

我难以抑制胸中的憋闷，一个人坐在院中藤椅上透气。

自打昨天从中央党校的集训班回来，我饭没吃多少，话也没说几句。孩子们在福瑗的提示下不敢往前围，昨天、今天连着两个晚都早早被打发着各自就寝。

福瑗到后院看两个女儿，小妹躺床上已睡着，小蓉在看书。

去搞"四清"的小蓉，春节后回到四清工作队，在普查肝功能时，她的化验单上某项有三个加号，医生说得了迁延性肝炎，马上被送回北京。

到北京再化验虽是回回全正常，团里怕万一传染，仍让她在家休息已达三个月之久。

"娘，我根本睡不着。我爸爸……"她见福瑷来了，放下书说。

"你爸爸在院里坐着，你想去和你爸爸聊会儿天，就去吧。"

"您不是说我爸学习紧张，明儿还得起早走，让我们少说话，早睡……"

"那是怕你们乱心……现在都睡了，挺安静的，去吧。"

"我早就想问问，我爸爸……太不对劲儿啦。"说着小蓉下了地。

"你再绷会儿……"

福瑷先返回前院。

"都睡了？"我闷声闷气地问了一声，不说话心里更别扭。

"大的看书呢。"福瑷进了北屋。

我心不在焉地浏览了一下院中，忽然感到院里太空旷了。刚搬来时，院里种着两棵苹果树、一棵沙果、一棵梨树，后来，两棵苹果树换种两棵六月鲜桃树，每到这会子，黄红的桃子都长得挺大了，还有那青愣愣的梨结得更多！院子里一片勃勃生机。都怪我狠劲爱好，把马粪给树上得太多，四合院四面是房很窝风，树上虫子很多。春天，趁和平在家，我们爷儿俩一鼓作气把几棵树全锯掉了。北屋门前种了我买来的美人蕉球茎。早早就种在地里了，还买了不少马掌施了肥。又买来砖头，挺讲究地给圈上花池子。怪事，别的花草都发芽了，美人蕉却一点儿动静没有！我等得着急，去同仁医院看嗓子时，顺便又去崇文门花店问，才知道美人蕉出芽晚。六月了，美人蕉总算长出了一尺高。这不，看上去整个院子光秃秃的。跟我的心一样，空落落的……

福瑷从北屋拿了件上衣递给我，自己也挪了挪藤椅坐下。福瑷下意识转身低头看了看美人蕉，发现从花池子流出汪汪一大片的水，仍聚集在身旁及藤椅下面的地上。她知道，这是下午四点多钟，我放开水龙头浇花，溢出来的。我除冬季外，只要此时在家，准会拿起盘在院中的长胶皮管，接上水龙头，放开水浇花。特别是热天，往往会把地面全浇湿，让蒸发的水汽把热气也挥散掉。

我知道，今儿浇花，不光把关注我一举一动的福瑷惊动了，就连小玲都放下作业，趴到北屋铁丝纱门前看我在干什么。她不禁回头问："娘，我爸爸干嘛把水管子开得那么大？"

为什么开这么大才觉得痛快点儿！也是我边浇边走神儿，水就只往一个地方浇……本来水浇在美人蕉叶上的声音就大，听上去透着一股凄冷，要不怎么说雨打芭蕉呢。如此这般往一个地儿浇，岂不动静更大！

福瑷早想定了，不能让我就这么憋着，她想小法要让我说出来。

她将藤椅挪开水窝，对我说："这会子总算消停了，明早上你又该走了，说说……"

"我实在睡不着。爸、娘，我也在这坐会儿吧。"小蓉从后院窜出来说。

我知道这是福瑷上后院搬来的援兵。我是得说，不说就不是我了。之所以不提集训班的事，是怕家里人跟着着急。眼见得母亲不再能过问，家里也只有福瑷和大女儿了，小蓉虽涉世太浅，也是孩子们中最大的，是个解放军吧！福瑷从昨天就劝我说出来会好受些。我也实在是憋不住了，我更清楚的是如果再不说，就这么憋闷着，一家人的日子都好过不了。

"那不，还有椅子嘛！"我说。

"爸，您在集训班都学什么啦？这回……您也还没跟我们说说呢。"

"批……黑村、黑店、黑戏、黑线……"

"《谢瑶环》……"

"《九江口》！"我本就不是憋得住事的人，张嘴就开门见山啵！

"《九江口》？……这不是为庆祝建国十周年献礼的优秀剧目吗？为什么？"小蓉非常意外。

"替彭德怀翻案……"

"什么！张定边忠心耿耿，被罢了官、撤了职，还为了北魏江山，穿孝挡驾苦谏……不让中敌人奸计……彭德怀？这挨得上吗？"

"这就足够了，五九年庐山会议上，彭德怀进万言书，被罢官……《海瑞上疏》《海瑞罢官》就都是如出一辙，都是替彭德怀翻案。"

"那要都这么穿串儿，京剧传统戏能有几出好戏呀？"

"帝王将相、才子佳人统统地毒害人民，统统要坚决赶下舞台！"

"啊?!"小蓉一下子站了起来，又一屁股坐下去。

"《九江口》演出效果好，更证实架子花脸能担纲大戏主演，毫无问题。你们也知道，我更是跃跃欲试，就和翁先生、范钧宏互相商定，把《打龙棚》《打郑屠》《薛刚反唐》《马五夺秋葵》《张飞芒砀山》《李逵巧坐衙》等你们知道的那十出戏，编成以架子花脸为主的戏。我希望在到六十岁的这十年里完成。翁先生还说架子花脸剧目前景可观，十年出十出戏的计划准能超额，那时架子花脸这一功会有很好的发展。可好，当初都表扬我提出宏伟规划，现在眨眼全变成了我的罪状。问我为什么都排打这个、反那个的戏？是何居心?！居心！想发展架子花脸这一功呗，是因为这些人物适合架子花脸演呗！"

"莫须有！纯属莫须有！您据理力争啊！说您要排全本《杨七郎》，从七郎打潘豹，直到射芭蕉，是因一度的剧目表现杨门女将的偏多。我哥哥（小毛子）他们四团出国演《杨门女将》，他回来不是也说，国际上反对中国的，也诬蔑中国好战，抓住获得盛誉的《杨门女将》挑衅说，打得都成寡妇了，还打！这些好剧目，终归表现男将的戏偏少，所以您不是才想将七郎八虎闯幽州、父子别，八郎送信，弟兄俩一个舍生忘死，回雁门搬兵，一个被惨射芭蕉树下壮烈牺牲表现出来吗？"

"能不说吗？最可气，说《打龙棚》是要打毛主席，原话是……'把矛头指向毛主席！'什么话！包括《九江口》，怎么会为彭老总翻案，我从哪儿能知道庐山会议的事儿？我想把要排这十出戏的缘由都说清了，但压根儿不容分说！反说我态度不好，解释就是推卸，就是抗拒！他们说我，人站在黑线上,思想反动,所做的一切,就全是反动!起码也推波助澜,是迎合!不错,《九江口》是我提出来要排的,是我都写好了提纲!可我在科班学的就是这样!张定边就是被罢了官还穿孝服拦驾的!二十年代离五九年庐山会议差着十万八千里,怎么就替彭总翻案了呢?!除非我师傅四十年前就全都未卜先知?!笑话,天大的笑话!想不通,没法子,就是想不通!让我怎么接受?!没法儿接受统统的!"说至此,我越说越显激动,还用手画了个大圈。

我的话戛然停止。

不是吗?这几出戏是我几十年如饥如渴地在艺海中求索,奋力要将只演配角的架子花脸一步一步地推上主演的大型剧目,使架子花脸得以前进、得以发展是我之最爱!一旦被不明不白地强行全面否决后的那种失落,那种强压下的难以接受、难以服软、难以忍受、难以表达却还要接受、要忍受、要低头的压抑之感在强烈地刺激、折磨着我的每一个细胞,甚至每一根神经……

小蓉叹了口气,看了看福瑗,福瑗也在双眉紧锁、摇头叹气地看着她。

我自言自语似的说:"想得通也罢,想不通也罢,都已成不容分辩的事实喽!"随之长叹一声。

"合着……您参加的这个集训班……不是学习,就是批这个……"一直没说话的福瑗忧心忡忡地说。

"是学习。学报纸,批三家村,批吴晗、邓拓、廖沫沙写的反动文章!可是需要结合本单位、本人,对照认识。首要人物吴晗,吴晗的重要问题,就是写《海瑞罢官》给彭德怀翻案。大伙儿就对照着,挖出《九江口》……一下子,在中国京剧院十八个牛鬼蛇神里,我成重中之重、黑中最黑、粗中最粗的大黑线儿人物!奇了大怪了!合着,我一不是院长,二不是书记,不是决策领路人,充其量是个执行者——团副!可我领先成了黑典型,领先被乱箭齐发!"

"光中国京剧院就十八个牛鬼蛇神?谁?"小蓉听这数量,吓得吸了一口凉气。

"以院长为首的十八个院团级负责人全是！"

"全是？是牛鬼蛇神？全坐在那儿互相批！"

"岂止我们这儿十八名，去党校集训的……不少于五……七百人吧……"

"全不是好人？"

"全都是站在文艺黑线上的，或是抱文艺黑线粗腿的，互相揭发、互相批。从文化部部长……"所谓抱粗腿，即是上级领导执行文艺黑线，下级照令执行者。这都是那年月时髦的称呼。

说到此，我突然大笑几声，这是两天来，岂止两天，是集训以来，第一次咧开嘴笑。这笑并不爽，是带着很不甘愿的自嘲味道。

"告诉你们一个活哏吧！"我特想让她们轻松一点儿，也努力把自己放松一些。

福瑷、小蓉没感到有些许的轻松，只品味到我的笑已没有了往日的爽朗，透着惨巴巴的，不过是想缓和一下过于紧张的气氛在强努力。

"那天，到院里集合去集训班，都只知道是集中学习，在车上，大家有说有笑。车到颐和园后边中央党校门口，就听到很多人喊口号：'打倒牛鬼蛇神！'大伙儿一听，牛鬼蛇神当然不是好人，在哪儿呢？透过车窗扭脸四处找谁是牛鬼蛇神。没找着，互相还笑着问哪。等我们下车时，列队在门前的人又一起大喊！闹了半天，敢情是我们自己，而且全是！唉，真是笑话！"我摇摇头，咧嘴笑了。

听了我的自嘲，福瑷没笑出来。

她才知道，原来我心里憋了这么多事儿，受了这么多委屈。幸亏呀，让我说出来了，说出来，心里就能宽敞点儿，会好受多了。她担心，我回党校该怎么继续忍受哇，福瑷的心提得更紧了！

小蓉只咧了咧嘴，这词儿太难听了，尤其望着我笑容中含着苦涩的自嘲感，她一下子接受不了，心里很不是滋味。

"敢情,让我们集中党校学习,所谓集训班是为了'背靠背'才把我们和大伙儿……不!和革命群众隔离的!几天的乱箭,真把我射晕了!那天晚上看电影,我坐在哪儿一句没听见,一个画面没瞧见,到现在也想不起这电影的名字来!我就想不明白,传统戏会全错,全得被赶下舞台去?!《将相和》《野猪林》,毛主席、周总理中央领导都夸好,现在也变成一直在毒害人民?那延安排的《逼上梁山》呢?"

我抬头望天,望呀望……

"你们说,到底哪儿是北呀?北有北斗星!毛主席就是指路的北斗星!解放这么多年,我是一心一意想跟着北斗星走呀!五七年,满心地为事业、为党好,是我没改造好,无意中摔了个跟斗。我总结了教训,又八年啦!我一门心思,一个脚印一个脚印地踏踏实实地跟着党走!可我怎么走着走着就找不着北啦!"

说到这儿,我那两道眉皱得拧在一起,瞪起眼睛,两手使劲儿地手心和手背相撞,而后双手往外一摊,不停地甩动,把目光投向福瑷和小蓉。我知道,一腔的怒火使我目光如炬,然而闪烁的是那样充满困惑、充满焦虑、充满失落、充满迷茫、充满无助的倾诉和寻觅……

尽管天上的月亮并不十分明亮,尽管院里也没有像往常那样开着院中间二百瓦的大灯,全院都被照得亮通通的!今儿个院里只开了廊子上一个四十瓦的灯,灯光显得挺幽暗。

福瑷和小蓉与我之目光相对时,我品味到她们和我一样没有了往日的自信、从容、乐观,我看出了她们心中的战栗!因为她们的目光中游荡着焦虑、心疼,又万千迷惘的神情……

我谈到邓拓已去世,全无话。

停顿了好一大阵子,我感叹了一句:"今年我整五十岁,如果我能活到六十岁……你五十岁,你三十出头,成人啦!小玲最小也二十岁了,懂事啦!这是我的愿望,是我的福气,也是你们的福气!这是最好的!"

这句话更使福瑗预感事态的严重……

小蓉再不懂事，但也还能理解话中的沉重。小蓉不知该怎么安慰我，煞费苦心地急急在脑海中搜寻着可以用什么话宽慰一下我。她终于想到了我近两年的兴奋点……

"爸爸，在压力之下，您可能把事情想得严重了。就算《九江口》是大毒草，那您不还演《红灯记》啦！这可是立得住的革命现代戏呀！谁不夸您演的鸠山好哇！陶铸同志都说您鸠山演得很成功，不是'豆腐'，为塑造反面人物提供了经验！"

"鸠山？嗐！全砸！！再甭提鸠山，我可有不少的罪状！说我演得太嚣张，我哗众取宠，我强占舞台！我抢，李玉和正面人物的一锣吧……"

"强占舞台？什么意思？"小蓉更无法理解原来大江南北一片赞扬声，也能大翻个儿啦？！

"斗鸠山时，李玉和坐着，鸠山围着李玉和身后转满台……"

"那不正是共产党员临危不惧、乱了敌人的阵脚吗？"

"为什么说找不着北呢？！红的全变黑了！总之，我，一无是处！我演的鸠山跟着一无是处了。好多事，能怪我吗？好好地把少春换下去，钱浩梁拉上来！你不知道，你妈都清楚，为了这事我毫无办法，光发些没用的牢骚……"

"怎么回事呀？"

"那句李奶奶的话，说来话长。简单捷说就因为在一次座谈会上，少春发言，说京剧要改革、要革命、要多演现代戏，正确。只是，京剧要姓'京'，要尊重京剧的艺术规律，不能是停在话剧加唱的阶段。又说，其实传统戏也并非全是演帝王将相、才子佳人。水浒戏就有几十出，是写农民起义的英雄。《打渔杀家》也是写的劳动人民。中国有几千年历史，新编历史剧更适合京剧演，也是对人民提供爱国主义教材。他这一番话一说不要紧，不知谁报告上去，说李少春反对演现代戏。得！一道命令下来，说少春个子不高，演不出李玉和的威武,不像铁路工人像段长。撤了他的Ａ角,让钱浩梁上。李玉和是要有武生的功架、气势,但是谁不知道李玉和还有大段的念白,有好几大段激情唱段嘛,最重要的是表演这个人物的情操、气质。少春个子不高,却把李玉和的英雄气概演出来、唱出来了!一彩排,内行、外行都叫好。看过他演的李玉和,没有不佩服、不夸好的!说有不足,可以改进,哪能一锤子定音。改成钱浩梁⋯⋯他是好苗子⋯⋯只能说刚会按祖师爷传下的本子唱,一招一式,都还没学到家⋯⋯"

"您不是认为钱浩梁很有培养前途吗?"

"你怎么也糊涂啦,有培养前途的好苗子,有可塑性。这和顶梁柱是完全不同的两个概念!他得且跟在少春后边学、熏,试着演,得有一个提高的过程。"

"这倒是。"

"这可好,少春下去,他顶上来。费了九牛二虎的劲啦!导演阿甲说之再说,讲之再讲情节、人物、思想,少春一遍遍地给他示范。我也不少帮忙。可他在舞台上,那一场《斗鸠山》,他和我的情感交流⋯⋯碰不上!我只能主动,可我发出去的信息,收不到他的反应。⋯⋯这要和你少春叔演,他坐得稳如泰山,可浑身都是戏。他把李玉和内心波涛起伏的情感,统统亮在舞台上了。多少年的搭档了,情感交流之默契、之密切、之迅速,不敢说天衣无缝,但他一个眼神、一个手势、声调的一高一低,我都马上能传出、反映出来。鸠山看似主动,实际上李玉和处处从精神上压倒他。鸠山完全被动地围着李玉和团团转,最后,放下假面具,露出杀气腾腾的真面目。这场戏,说真格的,我俩演得痛快极了。那次彩排,你看了⋯⋯"

"看了,太棒啦!那天我娘给我装了一饭盒的义利乳白面包和肠。您猜怎么着,看得我激动得忘了吃啦!回家路上也净想这戏怎么怎么好,居然也没想起饿来。到家我娘一问够不够,我才想起敢情是得'原赏退回'⋯⋯"

"那才是历史性的文献性的演出哇!没喽!换了钱浩梁坐在那里,最开始，犹如木头！这是火候，换别的年轻人，兴许更不成。阿甲眼看鸠山的戏压倒了李玉和，不是李玉和斗鸠山，变成了鸠山斗李玉和啦。急了，他让我让戏。舞台上有让戏之说吗？应该水涨船高！我最是反对这'水落石出'！我怎么着也显得鸠山神气活现，李玉和可怜巴巴。真把我急得什么似的！没辙啦。我对阿甲说：'要不，您反映反映，还让少春演。钱浩梁需要时间，跟着再多学学，自然能演得好。要不，我也没辙。您就高抬贵手，别老逼我。'导演听了，无可奈何。现在可好，屎盆子全扣我身上，无情棒全打在我身上了！……可恼不可恼！"

"那少春叔就这么下了，也得上火吧？"

"岂止？他说不出来道不出来，就跟我现在似的，干唠气鼓噎！本来嗓子、腰就有病，解放前累的！这么多年了，不都是好好坏坏反反复复，也还能应付着唱，这回又加上心病……难医呀！"

"他病啦！"

"可不！你妈知道，我跟着就到家去看他，劝他安心养病。才几天哪，就瘦多了，眼圈也青了！他说：'三哥，咱们是多年老搭档了，你了解我，我难道会反对演现代戏？'这我还不清楚？我当然清楚！甭说《红灯记》，倒退几年，排《白毛女》时候就没有不积极的！身为京剧演员，没有不愿为京剧拓宽道路的！那杨白劳演的谁不夸？创新少吗？这回拿到《红灯记》剧本，他喜欢。为找李玉和的生活原型，少春长辛店去了好几次，找铁路工人座谈，到铁路工人中去寻找典型。他说：'这是好戏，教育意义太深了，我要演好李玉和。你的鸠山，难度比我大。京剧演外国人，还是第一次，得入木三分，让人人憎恨他。'他设计了李玉和的许多身段动作，也帮我设计了鸠山的动作。连李奶奶和铁梅以至磨刀师傅的动作，还有武打设计，他都参加意见，顶得上半个导演。那时，我觉得他的处境，真有点儿像林冲。演员不能演出，就如同林冲被撤去八十万禁军教头，发配沧州一样的苦。那天少春说，这不是欺负人吗？难道当今世道，又会黑白不分？我听了，心里咯噔咯噔的。我极力安慰他，好好养病，管他Ａ角、Ｂ角，都是为人民服务。我们早参加了国营剧团，不早就打破了名位观念？过去，他常用这些话劝我。现在，我也只好这样劝他。看到侯玉兰在一旁直掉泪……我心里一阵阵发酸！没多少日子，一个人民日报的记者采访，说着说着，忍不住向他发了牢骚……事后你妈直说我……好，哪承想，敢情没多少日子，我也成了林冲，纵然浑身是口也难把冤枉辩清喽！我想都不敢再往下想，可事儿又明摆着！唉，我该怎么才好！唉！"

我连连仰天长叹，我的心也连连往下沉。我托，托不住；我提，提不起！

"最可笑又可气的是，为什么字幕一打出'鸠山饰演者袁世海'，观众就给我使劲儿鼓掌？为什么没上场呢，先得满堂好？"

"我怎么知道？福瑷、小蓉，你们说，我有番儿知道吗？我只能回答：'谁鼓掌，问谁！'观众鼓掌，就去问观众！总不会是我花钱雇大伙儿给我鼓掌吧？瞧瞧，连观众鼓掌也成了我的一条罪状！真邪了门儿啦！你们说，让我怎么……也……"我狠狠地用手捶腿。咽下去的话，还是扭着脑袋，闷声闷气地说出来了："没法接受！"

突如其来的这么多难以理解又过意外的事摆出来，福瑷、小蓉她们两个的心一次一次地连连使劲儿往下沉。她们都蒙了……

三个人沉默了好一阵子。

是呀，迅雷不及掩耳般冲击而来的暴风骤雨裹挟着汹涌澎湃的混沌大潮、寒冷无情的大冰雹从天而降，冲向九百六十万平方公里的大地，席卷着、荡涤着……

我们三人一直谈到近三点……

一九六六年六月九日清晨，一连几夜没有睡好觉的福瑷早早打开窗帘，看晴和天气的院中却透着一股冷冷清清之气。她轻轻地下意识地叹了口气，照例转身去南屋看望母亲。

母亲还未醒。福瑗摸了摸母亲的额头，有微汗。见母亲睡得正香，就让她多睡会儿吧！福瑗准备洗漱后再给母亲擦脸喂饭，转身走出南屋。

走在院中，望望空空荡荡的院子，福瑗感到从心里又涌起阵阵清冷的感觉。家里只有自己和母亲，还有一位年近五十岁的保姆老陈。和平两个月前去锦州京剧团工作。小弟、小妹在北京戏曲学校住宿，只周六下午回来，周日下午就回校。家中只有读四年级的小女儿玲子。虽说她聪明、伶俐、漂亮、够争气，考上了让多少人羡慕的师大附小，也只是个不懂事的孩子。

二姐就住在南池子北口，每天回家看看母亲就走了。大哥文林从福建回京后住到岳母家，大嫂几乎每天下午都来帮助照顾母亲……可是，即使和二姐、大嫂天天见，也不便讲这心里郁闷之事，究竟是怎么回事，弄不清楚，更说不清楚。

今天，觉得格外清冷是小蓉也走了。家里的这些事儿也就能和小蓉嘀咕着说上几句。偏偏小蓉昨天下午接到立即回团的电话通知。参加"四清"工作队的文工团员全部撤回，零散人员集中。小蓉一早就带着她医院检查全部正常的"通行证"回团了。

福瑗一眼瞥见美人蕉，马上想到我……唉，又一天了，不知我在集训班中怎么熬……担心我接受不了，太犟劲……

福瑗渴望着听到清脆响亮的电话铃声！几天来我没能给家中打电话，福瑗不解，想到就是出国一回到广州，报平安的电话还准会打来呢。她怎能想到我没有了随意打电话的权利，说确切点儿，是已没有自由了。初始她怀疑是电话短路，多次拿起电话听筒，响声正常，再三检查，又刻意挂好。奇怪了！一直以来，我就是不在家，公事、私事、请安问好的电话也不断。这么消停是从没有过的。

这足使福瑗几天来心中忐忑不安，总觉得脚没踩在地上，以至是照顾母亲，或是自己吃饭、躺在床上，一颗不安的心都是飘飘荡荡的。

福瑗从院中可以直接进北屋。她却刻意走进西屋，再次把这形同虚设的电话听筒拿起检查正常，仔细放好。思盼不止的福瑗预感到事态发展恐怕是更严重了，越发担心我被"乱箭"所伤。

福瑗也宽慰着自己，这文化革命，再怎么，也不会比五七年的反右政治性斗争还厉害吧，如是，似乎又能安下一点儿心来。

九号的中午，福瑗喂饭时母亲不像往常大口大口地吃，饭到唇边不张嘴，勉勉强强吃了两口就不吃了。福瑗习惯性地摸了摸母亲的额头，不热。大嫂下午准时又来照料母亲，要给母亲擦身时二人都觉得母亲身体有点儿热。福瑗赶紧给母亲盖好被子，赶快量体温，三十七度五，又赶快找出大夫让准备的感冒药喂服了。

晚上九点，又一次量体温，三十七度八，福瑗略喘一口气，幸好没有烧起来，又给母亲喂了一遍药。就在这时，电话铃的响声传来了，多难得的电话声，福瑗飞也似的冲出南屋奔向电话。

是小蓉。她询问是否有她的电话，奶奶好吗？说明早三点半起床去怀柔接"四清"撤回的战友。估计上午十点即回到团里，有事往团里值班室打电话。

夜十二点，怅怅然的福瑗结记母亲热度未退，不放心，又去看母亲，见母亲没什么变化，才稍放心地回到房间。只觉一眯瞪，福瑗惊醒，看表三点将过，赶忙又去看母亲。她见母亲胸脯起伏，出气不匀，感到情况不好，赶快叫醒保姆去找住在南池子北口的二姐。好在三分钟的路程，二姐闻讯赶到，见状不妙，张罗着给母亲擦洗净身……

福瑗又给文工团值班室打电话，小蓉四点已去怀柔……

可惜那时家家不是都有电话，更没有手机，甭管多着急，也得等天亮。

通过街道上的公用电话站去按照门牌号和姓名去传送，找文林大哥和大嫂就要如此。找小妹和小弟要找北京戏曲学校。要通知我，只能先找中国京剧院，得等八点上班后。

福瑷此时除伤心之外，还胆战心惊地担心着我。

早上八点钟，福瑷给中国京剧院通电话报丧时，闻知六月五号，已给我贴了一张主要内容是所谓"跟吴晗每月一次密会"的大字报。骤然间，满天飞的大字报表明更深地挖出了这黑线中之最黑、最粗的骇人听闻的"三反"人物！其杀伤力难以估量！立即，对本就因《九江口》一剧是株大毒草，已成了小组中重点评判对象的我，由乱箭齐发转瞬重炮齐轰，升级成为集训班中的重中之重！刹那间传遍文艺界，传播面甚至更广……

福瑷清楚地知道，正在全国全民步步拔高地批判三家村、四家店为首的是吴晗；她更清楚，我和吴晗绝无非正常关系。这么严重的诬陷之词，我如何承受？难道也要像《九江口》一样，不容分说地既成大毒草的事实了吗？想到此，福瑷不由得不寒而栗。她强忍着，没有将这天大的坏消息告诉身边的我最亲近的亲人们，决定独自承受……

已经请好的几位抬杠师傅开始从西厢房靠北的隔断房中将给母亲早就置办下的棺木往外抬。

北京有这个风俗，在人还健在的时候就将寿材、寿衣备好存放。既是有备无患，又可自己挑选称心如意的。母亲的寿材和寿衣都是我、福瑷、二姐同时陪母亲挑选的。但西草厂家中地方太小，人多满园无处可存，多亏迟家岳母帮着想办法存放，直到我搬住南池子，寿材才转放新家。

今天的状况比福瑷感觉到的是更加冷冷清清，更加始料未及，更加不知如何是好！

甭说司机们以实际革命行动强烈表态，不愿再给"反革命黑帮分子""黑三家村的黑爪牙"出车！就是母亲的亲弟弟，同入中国京剧院始终给我管理服装的老舅，都迫于这来势迅猛，又真假难辨的吓人"罪状"的压力，而没敢来给唯一的同胞姐姐做最后的送行……

中国京剧院领导只能派来一位在京剧院开卡车的司机来运送棺木去墓地。他也不是外人,是福瑗的三哥迟世德。

我本就已因受无端诬陷,像岳飞一样戴上了莫须有的罪名,像林冲一样"纵然浑身是口也难以分辩",多日来饱尝了未被关押却又人见人躲、人人瞋目斥责,无人再理的那种孤独无助,情绪已压抑到了极点,在这濒临崩溃的时刻,又雪上加霜地闻得丧母的大悲之讯,犹如万箭穿心!克制、咬牙,我尽最大努力将自己的一举一动做最低调处理。

我到家已是这天的傍晚,我站在远行而去的母亲面前,久久凝视,默默无语。母亲安详地躺在她的床上,像平时睡着了一样,只是,只是那没有牙的嘴,不像往常熟睡时那样再往外噗噗地出气了……

母亲没有盖原来的被子,她盖的、穿的都是一九五六年购买西山福田公墓时,由母亲自己挑选好的,放在过去保存戏装的专用铁箱子里珍藏到现在的。母亲穿上这身庄重、华贵又不失典雅的贵夫人式的服装显得格外慈祥和可亲!

我忍不住掀开被角,再次握住、抚摸母亲那将自己抱大的手,然而,竟是那么的冰冰凉……

我清清楚楚地亲身体验过,母亲的手有多么温暖!就是这温暖的双手撑起了这个缺衣少食、无依无靠,千般难、万般苦的穷家的天,就是这双温暖无比的手抚育哥哥、姐姐和我,就是这双温暖无比的双手把我们搂在怀里抱着玩、搂着睡,穿衣、穿袜,挡风送暖,喂水、喂饭……直到长大成人,又帮助我渡过了多少难关!怎舍得就此天地永别!舍不得,舍不得!妈!我舍不得!妈——

久久地凝视……无声的泪不停地往我心中倒流……

不肯离开母亲的我,终还是被哥哥、福瑗拉走了。

我被默默地拉走了……

尽管身背很大的压力，面对冷清的家，我一再嘱咐自己要克制、要低调……但是，在母亲入殓之际，与母亲最后一面的决别时刻，从此就要与生儿、养儿、助儿的母亲，与自己荣辱与共、甘苦与共五十年的母亲，今生天地相隔，永远别离了……

"妈！"一声压抑着的呼叫……

我再难控制，禁锢封锁不住的无限悲哀、极痛心却又无法言说的母子永别之情，汇成海啸般地爆发之力，瞬间撞击、冲开心绪的闸门！泪雨如奔、如驰、如倾、如泻！

全家人悲痛的哭声和那一下比一下冷酷、一下比一下硬邦邦锥心的钉棺声混合成在场亲人们终生难忘的悲音！

母亲总算平安入土了。为立墓碑又遇难题，本想给母亲立个大些的，但革命群众拒给"文艺黑线人物"刻做，几经解释，事情还没搞清、定性，才答应下不做坟台，只给做一个最小的，以最简单、最少字的石碑权做标志。这石碑只有母亲的名字和我夫妇的名字。……

安葬后，只有我、福瑗和四个孩子（和平在锦州没能回来）乘卡车回南池子。

二姐和小毛子、文林、大嫂、我的表妹都在别处相聚了。

福瑗此时才明白了，为什么这么些天家中的电话居然一次没响过。六月五日的这张不实的诬陷的大字报，不仅在文艺界内具有致命的杀伤力，在社会上也成了人人瞋目的爆炸性新闻。大家都知道了，只有她自己是知道最晚的。

福瑗趁下车之机，再次悄悄地嘱咐了孩子们，爸爸心情不好，少评论，最好少说话。

天黑了，还停了电，前后院一片黑暗。那两丛美人蕉，越发使北屋门前显得黑乎乎两大片。

西屋餐厅的桌子上点燃半支蜡烛，闪着昏暗的烛光。大家团坐在外桌前看着烛光发愣，各想心事。

其实，大家想得都是一码事……想到每逢母亲生日之际，前来祝寿的那么多亲朋好友。母亲去了，就因为一张不实的大字报，竟然门可罗雀。按照北京的礼节，哪有送人上路后，不回丧家吃顿饭以慰亲者呢？福瑷的心在痛，懂事了的孩子们的心，有愤、有怨、有不平，更有和大人们同样的许多莫名的痛……

饭菜不知什么时候摆在了桌子上，谁又能吃得下呢？

我呆呆地望着漆黑而寂静无声的南屋……"入土为安"……"入土为安"……我心中不停地默念着。是祝愿母亲一路走好，也是在安慰自己，让自己从这难舍难离的一片凄惶中将心定下来，把思绪拔出来，准备跳回到那滚烫难熬的洪流中去。

刹那间，我似乎朦朦胧胧地感到母亲是多么的有福气，她如愿地穿戴齐整、平静、安然地躺在那里，她可以不再过问世事，不用再替儿子——已被卷进历史狂澜中担惊受怕了。想到这里，不知怎的，我心中油然升起一股强烈的庆幸感……这虽是我对自己前途叵测的一闪念，一向自信的我也很快就否定了不应有这样不祥的预测。

顷刻，我似乎隐约听到母亲在默默嘱告自己置身于难分东西南北的一片汪洋中，要敢于面对，要经受各种磨炼，甚至生与死的磨炼，千万要坚强些、勇敢些！真的假不了，假的真不了！或早些或晚些，一切还都会好起来的！

我似乎又看见小时候，母亲在当年最难熬的日子里，那坚毅的有着强烈自信的、充满希望的目光！我继续感受着已到天堂的母亲的爱！母子情深依旧，依旧久长。

妈！您放心吧，您坚定的信念已牢牢地刻在了儿子的心上，儿子不会让您失望的！

我也在暗暗告诫自己,一九六六年六月十日是我一生中永不能忘的日子,这一天和十一月初十(阴历)母亲的生日一样,深深雕刻在我的脑海里。

我真是没有忘记这个悲痛的日子。就是进入二〇〇〇年,我仍念念不忘地在母亲阴历生日的这天,在日历上写下"母亲三十七年冥寿"。

壹肆叁 莫须有 苦熬岁月

八月的北京，酷阳依然如火。

我早就不能回家了，中国京剧院参加培训班的十八名领导同志全是"黑帮分子"被专了政，"牛棚"设在京剧院排练场靠西边地下室，原是演员练功换衣服的地方。家中的情况我几乎一无所知。直到我的从"牛棚"放回，福瑗也没太详细地述说，就如同我没有将我的苦处向她、向孩子们谈是一样的。大都是后来闲谈中，偶尔带出，或遇事感叹而一点点穿成串积累的。还是按时间顺序介绍给记录下来吧。

此时，小蓉也不能回家了，按军队十六条规定，文工团明确提出要求，对于有所触及的家庭一律执行隔离，不许介入地方的运动。

南池子箭厂胡同的家中，前后两个院落二十多间房里，只有福瑗自己带着十二岁的小女儿和一位四十多岁的南方阿姨。不仅电话铃声已从福瑗的生活中销声匿迹再不做此想，而且再也没有了亲戚往来，更没有朋友可以交谈。

福瑷有时会想一想，如果后院的老杨和老范夫妻没搬走该多好！如果快办一步，前院有了新邻居兴许会好多了！

她孤单、无助，她搞不明白究竟是怎么了；她思念、焦虑之外，甚至时时会有一种更不祥的预兆袭来，使她坐立难安。

这漫长的两个月度日如年！

两个在北京戏曲学校学习的孩子小妹和小弟回家，福瑷心中才略得安慰，盼他们能带回文艺界最新、最好的消息。谁承想，戏校是全国文艺界搞大革命的一个大窗口，他们每每述说的新动态，大多是她所熟悉的各地文艺界领导、艺术家们被批斗、被专政，被戴上满天飞的瘆人大帽子游街，被致死的等可怕信息，更使她心惊肉跳！

当然也少不了，我被批斗，又认罪不好，让她一次比一次揪心的诸多状况……

她想安慰我的心痛，抚慰我的伤痛，多想以一臂之力为我遮点儿风、挡点儿雨，帮我撑住！她更恨不能为我喊冤，帮我去明辨是非！！

她越来越为这个家，为自己，为孩子们而不知该怎么办而彷徨、而不安、而提心吊胆，匪夷所思。她暗暗流下许许多多无奈的泪泼洒在心上……

唯一可以让福瑷觉得时间过得快些的是看报纸。《人民日报》《北京日报》《北京晚报》《戏剧报》等都是我连年订阅的。眼下《北京日报》《北京晚报》全被封刊，《人民日报》还每天照常送来。福瑷每每认真地读报，然而想从中找到慰藉，从中得到希望，却难上难！批判文章之尖锐，更让她坐立不安！她读《关于无产阶级文化大革命的决定》，一会儿觉我不是资产阶级"反动学阀""反动权威"，一会儿又觉得玄！京剧界净行架子花脸，先辈们都不在世啦！又觉得我遵照郝寿臣老师的遗言要擎起架子花脸这面大旗！准不会说我是一般的资产阶级学术思想的人。可是我到底擎起架子花脸这面大旗了没有？这不是我想擎起就能擎起来的?！要严格区分，究竟怎么区分？领导应该有明确的表态，可领导也全被打倒了……福瑷越看越觉乱成了一锅粥，心也更乱了，就是再想消磨时间也还是把报纸收了。

八月中旬公布的《关于无产阶级文化大革命的决定》中说，要长期与旧思想、旧文化、旧风俗、旧习惯做斗争。

造反有理的小将们首先冲上社会，轰轰烈烈破"四旧"，几百年老店全聚德、同仁堂……牌匾全已砸了个稀巴烂，王府井百货大楼去掉了"封"字的冠名，革命成为"北京市百货商店"，一进正中门的化妆品柜台全是毛主席著作的销售柜台。连天安门所在的长安街也更名为东方红大道。

孩子们告诉说，在王府井北京照相馆原来摆着我的单人照，还摆了一张小玲戴少先队小队长标志的放大照片，现改名叫立新照相馆，全撤换成一水儿的工农兵照片。

福瑷闭门在家，茫然不知所措！您瞧吧，全堂的中式家具，甭管真假紫木，是否珍贵，统统地是属"封"字的代表！可这是老北京人几百年来惯用的家具呀？！

听说老舍先生走了，福瑷的心在抖。六十年代初，福瑷多次随我与众位名家每月一次在北京饭店欢聚。老舍是京剧迷，又谈吐风趣，爱唱、爱喝酒，才高八斗，顺口就用我常演的戏名组成巧而俏的题词，什么"牛皋招亲日，猪林救友时，醉打山门去，横槊赋诗……"恕我背不下来。这题词挂在客厅墙上，谁看谁都说绝了。这么好的老舍先生怎么也莫明奇妙地走上绝路……这题词竟也变成是"黑帮"所题写的"反动黑文"！这是不是得摘下来呀，福瑷欲去搬梯子，再一想，不！老舍先生绝不是坏人，是我十分敬重的人。难道墙上那一张又一张，剧中人李逵、廉颇等人的剧照这些阳刚而又正义的古人也变成毒害人民的封建文化的代表？就是正堂上挂的演出后和毛主席、周总理的合影，也偏偏是化装成鲁智深、周处。都摘？！不摘！她想到这都是我最觉心爱、最感光荣的照片，可是……一下子变得和现实又那么的不协调……

福瑷就是想做，可哪儿收拾得过来呀？

书架上的《三国演义》《水浒传》《元曲》《元杂剧》，全套的《京剧汇编》《京剧丛刊》……

更有那唱片柜中层层放得满满当当的老唱片，上至谭鑫培、孙菊仙直到我这一代，都是我自四十年代以来，在上海、天津及各地演出收集买来的，这是我的最喜爱，常感骄傲地说，我保存的唱片之全，可说至今唱片公司资料档案里也未必全有。这都是我请来帮助发展丰富架子花脸唱腔、创腔的"智囊团"呀！

如今传统京剧列入"封"之列，我这个京剧人的家何处不属"京"不沾"封"字？怎么办呢？

藏！藏哪儿？这么多的东西往哪儿能藏得下？何况报上说全国都一样地荡涤着……传闻还少吗？从某省某地、某人家中搜出多少金银珠宝……对于这，福瑗倒略感心安。自家的钱全折腾房子了，金银首饰，虽有，但都是事出有名的一些纪念品。

若说毁，焉能舍?!

再看这座四合院，更是几千年留下来的老模式，北京满大街、满胡同千千万万座，难道也"破"它不成?! 想到这里，福瑗心里反倒稍微平静了一些。

福瑗自己整日东一想、西一怕地如坐针毡！

然而，福瑗仍是大大低估了形势！

新的高潮掀起来了！成群的艺校学生无规律地一批批、一拨拨破门而入，理直气壮、横冲直撞地来破"四旧"了！那无数的相片、有关京剧的书被撕成碎片，就连我去南美访问，巴西诗人为我演的霸王而写的外文赞美诗，也被当作崇洋媚外而被消灭！

他们奋力抱起一摞摞沉甸甸的老唱片狠狠地往地上摔裂还不解气，嘴里骂着"大毒草，全是毒害人民的大毒草！封、资、修的……"说着，咔嚓一脚下去全都碎了！碎的虽是老唱片，价，能值几何，再贵也有数。可毁的是百年来，几代艺术家们用毕生精力研究出的艺术结晶——千古之绝唱啊，是无价之宝哇！

接着，他们站上去双脚乱跺，福瑗眼看着这些早已绝版的稀罕物成了粉粉碎，她紧紧闭上双眼，将头扭转过去。

想当年，贫穷的在科班学艺的我在到高盛麟师兄家玩的时候，第一次从留声机中听到了唱片中播出高庆奎与郝寿臣老师的演唱起，就深深地认识到这是学习前辈艺术的宝贝。待出科前，中兴富连成排演《霸王别姬》时，富连成特为添置了留声机，不就靠听当年长城百代公司录制的杨小楼、梅兰芳合演的《霸王别姬》唱片，我学会了霸王的念、唱。人都说我演的霸王颇有杨老板的味道。一九三八年在上海演出该剧，报上评论也是"一切功架念做，竭力追摹杨小楼，很有几分是处"。我得其实惠，决心要在自己有经济能力时多买收藏以便学习，所以能保存如此多的甚至少有的老唱片。每当没有演出的晚上，或是冬日午后睡起饮茶，我都会放唱片，是欣赏，是学习，是应用……太可惜啦！

直到八十年代，我要在《李逵探母》一剧中为李逵增加一段葬母、哭母的【反二黄三眼】唱段时，想借鉴孙菊仙前辈的唱法时，非常想再听听这些唱片，然而……

最让我久久不能释怀，也最遗憾的是，这些京剧艺术需要传代的宝贝被毁灭，它不是被毁在不懂得它的人手里，恰恰毁在了专门从事学习京剧艺术、要一生继承京剧艺术的接班人手里！先辈京剧艺术家们用毕生精力延续京剧艺术的成果，终结在要依靠他们将京剧艺术一代一代去传承、去接班的子孙后代手里！

迟来的尚不懂世事的娃娃造反者，见没什么东西了，就开柜搜，红小将们只要是在破"四旧"，权力就大如天！箱柜可以任意开！可惜呀！齐白石老用朱砂画的牡丹花的大扇子，几下就被扯得粉粉碎！！别的更甭谈，一律撕扔，再踏上千万只脚踩！

糟糕！孩子们哪，太天真、太幼稚、太盲目，也太无知！福瑗心痛不止，痛心不已。

八月二十二日，中国京剧院的革命造反者也来了一拨又一拨。某花脸演员带领中国京剧院造反成员来我家查抄。他们以京剧院要办展览为由，理直气壮、凶狠狠地将我家所有箱子、壁柜的钥匙全部收走，还抄走了家中十几件金银首饰……所有的！即或是我给福瑗定情的五粒连排的金托钻戒和那最高奖赏的后补大金锁片……当时是写了拿走物件的条子，是某花脸演员签了名字，有什么用呢？退赔时荡然无存，只折九百余元而已！

他们打开所有的柜子、抽屉……查看所有的衣服、鞋子，即或是我屡屡出国统一添置的西服、皮鞋、领带……全被戴上"资产阶级生活方式"典型证物的帽子！

他们将前院的房门一律上锁，并贴上了造反派的封条！

从此……从此我所有的财物被没收了，工资也没了，福瑗、小玲每人每月只发十几元的生活费。

人们走了，喧嚣的院落孤寂下来，天也黑了。

伏中的夜晚格外闷热，一丝丝风都没有。

被强行轰赶到后院的福瑗，难抑乱跳的心脏。在这样的气氛中，尤使她憋得难受，看看小玲已睡，她悄悄来到前院。

黑黢黢的院子无一点儿光亮，被凌乱堆在院里、扔在院里的物件更是黑乎乎的一片片，一堆堆！院里四处死气沉沉，万籁俱寂无一点儿声音。北屋廊子上四根大红柱子上糊满了写着极度刺激神经、斗大墨字的张张大白纸，一下就映入眼帘！还有各个屋门上的两张白白的交叉成的白封条，门道和各屋窗台下的张张大字报肆无忌惮地尽显它们的恐怖、威风、杀气！

这还是我们的家吗？这就是我们的红柱、红门、绿窗、廊上绘彩画，漂亮的、典型老北京风格的四合院吗？！这就是那个曾充满欢声笑语，你踢腿、他下腰，你唱上句、他接下句，还有胡琴伴奏和谐的家吗？为什么会成这样？

福瑗抬头看了看月亮，没找着。想把廊下的灯开了，手伸了过去，又撤了回来。还是别开灯了，看清这一切，会更加心疼！

福瑗想不明白，这么温馨的家，大字报上批判是"小故宫"，为什么？

"不！这不是'小故宫'！"这是我从小发誓立志要让母亲和家人住上不漏雨的好房子！是我几十年如一日苦求苦练，几十年奔走大江南北唱戏，用劳动汗水挣来的全部积蓄才营造成的充满温馨、装满爱的家！！"

福瑗迷茫中仿佛听到了我坚定的回答。

彷徨中的福瑗被不可抗拒的夺目红色转移了视线。

蒙眬泪眼中，她看到，窜长得超过一人多高的美人蕉，高大而结实地挺直身板，在葱茏肥绿的大叶子的陪伴下，勇敢地顶着硕大的、怒放的红花，丛丛挺立在北屋廊前！着实使福瑗感到几丝难求的暖意，身不由己地向它走过去，把闷热的脸颊贴在它硕大的叶子上，凉爽爽、湿润润的……

"看，这美人蕉的种球有多大！崇文门花店的人告诉我了，这是特殊的、最好的美人蕉种球，株高、花大、花色纯红，非常好看，还不易生虫。一听不生虫，我就买了。"

福瑗似乎又听到我在春节后，刚买回美人蕉时颇觉夸张的话语。现在看来并不夸张。

没想到这两个月心乱得每天只管按时糊里糊涂地浇水，根本无心欣赏，不知不觉这花开得如此茂盛，花期又长，花店人介绍能抗霜冻开到十月底呢！……"文化大革命"就三个月，到那时，一切冤枉也辨清了！！正好欢迎……

福瑗想着、感觉着：我回家了，我走进门第一眼就看到这高大、粗壮的茎干上硕叶肥绿、花开艳红不败的抢眼夺目的美人蕉，使我眼前一亮，大提精神，大长精神！看，这是我的正确选择，是我的骄傲！我顾不上说话，马上抄起皮管子，接上水龙头给它把水浇得不流满院就不罢休！……

想到此，福瑷低头一看，美人蕉又该浇水啦！她用脚踩了踩土，天热，水蒸发快，这就浇！她下决心把美人蕉养好！

啾！啾啾……草丛中悠然传来的几声凄清而有节奏的蟋蟀叫声打破了整个院落的沉寂，也陪伴着福瑷打开水龙头。福瑷高举胶皮管，水流喷洒到大大的美人蕉叶片上，酷似雨打芭蕉的声音，本就潇潇，二声和鸣，岂不更显"凄凄惨惨戚戚"……

忽然，福瑷想起了，在打扫造反有理的"战场"时，费了几个小时的力气，才从大堆撕碎的相片中，淘出漏掉的、能拼对较完整的几张相片，有毛主席看完《红灯记》接见全体演员的；有周恩来总理在一九五六年陪德意志民主共和国总理观看《除三害》后在舞台上的合影；还有就是自己的结婚照。苍天有眼！还给了她实在舍不得扔的几张相片，哪怕就这几张，感恩不尽！得马上……千万别来不及……她立即关上了水龙头，转身走进后院……

啾！啾啾……蟋蟀的叫声依旧……

八月下旬，风潮越涌越狂，霎时冲进了这座四合院！福瑷在劫难逃！

一天上午，天空湛湛蓝蓝的。准是又干又热的一天，福瑷想。

忽然从门外闯进十几个年龄仅十五六岁的女孩子。不！是穿着草绿色旧军装，胸前挂着某名校附中校徽，每人头顶梳个小歪辫，戴着军帽，身穿无徽军装，腰系皮带，袖子上有红袖章的小将们。

进门来，她们双手叉腰、横眉立目，喊着让福瑷交出金条！

一切不容分说，可怕的一幕上演了……

她们将福瑷按在地上剃了阴阳头（就是头发剃光一半，留下一半）福瑷，这位一向端庄靓丽、善良的女性，被残忍地侮辱殆尽！

她们逼福瑷口中叼着袜子，双膝代脚从美人蕉花坛前围着院子绕大圈跪着走，一圈又一圈。一会儿的工夫，只见膝盖部位的单裤上印出血的鲜红色。接着，每跪走一步，一个鲜红血印烙在地上；一个跪步，地上一个鲜红的血印……血印围满院地，一圈又一圈……不交出金条就没完没了地跪走！

疼痛难忍的福瑗，知道哀求没用。她咬紧袜子，再紧咬袜子，这样才能减轻膝盖的痛！

嘴唇咬破了，流出的血顺着光滑的丝袜一点一点地滴落在胸前、地上，和膝盖流到地上留下的血印融在一起……她终是扑倒在地上，不动了……

"快点儿爬！"皮带随话音狠狠地落在福瑗的后背上，一阵鞭雨，福瑗的衣服破了，白皙的后背上露出了无数条血印……

"趴在地上也得爬！"

福瑗叼着袜子缓慢地向前爬了几步，又爬不动了。

"退着往后爬！"

福瑗的膝盖已皮开肉绽，不断流出鲜血，怎能爬得了……

"让你敢顽抗到底！"又有人解下腰中的皮带走过来，疯了似的往福瑗身上抽，直到她自己实在无力举起皮带……

更多的小将早听得一声令下，她们打开了所有封着的房间，拉开每个抽屉、每个柜的柜门，把所有的物品都抖落在地……

一无所获！

她们索性用锄、用铲掀撬房间里一米高的木围墙（即护墙板）……

她们掀翻澡盆，掀撬了地砖……正所谓造反有理，掘地三尺挖金条……

院里高呼的口号声，皮鞭笞肉声，呻吟声，屋内的摔扔东西声，拆墙、凿砖、挖地声，那么多刺痛耳朵、刺痛神经的怪音一齐呼啸而来……

福瑗浑身已经不觉得疼了，她感到浑身轻快，因为，她似乎听到了我的声音："离别几个月，我这里一切都好，唯一是非常想家、想你……"福瑗听到我说的许多温暖的话,心里顿时雪消冰泮温暖极了。

这是我一九六一年去南美演出的国外来信!不错!是我一九六一年去南美演出的国外来信!不知是被谁从抽屉里翻出,像在无聊地揭秘般地站在院中高声地念着……福瑗太想听了,丈夫给自己的家信,表达了在世界最遥远的地方长达十个月不见家人,思念妻子的真实情感。亲切温馨的话语,正好疗伤慰问妻子的伤痛,更重要的是慰问心痛!

用不着害羞!昏迷蒙眬的福瑗,此刻无比清醒。她想:这不寒碜!我们二十多年的夫妻了,丈夫爱妻子,想妻子,正大光明!能在此时听到这些温暖的话,立时浑身都不知疼啦……李玉和说得对,有这样的酒垫底,什么风雪都不怕!我有这样深挚的爱在心里,怕什么?!要打你们就打!反正我们会团圆的!

昏沉沉中福瑗又强烈地意识到,孩子们从戏校回来,说我被斗得很厉害……这些消息,多少日子以来折磨着她的精神,增加着她对我的思念……她求天、祷地,这不是真的,只是传闻。唉,无风不起浪啊!瞧!看见啦,现在什么都亲眼看见啦!

昏沉沉不醒人世的福瑗,此时才好像身临其境般地觉得自己找到了我。看见了,她看见我在党校的集中学习,已被群众批判为"黑帮",各单位已纷纷将这些当权派的"黑帮"们认领带回。我双手捂着头,被围打。她叫我,我没听见。上车前,我被愤怒的人们用砖头砸了个三角口,血从我手缝中往下淌,而后我被推上车,被拉回中国京剧院……血,仍顺着头往下淌……

昏沉沉不省人事的福瑗又看见了,一只一米高的老式大掏粪桶,有人要我将头探进去,围着的人问:"臭不臭?"说臭,是资产阶级!谁敢说?!说不臭,再往下探,直到几乎将身子都探进去,去用鼻尖够到桶底的屎,才是触及灵魂……福瑗伸手欲将我拉出来,她知道我,从小家境虽穷,可母亲手勤快,家里一切都洗得干干净净,我极爱清洁,怎能这样?灵魂能触得着嘛！当然，福瑗想帮我去触及灵魂却又无能为力！

昏沉沉不省人事的福瑗还看见了，我在挨斗、游街……我挂着的黑牌子，是用一根最细的铁丝，下垂着许多砖头。细铁丝在重量的作用下，杀进脖子，肉被翻开那么深，血在淌……她要上前把黑牌子夺下来砸烂，可是我已被拖上车去游街，车已开走了……

昏沉沉不省人事的福瑗仿佛看见了，我在扫马路、刷厕所、锯木、劈柴火……

昏沉沉不省人事的福瑗仿佛看见了，我又在搬砖。两个砖堆，两人分别看管，让我搬一块砖到那堆，加一块，再搬到这堆，再加一块搬到那堆……奇怪，这是在干什么？劳动，不是！有人看着，不许休息，根本不许停步，只加砖不卸砖。福瑗，眼看着我的汗像水一样往下淌，我的胳膊在抖！又搬了几个来回，我浑身的衣服全被汗湿贴在了身上，我的腿也在抖！我迈不开步了，越迈不开步，腿越抖得厉害，手中越添越多的大摞砖，使我的手、胳膊、腿，甚至脸上的肌肉都在更大幅度地抖动……

福瑗的心随之在颤、在抖，抖得也越来越厉害，她不顾一切地向前扑过去，她要替我搬、帮我抬。她跑啊，加快跑，就在她快要跑到还没跑到的节骨眼上，只见我……

我停住步，不再走了……说时迟，那时快，我运足丹田的底气，大声疾呼："要文斗！不要武斗！"手中的大摞砖，使劲儿往地上一摔！那砖，摞得高高的两摞砖，随着这铿锵有力的怒吼，是那么掷地有声地、震撼人心地被摔在地上碎乱成一摊！

福瑗顿感胸口豁然开朗，她要夸我坚强、夸我勇敢！她再也不能忍了，她要奔过去质问那看砖堆的，我有多大的罪，这样摧残我！她跑得更快了，谁知她眼见着，看砖堆那人的动作却更快，迅速朝着我的后腰飞起一脚！

精疲力竭仍在全身颤抖、汗流如倾的我，再无一点儿能力防御自己的我，毫无准备的我，霎时被他这一飞脚踢得像鸠山被杀时一样，顺势扔起一个窜扑虎，倒在几米之外的地上，接连打了几个滚，再无力站起……

"让你态度强硬，不低头认罪！好好的一个批斗会，刚开十分钟就让你搅了！这就是下场！"

福瑗终于扑到了我的身上，急忙给我揉腰。福瑗知道，腰对一个演员来说太重要了！我的冤枉洗清了，还得上台！演戏是我的命根子！我演的每一个须眉丈夫、血性男儿不得把腰杆挺直才行！即便是《芦花荡》中十几分钟的张飞，梅先生、周先生，哪个不夸？甭说圆场快、轻，枪下场又溜又漂，就是飞天十八响，一个飞脚离地多高，全凭的是腰里有劲儿……瞧……传统戏变放毒！……那也还得演革命现代戏吧，演反面坏蛋，就是最坏的小日本鬼子儿鸠山吃人民枪子儿的时候，不也得摔个改良的窜扑虎吗?！腰用不上力哪行呢？……

福瑗给我使劲儿揉腰，却感到我身上一片冰冷，带得她自己也浑身冰冷得打哆嗦……福瑗倒吸了一口凉气，呵，原来是无数大雨点，无情地、重重地泼打在脸上、身上。

"噢，是下大雨了，坏了，母亲去劳动人民文化宫遛弯儿怕是没带雨伞，刚还是干热的大晴天呢。地湿路滑，千万别再有闪失。快！我得叫老陈去接。咦？我怎么啦？……"

凉水是有很强刺激作用的。

福瑗用尽全身的力气想睁开双眼，似乎是睁开了，然而眼前一片黑黢黢的什么也看不见……还没老呢，怎么就犯糊涂?！这哪儿是早晨，敢情是晚上。哎哟，想起来啦，小蓉去看戏，这么大雨，非淋个透心儿凉不可，我得给她放好热水，回来赶快洗个热水澡，出点儿汗，省得激着。咦！水管拧到最大了，放了这半天，水，怎么还冰凉冰凉的？

这水当然是冰凉冰凉的！福瑗早已被她们毒打昏死过去被泼了大盆的凉水！

"说！你们家的金条到底藏哪儿啦！"

"他是怎么反党的,老实交代!"

怒吼、啸叫,一声高过一声,震动着南池子箭厂胡同五号这座规规矩矩的北京古老的四合院内的每块砖砖瓦瓦!唯有在追打福媛时皮鞭用力抽扫过猛,美人蕉也茎折花落的红红花瓣粘在血上,还有些微微怜悯之意。

福媛仍静静地躺着纹丝不动。慌乱中的她们又抬来大盆凉水向福媛泼去……浇得冰凉透湿的破衣牢牢贴在她浑身是血的身上,剧烈的疼痛,还有那阵阵厉声狂吼,福媛终于醒了过来。

如此这般,福媛第三次才被凉水激醒……

福媛没哭,她的眼泪已融在血里流出去了!福媛没求饶,她知道事情无理可讲,哪有什么饶可求!她只用微弱的声音不软不硬地反问了一句:"都到这份儿上了,我是要命,还是要金子?"

造反派一下沉默无言了。

头头听到这句毫无哀求之意,却又直击要害的话,心头很不是滋味。是呀,她是要命呢,还是要金子?!

低头看看福媛,尽管她躺在水血难分的湿地上,说完话就紧闭了双眼;尽管被剃成半边光头、半边烫发,怪模样的阴阳头,却怎么并没有失去原有的端庄秀丽;尽管遭鞭抽毒打跪着变成爬,流出的血清清楚楚凝结在院地上;尽管她的双膝已血肉模糊甚至有点白骨外露;尽管她后背、胳膊道道青紫,鞭痕高高肿起不时在抽搐,难遏疼痛;可是福媛那副不卑不亢且自由人摆布的神态更使头头、小将们打冷战!

头头再抬眼看,敞开的大街门谁都可以进门看革命的造反有理的全过程。初始在场的人们还不少,现在竟无一人。不在这里受教育竟敢开小差,为什么?

头头越来越犹豫了,她又抬头望了望房间。其实望不望无所谓,搜查金条的情况,随时都已向她报告过了,该挖的、该刨的、该翻的、该拆的,都已做了,一无所获!

头头坐不住劲儿了，或许动了恻隐之心，于是下令撤走了。

福瑗一条命留下了，然而背上累累伤痕的烙印永远地刻在了福瑗的身上。直到九十年代后期，肝癌重病在床的福瑗再让孩子们擦背和临别的最后清理时，后背的皮肤仍有道道未褪尽的疤痕、片片的青黑色……

最可怜的是，福瑗刚刚挨了打的第二天，也是她遍体鳞伤、最疼痛难忍无法下地的时刻，那个年轻的花脸演员又来到床前大声申斥、威逼："不劳动可不行，去扫院子！"

福瑗强忍着难以挪动肿破双膝的钻心之痛，一步一步挪动到前院……强忍着后背、双臂条条火辣辣的渗血鞭伤的钻心之痛，拿起笤帚去一下一下扫院子……

晚上，又毫无人性地把忍痛干了一天活儿的福瑗叫到前院，给他们说出所有家具的买价或估价……

天无绝人之路，一个二十岁出头的小伙子，推开虚掩的街门走进这座空荡荡、杂乱无章的四合院就惊呆了！门道上上下下糊满了大字报，再看院里，杂物铺天盖地一片狼藉！

尤其"黑心黑肺黑旋风"几个斗大的黑字写在从房檐的东头贴到西头的大白纸上！他未及看完，各屋门上的大白封条就又跳入眼帘。毫无一点儿思想准备的他，被这难以理解的气氛吓了一大跳，顿时，他感到有些头晕目眩。他略顿了一下，调整了一下心态，四周巡看后发现只有后院过道门没有封，于是疾步往后院走去。

他不是别人，他是去锦州京剧团工作的和平回家来了。和平自去了锦州京剧团已经三个多月了，团里找他谈话，要求和平将在北京的户口转到锦州。和平是专程回家商量去留问题的。虽说当时在锦州也听说北京京剧界有名的全倒了，也知"文化大革命"也就三个月，快结束了。万万没想到家中会有如此严重的境况。

和平面对家中的一切，他知自己已是男子汉了，面对从几个月把自己看护大、尽献爱心的娘遍体鳞伤地躺在床上不堪一动,面对只有十二岁被吓坏的妹妹,他果断地决定再也不回锦州,再不离开家!宁肯改行,宁肯再也不走上京剧舞台,也要支撑起这个家,也要挑起这个家的重担。

后来锦州京剧团革委会找他谈话让他回去,他没有同意,毅然到标准件厂当了三十年工人,直至退休。

进入九月,阵阵秋风大起,可怜的福瑗早就被强迫移居后院,未及拿出一件御寒的衣物。眼下,门上锁、柜上锁,难抗寒冷的福瑗,只能终日围着被子……后来实再没办法,才向他们提出要求。他们派来一个四团的人,看着我们取出衣服,上好锁,将钥匙拿走。

在那前院成了红卫兵总部的日子里,和平忙极了,他必须唯小将之命是从!进进出出的红卫兵们,夜间也不得闲,和平要不停地去给开关门。屋内狭小,和平在地上铺了一张双人床的屉子睡觉。他起床,必须卷起被褥,立起床屉子才能开屋门,再去前院开关街门,回来关屋门再放下床屉子,铺上被褥睡觉。一夜竟达三十多次!

被院外监督执行专政的我,终于回到仅仅剩两间栖身小屋的后院家中。面对已被收缴的、毁得不成样的二十四间房内四壁皆空的南池子箭厂胡同五号的房子,面对每月工资被扣仅限于发一点儿生活费,显见一落千丈的家境,我均已不屑一顾,这在我心目中早已是不上纸笔的身外之物。

我,唯一惦念、担心的是与自己同荣共辱走过二十年大受无妄之灾的妻子福瑗。我望着福瑗:她尚显苍白的面色,尚未复原的身体,刚长成寸长的头发,戴着的帽子……

我百感交集:她不过只是个年仅三十八岁的一位从来没有参加过工作的家庭妇女。她十八岁和我结婚,善良可亲,辛辛苦苦地像亲母一样带大前房的两个儿女,她使这个并不算完整的家的孩子们难分前后,一个个送他们参加了工作。伺候瘫在床上近两年的婆母,恪尽孝道。母慈子孝,和谐融洽。她使我毫无牵挂全身心地投入京剧事业中去。她是典型的带有浓郁东方色彩、具有中国几千年传统美德的善良女性，她应该受到世人的赞颂，她应该得到的是社会的尊重，然而因为我，使她在这场闹剧中受到惨痛毒打、蹂躏，无端地受到这番污辱摧残！福瑗的心里该有多委屈啊！之后，她需要有多大的勇气才能找回自己呢？我，不敢再往下想了。

　　与我分别虽只数月，却恍若隔世的福瑗在与我重相见的时刻，在我面前没有像戏里的妻子一样，见到归来的丈夫诉其冤情，更没有一丝抱怨。我更没想到，坚强又柔韧的她一滴眼泪都没掉。她平静地用略微弱的声音温柔地说："你活下来了，我也活下来了，人保住了就是大福！这就是最好。'宽阔胸襟容万物'，这是你常说的一句话。现在咱们这个家就剩下这一句话了！其余的，都是身外之物，生不带来，死不带去。"

　　福瑗虽外表娇柔，但她刚强、坚韧、目远胸宽，一举一动都超越了普通的家庭妇女，不能不让我肃然起敬。

　　福瑗的坚强、豁达，令我惊异，更给了我莫大的安慰和信心。

　　我认定社会不能总是这样，我们还是共产党领导的社会主义国家嘛！相信群众、相信党，自己是热爱党的，跟党走的，早晚有一天，是非会辨明的！

　　当然，在此期间我所经受的风雨也是文艺界众所周知的。福瑗昏迷中所见我遭武斗的场景，确是真实的。在那个非常时期，大字报、小字报，五颜六色的印刷品满天飞，真真假假、虚虚实实，消息传递之快也非比寻常。在艺校学习的孩子们能迅速得知。就是不许回家的小蓉所在文工团内也都传得沸沸扬扬。何况思念、心疼、恨不得插上双翅去解救我的福瑗呢！

　　然而我回到家以后从未对家人、子女系统地阐述过这一段。

　　只有和平去中央党校给我送过一次衣服。

　　那年九月，和平又去北池子中国京剧院给专政的我送秋天衣服时，见我们众"黑帮"每人都穿一身黑衣服，扛着铁锹、扫把从那边排着队被专人押解着走回来……

一九八六年春天，为了振兴京剧推进改革工作，我亲率改革团到河北、山东一带演出。一天上演《霸王别姬》时，一位舞美的同志忙前忙后帮着给我往腰带上别霸王的宝剑、搬椅子、试穿袜子。团里人见之嘘唏，一位老同志悄悄将照顾我在外演出的小蓉叫到一旁，更详细讲了曾用细铁丝坠砖头之事。

二〇〇〇年，我已迁入木樨地居住，小蓉整理旧家存留的资料时，发现被留下的《北京晚报》中有几张一九八六年八月初的，上面刊登有萧乾同志的一篇文章《文革杂忆》，其中写到集训班时说："进入八月，形势不妙了。所住的那个学院里也有了红卫兵，名气大的，在去餐厅的路上就揪来斗。要自己报名。大家都学会过关的窍门：'我是个黑帮。'尽管如此，一到吃饭时，大家就发愁，饭后更不敢像往常那样在大院里走动了。接着各单位分头来接黑帮了。上车之前照例先斗一通。记得在《白毛女》里扮演黄世仁的那位就给戴上高帽。罚跪之外还打个头破血流……"小蓉就拿文章来给我看。

我不由自主地抬手摸了摸额角上的疤："看，事儿都淡忘了，只有这疤瘌倒还记着。这些事，恍若隔世喽！那阵子，'我是黑帮、三反分子'是我的顺口溜。"

"特疼吧？"小蓉心疼地问。

"开始头几下当然疼，后来就木了，不觉得了。唉，我劝自己个儿，自当是摞头摞紧了，也就忍过去了。"我只淡淡地说。

"您应该把那些事儿说说……"

"一个群众运动，毫无意义……陈谷子啦！"

"我知道，谁都不愿回首这段往事，咱们写回忆录总不能跳过这段历史吧。我们今天是以平和的心态回顾这段历史。"于是我才说了搬砖挨脚踹的那段凄凉的往事。

"我清清楚楚地记得,您解放不几天,那个踹您一脚的,就突然有急病去世啦!"

"嗯。去吧,过去的都过去了……"

不过,那一脚确实厉害!在很长一段时间里,我的腰疼已成了气候变化的信号,最严重时是晚上躺在床上由于腰的酸痛而无法入眠。我也请医生揉过,还有电烤、理疗,我坚持每天早起自己都用双手搓腰二百下,坚持几十年下来,腰疼病虽是渐渐好转,仍是伴我走进耄耋人生。

停顿了一段时间,我噗地又一声笑了:"回想那时候的事,有时也挺有意思。我们在'牛棚'里,每天除了劳动,就是学习《在延安文艺座谈会上的讲话》《矛盾论》《实践论》。有一天正学习,少春给我传来一张条,上面写着'咱们到底犯了什么罪?'你猜,我怎么给他回的?"

小蓉想了想,摇了摇头:"猜不着。犯什么罪?没罪!莫须有的罪!那样的状况下,您能写什么积极点儿的呢?或是……我想不出来!"

"我写了四个字,你猜!"

……

"体验生活。"

"啊?!哈,太高明了!"

"别小看这四个字,这是当初我转了多少轴儿,想了多少个不眠之夜,才找到一个能让我定下心来适应这种蹲'牛棚'的正当理由。从那儿起,我饭也吃下去了,觉也睡着了,脑袋刚一沾枕头就着了。

"那阵子,连看'牛棚'的人都纳闷儿,呲得我的时候大声吼:'你有什么后台呀,见天的,别人还两眼望天呢,你可好,呼噜声震人啦。还每天弄个扫炕笤帚,横呀竖的穷扫一气。都这样了,还扫什么?扫你吧!'"

"对了,你们这十八个伤病员的'牛棚'在哪儿呀?"

"就在京剧院里。以前是练功棚南边练功换衣服的地方,是个半地下室。正好关人，一人把门，严严实实的，跑不出去。后来就关到创作组小楼里了。"

"创作组不是不在京剧院里，出门往南，有一小胡同里的小二层楼……"

"对。想开了，该吃就吃，甭管吃什么，干馒头、窝头、咸菜，科班又没少吃过，口口香，吃得饱饱的！干活！来吧，自当锻炼身体！又不许练功。学习，不是对照自己犯的罪吗？《在延安文艺座谈会上的讲话》《矛盾论》《实践论》我是真认真学了，特别是《矛盾论》，实实在在、一篇（页）儿一篇（页）儿地学了两遍。毛主席用这些理论打了天下，我何不好好学习这些对照自己的艺术表演打打舞台这个小天下呢？"

"我说的呢！您在讲艺术理论，剖析人物的表演净是一分为二呀，共性、个性、主观、客观的！"

"对我来说，能有那么长的时间逼着学习，也是一种难得的机遇。否则……不可能。本来幼儿失学，文化不高，成天价演出、排戏，即使想学，也找书看，哪有工夫学到这个深度。这也叫抓住了机遇，坏事变成好事……"

"哈，您又讲辩证法啦！对了，少春叔看了您的回条什么表情？"

"二道眉一横，朝我苦笑了一下。唉！他就是太忧郁，可这忧郁是逼出来的！有人说他神志不清……按我的感觉，我俩三四十年舞台上下的默契神交……"我摇头，停止了说话。

"神交的感觉是……"

"委屈大大地有！林冲那句话'满腹的冤屈何处诉！'无处诉！江青六四年就把他从舞台上拿下，对他多大刺激！他有着多强的艺术自信心、自尊心！最后是无声无息。就江青一句话，少春在创作组创了挺好的唱腔硬给放一边，不用！可少春还得教，教不好钱浩梁，那可不成！这种折磨，是他能受的吗？他得受着、忍着！可是咔嚓一下子，那么多年压根儿就不让他再唱，那是一个演员能受得了的吗？他还必须就得受着，怎么办？他想，想不开！搁，又搁不下！这口气儿总得喘吧，他只能麻痹自己……盼着，说不定还能熬到申冤见青天。我想，这才是少春的真实思想。"

"您这只是分析罢了……"

"后来，七四年要给少春录像《闹天宫》，就能证实我的话。这些年少春又去干校劳动，精神上的、身体上的折磨……身体是不太好，可很快，少春连台曼都恢复了！唉！事儿偏偏就又那么不顺，没他的服装了！"

"没服装？当初，这猴戏少春叔演得最多，还老出国演，会没服装？"

"甭说他的，恢复传统戏时，我的服装也全没了！"

"为什么？"

"那年月，帝王将相绕统被赶下舞台，帝王将相的服装就成了'四旧'，没人管啦！七四年录像，是各地临时组建的人马，瞧什么服装好就穿什么，谁的服装好，就穿谁的！就为了服装，一道令下来，让外地的先拍！得！少春的《闹天宫》干着急，没拍成！"

"艺术拔尖的少春叔就留下了一部《野猪林》，真遗憾……"

"最可恨的是给他治病了，明明是脑梗死，竟当成脑溢血，治反了，谁管呀？！真……哪找这样的人才去呀？！"

小蓉见我眼闪晶莹，不敢再说下去，赶快转了话题……

壹肆肆 才相逢 兄弟永诀

难忘的一天，终于来到了。

一九六七年八月初的一天，一切依旧。小玲依旧早早去学校复课闹革命去了。我依旧匆匆吃过早点，七点要去前院去擦那辆女式-26的永久自行车，准备骑上到团里参加专政下的劳动和学习。出门时，福瑷依旧嘱咐了一句："贴路边，慢点儿。"

她始终不愿意我骑车。当年家由西草厂搬到南池子，中国京剧院就在北池子，每天上班很近，可是坐公共车很别扭，先要走半站地上车，坐一站吧，下车还得再往前走半站。坐两站吧，又得再往回走半站才是院部。全走吧，往往时间又没富余。骑车就方便多了。我下决心买了一辆好凤头车，在福瑷的坚决反对下，没几天就又卖了。原因太简单，我骑车技术太潮。再有，我爱走神，往往看到什么，有感而发，得，就开始专注地想我的戏……

我能回家住了，并未解除专政，劳动又累……只有骑车了。于是福瑷就用给我补发的工资，买了这辆永久自行车。不过每每我出门时，她仍嘱咐几句。至于补发的工资,那是在一九六六年七八月间,小将们扣了工资,只允许按人口每人发十五元生活费。后来,有了政策,"黑帮"们的工资照发不得扣免,又给补发回来了。

我走后工夫不大,福瑗正和小蓉、和平吃过早点,洗过碗筷收拾房间。

和平自去年回京发誓再不干这行工作!任凭锦州京剧团几次劝说无效,只一心等着街道上给他分配工作。

小蓉呢,因为八一建军节这天,文工团全体去看部队摩托车比赛,补放了一天假,没有回文工团。

听见前院门响,还有卡自行车别子的声音。小蓉急忙跑前院看。

"爸爸?您怎么回来了?"小蓉诧异地问。

"快叫你妈给我拿衣服,我去洗澡。"

"去洗澡?马上?"

"马上!"我说着,走进后院北屋。

"怎么回事?"

"不太清楚。我正在'牛棚'里学习,就听门外叫'袁世海出来!'我挺纳闷儿,又惹了什么事啦?屋里的人也全看着我,小声问我,又有什么事啦?我脑子里马上把这几天的事,像过电影似的过了一遍,没说错话,也没捅娄子,心里这才踏实点儿。向他们摇了摇头,没敢耽搁,赶快出去了。"我一口气地述说着,到此才急喘一口气接着说。

"他们说,马上回去换身衣裳。下午,"文革小组要接见你!我真不敢相信我的耳朵,赶紧追问了一句:'换衣裳?您,您再说一遍。'他又说了一遍,这我才掉头骑车出来。临走,我扫了一眼屋里,那十七位都朝我乐了⋯⋯"

"是解放您!爸,"文革小组能接见您,八成是⋯⋯现在解放好多了!"

小蓉、和平抢着说。

"我看也有点儿,现在的事,甭多猜,毕竟还没明说,下午就知道了。我的衣服……"

"文革小组接见总不能再穿这身黑……"

"今儿先不穿,穿白汗衫、灰纺绸裤。明儿,回来再说。你跟我一块儿去,给我好好搓搓澡!"

"好!"和平答应着也去拿自己的衣服。

爷儿俩一人用洗澡毛巾裹了一个包,夹在胳膊窝下,走着去王府井的清华池去洗澡。

望着我俩的背影,小蓉念叨着:"娘,您说,我爸要解放了,这么大喜的事儿,我爸的脸上怎么看不见笑容呀!满脸竟是急慌慌的……"

"这都是你猜的,又没明说。究竟什么事,你爸爸心里也是七上八下的,哪有个底?说不定又是挨批,连我都笑不出来,但愿是好事吧!"

我洗完澡,吃过午饭,换好衣服,没休息,端坐在椅子上,不停地看表。

全家一样无话、无笑,静静地刷碗,收拾饭桌,然后坐下来看着我,陪着我,等着我被文革小组接见。

好容易,一点钟将过。我站起来:"我还是该早点儿去。你们睡一会儿吧。"

整个下午街门是敞开的,通后院的门也开着,全家人不论做什么都伸着很长的耳朵听着前院的动静。下午近四点钟,终于清晰地听到卡自行车别子不太大的声音。

孩子们一窝蜂地来迎我。

福瑗大声对孩子们说:"有话进后院再说!"

孩子们拥着我进了后院。

大家见我的双眼和鼻子都红红的,俨然得了重感冒似的,把话都咽回去了。仍像平日习惯的一样,这个接过帽子,那个拿来拖鞋。

福瑷把早已沏好、闷透的茶对上开水端来,摆在吃饭的桌子上。

我见到了受到自己株连的妻子儿女,尤其与大家渴望的眼光相遇时,多么想把这个天大的消息告诉大家。然而刚刚略微平静下来的心绪,又波涌浪翻地沸腾起来堵塞住胸口,使我说不出话来,一说就要流泪。是的,此时的我心境太复杂了,恨不得放声呐喊!我爱党、爱事业,这一点,终于被党理解了,被群众理解啦!我激动得想放声大哭,把这一年来的种种压抑释放出来!但是此时的我,又绝对想给家人满脸高兴的笑!我尽量控制着自己的情感,在激动的情绪中挣扎!我看着福瑷,压低了嗓音,用不大的声音迸出三个字:"解放了!"

孩子们高兴得站起身欲喊叫,看到福瑷递过来的制止目光,顿时没敢吭声又安静地坐下来。

我激动得将皮凉鞋脱下,没有去换拖鞋,又把皮凉鞋穿上。在孩子们无声的提示下,才又再次脱下皮凉鞋换上拖鞋。

福瑷太理解我此时此刻的心情了:"擦擦汗,喝点儿水,再细聊吧!"

我倒没像平日回来一样,脱衣服冲澡,换上干净的衣服,只是进卫生间洗了洗脸。

我从卫生间出来,心情好像缓和多了。

我坐在桌旁,端起茶呷了一口。

"简单捷说吧!下午是文革组长,就是写《野火春风斗古城》的那位作家李英儒同志接见。他非常热情,见着我就叫我:'世海同志。'我一听叫我同志,那种似乎从没有过的亲切、从没有过的温暖,一下子传遍全身。我实在是控制不住了,根本……没法儿控制!我的眼泪唰地成串往下流……"说着我的眼泪又哗哗……

"我真不想在领导面前掉眼泪,我一个唱大花脸的……多没起色!"我擦着眼泪,自言自语。

我擦呀擦呀，眼泪就是没擦干。我抬起头谁也没看，两眼望着门外，依然像自言自语："一年多啦，没听过有人叫过我同志，'同志'这两个字，离我太远啦！猛这么一叫我同志，我才知道这两个字的含义，我才真正懂得什么叫同志，这意味着什么？"

福瑗、小蓉、和平听着我的这些话，没有人插话，没一个不流泪。

"李英儒同志握着我的手说：'祝贺你，从今天起，你解放了。是周恩来总理点名解放的你，总理讲，你还是积极跟着走社会主义道路的！搞革命现代戏，态度也是积极的！江青同志也说搞革命现代戏记你一功！要感谢周恩来总理、感谢江青、感谢毛主席、感谢毛主席的革命文艺路线！'我一边连连鞠躬一边说：'感谢周恩来总理、感谢江青、感谢毛主席、感谢毛主席的革命文艺路线！感谢文革小组！感谢您！'……"

"周总理给了您这么高的结论是拍板定案啦！！绝对客观、公平！咱们一辈子也不能忘了周总理的恩德！"孩子们兴奋地说。

我说着，成串的泪珠抑制不住地从眼睛里滚滚流下来，我没有顾及去擦，看着福瑗、小蓉、和平。

"不仅是结论，这是信任，这是荣誉！我承受不起的……荣誉！咱们一辈子也不能忘了周总理，你们都要记住！"

全家人索性任泪流，擦也擦不干，严肃地点着头。

"喝口水吧。甭忙着说。"我接过福瑗又递过来的茶杯，真觉得渴极了。我一口一口地喝着，热血随着茶水渐渐平复。

"接着，李英儒同志很严肃地说：'你解放了，不等于没有错误和问题，一定要正确对待革命群众运动。我们自己不是没有问题，过去在文艺黑线下，还是犯了很多严重错误的。要继续深刻认识，要触及灵魂，以求得革命群众的谅解，也好丢掉包袱轻装上阵。好吧，世海同志，让我们一起为毛主席的文艺路线贡献力量！更好地为人民服务，为工农兵服务！'"

"那……就是说，检查完了就能……上台演出……"

"要不，还叫解放?!"

小蓉、和平和下学回家的小玲议论着。

我严厉地制止了孩子们的议论："你们先别乱说！经过这么大的风浪，应该多懂点儿事了！不要把事情老看得那么简单！情况多复杂，远没有那么轻松！弦儿什么时候都得绷紧点儿。要知道，全院我们十八位牛鬼蛇神还都没解放。说我解放了，怎么解放法？能解放到什么程度？全是未知数。再说，最重要的是，别以为我已经解放了，一身轻了。大错特错！回来的路上，我一边骑车一边想。我悟出来，这事儿确切说，只是准备解放而已，真正解放得检查通过……这个过程不可能三五天，也许一两个月，难说……"

"所以，你爸爸解放这件事，千万还先不要向外宣。小妹、小弟明儿回来，告诉他们这件事时，也得嘱咐他们在戏校千万别头脑发热，惹出是非，节外生枝！"福瑗也正色地嘱咐着。

"你妈说得对，前边的路，究竟是什么样的我们看不清、猜不透，也甭去瞎猜！登台演出不演出，更不是眼下的事。这一年来，《红灯记》我没上过台，全在照演。戏，没谁都可以唱！让谁唱，成不成也都能唱；不让谁唱，行也甭唱！我们还不明白吗？有这工夫，倒不如想想我们如何往前走路。记住，千万不能掉以轻心！李英儒同志说得很清楚：'过去在文艺黑线下，还是犯了很多严重错误的。要继续深刻认识，要触及灵魂，以求得革命群众的谅解。'听听，检查到什么程度才算触及灵魂？怎样才能得到革命群众的谅解？未知数！但我们心里有底牌，是实事求是！只能说，力争圆圆满满，求得大家谅解吧。"

夜深了，一家人毫无睡意，分别坐在床上、椅子上反复研究着，如何写检查，如何既实事求是，又得到革命群众的谅解……

第二天上午，小妹、小弟兴冲冲喊着问："爸爸是周总理给解放了吧？"早早就回到家来了。

是的。

"袁世海被周总理点名解放"的消息,迅速传到戏校,传到各京剧团、各团的"牛棚",传到京剧界、文艺界……

福瑗正在向小弟、小妹介绍情况,嘱咐他们别太露高兴,少说话、多练功!谁问都说不太清楚。

"让我在家写材料,写好了,在大会上做检查。"我从团里回来说。

从这时起,我和小蓉开始不分昼夜,一遍一遍地写检查,一遍一遍地念检查,全家人认真听,找出不恰当之处一遍一遍改、一遍一遍抄,循环往复……

事情的进展正像我所预料的,不会太简单。革命群众对我第一次的检查不满意,说我把错误推向黑线,没有触及灵魂!尤其明知故犯的事,都没触及!如江青把《西门豹》已经否定了。张东川改了老生本,交给二、三团去演,我还往一团争的目的何在等。

晚饭后,我和小蓉刚搬了小凳到前院继续研究应如何触及灵魂。

忽然,门外有人敲门。

我们父女俩全愣住了!岂止。收拾碗筷的福瑗、和平、小玲都从后院来到前院,大家面面相觑,谁也没敢去开门。

从去年六月到眼下,可以说一年多来,除了红卫兵敲门外,只有大哥文林和大嫂、城外表哥长林,还有志秋让女儿二娟来看过福瑗和我。仅此而已!这敲门人会是谁呢?

我的脑袋里马上闪出:难道检查没过关,风波再起?转念想,没什么了不起的。李英儒同志说得好:"正确对待群众运动。"

"肯定敲错门了,净耽误工夫!"小蓉见我点头,唠叨着去开门。

走进来的两个人,不是别人,是孙元意和郑岩。郑岩不是外人,是生在自家、长在自家的二姐的儿子小毛子。元意呢,是教自己演花脸的老师孙盛文师兄的儿子。

"三叔，我爸派我来祝贺您解放的！"元意满面春风。

一句话送来的温暖顿时让我从头顶暖到了脚底，永生难忘！仅一句话就有那么大的力量？因为这不仅仅是一句话，这是几十年凝铸成的情谊！

元意、郑岩都是中国戏曲学校毕业后分配到中国京剧院四团的演员。他们是来帮助、提示我该如何写好检查的。

还有两位登门看望的客人是在几天后。

我和小蓉没日没夜地细写。从我出生说起，检查了自己受封、资、修、名利思想的污染，挖掘了"三名三高"（名作家、名演员、名教授和高工资、高稿酬、高奖金的合称）的思想根源，客观上为黑线推波助澜……

我暗想这次检查真真已到底线，再不成，就没有灵魂可触了。幸好，群众的眼睛是雪亮的，是通情达理的，检查通过，正式宣布我解放。

晚霞夕照时，我按捺着身心无比轻快的心情，骑车回家的路上就想好了我该做什么。进门第一件事我就问福瑷："那件练功穿的黑色人造棉灯笼裤和白球鞋还有吗？没有，我得想办法赶快去买或做。明天我得先恢复练……"

福瑷没等我说完，向我示意，指了指我的单人床上："俱已齐备。"

顺手势一看，我枕边放着那套洗得干干净净、叠得整整齐齐的练功服。

我拿起练功服，用手拍了几下。是，久别重逢，不免有久违的亲切之感！我由衷地笑着对福瑷说："谢谢您！"

"这都是从扔在院里的破烂堆里淘出来的，我算记着，事儿一解决，你就得找练功服！"

"没错……"

"爸爸，裘大爷来啦！"

听得前院孩子们一声喊，我飞也似的冲至前院。走在前面的一位戴着白色、淡蓝圈边太阳帽，着短袖白汗衫、淡蓝短裤，猛一看真精神！是谁呀？

一下子竟没认出来。后边的人，头戴一顶白色有檐、硬纱质的帽子，短袖白上衣，深灰纺绸裤，白底小圆口青布鞋，手摇一把折扇。甫看脸，就瞧那两步非常熟悉的走路姿势，我就认准了是盛戎，立即快步迎了上去。

走在前面的年轻人是盛戎的外甥毕英奇。

毕英奇，其实大家都熟悉、喜爱他。憾者，他患了可怕的癌症英年早逝，但他的余音至今仍萦绕观众之耳。他就是戏曲电影《杨门女将》中，穆桂英率杨家将探谷时所遇到采药老人的扮演者。他一曲"听说是杨家将"浓郁动人、动情的言派演唱曾迷倒无数观众，堪称绝唱。

我和他们在院中相会。

劫后重见，我们一下子拥抱在一起，久久对视着，双手久久握了再握，迸射出真挚、兴奋，充满那种难得的欣喜目光。

我、盛戎师兄弟同窗六年，再加发小邻居的友谊，在无端骤起的风吹雨打后，更显真挚而永久。

"成！老三，看你这样，挺好！你就是这儿宽绰。"他用一只手使劲儿拍了拍胸口。随之打开手里的扇子一挡脸凑近我，放小了声音用他那独有的醇厚男低音说："还是像禁烟的！"

"哈！哈哈！"我由衷地开怀大笑。这笑声透着爽朗，透着敞亮。

福瑗和孩子们不由得一怔，这空荡荡的四合院若有知的话也会一怔！一年多来他们从未听见过我由心里发出的笑声，也是在这座被冲击得破败不堪的四合院中首次飘荡的大笑，真笑声！

"你气色也挺好，真不简单！嫂夫人照顾你立了大功！"我又细看了这位师兄，他还是那么瘦，两只眼睛还是神采奕奕中饱含着特有的憨态，以及别人不易觉察出的那不时向我闪动着的，与憨厚难以相容的狡黠目光。

"那也跑不出……抽烟……的那个圈儿……"盛戎居然像儿时使坏时似的那样闭上一只眼，使劲儿地向我挤了一下。

十分庆幸这位师兄，经历了这一场大风浪后，风采依然，有着青春般的活力。我也深知这定是他在《海港》一剧中成功再创了高志扬这个角色,满堂的观众掌声抚平了他那一度的创伤,给了他精神上无穷的力量!

"您这都扯到哪去了……"毕英奇在旁直拉盛戎。

盛戎一摆手:"这话就我们哥儿俩懂。保密!"说着冲我一挤眼仰脖大笑。

当然,我懂。我点了点头。

盛戎看到我只咧了咧嘴没笑出来,他的笑声不由得也停下来。

"唉,付之一炬了!可惜一万字有余,可惜咱们这点儿心气儿……"我说。

"还不全在咱们这儿搁着呢嘛!你怎么倒想不开啦?"盛戎拿折扇拍了拍自己的脑袋。

"我费了大劲儿啦!"

"你们……怎么见面……说的怎么都跟对密电码似的……"毕英奇看了看我,又看了看盛戎。他听不懂,想不出我们指的是什么。

"甭打听,事儿知道得越少越好!"

"好,老不见了,见面就打哑谜……"毕英奇摇头笑着叨咕。

两人格外亲切地手拉着手向后院走。

盛戎忽然停下步,左右环视院中,指着院中被风撕碎的残留大字报、封条,长叹一声:"唉!物是人非,多好的房子,多让我眼热的房子,毁巴成这样……还……抬头见堵!黑……黑……黑旋风?原来是什么条文?"盛戎躬身歪着脖子看着倒字,又问。

"黑心黑肺黑旋风!"

"哪儿跟哪儿呀!还不快把这装扮早点儿卸了!我那院里也跟花瓜似的,我清了……"

"房子早交了,房产证没了,怎么着也还不知道呢,再说吧!好在看习惯了。嘿,告诉你。冬天个,没它,听不清风的大小,还拿不准该穿什么衣裳呢。"

"屋里的东西呢?"

我一端肩、一摊手,用嘴吹口气儿示意。

盛戎一步迈到西房前扒着玻璃往里一看,摇摇头。接着紧步又迈上北屋客厅台阶隔窗往屋里张望,跟着转过头来,眼睛睁得犹如包拯亮相似的,瞧着我:"护墙板,真给掀啦!全——空啦!?"

"奇怪?"我淡淡的。

"别的甭说,你说都是真的,我看也有假的。那令你骄傲的,大理石花纹像一只猫的紫檀的大写字台?还有拍过电影的那对紫檀躺椅?!百宝阁、八仙桌椅!这几样可都是真货!"

"'四旧!'劈巴成一根一根的,当破烂扔出去了!联动总部,这是。去吧,身外之物,走吧。"

"我真替你……心疼……"

"你该替我庆幸,咱哥儿俩还能见面……"

我俩说着同到后院北屋内,他没坐下,四处张望……他看到贴墙顺着放的两张单人床上的古代马车人图案。

"你这双人床我太认识啦!我爱这图案。怎么成单人床了?辟开了用?"

"这床,当初可买着了!拆开是两单人床,合并又是双人床……"

"怎么一点儿看不出是合上的?"

"它设计别致、做工细致,合成双人床就不太露痕迹呗。"

"真派上用场啦!你那些红木哇、紫檀的……"没等盛戎问完,又发现了"新大陆"。

"哟,这儿还有'暗道机关'?"他指福瑗床的北边墙上有一小门。

"哪儿呀!原来房主老杨在后院住时,他把这儿接出一间几平方米的小洗手间……"

"嘿!这个……太棒啦!科班里就都说你老演牛皋、张飞这类的福将,沾了福气儿,真是!幸亏你有这小后院,要不,铁扫帚这么一横,弟妹不更惨啦!咱们小时候,谁不知道迟爷爷家何等了得呀!她是大家闺秀,怎么受得了?没想到这小后院还五脏俱全!什么是福?这就是福!少受多少罪呀!"盛戎拉开门巡视一下,万般感叹地回坐在门口的椅子上。

"常言说得好,没有受不了的罪,只有享不了的福哇!你怎么样?"我再次上下打量他。

"该领教的,一样。嘻!你'牛棚'里敢大打'哇呀呀',还敢跟人家厮扎,这新闻我们都听说了。唉!说到底,我比你轻多了。要把我像你似的在'牛棚'关上……甭说三四个月,就是一个月不让回家,我就回老家去了!谢谢老天爷对我睁开了三分眼哪!"

盛戎说的这是实话,可惜呀,盛戎千没想到、万没想到高潮虽过,前边还要不断地掀起新高潮……

我也一样,只以为解放了,能好好在六十岁前这十年大干一场,不料又陷入长达十年的高、大、全的"围城"之困!

福瑷端茶过来:"真抱歉,小煤火炉烧水太慢……"

盛戎连连点头,伸出大拇指:"没想到哇,三弟妹,难得!多精神!这就对啦!运动、群众、革命行动!我们那位挨了嘴巴子,家里底朝天,我再戴帽挂牌,她想不通,没用!听说,他……来这儿,也够可以的?"

"唉!"福瑷一叹气,"他带人来将我家所有的金银首饰、箱子、壁柜的钥匙全部收走……挨了打第二天,他逼我去扫院子……"福瑷有点儿冲动。

"都过去了,说之无益。"我说。

"我也这么劝我家的她!咱们不是还活着吗,这就幸运!眼睁睁……马先生……没喽!……把玩意儿都带走了……"

二人的兴奋,瞬间被扫得无影无踪。我们无法细说、无法评论,更无法……一切均在连声的长叹中。

在那个年月,这是我们唯一能表示自己或愤怒、或不平、或哀悼、或痛心，或追思的方式。

良久，盛戎抬头，见到小弟，问："都唱什么戏啦？"

"我唱了《穆柯寨》……"他毫无准备地迸出这句话。

"前几年，我让他去福州戏校，跟着（李）盛斌师兄，唱了《铡美案》《二进宫》，后来闹病回北京，在北京戏校，这些戏倒都唱了。等过了倒仓，见出息，你再给说说吧。"我接过了话荐儿。

"放心，前有车，后有辙，咱们孩子的嗓子都错不了的！到时候找大爷来！"小弟乖乖地答应着，还恭恭敬敬地鞠了个躬。

盛戎说的这话是有哲理的。他的儿子、孙子个个嗓子都很好，愿他的后辈代代相传，继承祖业。

"什么时候能……有信儿？"

我知道盛戎是指演出，一个演员的解放，和一个领导干部的解放的含义不尽相同。领导干部解放后是关切将任用何职务的问题，演员解放的最重要标志是能否登台演出。只有登台了，才算是解放了。

我摇了摇头："哪能那么快。"

"不然，我看快，要不……说不定是有什么任务，等着你的鸠山……"

"净奔着过关啦。这些事我还都没来得及想……你《海港》高志扬，真不赖，这活儿，讨俏。现代戏会演的时候，我就说，和福瑗也念叨过，要让我挑活，首选，挑这个。等过几天，我……再宽松点儿了，就去看你的高志扬去。"

"嘿！就盼着这天哪！"盛戎学《智取威虎山》中的一句戏词半开玩笑地说。

"得！老三，看看你和弟妹都挺好，我就放心了，我们那位，'急三枪'似的催我来看看弟妹，她特惦记弟妹。要不是我那儿孩子比你的都小，又成堆，又全挨肩，早让她跟弟妹好好练巴练巴啦，弟妹真不简单！服啦！我走了！"盛戎是指一九五八年办缝纫组时，他的几个孩子年龄小，还有抱在怀里的，夫人未能参加。

盛戎站起身探在我耳边说："我得买点儿取灯儿去。听说过吗，太阳老高的，铺面就打烊啦，你一点儿辙没有！"

"什么年月啦，话说的还这么老八板，我听着都有点儿愣，是不是也学着时髦点儿……"

"要破我这'四旧'？"

"是我的'四旧'已经被破光啦！"

我俩眼神一对，哈哈大笑了一阵又一阵！……

盛戎被簇拥着送出街门，刚拐出几米箭厂胡同的路口，在毕英奇、盛戎的再三劝阻下，我们全家人只好停步目送他们顺着南池子往北走，盛戎又几次回身互相招呼不停示意扬手劝回。我只管往前招手前行，直到他们的背影已完全融汇到远处行人中了，才在全家人的催促下返回。

我很激动，很难舍！

盛戎给我送来了几十年依旧纯真的深挚友谊。

盛戎给几个孩子们留下了串串笑声、深刻的印象。

盛戎给我和这个家送来了非比寻常的温馨。

在盛戎走后的一段时间里，孩子们嘴里不停地学说"取灯""打烊"这类难再听闻到的北京老话儿。尤其是盛戎和我两人的哑谜：

"还是像禁烟的！"

"那也跑不出……抽烟……的那个圈儿……"

"要破我这'四旧'？"

"是我的'四旧'已经被破光啦！"

精彩、诙谐的对话，颇有百说不厌之感。

他们不停地一会儿唱着"这个人的心思不好猜"，一会儿又唱着早已会唱的"将状纸压至在了爷的大堂上"，一会儿唱着"我魏绛"，一会儿又唱

"心似火燃"这些脍炙人口的名唱段。

不停地学盛戎演反串戏《蚁蜡庙》饰演的丑婆子小老妈。

那还是五六十年代,北京京剧团好像是在中山公园音乐堂演的大反串戏《蚁蜡庙》。马连良先生饰费德功、张君秋饰金大力,赵燕侠饰老英雄,裘盛戎饰小老妈。盛戎演得又俏皮又风流,惟妙惟肖,俨然是一个身处底层、不知羞耻的妇女。

当然,尽管孩子们的声音都有意压得很低了,仍然被福瑗厉声喝住:"你们别忘乎所以,别给你爸爸再节外生枝!"

盛戎以他的真诚憨厚而又诙谐的超人风采给我和孩子们留下了几十年难以忘怀的故事,更使孩子们永记在心的还有那憨厚可爱让他们崇敬、深感亲切而牢记的裘大爷的身影。

要说"文化大革命"前到我家来的客人数不胜数,但很少被孩子们关注。是孩子们尚小,也是来人太多。这次的最大不同,是一年多来庭院冷寂,门可罗雀。孩子们更是遭白眼、遭指责、遭冷淡,盛戎的到来犹如劫后余生的报喜人,是具有"突破性"的壮举,也犹如拂面的春风,送来了无比温暖。

然而,我每思至此,必是兴奋之余,接着又备加伤感、思念!

从这儿高高兴兴而归的盛戎,哪里想到,前面的道路上,有着难料的大坎儿在等着他!就在掀起清理阶级队伍新高潮时,他蒙受不白之冤,被隔离月余。这是他无法逾越的鸿沟,身陷围困中的他,身心受到极大的伤害……

一九七一年秋,我接到可怕的信息,盛戎身患癌症住进了肿瘤医院。

我和福瑗急去看望,晚啦!看到盛戎枯瘦得脱型的面庞,半边脸还被烤成了深褐色,一双深陷无神的眼睛。听到他无力的答话,刹那间,我被泪水窒息……

盛戎,病入膏肓已近干涩的双眼,泪水忽又畅流……

两人泪眼看泪眼,难明心意之痛,难尽诀别之言!

这一短短诀别的场面，盛戎的得意门生方荣翔同志在给我的一封信中写道："我还记得一九七一年，我裘师在日坛医院病重卧床时，您到身边看望，您两位杰出的名家大师流着滚滚的重心之泪，深厚的情意难以详叙，至今在我心中回荡。我裘师让我代他扶您到那遥远的公共汽车站。您和我并肩走在路上，很久心中难过说不出话。您快登上汽车时带看哭声告诉我'好好护理你师傅'。昔日情景如在眼前，我时常回忆。"

我无言，为什么?!

我想不通！明明都知道，不许演戏和不许回家就会击中盛戎的要害，甚至会夺走他的生命！可还是要这么无情地去做！为什么?!盛戎从小迷戏，只是愿以一生的时间在这方寸大小的舞台上唱一辈子戏罢了！他唱好一出戏，精神振奋百倍。为什么不能放过他！他有那么多壮志尚未在舞台上实现，可无情剑在他才五十五岁就斩断他最钟爱的艺术，终止了他宝贵的生命！京剧艺术里只有一个裘盛戎！他一生赤胆忠心把生命的精华、生命的活力都融进了京剧，献给了京剧。在迷倒千千万万人的演唱之中，他是为中华民族搭建文化瑰宝的支柱之一！他究竟有什么罪？为什么？为什么？

至于我和盛戎所打的一连串的所谓哑谜，都是我们引用曾经说过的话，您往下一读就明白了。

那还是一九六二年至一九六四年之间，《人民日报》约稿，希望我和盛戎能写一写有关铜锤与架子花脸艺术的有关文章。于是，我和盛戎下午四点钟，商定两人见面谈，我记录，最后交给日报社记者修改。碰了几次头，总是各自有事匆匆而来，匆匆而去，还未谈至多少正题就该分手了，于是商定找个没演出的日子，推却一切事情，到我家彻谈一日。这一日果然出了成绩，谈了很多问题。

下午三点盛戎准时到南池子我家。这是盛戎第一次到这个新家来，自然让我带他四处转转。

盛戎先到南屋见了我母亲。"五婶！"因为与盛戎家是多年有来往的邻居，盛戎就没按科班中对师兄弟之母称娘的习惯，依旧按老称呼。这也是我众多师兄弟中唯一管母亲叫婶的。

母亲一听高兴地顺口叫出他的小名："大群子！瞧我……盛戎，盛戎！挺好的！恭喜你抱了大儿子！"

盛戎说："托您的福！托您的福！"

"大喜！大喜！祖业有承！真是替裘大哥高兴！"裘大哥即裘桂仙先生，这也是裘先生在世时，他们老一辈之间的称呼。

及至走到院中他停下步东西南北转着看。

"瞧这宽宽绰绰四合院，红是红、绿是绿。一进门，真晃我一大下！还以为进了王府呢。"

"你知道，我从小……"

"怎会不知道？对着呢！五婶吃了那么多年大苦，也得跟你享大福不是！"

来到北房正厅，他从外三间客厅，又走到里面两间半通连的卧室，又进了卫生间，还拍了拍澡盆，点点头。

回客厅还敲敲护墙板和中间的木隔断，连上面镶的凸花玻璃也捎带着敲了两下。

"你怎么跟委托行似的？这都是菲律宾木的。"我说。

"比委托行的不差分毫！成！贤弟，你这小日子过得真滋润。这套家具够一卖，'满堂红'！"盛戎感叹地说。

"这，你可说着了。是我精心挑选的，一水儿的紫檀，够价。"

我一一地向盛戎介绍着每样家具的特色。

"你只当是委托行的，说说。"

"甭管真假，都够铲光锃亮嗒！"盛戎一笑，转了话题。

"没番不铲光锃亮，架不住福瑗她精心养护哇！她是定期打蜡，没事就拿布擦，我瞧挺干净，她振振有词地说有手印，还说她们迟家的家具就老擦！"

"迟爷爷家，还用说！你真有福，得了位贤内助……"

"咳，这房、这家具，我妈不太赞成……"

"为什么？"

"还不是，买了这个，再加修房，我也铲光铿亮啦！"

"哈，我算着也是。可这是置了家当啊！放心！怎么说，你也是五婶的好儿子！总比我强，更是铲光铿亮！"

"不假，有时确够铲光铿亮！"这是指解放前年轻时的趣事。

他明白了我的所指，我们俩对视大笑了一阵！

"你也有好儿子啦！"

"刚是个小仔子儿，哪就看出出息来！"

"老不知足，你一百个放心！裘门本派错不了！嘿，听说天热还把宝贝冰镇过！"我笑问。

在没有冰箱、空调的年月里，全靠冬天凿出大块的冰冻河水，存在冰窖内，待夏天再砸成小块送往各家。家中所谓的冰箱即是立式的小柜，中间木淳子上放冰和需镇的菜、西瓜等果蔬，下面放着接化成水的容器。

"咳，天太热，小床下边放冰块试着降降温，不大管事儿，就撤走了。让他们瞎传的太邪乎！咱们言归正传吧。"

"行。咱们谈了几次，回来一看太零碎。我又和那位记者通了个电话。他说，现在好多人对咱们的铜锤花脸、架子花脸的分工不太懂。只要看到脸上，勾花脸谱式的就认为是大花脸，至于哪些戏中的哪些角色是铜锤花脸还是架子花脸分不太清楚。尤其像曹操、窦尔敦、廉颇你我都唱就更不清楚，甚至把咱俩也归到……"

"同行是冤家哩，他们太不了解喽！"

"所以，建议咱们从铜锤、架子分工谈起。谈吧。"

接下来，我端杯喝茶，盛戎也喝茶。

我在想怎么说。

盛戎在看，看屋里的每件家具、摆饰……实际上也是在想说什么好。

待到我们都又端起杯喝茶四目相时，忍俊不禁都扑哧一笑，差点儿将茶水喷一桌子。

"太严肃啦！我没词啦。你想什么呢，倒先说说。我记。"我说。

"要我说，马棚里伸的那条腿儿，先收回吧！"这句话本是《小放牛》中的戏词："马棚里伸腿，请来出蹄（题）。"盛戎是反说的。

"干脆，不如咱们想到哪聊到哪！最后怎么写，那是记者的事。"

"好，就依仁兄！想哪说哪。我想，咱们花脸行分四功：铜锤、架子、武二花、摔打花，各有各的戏，各有各的角色，可又能互相兼演。这一兼演就让不太懂戏的观众分不清了。我们自己可清清楚楚兼演是有一定限度的！"我说。

"没错，铜锤能兼架子是有限度的。《将相和》我唱，咱俩完全是两个路子的唱。这算是异曲同工。《除三害》我演《问路》一场，要按你那样演法，就感到吃力。喊完了，后边我就甭唱了。我的演法并不太合乎这个人物。只能我们各走其道。现在的话：各取所……"

"各取所长，各取所需吧。"

"对。那也还是年轻，解放初。到后来，唱《三顾茅庐》的张飞和《赵氏孤儿》的屠岸贾，问题就多啦！《赤壁之战》之后，我们北京京剧院想排生、旦、净、丑都具备的《赵氏孤儿》。为让我演屠岸贾，剧本特意给我这屠岸贾加了不少的唱。《搜宫》一场，按《大保国》的形式加上【原板】对唱了。即称搜宫，屠岸贾得咋呼才对，愣加了【原板】对唱，受了大罪喽！每次演完，导演就给我提要求，狠点儿，还得狠点儿！好劲的，你说，我这味能狠到哪去？再说唱这【原板】让我怎么狠哪！唱完一出屠岸贾，比唱两出《赤桑镇》还累，嗓子都喊横了，还让我狠！谢过老千岁吧，我实在忍不住了，提出来换人。也难，只他们三个（指马连良、谭富英、张君秋）演这出戏又不太圆满，这才又将魏绛这个人物加点儿事由，我来接。"

"你这段汉调可创得脍炙人口，真好！可你给屠岸贾，留下那么多不太合适唱……"

"是祸根！"

"没那么严重！我要是唱这个屠岸贾，绝不会如此处理。"

"绝对！这个角就该是架子的本功！"

"要我说，架子也兼不了铜锤的正功戏，都一样。要不说得分功呢。说到这儿，我想起来了，那年咱们在一块儿研究花脸怎么唱【反二黄三眼】……"

"太记得，还没老哪！你给我推荐剧本《三请姚期》……"

这是在六十年代初，我正访问拉美。那会子，与咱们中国建交的国家不多，使馆很少，只能由新华社担起使馆的责任。新华社的一位老领导，很爱京剧，常把演出团接去松弛松弛。在新华社，我看《人民日报》时，瞧见盛戎演《林则徐》的戏报，就很渴望回国去看看。

回国后我俩见了面，我就对盛戎提到想看《林则徐》。

"咳，甭提了。收喽。"没想到盛戎如此说。

我问他："内容多好。为什么不继续加工呢？"

"不是加工的问题，是我扮上不合适，太瘦。演《虎门烧烟》一场，我往中间一坐，不像禁烟的，都说我像去搜罗烟的……"

"你可以请电影厂的人给你化化装呀！"

"化装了，怎么化我也胖不了。拍电影时，可能有办法。在舞台上，没辙。最后，好嘛，给我往腮帮子里搁上海绵，这海绵在嘴里头，它哪听使唤哪，我一念词一唱，它就往出跑，这个难受。别受罪啦，算了吧。你回来正好，老三，我瞧这个林则徐你来吧，你这形象适合去禁烟。扮上林则徐，准有相儿！"

"那太好啦，咱们哥儿俩换换。我出国之前人家送我一个剧本，叫《三请姚期》，你唱白胡子姚期已经脍炙人口啦，你再来个黑胡子姚期。"我兴致勃勃地推荐。

"什么内容。"

"就是《上天台》，刘秀所唱的'孝三年改三月'的那段故事。刘秀发现姚期是人才，要其跟着走。姚期说：'老母在堂不能远离。'不能跟刘秀走。姚母认为刘秀是汉家有出息的根苗，姚期该当保着他去。可是自己年迈又连累了姚期，使得姚期不肯远行。怎么办哪，于是就上吊自杀了。"

"太好啦！我这姚期能连上啦！"盛戎对这戏真挺感兴趣。

有一天，我们俩约定好，挺认真地交换了剧本。盛戎看了剧本很高兴。尤其觉得《姚期守灵》中"守灵"这段忆往昔的大段唱词很好，从他幼年丧父，靠母亲拉扯长大成人又母子悲痛分别，情真意切，很适合唱【反二黄】。

【反二黄】在以往的花脸行的演唱中，这个板式是没有。于是我们两人在见面时，一起研究这段【反二黄】该如何唱。可惜，当时只想到《乌盆记》中【反二黄】唱"未开言"一段。又用《李陵碑》"叹杨家"试。遗憾的是用老生原腔、原词，套成花脸味来唱，套来套去也没套好。凭你怎么套唱，都像开玩笑。

主要原因还是思想没解放。

盛戎一听我重提当年两人没把花脸【反二黄】搞出来，沉吟了一会儿接着说："不过，有了那回【反二黄】没成的经验，后来弄汉调也是花脸没有过的唱腔，清楚了，咱们试了半天没成，是没有用新词去配咱花脸的腔。"

原来如此！很对！

后来盛戎忙，我也忙，慢慢地这个事就搁浅啦。直到一九六四年现代戏会演《六号门》中李荣威饰演的胡二，创新唱了花脸【反二黄】。

我们哥儿俩见面后，我说，你看净说不成，人家出来了。

盛戎说，那是现代戏，姚期唱【反二黄】就得琢磨琢磨啦。这是后话了。

我喝了两口水,接着刚才的说:"我还得建议你,一定得编全本的《锁五龙》,多有戏。《杀宫》挺惨的,韩天化和狄青比武之前也把妻子杀了。咱们可以凑凑把在科班学的刀劈韩天化也糅上,你有饰赤福寿的底子,在科里又都演过学过这出戏,这场《杀宫》你完全弄得好。"

"心里话,这个戏我太该上了。不是没想过,还记得五六年我跟你提过想拜郝寿臣先生为师,真心实意!我就是想把郝先生和高大爷当年唱的《沙陀国》《锁五龙》《擒五龙》等老戏都翻新喽!唉,说什么都晚了……哪儿再找郝先生啊!"

"这些戏要是都翻出来肯定能立住!我就不明白,你要拜郝老师,我去了一说,郝老师高高兴兴地答应了,也告诉你了,就等你的回信,等不来。你怎么不提了呢?郝老师倒又问过我两次,我支支吾吾说没见到你。这事我就是见了面……也不好催你,郝老师更不好主动。一拖两拖,老师走了吧!唉!你也说说,为什么?"

"为什么?排了不该排的,时间少了。再一个,你说我要拜师,又不同你年轻时拜他,郝先生即便跟我什么都不提,肯定什么都不提,我也得把面子托足了吧,我家里又一个一个的……手里有点儿、有点儿紧不是……"

"跟我买完这房似的——铲光铿亮。"

"嘿嘿!"盛戎一笑。

"当时,郝老师真是没提什么。我跟你说了,他又当了北京市劳动模范,思想比你我都进步!这可是因小失大……"

"说得对,悔之不及!悔之不及!不过这些戏,我真得抓工夫,把它们弄出来!"

"说回来吧,我这个架子……"

"别忙,我还有。再一出就是《三顾茅庐》,演张飞。这戏在科班咱俩不分彼此换着演过无数场,没觉着怎么着。那年再和谭师兄排这出,在北京儿童剧院彩排时,甭提我多么浑身不自在,穿上、扮上,好,哪儿都找不着哪!就甭提上台了。没彩排完,风就吹上来了,说不像张飞,像他妹妹。得,没见观众就吹了。"

"老舍先生一向说话非常风趣……"

"老三,这没什么。尺有所短,寸有所长。咱们还没这点儿火候?那还是咱们吗?!何况这本是我兼不了的活儿,不符合我的艺术规律,你也跟我说过这事。你挨着老舍坐,其实四周全是团里派去听意见的,你们彩排时不也一样。"

"都一样……"

"跟你说的'世海嗨,你听这个念,不像张飞嘿',都报在你前头喽!"

我一笑:"张飞这种人物必须咋呼起来,全靠横音、炸音,这两音是架子花脸念白时非用不可的音。你们铜锤都用顺音念白,演张飞你用这顺音来念,所以老舍先生说不合乎张飞的人物……"

"是呀!小时候,成;现在,难!可这横音、炸音,多毁嗓子,根本不符合铜锤的发声。就是今儿我豁出去了,明儿演《铡美案》,可要另说了,我这饭辙怎么办?"

"哈,明白了!智!你呀!专会拿憨蒙事,实际你再聪明不过!"

"谈不上。流行的那句话了,实事求是。还有呢,五三年你演《黑旋风李逵》时,梦庚(当时北京市文化局局长张梦庚)让我创一个铜锤的李逵,我想金少山先生也唱《青风寨》中的李逵,我小时候也唱过,还真有点儿动心,追着看了你演的两三次。回来仔细这么一想,怎么想怎么觉得对我不合适,不是我的路子,打住!我没搞。说到金先生,他可是铜锤花脸拔尊的一位了。按说他还是文武昆乱不挡,我们都清楚,他是武二花脸出身,身上好看,边式。拿起马鞭、刀都漂,没的说,你说是扎靠的、穿蟒或穿箭衣的无一不能,尽管如此也还有限度,他是铜锤不是架子。像架子花的白脸戏,金先生只唱《捉放曹》和《阳平关》,但不唱《青梅煮酒论英雄》。"

"《群·借·华》就不唱曹操而唱黄盖,他扮上包老爷,像!他扮上霸王也像,扮张飞还像,只一句念白'催舟哇!'一句唱'长江一带翻波浪',一句'参见大兄王',就是三个满堂好,加上碰头好,就这四个好,无人能比!我们不行。但是,他在《回荆州》中就从不编褂子(出场时的舞蹈动作)。"

"所以说金先生是铜锤花脸的全才。还不能称花脸的全才,只能说是铜锤花脸的全才。金先生所备的条件,可说是不能再更全才了,何况我乎!"

"绝对有理!您喝点儿水,听我说。"我给盛戎杯里兑好开水。

"架子花能兼铜锤也有一定的限度,一个是《坐寨·盗马》,不用说从老辈传下来就是铜锤、架子都兼演,科班里我们也是如此。《将相和》中的廉颇,同是廉颇,我表演得多,比你的唱,可就少多了,表现手法出于理解不同,我们不能求一致,包括脸谱……"

"你创的廉颇脸谱是廉颇的脸谱,我看你们演出时,也没太细看,等我演出时,排得太仓促,勾的白脸脸谱不太适合……"

"各有特色。"

"盛文哥看了,说我勾的姚期变种,不如你的脸谱符合廉颇这人物。他让我改,我也想改,再一想已经这样出去了,我也不好改。得,所以然就所以然吧,不过我还是得把头盔后边的黑枣衣改了。"

我摇着手说:"对。定了型的,就不要轻易改了。我再接着说兼铜锤有的能兼,有的兼不了。我拜了郝老师以后,一直在给我说《御果园》等的铜锤唱,让我吊嗓子。五三年,我跟马先生去东北演了一个月,中间马先生回京开会,我挑着唱。可演的戏不多,我这小鬼造了造魔,唱了《草桥关》,还特地改名叫《威振草桥》。"

"真能造魔!"

"底气不足呸!脸我勾了,也扮上了,一上场,难受!那句话了,如同被捆绑起来唱一样。我把你马惊的动作也试着来了一下。下来要说过得去也过得去了。天公还挺作美,嗓子挺痛快,并没洒汤漏水。可演完之后,我总不那么得劲儿,还没有我和黄元庆唱《野猪林》、和管韵华他们演《四进士》得劲儿呢。"

"行啊,听说了。你《四进士》演顾读敢挂头牌!"

"嘿,你甭说,重要的是观众真捧我这顾读,一句唱没有却受到观众的赞许。《威振草桥》我是卖力地唱了一个钟头,观众反应反而不如《四进士》顾读热。祖师爷给咱们分行、分功,妙不可言、准不可言,不服不行!由此我觉得应该恪守祖训,能兼则兼,虽互相可融可化,但是不能兼则一定不兼,千万别乱!说到这出戏,我老想问你,姚期闻报的马惊动作你是怎么想出来的?"

"还不是咱们小时候迷麟,照方抓一剂偷看戏留下的印象。《追韩信》里闻报韩信走了,萧何一惊的启发。可姚期在马上,人内心的震动,夸张地带动马惊,才想出这个动作。"

"这都是咱们在科班你争着练靠功、争着演《取金陵》这些武戏的好处。"

"要不是科班里看得多、练得多,也就想不起来了,甭看就这一下子没点儿武的、没有厚底功,根本不行。"

"得,言归正传。我接着说,有了五三年的教训……"

"经验!"

"教训就是经验!有了这个经验,后来,五八年我们中国京剧院三团、一团合并,少春、盛兰、近芳、我组成一团,四人合演的《白毛女》中了。排第一出传统戏也要合着演,少春提出也排《秦香莲》,少春的王延龄,盛兰的陈世美,近芳的秦香莲,我的包公。少春说和你们马、谭、张、裘演的《秦香莲》完全走两路子。可以从陈世美别妻赶考开始,好好发挥一下叶四哥、杜近芳的艺术,而且陈世美、秦香莲两人的前情表透,后边就更有戏可演。"

"有戏,这想法好!排成了是出好戏!"

"可惜排不成！我不同意演包公。他劝我，建议我将包公按照他父亲的演法充分发挥做、念，让我把郝老和他爸爸的戏路子（李桂春先生演包公是揉脸、鼻窝浅、胡子带露嘴的）融合，创出又一个类型的包公。我说，包公不管他是哪个类型，我就问一句，'打坐在开封府'和"压至在那大堂上"要不要唱？少春想了半天，一笑，说，恐怕还得那么唱。我说，那完了，唱，我唱那个味不成，我不唱那个味也不成！就凭这两段唱就不行。我要闹嗓子就更甭唱，唱姚期，我试验过，非但不合乎自己，还束缚着自己，不对工。少春又说了，我可调查研究过了，您的师兄弟们都揭发您在科班，《铡美案》《双钉记》戏里的包公都唱过，我才提这出戏。"

"没错！这几出不但演过，还没少演。嘿，说起《双钉记》，萧先生老派你，我太少演了。"盛戎也点头补充。

"你也应该还记得吧，萧先生常说，《双钉记》的包公不是铜锤的路子，都是【散板】，公堂上还有几个和旦角相欺的身段，需要功架；再说，那时演，怎么都过得去；现在唱，得有点儿自知之明不是，光凭做、念演包公，不成！前车之鉴嘛。就如同非让你唱张飞同理！包公，我是绝对来不了。最后，好家伙，我一瞧，敢情几个人让少春这一鼓动，全都默许，轮番劝我尝试尝试。我要紧着说不同意，不大合适。急中生智，也不是急中生智，是看了你们的《秦香莲》我就久有此想。我就提了个方案，如果咱们几个人排这出戏，可以让小奎（娄振奎）来包公。我也得上，让我自选个活儿，保证独一份……你猜，我选了什么活儿，自当你帮我，从这戏里帮我挑个活儿解围。"

"我……挑不出来。王朝、马汉？这出戏哪还有你合适的活儿？勾脸的就剩他们啦！"盛戎认真地想了会儿说。

"往宽里想。"

"真想不出！"

"韩——祺，怎么样？"

"韩——韩祺？我倒特想知道，这魔，袁三儿，你能怎么个造法儿！"

"我把这个角色改成花脸，勾成红三块瓦。当初梆子演的这场《杀庙》，事由多，印象我还有。别看就一场戏，你说唱、你说舞，还是边唱边舞，还是洒……我想好了，最后韩祺当场自尽，自管给我加东西。来吧，准火火爆爆'来他个地覆天翻'！靠谱吧！怎么样？裘子儿！"我一激动引用了鲁智深的唱词。

"出我意料！五体投地喽！老三，你真有高的！《杀庙》这场戏潜力的确太大啦！这么好的想法，我听着都馋得慌，怎么没排呀？"盛戎向我伸出大拇指。

"后来，大伙儿一想，祖师爷留下上千出戏，干嘛非跟这一出戏扎上啦！又不是要打对台，合还合不过来呢。……"

"我想起来了，那年，你们好像上海回来……《蝴蝶杯》！没错，你这个芦林戏虽不多，可你演得真够一卖！"

"夸过的了！"

"是。完了就上咱们《赤壁之战》，庆国庆十周年了。"

"你是时刻关注！"我说。

"本就密不可分！"盛戎说。

"台上有分有合"我说。

"台下……哥们儿弟兄！"盛戎说。

的确，在那十几年间，北京京剧院、中国京剧院是北京京剧艺术的两大阵地，两个最有实力的阵营。互相亲密无间，互相友谊竞赛，互通信息，共同为京剧的发展贡献力量。有一年，还把中国京剧院归到北京市了。台下更甭说，相聚吃饭频频有之，谈天论艺常常有之，何况还有剧协、爱戏的老舍先生、北京市委、北京市文化局等推动，更是促成大家互相团结友爱，亲密难分。

我俩谈的这些，虽说没按照记者给写的提纲，但涉及铜锤与架子花脸的内容很广，有创作，剧目和艺术问题。实际上铜锤、架子花脸各属一功，各具特色，各有所长，就已全清楚了。后来我们也总结出铜锤、架子表演手法的不同。

铜锤是唱、念、做，架子要念、做、唱；铜锤要唱味，以情、字为辅；架子要唱情，以字、味为辅。后边还准备谈如何用铜锤手法，还要继续谈我们如何运用本功的艺术手段去丰富发展铜锤、架子花脸，及我们对这两功发展前景的看法。

可惜一九六三年，大气候已转。中期就已将演现代戏提上主要日程，一九六四年以后形势大变。我和盛戎也曾研究着将这篇文章搞完，但都觉与当前要大演革命戏、学做革命人的气氛大相径庭，就是写出来，《人民日报》恐也一时不会登。曾约稿的记者也久不再联络，只好搁浅。尽管我忙里偷闲已整理出近万字的记录，"文化大革命"冲击，片纸无存。现在，我只能凭印象反反复复地回忆了。

盛戎的雄心和他要翻新老剧目的壮志，以及他宝贵的生命全淹没在这狂潮之中。

只有盛戎给我提出一条建议，《李逵探母》中，见娘时的一段【流水板】"儿想娘两眼望穿"，一句"儿想娘"的唱腔有点儿平，应该音调往下走，就味足情浓了。我立即改了过来，却已无机会演此剧目。直到一九八五年，中央电视台录制《李逵探母》舞台纪录片时才得以实施。

一晃，又二三十年过去了，每每回忆我总无法控制情感，什么能比从五六岁到六十岁，几十年的艺海同舟的友谊更珍贵、更值得永久纪念呢！

相信，时间再久远，这些值得永久纪念的人和事，也不会随年代的迁延而被风化……

壹肆伍　返舞台　再陷围城

《红灯记》演出的安排比我所想的要快得多。

一九六七年九月二十八至三十日连续在人民剧场演出《红灯记》

我被解放后，第一次登上舞台的感觉无法形容。虽说离开这方寸之地，仅仅一年有余的时间，对舞台人生来讲是那么短暂即逝，但对度过了非比寻常的惊涛骇浪的我来讲，再次登上舞台恍若隔世。我有点儿疑惑眼前一切的真实性。究竟是在"牛棚"中每每常做的美梦呢，还是真的重返舞台了呢？甚至我都想让这戏别演完，千万别落幕，舞台上的感觉有多好，音乐声多么沁人心脾，锣鼓点儿多么振奋每一个神经细胞！一切唱、念、做都是那么得心应手！真有点儿担心怕梦醒一场空呢！

《红灯记》演毕，我欣喜这一切仍是真实处境。满怀兴奋地卸装、换衣服。走在回家的路上，一会儿总还有点儿担心，忽地抬头看看天，黑！看看路，不太亮！梦？！怕是梦，怕是醒来皆空的睡在"牛棚"中的一场梦。我几次看表，时针才指十一，这绝不是做梦的钟点！我迈开快而自信的步伐……我感觉有点儿陶醉了。一年多没听到观众的掌声了，有多想！观众一年多没见到我，他们大概也很想我，那掌声里，有声而又无声地似乎传递给我啦！一个演员，见不着观众，得不到观众的支持是一件多么痛苦的事情，好像……真好像丢了魂似的。这场戏我把对演鸠山的认识以及改进是使出浑身解数融进表演中的，能得到观众的理解和支持，是一件多么快慰的事情。

总之，别看天黑，我的心中可充满了阳光。我感谢党的宽大政策，感谢群众的谅解，感谢周总理的点名解放，感谢江青的评语。终于，我又登上最渴望的舞台，演出了《红灯记》。千丝万缕、说也说不尽的感激之情，汇成一个心愿，坚决站在毛主席革命文艺路线上做毕生的贡献！

这不是冠冕堂皇的口号，想到自己刚五十一岁，体力尚行，要让架子花脸在革命现代戏中更好地发挥作用。不仅是反面人物，正面人物中有多少工农兵形象可以创造，要不停地鞭策自己在艺术创作中永远朝前边站！那真是，我愿在艺术上甩开膀子大干一场的心气儿，用我唱词中"高万丈"三个字便可概括。

我轻轻地推开后院门，后院，院灯亮着，屋里的灯也亮着。

灯是如此亮，也难比我的心里亮！

"爸爸！"听到我推门的声音，孩子们立即欢快地叫起来！

种种感觉让我如醉如痴！马上也想到要低调，有意地嗽了嗽嗓子，稳稳情绪，拉开北屋门。

"爸爸！"孩子们躺在床上都没睡，等着听我给他们讲演出的盛况和感受。见我回来，孩子们马上都要起来。

"别动！都躺下吧，过得去！"

福瑗要下地给我添水，我摆摆手："我自己来吧！"

我抬起脚，脱了鞋，迈过大女儿。再脱另一只鞋扔到地铺外，把脚迈过二女儿，再倒一步迈过小女儿，拖鞋就在小女儿头前的床边放着。我穿上拖鞋，走到横在房子与福瑗床头顶头顺在西墙前最里边我自己的单人床前坐下一沉气，就走进洗手间去擦汗。

在这间十二平方米左右的地方要睡下我夫妇和三个女儿，女儿们只能晚上收起饭桌，在房门口最宽处的地上放个双人床的床屉，姐妹三人挤着睡。

"爸爸！"睡在隔壁的和平、小弟也闻声来到这屋。

和平进门把两只咖啡色皮凉鞋顺好放在墙边，鞋上盖鞋布，和小弟坐在搬到墙边门旁的椅子上。

我端起床边小凳子上放着的沏好的茶，喝了两口："哈！这两口茶，过瘾！"

"是在台上特别过瘾吧！"

"观众指不定多欢迎呢！"

"等你爸爸喝几口茶再问。"福瑗发话了。

我端起茶，又喝了一大口，还没有说话，但从我脸上飞漾出的知足的笑意、幸福之感已不言而喻。

"我们就特别地想知道，当幻灯字幕打出是您演鸠山时，观众的掌声怎么样？是热烈，是非常！"

"照旧！嗯，有过之而无不及吧！"

"这就对啦！噢，太棒啦！"孩子们一起热烈鼓掌。

福瑗也满足而惬意地笑了。

不难理解，观众一看字幕是我演鸠山就有掌声，列入我的罪状，太不公平！

"问题很清楚，这是观众爱看！"

"在家里，你们笑哇、叫哇，高兴很自然，回到部队、回到学校千万不能头脑发热！少说话，多做事、多练功，千万别头脑发热……千万别给你爸爸招惹是非！"

"社会上太复杂了，懂吗？要记住我跟你妈的话！要知道能够这么快点名解放，又这么快重上舞台，这是一件多不容易的事啊！我们得感谢周总理，感谢江青，感谢党的政策！我想……现在也重返舞台了，我们应该写封感谢的信……"

"应该！"

"太应该！"

"给总理，还是给江青？还是全写？"小蓉问。

"吃不准……按说，总理点名解放我，当然得给总理写。我太清楚了！总理管着所有的国家大事，事无巨细，日理万机！要说，读一封感谢信的时间总会有，何况还有秘书。我顾虑……我还是那句话，我是谁？不过一个演员、一介草民……不能攀得太高了……江青呢，她没有职务，文革组长只管文革，我这是文革的事……何况她直接管京剧、管《红灯记》……再说，跟周总理多少年了，在他面前说话，轻松多了，能面谢。"

"干脆就写两份，反正内容一样，都是认罪，感谢解放，表革命决心，不过多抄一份。咱们还有再掂量的时间。"

"你的时间……"

"反正周六可以在家住，甭管写到几点初稿完成，周日修改、抄完为止。晚了，反正骑车，翻铁栅栏门呗！凭我这腿功，三下准过，落地还轻！神不知鬼不觉，进宿舍睡觉！"

两天后，信写好。只给江青的发了，给周总理的没有发出。

我的生活条件也很快得到改善。南池子箭厂胡同五号的房产证早已交给房管局冻结了，房管局照顾我，在和平里给了一套一层三居室的住房，言明不是换房，是租住，每月租金三十多元。我和福瑗商量决定搬家。

我每每会想到南池子的房，它是自己五十年来的血汗积累，是自己的劳动所得！从内心深处实实舍不得再加上无数的不愿搬走。转念再想，全国所有有房产的人家不都把房产证交给国家了吗？房产给自己添加了多少背负不动的罪名，这个资产阶级的尾巴是非割掉不可的！

何况就算把房子还回来，以自己现在的铲光铿亮之能力，根本无力修缮这被拆毁得不成样子的房子，也更无能力把这空空如也的二十几间房重新购置家具充实起来。

原来的中式家具，小将们为破"四旧"全集中堆放到南屋。不知为何，赵燕侠的家具也被运来堆在一起，红卫兵很快就统统拆毁当破烂处理了。

退一步想，即便还有恢复的能力，让伤痕未复，又悲痛、愤慨、羞辱铭心的福瑗继续生活在这样的环境中，使其处处、不时触景伤情，很不利于恢复鞭打至昏给她留下的可怕、难言、仍在折磨她的后遗症！我清楚要使她把这段历史忘掉不可能，我能做的是创造条件令她心中的创伤淡化再淡化……

思来想去，觉得母亲走了，兄姐已独立，住好房之愿了矣，再无后顾之忧。为了福瑗今后的身心健康，为了甩掉被箍、被咒极难再忍的"蜕变成资产阶级"的这顶大冠冕……身外之物，一甩全甩吧！

别了！我就这样带着既惜爱难舍又不得不舍、不得不走，更不敢再留的心情迈出了南池子箭厂五号的家。

全家迁到朝阳区三里屯南十三楼五〇一的一套三居室的单元房里居住。这中间有个小插曲。就在五个孩子带着一应工具去和平里打扫住房，紧紧张张忙碌了一上午，最大劳动量——擦玻璃窗的工作已完成，地也扫净，大功基本告成，趁吃饭时向家中汇报时，没想到房管局又给了一套房子让挑选，下午去看房。五个孩子大笑："义务劳动一上午！"高兴地带着工具回了家。

于是全家人在格局相似、面积相同的两套房中，从安全考虑，放弃了打扫干净的一层住房，选择了高高在上的五层顶楼的住房。

从此我开始了爬楼的阅历，一直爬到八十四岁。

我们一家人对新居极知足，哪怕单元内只两间半房，几十平方米。一间由我、福瑗居住，另一间是吃饭兼放三人睡的一张上下床。下床小蓉、小妹睡，上床小弟睡。那半间是和平与小玲上下床睡，后来岳母来了就与和平同住。饭厅又支起一张单人床给小弟睡，总算把五个孩子都安置下了。

我很高兴，也很知足。两个大些的房间都朝南，阳光充足眼明亮，心里也透着亮。单元房功能又齐全，即使是盖顶的五层，虽然夏天极热，可天冷时，再不用福瑗烧煤火，暖气是连通大使馆的昼夜供暖，房里温度持续在二十五度以上。尤其一根火柴点燃管道煤气，就可做饭，太方便啦！

我和福瑗有一个共识，从住进这新房子开始，就是我们踏上新生活的一个新起点！不要再去心疼南池子房，把房子连同在那里发生的不堪回首的往事，统统甩开，一了百了。正确对待群众运动的秘诀更是一了百了。

从不下厨的我，也耐心地学会了包饺子，此后的几十年中，只要吃饺子，我必担当包的重任，当然还得有别人参与。

十月间，中国京剧院在排《海港》，我接受了演高志扬这个角色。很快，我就到剧场看了盛戎演的《海港》中的高志扬。这个并不太重要的角色，经盛戎的演唱一雕琢，全戏生辉，非常好。我准备用架子花脸再来雕塑一个不同风格的高志扬。

当时还没样板戏之说，高志扬原排是上海京剧院由老生来演，现北京京剧团改由盛戎演了。我打算再改换成架子花脸的演唱风格，因为这位老退休工人胸襟开阔、性格爽朗、爱憎分明，具备改变成架子花脸表演风格的条件。决定主要从念法、唱法上下点儿功夫，塑造这位老工人的形象。

但是，就在我已改动十之八九时，接受了再次复排《红灯记》鸠山的指令。《海港》的高志扬角色就此束之高阁。

然而，我把艺术创作的事想得过于简单化了。实际上，我愿意也罢，不愿意也罢；痛苦也罢，不甘心也罢，我必须执行一条高、大、全的创作思想。

刚刚迈进一九六九年春节期间的一次被江青接见的难忘夜晚。

我家这段波折的经历，也是五个孩子逐渐长大的阶段，家中已形成我的事即是全家极关心的大事。上演复排《红灯记》，江青肯定要审查，这是最重要的大事。不管等我什么时候回来,就是到深夜或天亮也要等,以便能听到我带回来的犹如最高指示的指示。何况这次是要演再次修改过的《红灯记》呢。每天我都在废寝忘食地努力,结果如何,是一家人迫切希望知道的,而且还有一种莫名的忐忑不安之感。

深夜十二点已过,一点已过,两点已过。

福瑗很疲倦了,孩子们更甭提了,虽是都坐在我房里搜肠刮肚地聊天,可两只眼睛简直在打架。小蓉还感冒了,发烧到三十八度多,吃了药靠在我的床上硬撑着。

凌晨四点了,我才上五楼推门进屋。大家见我面有疲倦色,不约而同,心一下又提到了嗓子眼。

家人都清楚,我在工作中或艺术上无论有多忙、有多累,多忙不算忙,多累不算累,总是神采飞扬。那句话了,叫累而不累!如果不顺心,那么忙累之后会顿显疲惫。

他们没猜错。今天我受了批评,虽未点名,却比点名的批评还严厉!

"革命现代戏中的反面人物从来都没演对过!"我听了江青这严厉一指,心里顿时发怵了。

按反面人物戏的分量,座山雕、胡传魁等人物与鸠山相比,鸠山的戏相对要重一些……那么……自然应该理解成是以鸠山为首的都没演对过!我是这样理解她这次的批评指向的。

"从来都没演对过?!那么,应该怎样理解反面人物的表演?怎样才是正确的?鸠山应该怎样演才是对的?"我此时难就难在无法理解,真犹如要去大海中捞针一样的,找不到方向,不知所措,甚至迷茫。

一家人听完也觉得被这当头一棒打得发晕,进而是不服!先甭说别的角色。从一九六四年《红灯记》上演以来,对鸠山的表演都是肯定,这次为何是从根本上又否定呢?!那么"样板戏应该给他记一功",这一功又从何而来呢?要说鸠山的表演还要进一步、要大幅度提高都是应该的,艺无止境。这

"从来没演对过"似乎……

这话出自主席夫人、文革组长之口,专负责排革命现代戏的领导,尤其是一九六六年冬,她在大会堂对全国文艺工作者的讲话。已是"文化大革命"的旗手,显而易见,对我来讲是什么样的分量啦!

要知道,家人理解我对艺术认真的程度,我如何才能心悦诚服地接受今后的改动,是令他们担心的问题。坐在那里,大家一下全蒙了。

春节时,天亮得很晚,七点了,天也还没全亮。议论仍没出个子丑寅卯。

怪了!演了四年的鸠山,这鸠山该怎么演,我反倒迷蒙了。

我从沙发上站起身来,一下子把开了一宿的电灯给关了。屋里的光线自然多了。

"睡觉!这件事不是今天能悟透的,我再多想想!"我使劲儿睁大了眼睛,又使劲儿揉了揉,使劲儿地打了个哈欠,伸了个懒腰大声说。

"唉!爸爸,看来,您理解得执行,不理解也得执行。这是我们队长常说的……"小蓉边下地边说。

"不理解就执行,能执行得好吗?!"孩子们争论着回自己房间去了。

"不理解的,多想想,慢慢就理解了……报上也说了。"福瑷劝慰着下了地,替我把床重新整理好。

"你烧退了吗?"这才又想起小蓉发烧呢,我大声问。

"我爸一说这事,我一着急,这汗,使劲儿往下流,现在浑身冰凉了,挺好。一句话,就能治病!"小蓉走回来站在屋门外说。

"那就快睡吧!明天什么时候起,什么时候算!"福瑷嘱咐。

"明儿中午还吃饺子吗?"孩子们问。

"再说吧。咱们哪天不都是过节!……"福瑷说

"对,天天都是在过节!"

"节,也是'四旧'!没见报上说,过革命化春节吗?工人……还有……

都坚持上班！破！"孩子们争论着。

我再没说话。

一会儿，门关上，大家都睡了。

后来，浩亮传达江青的指示。那时，钱浩梁已被江青在一次接见中改名为浩亮。他说："上边对鸠山的表演很不满意……"

我感到其中大有如改不好，就有换演员之味。

心情紧张的我，并不完全是不愿换演员，而是演不好鸠山，观众不满意，观众不允许，自己不允许，是艺术之心不允许！我怎么对得起解放自己、表扬自己的周总理呀！可这道门槛，我该怎么迈出来再迈进去，又还迈得漂亮呢？……

多少个不眠之夜，想来想去，斗争来斗争去，真是人难由事，事难由人，终是我想出了一个能接受的定位。无论怎样删砍修改鸠山的戏，无论鸠山的戏多戏少，无论在明、在暗，我都要紧紧抓住侵略者其医生、和服、美酒掩饰下的狡诈阴险，侵略者嚣张的本性必败的魂儿！横下心吧，严格要求自己。要用更多的时间和精力积极地去做。多咀嚼词义，精练动作；念白上下功夫，日本人也得让他姓"京"！演这个人物争取让领导通过，最重要的是必须让众多的观众都感到满意才能罢休！

再回忆当时，不觉悟出，这是开始执行高、大、全的创作理论的舆论准备或是前奏吧。此后，果然在"反面人物要为正面人物服务"，"要紧凑"的要求下，开始了大刀阔斧地删节《红灯记》中以鸠山为主的反面人物的唱、念，简化一系列表演。

删节、简化，这是任何一个剧目在修改提高中必需的手段，也并不是说个人的艺术见解完全对，但在艺术观点和处理手法上既不能有不同看法，也不能探讨，只能单面服从，必须按照绝对服从的宗旨去表演艺术、刻画鸠山，这个中滋味……难以言说。

一九七〇年冬季，由八一电影制片厂摄制《红灯记》电影完成。导演成荫、摄影张冬凉将我所饰演的鸠山处理在暗绿光之下，或侧身，或用远镜头。这一切不在话下，难为的是处处要精心以保证戏的质量和达到要求！

《红灯记》电影上演后，观众反映很好，我稍微觉得心里踏实了一些。

就在《红灯记》大修改之后，江青指示中国京剧院要重新排练《平原游击队》。这是自一九六六年被搁浅后，今又得以重提，无疑地，这在我心目中又点燃了新的希望。

不过，编剧人员并未选用中国京剧院的人，而是从广州军区调来一位解放军诗人张永枚同志，被安排在创作组作为编剧执笔。

张永枚同志是广州军区政治部创作组创作员，是优秀的文学创作人才。他创作的《忠于人民忠于党》，是一首唱响全国、唱响军队的优秀革命歌曲，我很喜欢。尤其是他编写的歌剧《红松店》被移植成京剧，曾给吴钰璋排演，我费了不少心血帮助创作唱腔时，认为他词写得很好！而且在当时那种氛围下，永枚同志能把《平原作战》完成实属不易。直到八十年代初，我还拜托他帮我从广州买了台比在北京买要便宜许多的进口彩电。

而我呢，一听要排《平原游击队》，心中的重点自然仍是放在原来饰演的老勤爷身上，每日哼着老勤爷的唱腔，准备再修改。出乎意料，在宣布扮演角色时，我改演日本小队长龟田。我不明白，当年从上到下都夸我将老勤爷演得挺好，怎么给换啦？我不再是当年在科班争演周德威的时候了，哪也没争上。争角色是最没出息的演员！换必有换的理由。冷静而思，演日本小队长龟田的难度对我来讲更大。您想，通常是人物反差大，相对好演。鸠山也罢，龟田也罢，同是日本军国主义侵略者，如何突出他们的个性？龟田只是一个带兵讨伐队的小队长，设计龟田的念白突出粗野、凶残，动作纯日本武士道式，还特带了平头头套以区别鸠山的光头。如何给他们在舞台上更形象化的体现而定性呢？我的"道法"尚缺功力，是在排练中不断认识、理解中才判断出："鸠山是狐狸，龟田是狼！"

此剧难产，从编剧到主演到排练多次推翻，曲曲折折。

初始名叫《平原游击队》时李向阳仍由浩亮饰演,他公事越来越繁忙,剧名改为《平原作战》后就由李光排演了。

写到此时,我的脑海中不停地闪出了住进梅兰芳旧居护国寺一号时,全院同志对浩亮统一称呼一号首长。那时在排练中的他,会严厉地、居高临下的叫停或指导,对我指出:"老海,这里不成,立度不够,还要深挖人物!"

开始我尚奇怪,为《红灯记》立下汗马功劳的编剧翁偶虹是多么好的编剧,为什么这个剧本被束之高阁,再不提起。后来明白了,是为了把原已彩排过的《平原游击队》全部推翻!

《平原作战》直排到跨年几月,十月一日庆祝国庆节首演于人民剧场。

期间,刚迈入一九七一年,《人民日报》公布了召开全国第四届人民代表大会代表的名单。我惊喜地发现自己榜上有名,荣任第四届全国人大代表。心情之激动是难以表达的,然而猛地又发现后面标明自己的家庭出身是资本家。有道是,这一惊非同小可!

今天的读者不会理解这事对我的压力有多大,也许会一笑说,不过如此,何至于此?唉,今非昔比呀!没经历过,哪知在那个年代,家庭成分是可以决定人的一生之路哇!对于我,问题的严重不仅在于此,而在于是否隐瞒了家庭成分,对党忠诚与否的大是大非问题!

看过这本回忆录的人都知道我所走过的路。从一九五一年加入中国京剧院以来所有的表格上,包括自己的入党申请书、触及灵魂的检查、请罪书,家庭成分都填写的是城市贫民。《人民日报》上这参加第四届全国人民代表大会的人大代表大会的名单上醒目地登出的成分,与我自己填写的大相径庭,这还了得!

果然,报纸上一登出,紧接着朋友、近亲们全都来电、来家询问是怎么回事。难怪,这跟他们都有切身关系,有株连哪!

该怎么办?没二话可说,只能逐级向领导、党组织申述,请求调查了解、更正！当然也包括江青，万一她查下来……又落个"纵然浑身是口也难辩清"。这期间，我每晚更是吃定了安眠药，还升级到，常常一片不成，深夜未眠再补一片，实为难免。

一九七二年春，我病了，自己却不知，多亏细心的福瑷在临夏时发现。

那是个周一的上午，福瑷正准备做午饭，电话响了。福瑷接过电话，大吃一惊！赶快给院里打电话找到我，要我马上请假到北京医院去看病。

样板团（那时对演样板戏的剧团称样板团，业内人都简称板团）的称呼已响亮，早已移至魏公村中国人民解放军艺术学校内，我过起了军事化生活。只有每周六下午能回家，周一早晨返回。

以往，我吃饭和家人一样都用小碗，最多再添半碗米饭足够了。现在回到家要福瑷给我换成大碗。岂料满满的一碗饭还不够，又添一大碗！福瑷以为是在样板团过集体生活的关系。

孩子们也开玩笑地说："爸爸，鱼没钓着，饭量可大长啊！"

"嘿！你妈亲自下厨做的饭菜香呗！"

说笑间，都以为福瑷做的小灶饭，没挑，才贪吃了。

逐渐，福瑷发现我还特别能睡。刚过军事化生活时，每周回来，饭前、饭后，全家人在一起聊天，笑声不断地各自述说着一周的见闻。后来，吃了午饭我就要睡，而且是坐在沙发上打个盹而已的午睡，变成了睡到下午五点……晚上照样不到十点就又哈欠连天地要睡觉，显得十分疲乏。

福瑷先以为是排《平原作战》累的，不舍得叫醒我，还嘱咐孩子们轻点儿。也曾问我是否有不适之处。我说，饭能吃，觉能睡，能有什么病？话虽如此，福瑷还是觉得我很不对劲儿，只能更加留意。

终是有一天她收拾卫生间在地上发现了成群的蚂蚁，聚积在偶有尿液之处。这现象一下子提醒了福瑷：听我母亲说，我父亲的去世，和糖尿病有关系。我是不是得了糖尿病？必须排除一下，于是让我留样。早晨，我回院里，她把样本送到楼后的三里屯门诊部化验。不大工夫，门诊部化验室来电话告诉说，我空腹尿糖很高，而且酮体四个加号，应该马上住院治疗！

一九七二年，我罹患糖尿病，九十年代末期以来每日饭前都要打胰岛素

我到北京医院经化验检查，确诊是患了不轻的糖尿病，立即住院治疗。我没有行政级别，不能住干部病房，只能住普通病房。病房的医生、护士们对我都十分喜爱，担心安排到五六个人的大病房内影响休息，特意给我临时腾出一个二人间的床位，与一位比我年长几岁的民主人士同住。

尿中出现酮体，对糖尿病病人来讲是很危险的，标志着人体有中毒迹象。住院后立即点滴输入胰岛素，我的血糖很快下降了。

傍晚时，我心跳突然加快，浑身出汗，头晕、恶心、呕吐。这是血糖低的表现，医生马上又给输入葡萄糖……

我活了五十多年，发过几次烧，可这一刻，才算是领教了生大病的滋味喽！

福瑗到医院探望时，医生很郑重地告诉她，我患了较重的糖尿病，今后要严格控制饮食，否则会随时反复。患了这病，不会一时致死，但是要严防并发症。若引起并发症往往难以控制，而且……

说到此，医生很是吞吞吐吐……

七十年代，糖尿病尚不普遍，大家对这病虽知又不甚知。

福瑗问："听我婆婆说，这病让人没力气，世海演戏很累……"

"没想到，您很懂，是。我要告诉您，就是要做好充分的思想准备，今后……袁老恐怕不能再上舞台了……"

"有这么严重?!"这可极出乎福瑗的意料。

"您想，糖尿病人的食量很严格，一顿不能超过二两。而且这种病乏力，他怎么去演那么累的戏，承受那么大的消耗呢！"

"……最好先别告诉他，我怕……"

"我们原定只告诉您，袁老再三追问病情、预后，而且说，他现在任务很重，出于工作需要和工作安排，必须向他讲清楚……我们只好都向他说明了。"

福瑗知我嗜戏如命，心里不由得大叫一声，坏了！以后不能再上舞台的消息会使我在精神上受多大的打击，多不利于病体的恢复……福瑗立即忧心重重地问医生："他听了之后……"

"我们也正有点儿奇怪，袁老听了只问了一句，有如此严重？他的情绪没像我们所担心的，依旧谈笑风生……"

"您可能说得很含蓄，他没理解……倒也好！"

"跟袁老说的和向您说的一样，不太可能没理解。"

福瑗将信将疑回到病房，我正和同病房的老先生高谈阔论。

福瑗不好插话，又不好问话，就托词该回去了。我只得停止谈话，出病房送她。

"你的情绪不高，是不是医生跟你讲了以后恐怕不能再上舞台了？"我问。

"讲了，你怎么想的？千万别想……"

"没有千万……我全想得通！"我很果断。

"不能再上舞台了也想得通？"

"当然——那是不可能的！医生的话，要听，但绝不能全听！医生讲的是病的共性，而我有我的个性……"

"什么时候了，你又谈《矛盾论》，我知道你在那儿学得认真！说眼下……"

"学以致用！我说的就是眼下！得了糖尿病的，恐怕是有可能上不了台，可不一定所有得了糖尿病的，全上不了台，我就是具有特殊个性的能再上台的一个！"

"凭什么，这么说？"

"一、凭我有坚定的信念！我这辈子就会唱戏，只要活着，艺术生命不能就此为止。不能唱戏就没了活头，所以艺术生命不能就此为止。二、凭我从小就练童子功，还……"

"吃奶就吃到三岁……"福瑗的心情显然已被我说得见好转了。

我扑哧一笑："没想到这儿，你说了算，就算一条吧。我要说的也是身体素质好，这么高的血糖，我是很疲乏，但我还是能坚持，而且不是坚持一天两天，从有感觉起粗算也有两三个月了吧？这期间，我不断在上台呀。《红灯记》演过，《平原作战》演过，排比演更累！哪天不都是紧紧张张。现在通过治疗，能控制了，只能更好转、更有劲儿，怎么会反倒不能上台了呢？这就是我心里沉得住气的底牌。有道理不？"

"嗯，好再只演《红灯记》《平原作战》，你的戏不多了，又不勒头，又不穿厚底的，先从身上卸掉行头就减……几十斤的重量。"

"何况，我会积极和医生配合，听大夫的话控制少吃主食，增加运动量，保持心情舒畅。现在正病中，每天先散步一小时，然后随着病情好转，全面恢复练功！我一定要战胜糖尿病，一定上舞台！《平原作战》剧组来看我，一是慰问，二是告我上边有指示：《平原作战》继续修改，准备拍电影。我也是这么说，保证误不了。你呀，把心放在肚里，就'眼观旌角起，耳听好消息'吧，我不日即可出院回团，上台！"

听此话，福瑗一惊："你？！居然还敢念曹操的词？千万别老顺口溜，家里还没得踏实呢，明儿又招得风波再起，你检讨都来不……"

"你又不是外人！"

"都一样，说惯了，就控制不住了。"

"好，记下的了。"也是传统戏中的词。

"看，又来了！"

"唉，唱了半辈子，词……老往外冒……"

"想想舞台，想想家！"福瑗嗔怪后稍停又说，"看来，控制饮食，对你太重要了，我马上回去找医生要一张饮食表……"

"我早问好了，出院得将血糖控制到正常范围，出院的时候医生都会给。……哎，你知道吗，小宋……宋玉庆也来住院了，他的音带长小结，也很着急，我劝他要有信心。他住那边干部楼，我去不大方便，每天早上他来这边散步，我们常在一起聊天。"

"他怎么住……"

"工作需要！我住这儿不是很好吗？你看见了，大家都对我那么好。和那位老兄聊天，我很长知识，应该说长学问！"

二十多天后，我出院回家调养。

福瑗千方百计精心地按照糖尿病人的高蛋白、低糖、多蔬菜的要求准备我的三餐。我坚持每日晨起都做化验。当受热试管中的液体呈天蓝色时，我会高兴地举着试管跑遍三间屋子，让在家的所有人都看看。

然而，血糖的控制并不是像我所想象的那么容易，时常反复。有一次那液体居然变成浑绿偏橘色，我怕大家看见，跟着着急，迅速倒掉，坐在沙发上百思不得其解，正努力回忆着昨天吃了什么引起的。

"尿糖高了吧?"不一会儿，福瑗就来问我。

"你怎么知道的?"奇怪极了，我严密地防着她呢，除非她背后有第三只眼。

"没举着结果让人看，那就是高！"后来的多少年，这都是我惯用的小把戏,也是福瑗十拿九稳的正确判断。

"服了。"

"我想了,昨天的小水萝卜吃多了!"福瑗说。

"水萝卜,又不甜……有那么灵?"

"你打电话问问医生吧。"

医生回答得很干脆,水萝卜没吃出甜来,不等于它没有含糖分,多吃自然会使尿糖升高。

弯路虽有,由于更严格地控制"进口货",血糖、尿糖总算日趋稳定。

半个月后,我如愿以偿地回团工作了。

为了保证工作,样板团特为给我安排了糖尿病饭食,增加了高蛋白类食品。

我很快又走上舞台照常演出。

一九七四年,我顺利完成由八一电影制片厂摄制《平原作战》的工作。该电影由中国京剧院集体创作,张永枚执笔,导演崔嵬、陈怀皑,摄影张冬凉、韦林岳。我不但顺利完成了电影的拍摄工作,并且随团到各地演出。

自一九六九年至一九七四年,几部样板戏电影摄制完成。期间,每部电影都是无数次的审查、无数次的修改。

一九七〇年,由北京电影制片厂摄制,导演谢铁骊,摄影钱江,完成了《智取威虎山》;由八一电影制片厂摄制,导演成荫,摄影张冬凉,完成了《红灯记》。一九七一年长春电影制片厂摄制,导演武兆堤,摄影舒笑言,完成了《沙家浜》。一九七二年长春电影制片厂摄制,完成了《奇袭白虎团》。一九七三年,北京电影制片厂、上海电影制片厂摄制,导演谢铁骊、谢晋,摄影钱江,二次完成了《海港》;北京电影制片厂摄制,导演谢铁骊,摄影钱江,完成了《龙江颂》。一九七四年,北京电影制片厂摄制,导演苏里、王炎,摄影李光惠、王雷,完成了《杜鹃山》;八一电影制片厂摄制,导演崔嵬、陈怀皑,摄影张冬凉、韦林岳,编剧中国京剧院,张永枚执笔,完成了《平原作战》。

　　当然今天来看，再清楚不过了。这是自这些现代戏问世以来做了实质性修改完毕拍成电影，即是江青应用高、大、全艺术理论完成使其称为样板戏的全过程。

壹肆陆 喜相遇 互诉衷肠

我的家庭成分，经调查已确认为城市贫民。酝酿已久的第四届全国人民代表大会终于在一九七四年召开了。

深感荣幸的我按照座位上所标姓名刚要坐下来，一位匆匆而来的人要坐在紧邻的座位上，我连忙站起，不由得四目相视。

"哟，没想到！"

"哟嗬，真没想到！"

"难得！"

"难得！"这是我和侯宝林见面时，刹那一愣之后的共同语言。

我们相握，直握到两人都坐到座位上，还没舍得松开。老朋友的不期而遇本就是一件极为愉快的事，更何况在那极特殊时期的相见，都有恍若隔世之感，一下子就变成零距离，有说不出来的格外亲切之感。

"您瘦了！"

"您瘦了！"我们共同问对方……

"我得了糖尿病!"

"我刚从干校给叫回来……还晕着场呢……"侯宝林趴在我耳边小声说。

以往只要看到宝林一挑倒八字眉的满面严肃,我就想笑,这会子宝林更是正正经经,我却毫无笑意了。尤其见他面上还带有几分惊魂未定的神态,我情不自禁地又抓起侯宝林的手紧紧地握了几下:"莫怪,咳!幸会、幸会呀!"我还能说什么呢。一个"莫怪",一个"咳"全涵盖了。

"哎呀,做梦也没想到,这一口气能喘进人民大会堂来……"我深知,他不是想抖包袱,然而被周围喜庆、隆重的环境所感染稍有放松的下意识抒怀的一句话,被职业所造就又抖出没想抖的自然包袱。这包袱是那么的贴切,没等他全说完,我已被他逗得哈哈大笑。

宝林也咧开嘴舒心地大笑了。

侯宝林在四十年代与郭启儒合作时,就和小蘑菇在天津同台,我们就都是相识的老朋友。他和小蘑菇一样都是自成流派,各成大家。

要说,我和小蘑菇更近些。因我曾热情地找北平大观楼影院经理孙楼东帮忙,成全了小蘑菇欲到北平演出的想法,而且很受北平观众欢迎,满意而归。

新中国成立后一九五〇年他们的相声改进小组不但受到相声演员们的拥护,也得到包括老舍、吴晓玲先生等人的支持和帮助。他们始终在为改变相声粗俗风气,立高雅情趣、质朴格调、正派台风而努力,并赢得了广泛赞誉。

近几十年工作忙联系少,可我及至全家都非常喜欢侯宝林的雅而不俗、笑能不止的相声风格,喜欢他善于模仿各种方言、吆喝叫卖、学习地方戏剧的表演,成了侯派相声的粉丝。

五十年代,母亲逢话匣子里播放他的相声就把声音调到最大,全院都听得真真的。顽皮的孩子们不论是吵架还是在一起疯玩都会停下来,安静地坐在院里静听,随之大笑……我养病不演出的那阶段,母亲见孩子们看戏的机会少，每周末晚上都带着四个孩子去前门迎秋小剧场听他们相声专场。庆丰也真有本事，一车能拉五口，他让小妹坐在母亲腿上抱着，小蓉塞在侧旁，小弟、和平两个并蹲在车斗里……

大家都知道南城是梨园之家，那么宣武门、菜市口一带，更是梨园界人士密集如云之地。

许多梨园界家属都是能人，侯宝林夫人就是其中的一位。

一九五八年"大跃进"年代，文化活动也在跃进。在菜市口宣武区俱乐部的一场演出，第一出《豆汁记》，就是侯夫人饰金玉奴。可巧后边的《打渔杀家》是福瑗的两个姐姐，大姐迟温媛演萧恩，二姐迟淑媛饰萧桂英；最后的大轴是《大登殿》，马玉瑛饰薛仁贵。她们是文艺界家属生产小组的，居然把福瑗也鼓动上了台，参加了这场宣武区业余票社的演出活动，她只能在剧中扮了个宫女。

四个孩子闹着看这场戏哪还顾得上吃晚饭，早早地、高兴地拥着福瑗轰轰烈烈地大喊着："爸，您慢慢吃，我们看我娘的戏去喽！"威风凛凛地走了。

待我也演出回家，孩子们振振有词地夸福瑗的扮相如何俊美；夸侯夫人很会演戏，而且嗓子宽亮；夸她们的大姨妈演《打渔杀家》的萧恩如何唱得有味，简直是角儿；二姨妈演旦角，饰萧恩的女儿萧桂英……全是嗓子扮相俱佳的行家里手。当然啦，他们多多少少都学过戏。唯独福瑗是一句不会，算是首次登台亮了个相吧。

大家会说，怎么把侯宝林也算成梨园界？没错，您别忘了他刚刚十一岁，就拜阎泽甫为师，学京戏。每天到天坛喊嗓子，要说云手、起霸这类京剧表演程式，都不在话下。后来改行学相声，拜师三十年代京城著名的"相声五杰"之一、享誉京城中善学麒派的朱阔泉先生。这也是后来他在相声中能惟妙惟肖地演绎京剧的由来，不枉侯老弟的京剧麒派学得十分到位！

我们由衷的笑声立马将那一页的烦愁苦痛翻过去了。

当然翻过去的只是情绪、事儿，在那阶段却难不再提。

"我在'牛棚'刚能回家时，孩子们为逗我高兴，讲了您不少笑话……"我靠近他小声说。

"笑话？……"

"说您叠了各种尺寸的纸帽子，挨斗认罪的时候，就从兜里掏出一个，吹成帽子，不由分说自己给自己戴上。随着罪股增大，纸帽子也越换越大、越换越高……"

"没，没没，我敢说，没有。好劲的！那阵势，丢点儿的精神准备都没有，吓着了我！再说，我哪儿敢？哪敢……对抗群众运动……"

"还说，有一天要斗您，结果没来斗，您说'得，等了半天白等了……'"

"这倒……或许……说过，也无意中……"

"不管怎么着，我真是被逗笑了，那阵子，我都快忘了什么叫笑……"是呀，在那种时刻，不论什么事，哪些为真、哪些为假，并不重要，能引发不再笑的人笑了，而且笑得情不自禁，该多么需要哇。

"不管怎么着，咱们面儿没见着，您打'哇呀呀'的声儿够大，我可听得真真的！"

我知道他是在指我挨批斗时摔黑牌子、摔砖的事。想问连这你也知道，一看他那满脸严肃的神情，话还没说出就忍不住笑了，他也笑了。

"咱俩是我大您一岁，还是您大我一岁？"好一会儿，我们才止住笑，我问。

"这还能忘？您兄弟宝堃属狗，比我小五岁，我蛇尾巴，您龙头！咱们比过多少回的……一晃三十多年喽！"

一句话引起我的沉思：宝堃参加赴朝慰问团，在朝鲜战场上光荣牺牲，为国捐躯！都走了整二十年啦，他如果活着，该有多少造诣……今儿也能坐进大会堂……惜哉！

"你们板团现在排什么哪？"

"我们？外甥打灯笼，《红灯记》《平原作战》……"

"叫我回来，说要录资料。"

"京剧也要录……"

大会即将开始，我们终止了谈话。

随后给侯宝林录制了《改行》《普通话与方言》《关公战秦琼》《婚姻与迷信》《酒鬼》《买佛龛》《卖布头》《卖马》等段子。太宝贵啦，无论是收音机、电视播放，我和大家一样百听、百看不厌。特别是福瑷，逢我外出，她一人在家，开开小半导体，更是段段不放过。

话未尽，休息时我们哥儿俩又接着聊。我提出，这么大喜的日子，怎么也该讲上一段乐和乐和，算是能对"一口气喘进人民大会堂"留个纪念！

宝林挑起那一字眉，满面严肃地刚要讲……

"且慢！讲我没听过的！"

"好嘛，什么是……呵、呵，没听过的？出难题！……"

"好！我退后一步，起码是在市面上没流行过的！"

"这倒所见略同！"

侯宝林娓娓道来："从前有个书生，自认为满腹经纶，可是又屡考不中，很是纳闷儿。有一天他到集市上，看到一家门首挂着一个匾额，上书五个大字'诗大夫门诊'，心想，或许我的诗里有什么问题，应该请诗大夫看看，于是就信步走进了诗大夫门诊。

"书生开门见山地问：'您是诗大夫？'

"坐在桌前的一位老先生回声应答：'我就是。你有什么病呀？'

"书生说：'我有几首诗请您给诊断一下，看看有什么毛病。'

"老先生听后十分诧异，又想，且自由他，听听再说，于是就问：'怎样的诗呀？'

"书生说道：'第一首是这样的：清明时节雨纷纷，路上行人欲断魂。借问酒家何处有，牧童遥指杏花村。

"老先生一听这明明是无人不知、无人不晓的名句，他怎么说是他的诗哪！于是明白了这书生肯定是个白痴。于是就佯做给他看病的样子说：'你这诗有点肝火太盛，需要泻一泻。'

"书生问：'怎见得呢？'

"老先生说：'你看第一句清明时节雨纷纷，清明本身就是一个节气，后面又跟着一个时节，这不重复了吗？第二句路上行人欲断魂，行人都在路上，路上走的都是行人，何必还要路上行人呢，这不又重复了嘛！还有第三句借问酒家何处有，打听道路，完全可以直接打听，何必要借问呢！所以这借问是多余的。'书生听到此连称：'是，是。'后又问：'那第四句呢？'

"老先生说：'这第四句更是有问题。你想呀，牧童遥指杏花村，问路，谁不告诉你呀，为什么一定是牧童呢？所以牧童也是多余的！'

"书生说：'大夫，您说得太对了，可这诗怎么个泻法儿呢？'

"老先生说：'容易。其实，你只要把每句诗前两个字去掉，就可以了。'

"书生默默吟读道：'清明雨纷纷，行人欲断魂。酒家何处有，遥指杏花村。'书生默读后连称：'好，好。'书生又向老先生求教道：'我还有一首，向大夫请教。'

"老先生说：'你说说看看。'

"书生说道：'久旱逢甘雨，他乡遇故知。洞房花烛夜，金榜题名时。'

"老先生一听这明明也是家喻户晓的名句，怎么他又说是他的呢！且诌给他听来，看他如何以对。

"老先生说：'你这首诗，需要补。'

"书生说：'噢！何以见得呢？'

"老先生说：'这是说四件大喜事。可是，你看，第一句久旱逢甘雨，久旱，多久算久旱？一年、两年，还是十年、八年，没有定数，如果是十年久旱逢甘雨，那才是久旱呢！第二句他乡遇故知，他乡，十里、八里的他乡遇故知，不算什么，如果要是在万里之遥相遇，方才是喜出望外的高兴之事呢！第三句洞房花烛夜，也很平平，因为人人都有洞房花烛夜，没什么新奇的，如果是和尚也能有花烛夜，那才是一大喜事呢。'书生越听越入神，连连点头。

"老先生接着说：'第三句金榜题名时，金榜题名当然是喜事，但也不足为奇，如果是多考不中的辍生得以金榜题名，那才是一惊喜呢。'书生听后说：'大夫说得太对了，我受益匪浅。'

"接着书生又说道：'我还有一首诗，请大夫诊断。'

"老先生想反正此时没病人，待着也是待着，没事就跟他胡侃吧，于是就应声说道：'说说吧。'

"书生说：'亭钉挂景春，井竹笛我心。况嫂碧簪假，肉妹坠真金。'

"老先生一听，如坠深渊，不知所向，忙问：'恕我才疏学浅，这诗是什么意思？'

"书生解释说：'第一句是说，我家后院一个亭子，亭子的柱子上钉着一个钉子，钉子上挂着一个表现春光的一幅画。第二句是说，在亭子的旁边有口井，井边种着很多竹子，我折下竹子用它做了一个笛子，做好后，一吹，我心情很高兴。第三句是说，我二哥的爱人，也就是我嫂子，头上戴的碧玉簪是假的。第四句是说，我内人的妹妹戴的耳坠子是真金做的。'

"书生讲完，问老先生：'您看，我这首诗是需要泻呢，还是需要补呢？'

"老先生说：'你这首诗既不需要泻，也不需要补，只需一贴膏药即可。'

"说完老先生起身往后院走去。

"书生忙拉住老先生，问：'我拿膏药往哪里贴呀？'

"老先生头也不回地说：'回家贴在嘴上。'

"书生还问：'哪干什么？'

"老先生已经转入后院,从后院传出:'不许放屁!'"

听者的笑声之大,大出我的意料。原来凑过来的"听众"已是里三层、外三层的了。作为我和侯宝林,尤其宝林更是个公众人物,很快引起大家的注意围了上来。

我回家后,讲给福瑗和孩子们听,讲给亲朋好友们听,谁听后,谁都被引得笑声不断,赞口不绝!后来只要遇到一些文墨不通类的笑谈时,都会把这段故事选一节说上一说。

真是呀,这段单口相声,足以说明宝林把语言研究得很深透,称得起语言精到,莫怪后来能走上大学讲堂,打响文艺界演员走上大学讲堂的第一炮!宝林走到哪里,就给哪里的人们带来欢乐的笑声!佩服!不愧被誉为相声界的一代宗师。

宝林一九九三年春节期间走了。我把这段故事写在书里,好把他的笑留给人间做一纪念!

开会了,我看到一年多未见的周恩来总理。我忘不了,那还是一九七二年我出院不久,周总理曾陪外宾去看戏,大概是《平原作战》,反正就那两出之一吧。演出结束,照例上台和我们演员握手道辛苦或谢谢。周总理和我握手时,说:"你怎么瘦了?要注意身体!"我感动得难以言表了。患糖尿病的人,肯定是瘦了。我瘦得并不十分明显。尤其勾着脸谱更不十分明显,周总理观察如此细致,说明关心无微不至!是厚爱!可是……之后,周总理没有出面陪客人去剧场看戏,报上也没有周总理的影像。特别是听说了周总理患病的小道消息后,我不敢相信!更盼望着借参加这次人代会能见到周总理。果然见到了!

从我的座位看不清面庞,周总理登上主席台时看上去步伐依旧,做政府工作报告时的声音也铿锵有力。我深感欣慰!但还是感觉周总理瘦了!第二天从报纸上一眼看去,他原来穿得那么合体的中山装的领口、衣身很显肥大……瘦得十分明显！我很动心，更担心！

分组讨论会上，我得到证实。邓颖超邓大姐参加了我所在的文艺组。大家都关心着周总理的身体状况，趁休息围着邓大姐问长问短。邓大姐摇摇头说："不容乐观……总理的身体是采取保守治疗，是得到了控制。"大家听后既担忧，又期盼，都由衷地希望周总理早日恢复健康，多次诚心地拜托邓大姐给周总理带去大家最诚意的问候和祝福。

此后，我再没有见过周总理，非常盼望着周总理能陪外宾看戏。自己注意血糖调控，眼见得又丰满了许多，好让总理看看！盼哪、盼哪，没想到，盼来的竟是悲痛彻腑的噩耗！

连日来，我头晕不止，参加完周总理的追悼会后，马上去北京医院看病，血压升高很多，只能在家卧床休息，降压，降、降、降不下去……

壹肆柒 拍资料 长影结谊

  福瑗在睡梦中，忽感地动山摇而被惊醒。蒙眬中，她急睁眼看，灯摇、房晃、床身摇，暖壶、镜框当啷乱响……想起身却坐不起来，不由自主地又躺下了。是地震！一九六五年曾有过，一瞬间，没这么厉害。家在四层上，纵使震得楼塌了，也难下得了楼。躺下索性就躺下吧！不塌，算命大。

  一九七六年，强地震头一次波及北京这样厉害，大家毫无一点求生知识。

  "大妈，大妈！我害怕，天要塌啦！"二十岁小保姆的哭叫声传了过来。

  "找我来，地震，别害怕！"

  说时迟，那时快，小保姆连跑带蹿地跑过来，还没迈进屋门就被摇晃了个跟头，爬到福瑗床边。福瑗拉着她的手，拍拍她的头："甭怕！"

  "您不害怕？"

  "是福不是祸，是祸躲不过！一会儿就好啦！"

  两次连续地震将过，窗外传来嘈杂的叫喊声和人们跑下楼梯的声音。

  "大妈，人家都跑了，咱们也赶快跑吧！"

"天还没太亮,跑哪儿都不如在家……你把被子拿过来,在大爷床上躺着吧!"

这是在一九七四年时,因为我家七八口人住三间房本就拥挤,眼看两个儿子都到了结婚年龄,给调整住房,搬到南三里屯二十七楼四层,三个两间单元。房租多了,可住房宽松了,只是楼层高了些。房管局同意待我年高后再往低层调。我和福瑗更知足了。

福瑗难再入睡,想到我去长春电影制片厂在和高盛麟录制传统戏《汉津口》《古城会》等资料片已有一段时间了,最好晚些时间再回京。

福瑗再看小保姆,刚还哭喊着害怕,转眼已进入梦境了。孩子就是孩子!

此时,我们拍资料片的工作正在紧锣密鼓地进行着,听说北京闹地震,着急,也只能打电话了解,听到全家平安也就少安毋躁地投入工作。八月归来,北京仍未安定,我们又到舅兄家——已搬到魏公村的中国京剧院内宿舍住了几天,太给舅兄一家添麻烦,索性又搬回家中顺其自然。

拍资料片,从一九七四年就已经开始了。听说,有一次毛主席想听一出高派独门戏《逍遥津》。于是就调中国京剧院李和曾演了这出戏。虽说这在当时是件绝密之事,但事后京剧界几乎无人不晓。

我听到此讯感到传统戏恢复有望,闲来背传统戏时间更多了。果然,逐渐将一些传统戏都录制成资料。中国京剧院由阎世善负责,和曾录制《斩黄袍》,少春录制《闹天宫》就是在那个时期。也就在录制《碰碑》的同时,中央台电视台在休息室里挂了黄色幕布给侯宝林、郭启儒录制相声段子。拍资料录制的面逐渐加大,长影、北影都开始接受任务。

北影录制了余大陆主演的《长坂坡》,赵燕侠、宋丹菊主演的《辛安驿》,李宗义、李慧芳主演的《盗魂铃》,张云溪、张春华主演的《三岔口》,李和曾、张春孝、耿晓云主演的《辕门斩子》,赵燕侠主演的《红娘》,刘秀荣、张春华主演的《小放牛》等。八十年代后有的陆续在电视节目中播放了，有的还一直没和观众见面。

这件事，不管是单纯资料收集也好，还是后来制成DVD市场流通也罢，大有好处：一是恢复了传统戏，尽管是极少的一部分。二是七十年代，演员们还未进入老龄，尚有生龙活虎的当年之气息，还给了大家渴望已久的艺术生机。最重要的是为此从干校中解脱出一大批演职员，侯宝林是其中一位，李少春恢复练功都能过跟斗了，张云溪、张春华、赵燕侠，均是如此！当然还有电影界的众多名导演、名摄影……

我和盛麟哥儿俩一起在长春电影制片厂拍《汉津口》就遇到这种情况。

拍摄这个戏，选派的导演是一位女同志。这位三十多岁的女导演对工作非常认真。因为是拍京剧艺术片，必须对京剧有一个熟悉的过程。她很能和盛麟、和我沟通，很虚心地接受一些京剧的知识，了解其艺术特色。如何分镜头、如何拍摄好人物特性，所以拍摄工作进展很顺利。但是，我逐渐发现，她不时流露出压抑之感。吃饭时，她只一个人单独吃，无意中我还发现她吃得非常不好，仅一些清水白菜……我想，导演的工作极累，只吃这样的饭菜怎成呢？就把自己那份鱼或肉分给她。她怕挨批评无论如何也不肯，我坚持着，最后还是给了。之所以我有此待遇，是因为所患糖尿病给多加了高蛋白以适应身体需求。

过后一了解，原来这位女导演是位革命学者的女儿，毕业于北京电影学院表演系。曾演过《她爱上故乡》《暴风中的英雄》等影片，任女主角。后来调到长春电影制片厂历任助理导演、副导演、艺术片室导演，目前仍处在专政中。考虑到《汉津口》京剧戏曲艺术片的重要性，才对她控制使用的。

从同情和工作出发，我坚持把我的菜送给她。

八十年代，我看了电视剧《四世同堂》非常喜欢，只要有机会准坐下来看。这是一部朴实贴切，充满老北京风情又有时代感的、难得的好电视剧。片中请了我和福瑷在天津结识的老朋友小彩舞唱主题曲，尤其敢于挑选几位京剧演员李维康等任主要演员，她们在电视剧中完全放下了京剧程式化的表演，十分成功。另外，扮演大赤包的演员更是把这个人物演活了。

我感到这位导演非常有眼光，实在高明！这才注意到总导演是林汝为，哈，她不就是那位拍《汉津口》的年轻的林导嘛！真不简单，佩服！《四世同堂》获得第六届全国优秀电视剧"飞天奖"电视连续剧特别奖、第四届大众电视"金鹰奖"优秀连续剧。

我搬到木樨地两年之久才和这位林导在住所相遇，方知我们原来同住一座楼，只是不同单元而已！她很忙，我们约好有时间一定好好谈谈。

盛麟兄自一九六二年四月与张君秋互换，张君秋到盛麟兄所在武汉京剧团演出。盛麟北上与北京京剧院联合演出，与盛戎合演《盗御马》《连环套》《盗双钩》，深受北京观众欢迎。续演时，盛麟前演《挑滑车》，又和盛戎演《长坂坡》，一晚双出。最后一场，演了他的拿手戏《走麦城》。获当代杨派武生之美誉，堪称轰动京城！内行们称此次演出为"走马换将"。知根知底、看着他长大的萧长华先生在《杂谈高盛麟的艺术》中赞他功底深厚扎实，靠功尤精，功架稳健大方，不仅擅长靠戏，短打、箭衣、红生甚至武净。擅演剧目有《挑滑车》《铁笼山》《英雄义》《艳阳楼》《走麦城》《连环套》《潞安州》等。表演严谨洒脱，台风极佳，且有一条耐唱的好嗓子，老生戏亦精，誉他为当代杨派武生典型。

六十年代中期，盛麟兄在武汉京剧团还排演了现代戏《豹子湾的战斗》。一九七二年被调入中国戏曲学院从事教学工作，数年来培养了不少武生演员，青年武生刘子蔚即是一位。

可惜呀，我们拍《汉津口》《古城会》，盛麟兄再不能以其最擅长之威武的红生关羽与我同演《华容道》一折。他患病虽是恢复大半，已是手难离拐杖了。一九八四年在祝贺富连成八十周年纪念演出《群·借·烧·华》时，只能以我这小盛字、大世字领军世、元、韵诸位。更记忆犹新、痛楚难忘的是在一九八九年正月初八，闻听到盛麟兄去世的噩耗。

正月初九，就是我的生日，孩子们前来祝寿。难过与思念让我难提一点儿精神……我的盛麟兄！……

迎春

YINGCHUN

壹肆捌 《闯王旗》久盼甘雨

迎来一九七七年的国庆节，在这全国人民粉碎"四人帮"一周年的日子里，中国京剧院以优秀中青年演员杨秋玲、刘长瑜、张春华、李嘉林、俞大陆等担纲主演，搞了一部表现义和团妇女反帝抗清的历史剧《红灯照》，这是当时一出精英荟萃、阵容了得的新编近代史剧目。这出戏，一与观众见面即深受好评。尤其是在十年文化艺术的禁锢、文化生活极度匮乏的当下，尤为受到观众及各级领导的重视。

其实，这出《红灯照》能在"四人帮"倒台一年后就与公众见面，据后来中国京剧院院长吕瑞明介绍，其中也有段插曲。

最初提议编演这出戏的是毛主席。一九六四年，在中南海的一次联欢会上，毛主席向中国京剧院的演员谈起，在义和团运动中有一支年轻的妇女队伍，她们在月光下举红灯习武，立志赶走洋人推翻西太后，是个很好的戏剧题材。剧院领导得到这个信息后，曾组织力量赴天津调查、收集素材，但由于当时江青插手文艺工作，在大力扶植革命样板戏的政策背影下，传统戏从一九六四年起停演，像《红灯照》这种新编历史剧难以存活，此事便被搁置了下来。"四人帮"倒台后，剧院群众旧事重提，强烈要求排演毛主席指示的剧目。后由著名剧作家吕瑞明、阎肃联袂执笔，创作出《红灯照》剧本，由著名导演李紫贵执导，很快公演。中央领导、在京的政治局委员都来到人民大会堂小礼堂观看这出《红灯照》。

这次演出，我接受了陪同小平同志看戏的任务，也是我和他面对面接触的第一次，是让我重又对传统剧目寄予光明前途的一段充满欢欣、美好的回忆。

小平同志向陪同他看戏的我笑着打招呼："您好您好，咱们坐下看戏。"可惜，开演的铃声响了，淹没了我的回应。

小平同志对这出悲壮的剧目看得非常认真，几乎没有说话。

难忘的是演出结束后，叶剑英、邓小平、李先念等领导同志和在京的政治局委员接见了剧组主创人员，对这出新戏的创作演出给予了积极鼓励和肯定。谈话间，小平同志向杨秋玲提起六十年代初她和京剧院四团的演员随周总理到缅甸访问演出的情景，现场气氛一下子热闹起来，很多同志感叹：小平同志思路敏捷、睿智，记忆清晰。

轻松的气氛中，杨秋玲——中国戏曲学校优秀毕业生、优秀的中青年演员，在六十年代饰演《杨门女将》中穆桂英的她，直爽地问："《杨门女将》这样的传统剧能不能演？"

这是十余年来压在演员——实际上是整个京剧界、戏曲界，甚至全国文学艺术界人士心头的既困惑又难解，郁闷已久的一个大问题。随着"四人帮"的倒台，被这个压制十几年的问号，终于，她有代表性地向最高领导、最信任的领导提出来了。

小平同志、李先念同志都明确表示：这个戏很好，当然可以演。

"可以演！"这一句"可以演"犹如铿锵掷地、震天之声，彻底粉碎了

"四人帮"倒台一年多来仍牢牢箍在思想上、行动上,使各门类艺术仍不敢越雷池一步,处于徘徊状态的这一禁锢中国传统文化的禁令!

样板戏虽然已经淡出舞台,但仅仅新排或恢复了一些如《蝶恋花》《杨开慧》《刘胡兰》《洪湖赤卫队》之类现代题材为主的剧目。近代的历史剧《红灯照》等不过为传统剧目之凤毛麟角而已!

这回可好了,终于听到渴盼了十余年来拨乱反正的答案,终于使我国文学戏曲艺术重新回到正常的轨道运转,健康发展!历史剧、传统戏能光明正大恢复上演,久违的多少好的优秀传统剧目再次焕发出各自的光彩,重现于中国各种艺术形式的舞台上,重现于中国人民的文化生活中,京剧艺术的命运也从此成了关键的一个转折点。

这是件多么振奋人心的大喜之事!岂止是我及在场的演职员们激动、兴奋,尽情地鼓掌,这喜讯像春雷一般响彻祖国大地,全国的文艺工作者们情不自禁、喜不自禁地行动起来!各地纷纷恢复传统剧目的京剧,又承载起展现五千年文明古国历史文化的重任!

这件事时至二〇〇〇年,中国京剧院的员工们还对二十多年前小平等中央领导观看《红灯照》的情景津津乐道,大家坦诚而言:小平同志一生与京剧界接触不多,"文化大革命"前主要是周总理在关注这项工作,改革开放后小平同志日理万机,精力放在国家经济命脉上。一个最普遍的说法是:"百废待兴,他哪儿有时间看戏呀?!"实际上关键时刻邓小平同志关心着京剧,对京剧的解放功不可没!

最值得庆幸的是,我们新中国一手培养出的诸多六十年代成长起来的一代新人,一代被圈禁、荒废十年,终在不惑之年尚可恢复艺术青春,找回自信的这一茬中年的京剧演员,他们也将不至虚度到老年。

我呢,六七十年代年龄只五六十岁,论艺术已积累了一定的艺术经验,而又身体尚好,应该迈开大步创新发展艺术乘胜再前进十年。然而,眼看岁月似水流年,金色十年,十出架子花脸为主的剧目,被不堪回首的年月毁得支离破碎！客观上只允许我演了两出戏中的两个日本人，已是幸运儿。今春辉又是，恰此时云霁光明，号令吹响，我怎不更加振奋，摩拳擦掌！当然六十有二又患糖尿病的我也不免有些怅惘……

这次没能和小平同志合影留念，留下遗憾。之后我没机会与他见面了。

九十年代中期，我到人民大会堂去领取所写回忆录荣获华阳杯首届传记文学奖时，与同获奖的《我的父亲邓小平》的作者毛毛相遇，她把自己的著作赠送给我。毛毛说："袁老您精神这么饱满，身体这么硬朗，没有一点儿老人态，真高兴。"

"回去，请问候小平同志好！小平同志是中国改革开放的总设计师，也是现代中国兴旺发达的倡导者，他的健康是全国人民的福分！我们祝愿他健康长寿！"这是我的心里话。

"谢谢您，我一定把话带到！"

话语刚落，与会者们一边给我热烈鼓掌，一边对毛毛说："袁老说出了我们大家的心声，我们衷心祝愿敬爱的小平同志健康长寿！"当时我特别高兴，在大家的要求下，我还刻意选了一段用词讲究的昆曲唱段，高兴地为大家演唱了《醉打山门》选段。回想起来，这些事真是恍如眼前哪！

与小平同志不多的接触中，我和中国京剧院的演员们，仍然感到了他对京剧的关爱！忘不了，在京剧发展的历史关头，是他，小平同志送来了春讯，从此，中国文艺界荡起一片绿色春潮！

话说回来，自那日后，《红灯照》和《杨门女将》的剧本先后刊载于《人民戏剧》杂志。

随之，《杨门女将》《野猪林》的戏曲电影再度播放，顿时轰动国内外。

曾记得，年轻一代刚一见到《杨门女将》中的西夏王，《野猪林》中的鲁智深、高俅等人物会吓得捂住双眼，这是我们民族永远难忘的悲哀！当然，他们很快就被京剧艺术所吸引：他们为林冲的冤屈而落泪，为野猪林内鲁智深搭救林冲而大快人心！他们为杨门女将们的爱国情怀、不顾一切有智有勇地抵抗外来侵略者而感动、而钦佩……不仅电影院场场满座，就是京剧的戏票也是一抢而空，场场皆空……这也说明"四人帮"破坏造成各种文化生活的极度贫乏。全国人民期望改变的殷切之心，岂止是京剧。

回忆当时，打倒"四人帮"，文艺得解放。各种题材、各种形式、各种风格的文艺作品、文艺节目越来越丰富多彩了。在北京，无论是京剧、话剧、评剧、河北梆子和曲艺，都演出了一批反映社会主义革命和建设、反映革命斗争历史的革命现代戏，同时也恢复上演了被"四人帮"长期禁锢的优秀传统剧目和历史剧，还有改编的连台本戏，都受到了观众的欢迎。北京京剧院还新创了一出《逼上梁山》，比较多地写了人民群众的疾苦和斗争。《野猪林》则着重刻画了林冲和鲁智深的性格。各有特色，各具风格。像这样繁花竞放，各展风姿，彻底打破样板之说，才是正常现象。

您想，过去四大名旦都唱《玉堂春》，唱腔却都不一样。这样做只能促进文艺事业的发展，绝不会阻碍文艺事业的发展。可是在"四人帮"称霸的时期，这却是不可想象的！

一九七八年春，第五届全国人民政治协商会议在人民大会堂胜利召开。（赵）燕侠同志对我说，（吴）祖光将姚雪垠同志撰写的《李自成》中潼关南原大战失利退至商洛山中养兵蓄锐，战胜重重困难与失散妻女、部将会合的一段故事改编成京剧剧本《闯王旗》。谈及剧中还有个人物叫郝摇旗，很适合我演，他们也非常希望我来演。

这真是十几年久旱逢甘雨的好消息！

京剧传统戏的禁锢被解禁，恢复了传统剧目，演员们无不渴望着能有优秀的新编剧本来排演，特别是六十多岁的我，更有那份争分夺秒、多排演几出架子花脸的剧目奉献给大家,将那值得珍惜的十年艺术创作弥补回来的心情。何况燕侠演剧中高夫人,和曾演李自成,有这样一出荟萃名家的好戏可排,我是满口应承。

关于李自成其人其事,我倒是颇为熟悉。郝摇旗这个人物听着很耳生,想象不出这个人物究竟是个什么样的形象。无比兴奋之中的我在会后匆匆吃了饭,急忙请假专程到新华书店买来了姚雪垠同志著的《李自成》第一卷,放弃午睡,一口气地读着。

莫怪这部小说得到毛主席的好评,小说写得非常生动,深深地吸引着我,极赞赏雪垠同志从历史的角度,令人信服地恢复了李自成是位打垮明朝二百多年封建统治的农民革命领袖形象,但也深刻地揭示出他必然失败的因素。

郝摇旗是位农民出身的大将。在书中尽管描绘不多,却是一位集勇、猛、义、莽、粗、野于一身,属典型的架子花脸表演范畴的人物,是我非常喜爱的角色。尤其是郝摇旗在耐不住兵败潼关后商洛山中缺粮断草的艰苦环境,先要追杀妻子以减负担被阻止,后在义军生死存亡的关键时刻,经受贫困开荒种地使他难以忍耐,竟经不住怂恿,将自己的一支队伍拉出去单干,又出于"义"字来和李自成告别。几场戏矛盾突出,心情复杂,确是好戏。

我反复看了多遍书,有了一些想法,在和祖光研究剧本时融入了进去。

大会闭幕后,中国京剧院即通知我与和曾等许多同志到北京京剧院报到合排《闯王旗》。

剧情已在编剧笔下或压缩,或增容,修改大致如下:明末崇祯年间,李自成起义军被围于潼关南原,李妻高桂英率少数兵将奋力冲杀,吸引官军,掩护李自成突破重围进入商洛群山。高桂英进入崤函深山,赶绣闯王旗,迷惑官军,使其不敢进攻商洛。李自成在商洛山中垦荒练兵,伺机再起。部将郝摇旗属下难耐艰苦想拉走人马,几致引起内部残杀。李自成以宽阔的胸怀,义送摇旗离去。半年之后,起义军发展壮大。高桂英、郝摇旗从崤函、南阳各率精兵，高举闯王旗，昼夜兼程奔赴商洛，与李自成会师，痛歼来犯官军。三面闯王旗迎风招展，起义队伍踏上了新的征程。

剧中由李和曾饰李自成，赵燕侠饰高桂英，我饰郝摇旗，岳惠玲饰慧英、马崇仁饰刘宗敏，张学治饰双喜，杨少春饰李过，张学敏饰郝妻，崔韵奎饰高见，张韵斌饰贺仁龙，李浩天饰刘芳亮，张志斌饰高一功，阎元靖饰田见秀，徐喜成饰袁宗第，阎韵喜饰王小七。

排演这个戏，不仅使京剧舞

《闯王旗》剧照，我饰郝摇旗

台上增添了新剧目，而且剧本摒弃了"四人帮"所鼓吹的所谓"三突出"。剧中不仅成功地塑造了李自成、夫人高桂英的形象，对部下郝摇旗、刘芳亮、刘宗敏、王小七等人也用了相当的篇幅着力描写，就连明王朝派来剿灭农民军的总兵贺人龙，也有单独的应有的戏。这也是最使我高兴的。

架子花脸演郝摇旗这路为人仗义、劫富济贫、粗鲁莽撞、有相当的流寇习气的农民起义军将领人物轻车熟路，关键要善于从这种多重性格的人物中准确地把握住其"浑"与"义"的特点。

在第五场《义别》中要把握住来辞行的郝摇旗被李自成又赠银又赠马的义举所感动，编剧在此设计了饱含浓情、催人泪下的大段【二黄】板式唱词及与李自成的对唱。我在哭唱中随着情感的起伏穿插运用蹉步、跪蹉等动作渲染、强化，起到较好的烘托作用。将郝摇旗愧对李自成，无地自容的情感表现出来了，使这个人物在舞台上具备了一定的艺术感染力。

一九七八年五月一日、二日北京京剧团、中国京剧院于北京工人俱乐部首演《闯王旗》 五月二十二日、二十三日、二十五日、二十六日和六月六日分别在首钢五一剧场等地演出《闯王旗》。

大家的共同努力，取得了轰动的社会效益！不用说戏票的一抢而空，那不过是一千多人能看。时空已转换，电视机已开始普及，为能看到中央电视台、北京电视台转播的舞台演出实况！而且不是看过十几年的，是没看过的新戏，何况剧中的扮演者，是数得着、仅存的老一辈。哪怕是只有黑白电视，哪怕多是九寸的小小荧屏，哪怕是多少家、多少人聚在一家看，可以说是千家万户争相观看。场内场外的观众们大大地给予肯定！

当然也提出一些修改建议，演员们自己也认为有修改再提高的必要。此戏要演近两个半小时，必须压缩到两个小时。七点半开戏，十点打住，甭说观众回家难，众多演员回家更难！卸完装已近十一点只能是自行车行或步行。那时公共汽车大都十点停运，略远一些的九点末班车。马路上哪像今天处处有出租车，您一招手上去了，即使有，普遍才几十元的薪金，哪舍得如此破费。

遗憾的是，如何修改《闯王旗》，大家的艺术观点一时未得统一。一九七九年一月七日、八日还曾在民族宫演过两场，只得暂时搁浅。

《闯王旗》暂停了。郝摇旗这个人物是我在"文化大革命"结束后塑造的第一个新的舞台形象，没想到的是，居然也是我艺术生涯中创演的最后一个舞台艺术形象！

期间，我有缘结识了《李自成》的作者姚雪垠同志。

在《闯王旗》一剧准备排演、演员定了角色之后，通常演员会和剧作者再次研究剧本，因为又有了许多新的想法。为了尊重原作，我们去雪垠同志家里和他见面详谈。

《李自成》这本书在七十年代就是雪垠同志非常成功的一部力作。无线电中小说连播，社会反响强烈，我也时有耳闻。

往往这种名作在改编剧本的再创作时难度是很大的，尤其是舞台剧，对小说中情节的压缩和延伸是否与原著对人物的理解完全吻合，是剧本成功的关键。像剧组这样"大动干戈"，雪垠同志能不能接受，心中都画了一个问号。那阵子，我又反复阅读了《李自成》并对其中的有关章节和段落加了标线和批注，以便和雪垠同志交流时充实自己的论点，能够说服雪垠同志。谁知雪垠同志非常热情地肯定了我们的改编设想，可以说一拍即合，这很出乎大家的意料。事前为这些顾虑所准备的"论据"竟然一点儿也没用上。雪垠同志谦虚的态度和豁达的胸怀使大家和我都很受感动。雪垠同志给我留下了非常好的印象。

《闯王旗》公演后，果然受到观众欢迎。可见我们和雪垠同志的艺术创作观是相通的。同认为，原作、导演、编剧、主演"四位一体"是艺术深层次的结合，必须很微妙地在艺术上达到完美的统一。就此而论，几位艺术家和文学家雪垠同志的相知，可谓不一般了。

几年后的一九八二年，一年一度的政协会议上，我与雪垠同志同在文学艺术组，恰巧同被分配在友谊宾

我与姚雪垠合影

馆的同一个房间。

我们同住在两室一厅的房间里的再次相见，可谓缘分了。我们有较充足的时间谈家常了。

雪垠同志的语调，我很熟悉。

"您是河南人？中不中！"我拖着一口河南腔问。

"南阳人。我们，老乡？"雪垠同志说着用手来回指他、指我。

"哈，看来我还真有点儿河南味！各地演出，到哪儿学哪儿的话，好沟通。怪不得，您的书写得那么好！敢情和诸葛亮是老乡！"我们全笑了。

"不，不，不，确切地说我是南阳邓县人。"

闲谈中，知道雪垠同志比我大五岁。我诚意地请他住较大的卧室，自己住偏小的那一间。雪垠同志坚持不肯，说："你活动多，大些的房间可以练练腰腿、练练功。我写东西不要地方，何况我只是上半夜睡觉，下半夜就起来写作了。"

"这样多影响健康啊！"我说。

"我对饮食和睡觉的时间都是很固定的。习惯成自然，多年来已经习惯了。夜静，心静，精力集中，思路就敏捷，创作速度也就快了。有生之年，想多写点儿东西。"

原来，雪垠同志的文学之路也很坎坷。《李自成》这部书，他写得很艰难，曾遭到非议。写书和出书时间跨越非常大，然而他意志坚定，不气馁。他和我一样，有着一位非常能吃苦耐劳的贤内助，不仅将家里管理得井井有条，还帮他打字。雪垠同志终于将《李自成》写成了一部轰动社会的长篇巨著。交谈中，不由得更增加了我对他的敬佩之感，也引出了一段心事。

我和雪垠同志相识时已过花甲了。说来也怪，我们俩一见面就有种一见如故、相见恨晚的感觉，也许这就是友谊的深浅不在于时间的长短的道理吧。

一九七八以来，全国政协文史资料组向我传达了周恩来总理的生前指示,要我们将自己一生的生活、艺术写成回忆录,既鞭策自己,又激励后人。于是由我女儿袁菁帮我撰写回忆录《我的舞台生活》,在全国政协《文史资料》上连载。

别看舞台上的演出工作我当仁不让,可这提笔写文章就不那么容易了,所写的十几万字只是叙述了我幼年家庭生活的贫苦和七年富连成科班学艺的生活。如何能再提高一步,继续写下去,应该向雪垠同志这样的专家请教,何况还有前次的好感,于是就向他表达了此意。雪垠同志很热情地接过书说:"我很喜欢看书。午饭后小睡一会儿,下午大部分时间都看书、查资料。"

谁知第二天早晨起床,推开门,我俩在厅里一见面,他就笑着对我大声说:"世海,你害苦了我!"

"这是何意呀?"

"是你的书。我原想先翻一翻,这一翻就放不下了,整整一个通宵,一口气看完。生活厚实,又有特色,写得好啊!但还可以写得更好。"随之,雪垠同志就热情地提出来要见见替我执笔写稿的女儿袁菁。

第二天,我将袁菁叫到宾馆,雪垠同志非常高兴地向她讲解了传记与传记文学的区别,带有文学笔调的回忆录也属于传记文学。《我的舞台生活》不能光是连载,而是可以写成一本独具特色、丰富感人的传记文学,一定要继续写下去。雪垠同志还特别指出传记文学在保持真实性的情况下,对生活的细微之处,也不要忽略过去。这些细微的生活,常常最能体现人物的精神面貌、性格特点,要把这些充实到作品中去,而且写得越逼真、越细致越好,细到一个习惯动作、一个眼神都不要放过去……雪垠同志一个多小时的谈话,对袁菁后来的写作起到了关键的指导作用。最后,雪垠同志还严肃地嘱咐袁菁:"要坚持不懈地、用心地去写,要争取尽快地写完。"他热情地许诺由他来选一家出版社出版这部传记文学。

全国政协会议闭幕后,很快,他就向中国青年出版社推荐了这部稿子,并介绍我认识了中国青年出版社的副总编王维玲同志。就这样，在他们的积极帮助下，提供了许多方便条件，加速了写稿和出版的进程。

一下子，我和雪垠同志的距离就拉近了，并从此开始，我们结下了不解之缘。

一九八四年，第一部书正式出版，定名为《艺海无涯》。我邀请雪垠同志写序。在序中，他给了我最大的鼓励。

一九九三年，第二部书出版，更名为《袁世海》，与第一部一起被收入《中国名人传记系列丛书》，荣获首届中国优秀传记文学作品奖。能有这样的成绩，与雪垠同志的支持关怀、帮助是分不开的。

我说，我和雪垠同志结识以来最大的遗憾是他忙着写他的巨著《李自成》，我忙着演出、录资料，虽都在京城，但一东一西，他的腿又行动不便，所以我们很少谋面，只能在政协会期间相聚畅谈。

最后一次见他，仍是在全国政协会上，他坐轮椅上还一再问我写稿的情况。一九九九年，我迁到木樨地，与他同住一座楼时，本以为可以畅谈往来，不料雪垠同志竟驾鹤西去。

唉，"秋风鹤唳，夜月鹃啼"，雪垠同志匆匆远行。每每思之，他那满头的银发、浓浓的白眉、智慧的前额、炯炯的目光、诚恳的微笑、爽朗的话语，仍常常清晰地浮现在我的眼前，回响在我的耳边，我永远不会忘记他。我深切怀念他，感谢他对我的支持、理解和帮助，我们的友谊是长存的。广大读者也不会忘记他，他的名著《李自成》永远是中国文坛上一颗璀璨的明星、不朽的巨著。

壹肆玖 斗病魔 誓夺青春

《闯王旗》的演出场次不多，倒给我敲响了一次十分严酷无情、毫不宽容的警钟！

在一个十分重要的晚会上，在演《闯王旗》中《义别》一场时，我仍还能神采焕发地动情演唱。就在最后一场，三面闯王旗会合与明军交战时，我准备舞动闯王旗上场的刹那，忽觉一阵心慌，随之出汗、哆嗦，两眼发黑、四肢无力，跌坐在后台上。

我知道这场晚会的重要性。

我知道这场晚会的观众都不是普通观众，大都是搞艺术的同行，难得他们对这场演出，那么的热情，给予那么多的鼓励。

我不愿在最后一场因自己的身体给整场演出带来大纰漏……

我略一镇定，挣扎着欲去伸手再度去拿那面大旗，可是这通身冷汗涌出后，自己的手虽触着旗杆，再无力将它举起迈步上场，根本谈不上平展地舞动大旗，抽打敌兵翻滚……

我这才意识到：医生讲糖尿病人进食的控制严格，劲不住体力过度消耗，出现血糖低而失控，会造成演出中的不良后果……所以，糖尿病人不适宜再……

大家发现了我的异常，围了过来，我无力地说："……化妆室……我……黑包……巧克力……快！"声音之小，绝不是我之所为。

大家见状知我血糖低，不可能再上场了，几乎乱了阵脚，马上调整人员，删减开打，草草收场。

我将两块巧克力吞进嘴里，慢慢缓过来这个劲。

这件事对我的打击可不是一点半点！心中那种事不由人、失去自主的万般无奈，说不出、道不尽的懊恼，我埋怨老天爷不公！既让我熬过那难熬的日子，好容易盼来了百花齐放的春天……怎么就让我得了这种一时死不了，过起传统戏演不了、上不了台的日子！岂不生不如死……

大家也感觉到，悬了！真有那么严重吗？

请想，饰演郝摇旗这一角色的唱、做、念、舞，单就表演与自己主演的《九江口》《李逵探母》相比是无比轻松了，但比演现代剧目中被削砍得有骨无肉的反面人物要吃重的多，再加上其所穿沉沉、所戴紧紧的饰物，体力消耗就更重了多少倍。如果演这郝摇旗都顶不住，那么如果恢复《九江口》《西门豹》等以架子花脸为主的大戏呢？如果去实现中断十年十出戏的愿望呢？……

想到此，我不由得倒吸了一口凉气。这不光对于自己已逾六十的年龄和已患八年糖尿病的病情来讲考验严峻，最难克制的是在迎接辉煌时代到来的时刻，没有足够的体力来保持艺术青春就意味着再无法承担京剧事业恢复发展的历史责任！不是吗？留我何用？！

事后我的血糖大幅增高，重又在医生的指导下几度调整。

深痛后的冷静、反思总算又给了我一线光明！

我仔细回忆、反复寻找这天之所以会临场发生血糖低的原因究竟是什么？

　　那天的晚饭我吃得不少。粮食限量是肯定的，高蛋白的摄入足够，福瑷给我炖的鸡，好地方都给我吃了。可是，我吃饭时是五点半，血糖低时接近十点，期间勾脸的精力、化装的承重、演出的精神高度集中、演唱时的全力以赴……终于明白了。医生所指"不适应舞台上的重体力消耗"这个不适应，不单是指吃的不够量的根本性不够，也包括大量消耗又延时过长造成糖尿病病人发生的血糖低现象！

　　那么，我该怎么办？我想好了！这也是我不断思考的结果！

　　就在我的血糖基本趋于正常时，我在客厅门后边贴了一张字条。

　　糖尿病是终生疾病，不能战胜，抗衡应是可以争取的！那就一边抗一边找平衡！路是靠人走的。反正绝不能就此认输，有生之年绝不能离开舞台！起码在这大好的春光中再干十年到古稀！

　　我想，要演传统戏，就得适应传统戏的体力消耗，就得比原来多吃热量大的高蛋白食物，顶住大消耗和延时的消耗。如果我平时的体力消耗和演出的体力消耗接近，犹如将演出纳入正常生活规律中，使体力每天都能达到演出需要，那么演出就会顺理成章有保障了。这场持久战准胜利在望。

　　加大练功消耗，加强补充供给！

　　贴在门后的字条，就是我加大练功强度的部分计划。别看这张纸上的字迹虽不太工整，却让我遵照执行了几十年。字条虽小却解决了我的大问题！居然，我自己都没料到，在七十多的高龄时演《龙凤呈祥》的张飞，仍能是神采奕奕，脚下能那么轻飘带劲，那飞天十八响漂帅，身轻不敢言，总还能把身子带起来；乃至我八十岁小蹦子依然能跳起来，让宽容的观众给鼓掌！

　　看起来，它是能使我到八十七岁还没离开舞台的法宝！

　　什么法宝？请看，字条上写着："1. 压腿（十五分钟），2. 踢腿（快慢共二百次），3. 骗腿（二十次），4. 十字腿（二十次），5. 跨腿（二十次），6. 八缎锦，7. 软赞子（二十次），8. 左右飞脚（各五个），9. 串飞脚（六至十个），10.飞脚旋子（四个）。"拉两三遍张飞在《芦花荡》中的边挂子。最后挪开茶几，翻几个虎跳，收功。

　　这只是我每天要完成的基本功练习项目，另外还要练声练嗓、练习身段，这些都没有写上去。这样加起来，每天要练两个多小时吧。有时遇到晚上演出，尽管起来晚一些，但每天上午的练功是从不间断的。无论春夏秋冬，无论风霜雨雪，无论在家还是开会、外出演出，我照此坚持了三十多年。直到跨世纪，二〇〇二年去沈阳演出回北京的第二天、第三天……

　　我还有一条不成文的规定，每天散步两小时，这更重要。这个散步可是要以内穿的针织圆领衫和白衬衫湿透为度。就在那三九严冬，内穿的针织圆领衫和衬衫也全都湿透，甚至连毛衣领、大衣领、围脖都是湿的……

　　这可是使福瑗最望之心疼的了。

　　这天，福瑗又劝说我："夏天出汗多也就罢了，这大三九天的，汗出这么多，你怎么总这么跟自己较劲呀！适度吧，奔七十的人啦！"

　　"这点儿东西（艺术）来之不易呀！说是散步，实际上我是背戏、拉戏、跑圆场。还得走我那摇头、晃肩的特殊步子。我的年岁一年比一年老，只要搁下，就再也找不回来了。唉，难以割舍……"我不无感触地说。

　　"人家评论你，说你爱戏如命。叫我说，爱你那玩意儿简直超过爱生命。你练，我支持！我看，你得多琢磨琢磨，怎么才是练得恰到好处！"

　　福瑗对我这种"顽固不化"的态度，无可奈何。孩子们回家时，还免不了常向孩子们告状，甚至把我散步回来换下来的湿漉漉的衣服让孩子们连摸带看。

　　"瞧我现在能精精神神地上台，不就是恰到好处?！所以说，只要我能动一天，我就得练一天！"

　　说到这儿，我突然仰头大笑……

　　福瑗说："我跟你商量正事呢，你别转移'革命大方向'。"

　　"不，不是，这事太逗了……"

"什么事?"

"我每天遛弯儿不是去后边使馆区吗,那儿树多人少,环境也干净。好,敢情……一个大活眼!"我笑得说不出话来。

"我还有事儿呢,要不……"福瑷催促着。

"我说,我、我被人盯上了,当了坏人!"

"有这事?"

"今天在马路上,又有人向我打招呼,他真挺亲切,跟我闲谈,说看过电影《野猪林》《红灯记》,您表演的鲁智深如何如何,演的鸠山又如何等。语声越说越大,调门儿也越说越高……"

"是谁呀?"

"观众。他们认识我,我哪记得住他们都是谁。他说了一阵子,又有一位走过来插话了,说,原来是袁老先生,您好!我一看,就是旁边大使馆站岗的战士,敢情我们站在了他们岗亭的旁边了。这位战士又说,真对不起,这些日子,我们已经对您特别注意,把您当成……目标……他的话没说完,那位热心观众抢了话茬儿,他指着我说:'这是国宝级的老艺术家,你们不认识也就罢了,居然还把他当目标,不就是当坏人!'我赶紧说,遛弯儿时我没戴牙,认不出我,难免。又对那位观众说,您太高抬我了,我只不过唱了几出戏,哪够什么国宝级。"

福瑷问:"我怎么没听明白呀?"

"你听呀,那位战士说:'您每天定时、定点来,一边走,一边嘴里老是嘟嘟囔囔、比比画画,一会儿瞪眼,一会儿睁眼,还摇头摇肩晃着膀子……怪怪的……我们以为……您可别生气,开始我们以为您有点儿神经质……''是神经病吧?'我补充说。那战士不好意思一笑,又说:'后来又看见许多人都和您说话,说的时间短,更引起我们……''怀疑!'我又替他说了。

"那位观众可发火了,大叫'岂有此理!'说'跟他说话的人多,是大家

对他的尊重，只是问好罢了，你们以为是对接头暗号哪！要炸大使馆呀！还好意思说！'

"我赶快拦住了他，对战士解释，那是在背戏，和练习我自创的健身步。战士说，今天听了你们二位的一番谈话，才知道……袁老，真对不起……说着，还给我给敬了个军礼！那位观众也乐了，说'这还差不多！'我说，理解！你们得为使馆的安全着想，谢谢你们！"

福瑗边听边笑。孩子们回家又讲给孩子们听，一时成为家中的美谈。

回首一看，我在三里屯，从一九六七年十月一日搬来直住到一九九八年底搬到木樨地的三十年间，使馆区幽静整齐、空气清新的林荫路，一直是我遛弯儿时背戏、教子、授徒、散步之地。

使馆区这铁打的营盘流水般的警卫战士们，一拨接一拨地成了我的朋友。

再说福瑗，她见劝我无效果，只得将满腔热血投向我的每日三餐，费尽心思给我的饭食加"钢"，保证我吃好喝好。

进入八十年代，工资都提高了，物价也步步攀升。我是一级演员的工资，无法上调。我的社会活动多，来往人多，茶、酒、饭菜、肉量大增，三百三十元的工资除去水电费、保姆的工资已超一半，相比之下，就显得工资不够用。好在南池子箭厂胡同的房上交，国家落实政策给了九千多元的房钱垫用。福瑗想得好，不管怎样也要保证我的啤酒和高蛋白，鸭鱼虾、猪牛羊肉不能少。逢我演戏累、消耗大的时候，福瑗就为我做一道分量足足的诱人的罗宋汤。孩子们看红亮亮的番茄牛肉汁、白闪闪的山药，香喷喷诱人的香气弥散满屋，都说，吃完这菜，爸爸脸上都冒红光了，真给爸爸增光彩！甭说唱《群·借·华》，就是演《九江口》，也保证不会再出现低血糖……

是呀，不光是夫人全力以赴地支持，更有党在精神上、思想上所给予无穷力量，解开了我一无所知的政治上的谜团！卸下了我一无所知、暗加给我的错误决定！物质上、生活上更是无微不至地关怀，在物质生活尚不丰富的当年，特批我购买所需的物质，外出活动给我派公车，由文化部供汽油……以保证我的身体和演出。

这无限的关爱点点滴滴地融进我的血液，注入我的内心，无时无刻地在鼓舞着我、激励着我、鞭策着我，促使我以顽强的毅力、意志，不管严寒酷暑持续抗衡性地苦练，举起撒手锏击退糖尿病，迈过了这道道妨碍我登上舞台的坎儿！

终于，我病情缓解，体力增强，精力充沛。甜头尝到，愈加渴望生龙活虎般地走上舞台，愈加渴望我能抹去在舞台上给观众的年龄概念，愈加渴望赢得艺术青春的延续。那就继续坚持，练！

从一九七九年至二〇〇二年底，在改革开放的大好时代中，中国京剧院组团赴德国，访香港、台湾，在国内四处巡演。我奔高原、奔海疆拍电视剧，教学讲课，辅导各地京剧团，在高举京剧大纛旗下，与同行们共同展现京剧的艺术风采。

我更有幸地赢得跨入二〇〇〇年的历史机遇，有幸八十多岁的高龄依然精神矍铄，获得观众们齐声盛赞"宝刀不老"的美誉，赢得七十多年未离舞台的艺术生命之光！这是用三十年如一日的顽强毅力，八十年如一日对艺术事业的满腔热忱，再加上无数的汗水浇铸才获得的艺术青春！

忘记了是哪一年，北京医院曾请我去座谈，要我讲讲如何与糖尿病抗争保持了良好的体力，高龄尚能完成架子花脸的艺术表演。我把几起几落反复实践摸索总结出来的这套平衡法以诙谐的口吻比喻为："高收入""高支出"，"以啤酒（液体面包）代粮食"，及时"补充供给"（遇演出时间长，加餐牛奶）的"灵活机动的战略战术"。糖尿病人听了既振奋又赞叹，医生们也给了我许多表扬！

壹伍零 从中笑 春花烂漫

七月间，中国京剧院要求我与和曾从北京京剧团撤回中国京剧院，准备一九七八年国庆演出。

我俩很清楚，五届人大胜利闭幕，在全国科技大会胜利召开的新形势下，全民欢欣鼓舞地向着建设社会主义现代化迈进的时刻，尤其需要团结团结再团结。然而，十年动乱造成的遗留问题，诸如同事之间苦斗派性的隔阂、被斗者与批斗者各回原位的尴尬……急需以大局为重，逾越十年心理上的鸿沟，面和心也和地团结携手重坐在一条板凳上，才能在新长征路上取得胜利。

所以，我和老搭档李和曾不约而同地想到复排《将相和》。

《将相和》固然是一九五〇年首演的一出具有时代意义的优秀剧目。终归又三十年过去了，今天再回首，我感觉居功自傲的廉颇转变思想去负荆请罪一段，应是细腻表演动人之处。原本中廉颇醒悟的过程受架子花脸行当的束缚简单而过，复排应该予以丰富。

我查阅了《列国志》记载，自己动手写了一段【西皮二六】的唱词：

【西皮二六】廉颇闻言心暗想，
背转身来自思量，
我只说蔺相如无有胆量，
却原来宽宏大量、以国为上他比我强。
扪心自问无有话讲，
这是我铸成大错实实理不当！
（白）罢、罢、罢！
【西皮散板】回头再对虞卿讲，
廉颇言来细听端详。
我今得罪了蔺丞相，
去到相府赔罪一场。

九月二十八日在人民剧场演出时，广大观众见到舞台上的我、和曾仿佛故友重逢，格外亲切，情绪格外热烈。大家对此唱段的添加，给予了肯定性的鼓励！

一九七九年一月二十七日春节除夕，又与和曾在人民大会堂演出《将相和》。

随之就有余飘、黎剑二位同志写了一篇对京剧演员们鼓舞备至的文章。

文章谈到《将相和》的"和"之所以值得提倡，因为剧中主人公蔺相如、廉颇之间的"和"，是深明大义的"和"，是以国家利益为共同思想基础的"和"。

在新长征的路上，人民内部，同志相处，要顾大局，识大体，求大同，不计个人得失、恩恩怨怨，不纠缠个人之间的历史旧账；要发扬严以责己、宽以待人，要襟怀坦白，不文过饰非，不以己之长非人之短。要有互相谅解的风格。如是，我们的队伍必然同心同德，越战越强，我们的事业必然日新月异，兴旺发达。——这就是《将相和》的启示。

观众是知音哪！这正是我与和曾重推《将相和》的初衷。我看到报纸上如此提法时的那种兴奋、激动是多少年来不断被评论，被表扬而从未有过的！因为，这就是对"四人帮"封杀传统剧目以及有关谬论最有力的还击！

这话对于生活在今天春花烂漫时代的青年人恐怕是很难体会啦！

提到《将相和》，我心中还留有一段美好的记忆。

八十年代初，我去古城邯郸演出，散步时，走到了位于离住地很近的串城街南段的回车巷。这是一个不留意就会错过的普通巷口，这就是《史记·廉蔺列传》记载着赵国的蔺相如完璧归赵后，封为上卿（就是丞相），上将军廉颇不服，三次在此挡道，相如为顾全大局，三次回车相避，留下的回车巷古迹。巷东口墙壁上有明万历十二年（1584）所立的石碑，上刻"蔺相如回车巷"六个大字。旁边有一石碑，碑文记载了蔺相如以国家利益为重回车让路，争取将相和好的历史故事。

我望着这全长不过百米、宽不过两米的古巷，不由得遐想翩翩……

天微微发亮的时刻，古巷里缓缓地驶来一辆马车正欲出巷，我仿佛已听到马在石路上踩踏出清脆而平稳的蹄声。忽然一声高头大马的长鸣嘶叫，打破了寂静，急急驰来的一辆威风凛凛的马车停堵在巷口。马嘶声惊动了盘腿坐在徐徐行来马车厢里新封丞相蔺相如，他掀开车帘一望，摇了摇头。接着，他的马车欲倒难倒，几次迂回之后慢慢退出……三次呀！

我不由自主地闭起双目，手似在捋白髯，让沸涌的气血往下顺去，心想：嗯！相如小儿倒也还知趣！想到此，我忽觉肩膀被人拍了一下。回头一看，虽说，不太常见面……单凭他那与众不同的厚厚的眼镜和那副亲切的笑容，立即认出他是新华社有名望的记者、老朋友王焕斗同志。

"您可真不讲理呵，竟把蔺丞相逼到这么狭窄的胡同里！"

"还是三次！两千多年前的丞相蔺相如，需要他多大的忍耐性！"我为蔺相如无尽地感叹，着实有点儿替他鸣不平！

我的话锋即转："我虽不如蔺丞相站得高、看得远，可是也不含糊，我知过能改呀，您听我这一段的唱词：'背转身来自思量，我只说蔺相如无有胆量，却原来宽宏大量、以国为上他比我强。扪心自问无有话讲，这是我铸成大错，实实理不当！……唉，我赔罪一场。'没二话，立刻负荆请罪去，我也算大义凛然啦！"

"没的说！好位廉颇老将军！"

不期而遇老友王焕斗同志。二人相见，我格外高兴。我们风趣地谈论着。

"那天，大会堂的演出我看了。您不愧是以情为主来塑造人物的京剧艺术家，的确擅于唱情、念情和表情，听您短短几句就把廉颇老将的诚挚、豪爽之情表现得淋漓尽致。"

"老朋友，我唱的哪儿有你的笔下夸得好哟！"

"您太谦虚啦！我到这儿就听说，近年来由于落实了一系列重大的政策，讲究实事求是，各方面的团结不断增强，邯郸市的一些单位唱了一出又一出真实的将相和。《将相和》的故事是影响深远的，其中恐怕也有历代的你们文艺家的一份功劳吧。"

"不尽然吧，孩子们上学的课本上都有这段课文……那是'文化大革命'前啦！……"我正说间，从巷中走来一位小姑娘，看上去也就是念初中吧，不约而同地我俩都向她招手询问。

小姑娘叫黄巧玲。她说，学过《负荆请罪》这一课，不少人听过这个故事或者看过《将相和》这出戏，同学们闹矛盾常互相提醒："要学蔺相如顾全大局"，"要学廉颇似的那样勇于改正错误。"

"这么说，课本也恢复啦，真快！"我很感叹。

焕斗同志望着回车巷沉思了一阵说："市里的同志介绍，战国时的邯郸城，要比现在低六米。那么，现在这条回车巷，究竟是不是蔺相如回避廉颇之处，已无法查考……"

"不管怎么说，这里总算记下了当年蔺相如以国事为重，'情愿让廉颇，不愿亡赵国'和老廉颇知过必改的高尚品德。古人都知道将相和则国强盛的道理，今天我们更应该懂得抛却私念，顾全大局，一心为国。这是我们当前的重要任务啊！"我不由得有感而发。

"是呀！有了这十年，大家感同身受！'两虎不可斗，廉公终负荆。'您看，就连李白在醉后题诗邯郸时，都没忘怀这段佳话哩，何况又经千年文明进化的我们！"

壮志

ZHUANGZHI

壹伍壹　整旗鼓　推陈出新

院党委向我提出：恢复中国京剧院一团的设想并提出希望我能率领中青年们执起一团大旗！

返回中国京剧院一团时，真让我触目凄凉。当年强强联手的少春、我、盛兰、近芳中少春和盛兰早已被迫远行。面对尚存人员非但行当不全，人才奇缺，而且老的老、病的病，再加上十年来互相间的情感扭曲、情绪对立，唉！怎不倍加思念生龙活虎的老一团呢。

细细想来，一度出现这种云雾低锁之状态也在所难免，能阻当我苦等十年大旱才适逢甘雨，传统戏终于走出低谷在阳光下复苏的喜悦，和有幸赶上了改革开放好时代，能在部、院团党委的支持下恢复一团的那种振奋吗？！

尤其是文化部了解这些情况，将北京京剧院《杜鹃山》剧组调往中国京剧院一团。年轻的新鲜血液的流入更坚定了我的决心。

月余以来的我，几乎回家来即伏案改剧本，并专心致志地根据一团人员定出应分批逐步恢复的剧目，写出计划。

我首选的是能汇聚精英的剧目《群·借·烧·华》。

这是京剧二百年来的一出骨子戏、基础戏，也是京剧团不可少的戏。剧中各行当齐全，应是京剧演员的必修课程。前辈们讲：一个京剧团若不能演《群英会》《龙凤呈祥》，说明京剧团没基本功，不会基础戏。

《群·借·烧·华》是中国京剧院一团的保留剧目。冯志孝演前鲁肃、后诸葛亮。少春去了，他的儿子李宝宝随《杜鹃山》剧组调来了，我为他改名李宝春，安排他演关公。随之叶盛兰之子我也给他改名叶少兰，也被我从北京军区战友文工团借到中国京剧院一团来演周瑜。我深为能偕好搭档的儿辈们继擎一团大旗，在对他们不尽的思念中也算有了一丝慰藉！

人员配齐了，关键在剧本。

但用现在的眼光来审视老剧本，反复看了这出优秀传统剧目的剧本，无论是从内容上看或是从艺术上看，也无论是在音乐上或是表演上，都有许多独到的精华，许多人民群众所喜闻乐见、百年流传的好东西，在国际上也享有很高的声誉，但也认为应改处太多了！要分析它、研究它，大有推敲的必要。

说句心里真实的感受吧。十年演出现代戏，其剧本的紧凑性，赋予演员的表演性、现实性，深感很强。与之相比剧本拖沓、松散、重复、表演程式化虽强却极缺乏表达情感的细节，也不乏有一些不适合今天时代的东西。的确有待进一步提高，以跟上前进的时代！

我认真地做着案头工作。月余之后，《群·借·烧·华》进入排练。

一天晚上，我正按照自己的思路，重新翻开《群英会》剧本，修改白天在排练场所排的不妥之处。

闻听有人叫门，我也未去理会。一会儿，孩子们来报，说是位不认识的花白头发的女同志来访。是谁呢？莫非是刚调到一团来的书记夏革菲同志？

看看，刚排了几天戏，书记就下来了解情况，不觉有些动情。可是抬头一看书桌上面的挂钟，已快到十点，莫非有急事，又有些莫名！

果然是她，刚调来一团任书记的夏革菲同志。

"天很晚了，我刚来不太熟悉，主要想了解一下几天的排练情况，您感觉怎样？"

"我感觉还可以……剧本修改处比较多……但是，清楚多了，也简练多了……"我预感到新书记这么晚来访，其目的恐怕不止于此。

"我对戏曲比较生疏，得向您学学……那么，您都做了哪些改动，给我讲讲，好吗？"

"您太客气了，我应该把我对这出戏的改动向您先汇报，您给把把关。再早三国戏《赤壁鏖兵》有八本，一天唱一本。现在的《群英会》是从第四本开始的，到《华容道》，是第八本。前四本《激权激瑜》《舌战群儒》《临江会》已失传了。过去，今天一晚上演头本，明天一晚上演二本。我们科班演《群英会》一折戏分成好几段，变成若干折儿。今天《群英会》到《临江会》完，明儿到《借箭》完，后天是《打盖》到《献连环》完……

"那时的观众多是有闲人，他们往那儿一坐，抹着鼻烟，喝着茶，聊着天：'嗯，好，像老谭。嗯，不错，像小楼。'点头咂嘴。有时，演员想多露一手，或多演点儿、多唱点儿，都可以。并不顾及人物、情节的发展，戏搞得拖沓冗长了。后来，观众不愿意那么看了。从马连良先生起，《群英会》就一天演完，像咱们的戏曲艺术片似的到《借东风》止。偶尔，唱义务戏，名家荟萃时带《华容道》。这样一来中间不免又有凑时、节奏慢的问题。

"在十年的现代戏演出中，限时、节奏快，对戏文、戏理不断推敲，求合理，求精练，求语言美，求情真意切感人肺腑，求艺术程式、生活化体现的完美统一，这个中滋味品透没品透不敢说，却也领教了其优越性。

"说话要进入八十时代了，我们服务的对象不同了。观众都是为了实现四个现代化拼命干的人民大众，紧张工作之余来听戏，没有时间坐在剧场里一看四五个钟头了，不愿意再欣赏那些脱离情节、人物的拖泥带水的表演了，希望戏要精练、紧凑，希望在听懂、看懂的艺术享受的同时从中得到启示、借鉴。最近我看了几场历史话剧《大风歌》等,青年观众很多。我们剧院的演出相比青年观众就不很多。我琢磨一个很重要的因素,话剧语言是现代话,观众容易懂;我们京剧,有些字词太文绉绉的,上口字还走了音,观众听不懂。谁还愿意花钱买票呀!再者,有些单折戏,故事的来龙去脉交代不清楚,没头没尾,'红烧中段'再好,不熟悉老戏的观众看不明白是怎么回事,能爱看?

"总之,时代前进了,我们跟不上时代的步伐,我们就要脱离群众。

"再看传统剧目,就是《群·借·烧·华》这样的骨子戏里有很多精华要继承,也有糟粕、问题,需要咱们后人修改。其实,前辈们在艺术实践中给我们都做出了榜样。他们就是不断革新、创造、提高的。"

"您说点儿例子,我听听。"

"马连良先生一生就没有停止过改戏。时兴本戏时,他把许多单折戏,如《问樵闹府·打棍出箱》,加头加尾改成全本《范仲禹》。后面见包公时创了一大段【流水】,很受欢迎。有人贬称这种唱是数来宝。我那时还在科班里,萧长华和郭春山先生,就赞数来宝也是艺术,数得好就好嘛!看来艺术的改革也是要经过斗争的,成功与否,实践中自有定评。

"四大名旦,梅、程、荀、尚几位先生,在艺术上也是不断革新的。我赶上过陈德霖老先生晚年那会儿,老夫子两只手捂着肚子唱,一出戏最多抖抖水袖,哪有现在旦角水袖的动作甚至翻出花样。《六月雪》过去一般就演《探监》《法场》两折,程先生改成了全本《金锁记》直到团圆结束。新中国成立后,程先生又把这戏改名《窦娥冤》,后面改成了窦娥问斩后父亲来给她报仇。梅兰芳先生把《宇宙锋》改成全本的。他说过:'这出《宇宙锋》,从前为什么大家只唱《修本》和《金殿》两场,后来为什么我又要改演全本呢?这是演员和观众都先有了修改的需要,才有这种自然的演变的。'他又总结说:'总而言之,演员是永远离不开观众的。观众的需要,随时代而变迁。'后来在不断的实践中,梅先生又只演《修本》《金殿》这两折了。

"前辈们都是在推陈出新的规律中不断前进，提高自己独特的艺术造诣的。演员没有自己的新东西就很难站得住脚。那个时候创新的目的是带有为生存而竞争的性质。而今就不一样了，今天我们有党的领导，有毛主席的推陈出新的方针，有目的地进行革新。我们还是一个很强大的集体，遇事能集思广益。条件好了，不能只把它保起来，得生机勃勃地让京剧艺术在我们这一代手里更加青春靓丽！"

"您再举《群英会》例子说说。"

"《群英会》包括《坐帐》《盗书》要六刻钟……"

"六刻钟？"

"就是一个半小时，即六个一刻钟，行话称六刻。第一场周瑜坐帐就有许多动作重复的地方。周瑜上场，抖袖、整冠，走到台中，唱完【点绛唇】，两边一看，又抖袖、整冠，才进大座。现在观众喜欢快节奏，不如集中为一次交代清楚省得啰唆。归座后自报家门，哪里的人等。我……把明明与此戏无关的就删掉了。周瑜欲害诸葛亮，派他去聚铁山劫粮，被诸葛亮看不起周瑜的言谈激怒而原令追回后，周瑜念：'孔明哪，孔明！我不杀你，誓不为人也。'接唱的内容还是这两句，所以删去。鲁肃交令。周瑜问：'啊！大夫，曹营水军何人掌管？'身为水军都督的周瑜与曹军隔江对阵，连曹营的水军何人掌管都不知道？就从'誓不为人也'紧接锣鼓打上，一边鲁肃上来，交追回之令；一边甘宁上场来报：'启禀都督，蒋干过江来了。'就接下去了，紧凑而合理了。

"不合理、重复的东西要剪掉，而合理的、好的东西却应该恢复。如叶盛兰同志在群英会上酒后抚琴、舞剑一段艺术处理，不仅给人以美的享受，并不是为技术而技术。对人物的刻画和情节的发展都有重要的作用。周瑜是先文后武，两下里向蒋干示威，是继续封住蒋干的嘴，你来做说客是不行的。也好让他进入圈套，去盗信让曹操杀掉水军头领。这是一场完整的戏。

之所以我眼下删了，不光为时间，最主要是看演员能否能压住台、不拖散。借来叶少兰就继承他父亲的演法，恢复这段抚琴、舞剑。

"再如《盗书》，鲁肃一般演法是迈着方步若无其事进帐来，四处看看，坐在桌前翻书，先拿车战，后拿步战，又都摇头放下；拿起水战翻一翻，才把信藏好。又拖又不合理！鲁肃是在办机密大事，应赶紧按计划把信放好，能这么磨蹭？更关键是前场周瑜让鲁肃'附耳上来'就可以诠释交代了书信的写法、放法的安排。鲁肃只是照计行事，应直接找出水战放信。周善水战，料定蒋必看，速速办齐出帐。往那边一瞧，啊！他们来了，踢官衣，甩髯口，啪，袖子挡住灯亮，退下场去。一气呵成干净利落也符合剧情。"

"有道理。好像把蒋干盗书时的戏也删了不少……"

"是，不合理。蒋干假醉进了帐，又从帐中伸出头来左右看，还走出帐子左看右看。从剧情而论，装醉的蒋干岂不知周瑜必会在四处设人防范。怎敢随便行动？！

"周瑜进帐后也不合理。计划是自己安排的，又是装醉给蒋干看，更明知蒋也装醉，怎能闲坐桌前唱（南梆子），毫不提防蒋干在帐子里瞧见露了底？这都是过去老先生们为了互相缓劲的作为，该精简。

"改为周瑜醉步进大帐，挡住帐子一瞟，桌子上放的水战书，知鲁已安排定，就转身入帐子。原本还有空场中让观众听二人以梦呓相斗，也大胆删去……现在，这段戏减成三刻钟。您说应该吗？"

"曹操的戏也有改有减吗？"

"全一样！电影《群英会》在萧先生、郝老师的帮助下给曹操加了一场《横槊赋诗》。怎么说呢，观众比较认可。删了，我权衡了，时间不允许！有《横槊赋诗》，唱不了《华容道》，戏太大。再权衡《横槊赋诗》，主要表现曹操的得意心情，文学诗人的气质。可《华容道》是戏结尾。孰轻孰重，当然先求故事完整，留结尾。只得舍之所爱吧！"

夏书记没有表态，她在沉思。

"也加戏了。过去观众熟知三国故事,不论分段演还是连演,每折戏之间互相间没有联系,观众们也能懂。十年割断历史,观众们对这故事生疏了,新一代人不懂了。面对新形势、新观众,为了便于他们看懂,又增加了蒋干二次过江引庞统献连环计以及阚泽送黄盖降书等情节,使这三折戏变成连贯的完整故事。控制全剧在三小时以内散场,让观众尚能赶上公共汽车回家……"

夏书记端杯慢慢地一口一口地喝着水,显然还是在思考。

我没有再追问,嘴唇发干,端杯大口喝水。喝水也是在思考。我理解,夏书记初来乍到,这么晚了专程来访是对工作的认真负责。但对优秀传统剧目修改的这一复杂问题如果不掰开揉碎剖析透,让她既知表又知里,就很难让她理解,更谈不上得到她的支持。无论她来此有何原委,修改此剧目必须得到她——书记的支持。

"您慢慢喝着,我尽量说仔细些。据前辈们讲,《三国演义》中赤壁之战这段故事内容十分丰富,无论怎么删减,舞台上,从群英会到华容道,必须要表现出三个计、两个总结才能算完整。三个计是周瑜的借刀计、黄盖的苦肉针、庞统的连环计。两个总结是诸葛亮在借东风时,唱的是胜利的总结。曹操兵败华容道,上场唱的是失败的总结。这三个计、两个总结是……纲,毛主席说'纲举目张'。对!戏的脉络就清楚,情节发展也有呼有应,有始有终,能给观众留下完整的故事、完整的印象。此前这出传统的《群英会》一般有两种演法,大多数是从群英会开始到借东风截止;艺术片《群英会》,目前北京京剧团都是如此;也有连演三个单折:《群英会》《借东风》《华容道》。这两种演法虽然在艺术上都保留了精华,但情节不贯穿,枝节繁杂,不能说没在某种程度上影响艺术效果。这次的演出本我就是想针对这种缺陷加以调整,着重在三个计上下功夫,使其连接,既能构成一个一个的高潮,而且又能环环相扣,让观众看懂。以此为目的该加的加、该减的减,去掉了徐庶等人物,削减了阚泽的念白,增加了蒋干二次过江,引出庞统献连环计。您说，没有蒋干二次过江就引不出庞统献连环，那怎么烧战船，又怎么借东风呢？所以才把蒋干又请到台上来，可省的就省，原送庞统是台上送，和大局无碍，省。三个计有了，两个总结——借东风及华容道不仅保留原精华，更要浓墨重彩，这样才能让观众过瘾。"

我话说到这里，实在太渴了，停下来端起茶杯，喝了几口水，还习惯性地咳了几声嗓子，咳出痰，吐到在书房特备的痰缸里。

"您的意思我明白了，您歇会儿听我说。"

夏书记侃侃而谈："我不太懂京剧，但是听您所说的改动，还是比较合乎情理的。这几天排练进行比较顺利，大家也很尊重、听从您的改动，因为恢复一团的劲头儿很足，思想要求也比较迫切！但是下来，我也听到一些不同的观点……"

"什么不同观点？"

"在任何时候，做任何事情，大家都会产生不同看法，这不奇怪，很正常。世海同志，您听了也不要激动。有同志讲，当然也是对这出戏负责任的态度，怕有些地方删节的幅度大了些，这些表演都是名家的表演精华，比如蒋干的表演，据说萧老也是您的先生……"

"不光是一般的先生，将我从学老生改学花脸的是萧老，三国戏的曹操也是萧老教会我的。但是，绝不能因为这，剧本就不能动。恰恰相反，萧老就是在前人的基础上做了大量的增删改动才整理出八本《赤壁鏖兵》的。……"

夏书记看到我干干的嘴唇，唇上、口角起了白沫，站起来往我杯里添水，我忙停下谈话来拦阻，水已倒好。我喝了几口水接着说："十年了，传统艺术被批得体无完肤，统统被赶下舞台，走了极端！再恢复，凡是传统的就是好的？错！这是走了另一个极端！十年社会发展了多少，人们的思想爱好改变了多少！我们死抱着不发展能成？传统艺术中有精华、有糟粕，这是公论、定论！当然也有既不是精华，又不是糟粕的不足之处，这是时代前进拉开的差距，是前人给我们留下的课题！我们却保守，不改革了，不随时代去前进，原封不动地搬了出来，丝毫不改，切不可啊，不可！早晚艺术沦落成'古玩'了，送进博物馆成了死物展览就坏啦！悔之晚矣喽！您说，京剧这么翻来覆去地折腾，经得起嘛！

"再回头看看十七年的新剧目。就是解放后五六十年代编演的优秀剧目，《黑旋风李逵》《李逵探母》《九江口》尽管我自己当年已认为是十分完美的，今天再看仍发现结构不洗练，词语欠合理、欠情感，节奏拖沓、松散等诸多问题，也不断听到观众如此这般的种种反映。有机会我准备将自己所主演的架子花脸的剧目重新按时代的要求，不断修改，演不动了，就是教学生，也得改了再教。

"解放后十七年里就整理改编传统剧目成绩不小。记得那会儿，剧院每动一个戏，周扬和丁西林等同志都十分关心，他们经常到中国京剧院来，包括我们搞的《野猪林》《将相和》《群英会》……就拿电影《群英会》被公认我演得不错的曹操来讲，百年相传的曹操脸谱按照《三国演义》中所描写的那样，突出其奸、权、疑、诈的性格，是煞白脸、粗黑眉、三角眼……拍电影，这个人物就改成不是简单强调其奸、权、疑、诈了，他还是位头脑不简单的政治家。他有统帅之才，还有文化，是位诗人。领导们请文学家、戏剧家研究，为我们如何把这个人物演好提出很多理论根据。没什么说的，改！从人物造型上就有了变化，增加淡粉的脸膛等，尤其增加《横槊赋诗》一场，突出了曹操的文才，全剧加强了曹操正确的一面，但也不削弱他的负面。实践证明观众接受、承认！"

"您能到我家来了解，我……挺感动，跟您说点儿掏心窝子的话，不对的您尽管批评。从恢复传统戏的这项工作一开始，我就想好做好思想准备了。我以为推陈出新要大胆，要不怕犯错误，要不怕挨骂。可能会有人说我们改传统戏把老祖宗的东西毁了、糟蹋了！有可能。但是我们不能因噎废食，前怕狼，后怕虎，因循守旧，思想僵化！我们多少老前辈哪一位不是带有'欺师灭祖'的劲儿,才前进一步的?当然,我们不能盲目乱改,要细心,要多研究、多探讨,要做到去芜存菁,究竟哪些是芜,哪些是菁,这要不断地到实践中去检验,实践是检验真理的唯一标准嘛!"说到此,我一笑:"前些日子报上登了《实践是检验真理的唯一标准》,我觉得太对了!我把原文抄在本子上了。我希望这出戏在实践中不断提高!我们整理传统剧目也要用周总理对引进外国先进技术规定的方针所讲的那样'一用、二学、三改、四创',否则会落后于观众的需要。这次《回书》曹操出场的一段【原板】的唱词,我也改了。"

"我正想问您,这词也是萧先生编的?艺术片里您也是这么唱的?"

"对。艺术片里我唱的词是:'每日里饮琼浆醺醺大醉,得荆襄和九郡耀武扬威,打造了铜雀台缺少二美,扫东吴灭刘备吾意方遂。'一、三句是萧先生《赤壁鏖兵》中的原词。"

"怎么改的?有根据?"

"不排除曹操每日里饮琼浆大醉,造好铜雀台缺少二美的情况和思想,但我认为曹操在统领八十三万人马去吞并东吴一扫江南的关键时刻,还会这样终日花天酒地,思念二美?如果是,恐怕东吴就能把曹操打败,用不着孙刘联盟。我们对曹操的表演不能只强调他的奸、权、疑、诈,还要体现他的军事、政治才能,又是诗人。要提高曹操这个人物,就必须修改这几句影响其形象的唱词。第一句改为'统雄兵下江南交锋对垒'。第二句词未动。第三句'打造了铜雀台缺少二美'。酒去消了,色也得去消。尽管后面《横槊赋诗》中还有缺少大乔和二乔,但词中没有指出美女。有研究专家们说,二乔不是东吴的二乔,而是铜雀台缺少两座桥,其实缺少二乔可以指缺少桥,也可以说含着东吴的大乔、小乔。所以从真实性来讲,用'二美'一词有矛盾,单从戏词来看也不合适。

"实际上,初始孙刘要联盟时,东吴和曹操对着干是很含糊的,怕不行,处于文要降、武要战的矛盾中。是诸葛亮佯装不知二乔分别是孙坚、周瑜之妻，就利用大乔、小乔之说激权、激瑜，献计要将二乔送与曹操以免战祸。周瑜才立即决战到底。这是题外话了。第三句改成'命子翼过江东将周郎说退'。为什么？蒋干盗回信马上就到了。曹操的四句唱词和舞台上这场戏所演的全没连上。我们讲究语言和行动与剧情必须有贯穿性。离开贯穿性戏就脱节，观众也会找不着头绪。所以这第三句改成"命子翼过江东将周郎说退"。最后一句"扫东吴灭刘备吾意方遂"和改了的第三句已经接不上，顺意改成"那时节灭刘备吾意方遂"，显然曹操两手准备，如果能把周郎说退，再灭刘备吾意方遂。

"我说的不知对否，处理合理否。精华是否删去，只做抛砖引玉。请书记掌舵，大家多评论、多研究，也希望在演出中听听观众的评论。

"总之吧，盼了十几年，才得大好形势，得抓紧。艺无止境，学习中、实践中，加深学习、加深人物理解，跟上时代，京剧就不会成为展览馆里的剧种，它才是前进的。所以我铁了心，想演一出就改一出。

"顺便也跟您汇报一下，《龙凤呈祥》是一出大合作又非常吉祥的戏，和《群英会》都是传统戏里的优秀传统剧目。咱们团人才具备，是一出必演的优秀剧目！我已经着手整理了，等修改好，请您把关。这样演了百十来年的好剧目，再演出还应有所改进才好，更何况其他的戏了。

"总之一句话，京剧必须推陈出新，不推陈就不能出新，就不能前进，就不能适应时代的要求。若躺在传统上不动，不是爱，是害，京剧的前途则危矣！

"我，六十多岁的人了，赶上这样好的时代，只有尽自己的力量，学习前辈的精神，继续前进。愿与同行们、爱好京剧的观众们共同研究，共同进步。而且有些戏，我自己再演，年龄、体力……恐怕不太适应了。就是教学生演，也要教改动后的。来不及，哪怕边改边教……"

夏书记听得非常认真，她不时地在点头了："您说得很对！时代前进了，对于传统剧目，要以赋予我们历史使命的责任来研究，反复推敲，不能墨守成规。不能怕错,究竟改得是否合理,可以在实践中不断认识,不断改进,不断提高。

"好!太晚了,明儿还得排戏。我不多说了……我支持您,大胆地去做吧!下面有什么反映我会去做工作。放心吧!"

送走夏书记,我抬头看墙上的挂钟,已是十二点。孩子们和福瑗都没睡。我高兴地说:"太晚了,都休息。书记支持我对《群英会》的修改。明天我再细说……"

"爸爸,我们在门外都听清楚啦!没去睡觉是替您高兴!……"

又经过了一夏天的磨和练,秋高气爽,《群·借·烧·华》九月四日、六日、八日、十日、三十日在人民剧场,十一月六日在朝外三里屯礼堂,十一日在三五〇一礼堂,十一月二十五日、二十九日在五道口俱乐部上演,场场爆满不说,观众们欣喜地传颂,《群英会》绝唱千古,后继有人。

一时间电视实况转播,广播电台邀请讲话、播放唱段。中央人民广播电台以《一台群英会,风流两代人》为题介绍京剧《群英会》是一出优秀的传统剧目。当年许多著名演员的联合演出,真是群星灿烂,一代风流。最近中国京剧院一团演出的《群英会》,扮演曹操的,还是当年的"活曹操"袁世海;扮演后孔明的是马连良的学生冯志孝;扮演周瑜的是一代名小生叶盛兰的儿子叶少兰;扮演关羽的是著名文武老生李少春的儿子李宝春……

千古绝唱的《群英会》,后继有人!新一代的艺术家们继承前辈的事业,奋发努力,使这古老的艺术精品,焕发出新的光彩。电台还播放我等的讲话和《群英会》的录音。

壹伍贰 迎冰雪 老区慰问

时已迈进三月，料峭的寒风送来一场纷飞的春雪，飘飘洒洒下个不停，使刚刚回暖的大地重又变成白茫茫一片。

暮色降临，灯光照亮了平山县西柏坡广场，在这冰天雪地刚刚搭建起的露天舞台上，敲响阵阵锣鼓。人们从四面八方赶来，他们不惜翻山越岭，不惜路滑天冷，黑压压近两万人的观众团团围住舞台，翘首等待观看中国京剧院一团来慰问演出京剧《龙凤呈祥》。

春节将过，为纪念马连良先生专场在北京市工人俱乐部演出《龙凤呈祥》之后，中国京剧院一团受国务院文化部的委托，由夏革非、王志勤同志带队，就在这亿万人民沉浸在党的十一届五中全会公报发表的大喜日子里，于三月二日先后在河北革命老区石家庄平山县、邯郸市和武安、涉县等革命老根据地进行慰问演出，把党的关怀送给老区人民。

演出即将开始，后台演职员们有序地忙碌着。与往日大有不同的是当地领导一拨接一拨地来看望尚未化装的我。

明说罢，不是看，是劝！

中国京剧院领导考虑我的健康状况，只给我安排了一两场戏。面对这么多诚心来看戏的观众，我怎能不积极主动地争取多登几次台演出！尽地主之谊的当地领导十分疼惜年过六旬又患有糖尿病的我，不舍得让我在严寒的气候下，在不能遮风避寒的舞台上演出，怕对健康不利。先向我提出不要参加演出，只要穿暖了，在演出前和观众见见面，讲几句话，观众就很知足了。

"谢谢领导的关心。您瞧，这大雪天的，台下坐满了农民观众，黑压压一大片……大概有多少人哪？"

"才刚，我们还估了估，不下两万人看戏，破纪录啦！"

"都是住咱们这块附近的？"

"可不是！有的还是起五更走远路赶来的。"

"却又来呀！我们每到一地演出，观众们情绪高涨，真是令人激动。他们不辞辛苦赶来为什么？是对咱们祖国传统艺术、咱们京剧艺术的热爱。是来看什么？是要看我们演的戏，也是要看我的戏！绝不是来听我讲话的吧？我是个演员，我的任务是演出，而不是讲话。您说，对不？"

领导们一时无话可说，他们互相对视之后，又提出了一个方案。

"我们实在是怕把这么大年纪的您老冻病，后边还有那么多观众等着看您老的戏呢。要不……您老……把衣服穿暖和了吧……"

"穿暖和？哈哈哈，让张飞穿上棉大衣？再戴上个大口罩？我是不冷了，那还是张飞吗？"

我这一句话，把满屋的人逗得全都大笑不止……

"袁老，您真风趣。我们的意思是想让您在戏装里边套些衣服，穿……穿暖喽……"

"我真感谢领导的关心，替我想了这么多办法。要说冷，观众穿的衣服多，可是站在那儿不动，最冷。演员冷，一台几十位演员也都冷！我……不能这样做，真的。不能因为天气寒冷，我就得多穿衣服，如果我在彩裤里穿上条毛裤，观众看不见，可是那飞脚、蹲子打起来，质量会受影响。侥幸，观众也许还看不出来，或许有的观众看出来了，还给我鼓了掌，那是看我年纪大了点儿，不容易，鼓励鼓励我。可我心里明白，是我袁世海对不起观众！演员要对得起观众！过去我的师傅和我们萧先生讲，要对得起观众。观众是谁呀，是我们的衣食父母！今天讲，要全心全意为人民服务。我十分感谢领导同志的关怀，我坚持演出，这是我该执行的任务，而且得一切如旧，保质保量！"

实际上，这场演出，当台下传来一阵阵热烈的掌声时，我完全忘记了寒冷，心中感到格外的温暖。

的确。我和全团九十多名演职员把这次慰问演出，看作是用实际行动贯彻五中全会精神密切党群关系的重要使命。在演出中，岂止是我，大家同样千方百计克服了预想不到的种种困难，发扬了吃大苦耐大劳艰苦奋斗的革命精神，出色地完成了演出任务。

冯志孝同志闹肠胃炎，连续几天睡不好觉、吃不好饭。就在这种情况下，仍坚持演出了《群·借·烧·华》《将相和》等剧目。

舞台队多是年老体弱的老同志，场次多，演出地点挪动勤，他们起早贪黑地搬弄东西，忙于装台卸台，休息时间最少，大家的情绪仍然很高涨。乐队人手少，倒不过班来，有的同志就一个人顶几个人干，操四五种乐器。

慰问演出，特殊情况多，剧目变化大，剧务组的同志们迎难而上，把各方面的工作安排得井井有条。他们说："我们能为老区人民多唱一场戏，多做一点儿工作，就觉得多一分光荣。"

为了满足老区人民的要求，打破了建团以来的常规，由原来的一天演一场，变为一天演两场。演出时间，由平时的三个小时，延长到四个多小时。演出中发现缺少老区人民喜闻乐见、短小活泼的传统剧目，大家又赶排出《三不愿意》《时迁偷鸡》等戏，以便一出大戏，前边加小戏，后边还加清唱。

演出之余，许多同志主动帮助地方剧团排练节目，传授表演艺术，有时一直排到深夜。

我来到邯郸后，主动走访了地区东风豫剧团、平调落子剧团、邯郸市京剧团等几个文艺团体。

四日下午，东风豫剧团的胡小凤、牛淑贤等几个演员，听说我已来到邯郸，就准备拜访求教。他们刚找来自行车，我抢先来到。

十几年不见啦，大家见面格外亲切！他们这些六十年代初出茅庐的优秀人才都成中流砥柱了！我被大家簇拥着一同来到办公室，亲切地促膝交谈。您不要诧异，想一九六三年我可是移植了东风豫剧团的现代剧目《社长的女儿》，我演老社长。早就是好朋友啦！

他们倾诉了在难熬的岁月里所遭受的迫害及对剧团建设造成的严重恶果，讲到当前老同志如何起作用，讲到青年同志如何向老同志学习，提高艺术水平，更好地为实现四个现代化服务。

在演出期间，中国京剧院一团的同志们还到了馆陶、赤岸参观访问，请老党员、老干部讲革命斗争史。瞻仰了著名的响堂铺伏击战纪念塔和一二九师司令部旧址，还看望了邓小平、刘伯承、李达等同志的老房东乔德华老人和他的老伴。

杨春霞从乔德华老伴手中接过她的外甥女，抱在怀里，一边亲一边和乔德华老两口亲切交谈。在交谈中，演员们了解到革命老前辈在战争年代，关心、保护人民群众的许多感人事迹。还听到了赤岸大队老党员张义库在"文化大革命"期间，冒着被打成反革命的危险，千方百计保护了邓副主席亲手栽下的丁香树的动人事迹。

演员们通过这些事实，深刻体会到党和人民之间的血肉关系，是在斗争中凝结而成的，是不可分割的。乔德华老人看到演员们和自己亲如一家的情景，激动地说："党中央挂念着我们，又把北京大戏送到家门口。俺们打心眼里感谢，往后更要加劲搞好生产，为四化多做贡献。"

演员们更难忘在到解放战争时期邓小平、刘伯承、薄一波、滕代远等同志居住过的武安冶陶大队和八路军一二九师司令部所在地涉县赤岸大队演出时，天气突变，气温骤降，北风嗖嗖，连雨带雪下个不停。

当年曾给薄一波同志的小孩当过保姆的张书京老大娘，看到天气这样冷，演员们穿着薄衣单衫给大家演戏，实在过意不去，就放弃难得的看戏机会，迈着两只小脚，踏着泥泞的小路，回家煮了一锅热红薯，包得严严实实，揣在怀里，送到后台，一块一块地递给演员，她说："快吃一块暖暖心吧！"

这哪里是几块红薯，这是老区人民对亲人的一片热心、一片诚意啊！大家接过红薯，暖流传遍全身，紧紧地拉住大娘的手说："我们一定要把戏演好，报答老区人民对我们的关心。"

风一阵比一阵紧，雪越下越大，演员们没有一个喊苦叫累的。全团人马之所以有如此的干劲是因深受老区广大群众的鼓舞。

中国京剧院一团的慰问演出自二月十日至三月二十日共计三十九天，演出五十二场，观众总计三十八万三千四百余人（包括三场广场演出），经济收入二万六千元（按每场五百元计算）。

最重要的是与老区人民结下了深情厚谊。

在慰问演出将要结束时，老区人民隆重地赠给中国京剧院一团一面锦旗，上写："情深艺湛慰老区，大干四化报党恩。"

壹伍叁 赴山东　球场笑谈

四月纪念《人民戏剧》创刊三十周年,中国京剧院、北京京剧院、北京实验京剧团、北京军区战友京剧团、宁夏回族自治区京剧团参加京剧表演艺术交流演出,在人民剧场演出《龙凤呈祥》等几场重要演出。

中国京剧院一团于五月十六日至八月到山东淄博、张店、周村、博山、潍坊、济南、军区演出,剧目包括《群·借·烧·华》《望江亭》《桃花村》《四进士》《龙凤呈祥》《佘赛花》《三打白骨精》《淮河营》《九江口》《王昭君》《野猪林》等,共三个月。

十六日深夜到达张店。

十八日上午,市委、市政府的负责同志在淄博剧院接待室会见了中国京剧院党组成员、一团党支部书记夏革非,我和冯志孝、杨春霞、谷春章、王鸣仲、夏美珍、李宝春等二十多名演职员。

市委、市政府的负责同志介绍了淄博市的概况,转达了广大群众盼望一团前来演出的心情,并预祝我们演出成功。夏革非同志说,淄博市党政负责同志、淄博人民对我们如此关怀鼓励，我们一定要保证演出质量，努力把戏演好。我也激动地说："到淄博来演出，是一个学习的好机会。我要把六十四岁当成四十六岁来严格要求自己，在艺术上精益求精，用在演出实践中，努力为青年人做出样子，为不断发展京剧艺术尽自己的一切力量。"

一九八〇年五月十六日至八月五日，我随中国京剧院一团到山东巡演时在淄博留影

最后，市委、市政府的负责同志还热情地和所在的同志们一起合影留念。

中国京剧院一团成功地在这齐国故都地区的舞台上首场演出了《群·借·烧·华》，受到观众们的热烈欢迎，赞演出不负众望，"群英聚会演群英"是普遍的反响。仿佛把我们带入争王图霸的三国时代，让人目睹了惊天动地的赤壁战争。

赞马派艺术的优秀继承人之一冯志孝，是马先生的心血已经结出了丰硕成果。赞成功地扮演了关羽的年仅二十九岁的李宝春，继承父艺，初露锋芒。赞谷春章扮演的蒋干，赞扮演周瑜的小生演员孙宝明，赞前饰诸葛亮、后饰鲁肃的王忠信，赞扮演黄盖的陈真治，还赞在戏中担负分量不重的演员，都一丝不苟进入角色。正是一团这些群英们的通力合作，才使舞台上精彩纷呈。

对我的鼓励也很多，什么以令人倾倒的花脸表演艺术刻画了戏中的曹操，什么达到了念白声韵并重，行腔浑厚隽永，堪称在花脸行当中独树一帜。

使我突出感到的是京剧现代戏影片《红灯记》和传统京剧艺术片《野猪林》《群英会》的放映，在广大观众中留下的印象太深啦，广大观众也更是关心我的一切……

演出轰轰烈烈，接踵而来的是记者采访。为了坚持练功，为了保证演出质量，又能对采访者表示热情欢迎，我就索性与他们商定：练功、交谈两不误。于是我专心致志地练一会儿功，趁着跷起脚跟、蹲地上休息、擦汗时互相再会心交谈；然后再练功、再交谈……好在大家非常理解，对于一个演员来说，坚持练功，是每天生活中的必修课。没想到，目睹了我年逾花甲又患糖尿病，仍能坚持每天练功两小时的情景，善联想的他们把这和舞台上表演的我一联系，反而感触到了为继承和发展我国的京剧艺术我付出的心血之多，甚为献身于京剧艺术鞠躬尽瘁的精神所感动。

在那个阶段，记者们最关心的问题是十年动乱后京剧界的现状。我无限感慨地讲述那个时期，我们的京剧艺术人才遭受了极其严重的摧残，幸存下来的实在太少了。传统艺术遭到了极大破坏，目前正处在一个人才青黄不接的时期。由衷地期待中青年演员勤学苦练，尽快成长。同时，自己也决心把毕生的精力完全贡献给革命事业，为进一步继承和发展我国的京剧艺术，"活到老，学到老，改造到老"的多种心情！

记者们常提出的问题是谈谈京剧艺术的发展方向。

"京剧演现代戏的方向是正确的，但又不能排斥演新编历史剧和传统戏。演好传统戏，要在传统的基础上有所创新，需要更好地掌握京剧艺术的基本功，这也更好地为演现代戏打好基础；如果不掌握基本功，要根据今天时代的要求，要想改革、提高、创新艺术继续推陈出新是不可能的。如果不推陈出新，传统戏也会昙花一现，丧失生命力。当然，我们对传统戏要有所选择，但是对于我国京剧事业的前途，我充满了信心。"

有一天，来的可不是记者，是几位意想不到的客人。

您猜，保证您猜不到！当然也大大出乎我的意料。来人居然是提出请我下场踢足球的！

我先只以为是他们认错人了，提到踢足球第一反应在我心里的是盛戎，这是盛戎的长项也是盛戎的最爱。他是个地道的球迷，有时外出都带个球，无事时过过瘾。我俩都是富连成科班，都唱花脸，弄混了大有人在……于是就说："这要是我师兄裘盛戎在，我一个电话准让他连夜赶过来，他迷球，会求之不得！可惜，唉，他被'四人帮'迫害……早早就走了，快十年啦！至于我，太惭愧了……这踢球，我是擀面杖吹火——一窍不通……恐怕您得另请高明！"

人家再度细细解释，原来是国家足球队也在淄博集训，几位教练还十分喜爱京剧，听说我也来淄博演出，决定找上门来。找的就是我！他们说得好，知道您师兄远去，找他袁师弟也正当其位。

好，有备而来，非要请我下场不可，不由得一阵大笑："承蒙这么看得起我，我……我哪会踢呀！在舞台上，我勉强会打个哇呀呀；在球场上，没用哇！我一脚也不会，球也不会带……"

"太没关系了，您这么大岁数了，我们得保您老健康！到了足球场，您不用赛，您也不用跑……"

这更让我的心里阵阵发毛，摸不着头脑了："不用赛，也不用跑……难道搬把椅子让我坐在球门口，用手接球不成？……"大家一听忍不住又一阵大笑。

"您放心！只需请您像平日演出似的穿上踢足球的服装，再……"

"再勾上脸？这场合，我勾什么脸谱合适？"大家闻言更是笑声不止。

"不、不不！不勾脸！我们都安排好了！您就……"

架不住几位教练的轮番热情相邀，我只得"就范"。他们的安排，自己也还完全可以做到，何况文体一家！

我的脑海中也不断闪现，六十年代初文艺、体育界一同欢度春节时的情景，自己也曾出奇制胜，为大家演唱程派的《汾河湾》，学程砚秋先生饰演柳迎春的一曲【西皮原板】"我的儿去打雁"，那清纯的旦角嗓音、浓郁的程味，博得观众们的热烈掌声！欢腾的气氛至今让我记忆犹新！这可不是自夸，有录音为证！

我也想了，粉碎了"四人帮"，在十一届三中全会正确方针的指引下，全民都在为早日实现四化而奋斗！文体联合再来他一家伙，能让多少人欢腾、高兴啊！也算中国京剧院没有白来一趟，何况一团中尚有不少的球迷，这次之举说不定就是他们这几个年轻的球迷联合教练给穿搭成的，圆他们一个和国脚踢球的梦，也是不可多得的机遇。我慨然应允。

五月二十七日下午，是全国足球分区淄博赛区的休息日。这天下午，市体育场上照样热闹非凡。看台上笑语阵阵，球迷再加上戏迷都聚集在这里，企盼着观看这场中国京剧院一团袁世海等演员同正在举行全国足球联赛的教练、裁判员在分赛区淄博体育场进行的友谊赛。

足球赛，对戏迷而言，更是观看一场群英战群英的别样风采的"戏"！

冯志孝、杨春霞、谷春章、夏美珍等，都兴致勃勃地来到了淄博市体育场，观看这场非同凡响的足球友谊赛。

市委、市政府和中国京剧院一团的领导同志，也都在百忙之中抽暇前来为大家助威、助兴！

战幕揭开，两队人马龙腾虎跃般健步上场。

六十四岁的我，身着运动衣裤，套着到膝盖的横纹长筒足球袜，头戴圆顶帽，雄赳赳、器宇轩昂地率领同样着装的一队人马，毫不示弱、精神抖擞地在淄博市体委曹主任的引领下健步上场。

当本场裁判的是特约中国足球协会和全国裁判委员会的副主任，今年六十五岁的京剧迷、京戏名票、盛戎生前好友管学仲同志。这才叫好马配好鞍，够一卖吧！挂哨多年的他也为今昔文体一家之情谊，亲力亲为登场奔忙了。当我和管学仲在球场相遇，格外亲切地紧紧握手时，观众席上响起了铺天盖地、几起几伏的热烈掌声！足球场上这几万人热烈的掌声真是和剧场内的掌声不能相提并论的。

一团足球队队员在舞台上能翻善打，有着极好的武功基础，有着灵活的身躯和极好的体力和素质，攻势极英勇凌厉；联队沉着应战。联队七号、上海工人队教练徐同华从右路带球向前，一拨一扣，连过两人，下底传中，同队的五号队员包抄门前，跃起一顶，球直奔网底。是谁顶得这么准？原来是兰州部队队教练、老八一队的中卫五号队员盛金荣。从两人的巧妙配合，可见他们宝刀未老，功底之深。顶球，是盛金荣的绝技。比赛八分钟，他再展绝招，一球入网，拿下头功。

中国京剧院一团的队员对足球也非初学乍练，平时他们常上"战场"比赛，可谓技战术都颇有素养。面对足球宿将，有攻有守，表现不凡。

战到二十分钟，一团的队员在对方罚球区外右侧获罚任意球的机会。我一看，有戏！操刀的，是血气方刚的八号孙猴王李少春之子李宝春，又有武丑谷春章的配合快速突破，没问题！他直奔对方门下，猛射一脚，嘻，谁料球飞出界外。可是，一团球队毫不气馁，在《群英会》一戏中扮演黄盖的二号队员陈真治，疾步赶上，沉着稳重。左脚一停，右脚猛射，踢中！首开纪录。全场鼓掌叫好。

此刻，观战的杨春霞兴致勃勃地向大家大声介绍："他在《孙悟空三打白骨精》中扮演猪八戒。"引起一阵笑声。观众们说："猪八戒踢球，可一点儿都不笨！"

下半时，比赛更为激烈。一团球队七号队员李祖龙，袁派花脸的他，可好，大展花样踢球。先双腿劈叉铲球，又用一个倒钩动作救球，别开生面、高难动作的踢球表演博得全场喝彩。但舞台上的戏功毕竟不同于足球场上的球功，六十分钟的飞奔跌打，尽管一团球队斗志旺盛、花样翻新，岂是足球老将们的对手。三比二，联队获胜。

"孙悟空""猪八戒"们只好高挂免战牌，收兵回营，因为晚上还要登台演出呢！

说到我下足球场，恐怕一生也仅此一次。我下场后，回归坐到主席台上，对这场足球看得十分仔细，一时竟使自己感悟颇深……

谁也没想到，我自己更没想到，四年后，长城杯足球赛时居然有人找上门来让我这位足球的门外汉来评球！我演了一辈子京剧，情急之中，只会看足球，想京剧；看球技，想艺技；赞球德，想艺德！

一飨观众的耳目吧。

从此一发而不可收，一口气连登了几篇评球文章，甚至被说成是位球迷……真是受之有愧。

我只是结合京剧艺术，谈了一些看球的体会，对不对，还请批评指正，谅解我这门外汉。

我说："中国队在比分落后的情况下奋力拼搏，战胜泰国队，进入决赛；本届长城杯赛冠亚军实际上已为我国的球队所得，但是赢了球不等于就什么都好。唐鹏举两度在禁区外冷射命中，这样的精彩射门出现得还太少，和世界强队相比，临门一脚欠佳。

"我少年时代在科班学艺时，为了演好《盗御马》中的角色窦尔敦，我经常在深夜别人熟睡后，偷着起床在月光下加倍地练！艺术不能怕吃苦，艺术要精就要严。

"球队的当务之急，苦练射门的高难动作。严格训练才获丰硕成果，足球要想'冲出亚洲，走向世界'，苦练球技必须突出一个'严'字。中国足球才更有希望。我们期待着我国足球健儿能再传捷报。

十年之后，我应《中国体育报》之邀在一九九四年十一月写了一篇《球艺与戏理》："足球场上数万名观众呐喊助威，叫我这个在舞台上摸爬滚打了六十多年的人看了好不眼热。足球离不开球迷，京剧离不开戏迷。足球运动员敢情也讲究手、眼、身、法、步，缺一功都不成。好的球队无一不是团结协作，配合默契，如同我们京剧讲究'一棵菜'。好演员总离不开硬傍角。什么乐队呀，大衣箱、二衣箱，都得合手，当年马连良先生就有为了鼓师临场回戏的事。

"体育比赛总有输赢，不能总是赢，也要输得起，赢了也还要再努力，才能再上新台阶。我们京剧演员在演出中获得掌声或偶然失手就要求做到'得之不喜，失之不忧'，我认为足球比赛更应提倡这个观点，重在打出风格，打出水平。

就此提出《唱戏要学梅兰芳，踢球要学容志行》的文章，谈道："技术越高，风格越好。我们京剧演员都要向梅兰芳大师学习，而足球运动员则应发扬'志行风格'，既要勇猛拼搏，又要对胜负表现出'得之不喜，失之不忧'的精神，才能放下包袱，发挥出技战术水平。必须坚持'志行风格'，兢兢业业，严格训练，磨砺球艺，不骄不躁，尤其在'得之不喜，失之不忧'上下些功夫，中国足球才有希望。"

壹伍肆 心许党 终闻喜讯

六月底,中国京剧院一团尚在博山地区演出。

一天,我演出完毕吃过夜宵躺在床上睡觉。可是,我翻来覆去,难以入睡。

下地又拿出一片安定吃下,仍毫无睡意。

今天,支部大会讨论通过了自己的党组织问题,要在七月一日党的生日庆祝大会上宣布批准我加入中国共产党,成为一名光荣的中国共产党预备党员。

从这一刻起,我只觉得血液在周身快速沸滚奔流,心头翻腾着激浪,像澎湃的海潮一样层层不息,在这醉人的夜幕中,仍是难以平静!止不住百感交集地冲开了我思绪的闸门,回忆起二十几年来誓做中国共产党党员的志向和跌宕曲折的经历,这岂是小药片能控制的?……

一九五四年,我随中国艺术团赴印度、缅甸等国进行友好访问演出归来,在党组织的帮助下,我怀着激动的心情,写了第一份入党申请书。

一九六二年国庆节前夕，经过八年多考察，中国京剧院党组织讨论批准，一团党支部通过了我的入党申请。待等上报文化部党委批准即可正式成为中共预备党员。听到这个振奋人心的消息，我也曾激情燃烧，我也曾心热血奔涌……

不料，几天后无下文，几月后无下文，一年后无下文……

翘首以待、久等无音的我怎能不望眼欲穿……忍不住向院党委询问原因。中国京剧院党委也向组织部多次询问，答曰，因为毛主席发出"千万不要忘记阶级斗争"的号召，社教运动已经开始，没有及时批准。更深一点儿的原因是有个别名演员入党后，进步较慢，要慎重，要多经受考验云云。我似明白非明白。院党组织鼓励我继续努力争取。我呢，既没有泄气，也毫不松劲，既然我以身许党就要经得起组织考验。我表示愿意接受党的长期考察，继续改造名利思想的决心。

十年浩劫期间，我首个被打成"三反分子"，首个被关"牛棚"，吃了不少苦头，但我对党的信念没有动摇。

诚然，众所周知，自从四十年代以后，由于艺术在舞台上立住脚，生活水平逐步提高，盖了房，过上宽裕的生活。但是，我深痛自己所热爱的职业是被压在社会底层，我被称之"戏子"！只打了保甲长一个嘴巴，便锒铛入狱，丧失做人的尊严！而在新中国，我们被称为人民艺术家，被誉为人类灵魂的工程师，并作为文化使者出访各国，受到各国领袖们的接见和宴请。

艺术上，党对我的造就更使我动心。京剧戏班向以生、旦为主，论架子花是排行老五，一般是排不上主演大型戏的。只有在党的"双百"方针的指引下，京剧百花齐放，推陈出新，我才得以排出许多以架子花为主的大戏，如《黑旋风李逵》《李逵探母》《九江口》《西门豹》等，还有许多生、净对儿戏，使架子花脸艺术得到很大的发展。这点滴成就，都是在党的扶植培养下取得的。我的老师郝寿臣历经沧桑争雄半世都未做到，党厚爱地给了我机会。所以，郝寿臣老师歆羡地对我说的"你可赶上好时代啦"已铭刻我心中！我热爱党，党也爱我。我坚信我们的党是伟大、光荣、正确的。

在"文化大革命"蒙冤受屈的日子里，我坚信自己是热爱党的，总有一天党会为我昭雪。后来，在敬爱的周总理的关怀下，我获得解放。出了"牛棚"不久，我还是继续提出入党申请。

一九七三年拍摄《平原作战》后，党小组又提出同意我为中共预备党员。事后，再一次不了了之。

一九七四年召开人大会时，我曾向"四人帮"在京剧院的亲信提出入党要求。回答是："如果你是四十来岁，那还可以考虑；可你已快六十岁了，希望不大啦！"如一盆冷水当头泼了个透心凉。细思之后，我反而更清醒：要求入党是我的权利，这是谁也无法剥夺的。年龄，绝不是衡量能否入党的标准。只要我一心一意跟党走，无条件地接受党的考验，就一定会实现。

一九七五年、一九七六年，我向支部不断提出申请。书记老夏（虎臣）曾语重心长地对我讲，希望你坚持努力，组织问题一定会解决的。

"四人帮"被粉碎后，尤其是党的十一届三中全会以来，一切拨乱反正。我再次向党组织递交思想汇报和入党申请书。令我不解的是院书记、一团书记给我的回答依然是希望我继续努力。

这时，有人劝我："你这么大岁数了，功也成，名也就了，干嘛还非得争取入党。"我则认为，申请入党是我以身许党，要决心跟党走、决心为党的事业贡献一切，就是这辈子得不到批准，我也决不改变初衷。

直到一九七九年春季，大女儿回到家来哭诉，说她所在的解放军军工单位在清理档案中，发现在她的档案中有"文化大革命"期间中国京剧院演职员给我写的厚厚一叠大字报底稿，有一九五七年被定有"右派言论"的决定……

她想，这既是她被转业的凭证，也是我不能入党的主要原因。

闻听后，我才似有所悟，立刻向组织提出清理档案的要求。很快，这些不实之词得以纠正，并送来院党委大会发言补充意见：

一九六二年中国京剧院和文化部党组织根据他当时的表现曾决定吸收他入党。但由于他在反右派斗争中被错误的决定为有"右派言论"以致遭到内部批判，最后没有得到上级批准。现在袁世海同志一九五七年的问题已经得到纠正，今后院党组织可以根据袁世海同志的表现对他入党要求应给予考虑。

一九七九年七月三日　张静

今天，我终于实现了多年的夙愿，加入了中国共产党。是党的信任，也是鞭策啊。兴奋之余，深感责任重大。尤其今春，我还被任命为中国京剧院副院长，作为单位的领导成员，更要吃苦在前，以身作则，团结广大群众，为京剧发展带好后人共同奋战。我将尽力提高演出水平，争取多演出，总结点滴经验。

革命的路程还很漫长，身上的担子也很重。千万不能忘记周总理的教导："活到老，学到老，改造到老。"把自己有限的精力，贡献给无限的京剧事业。一步一个脚印地、踏踏实实地跟党向前走……

壹伍伍　访漳河　演西门豹

中国京剧院一团从济南返回北京，国庆临近，稍事休息，开始演出，主要靠青年演员，我穿插期间演《群·借·烧·华》《龙凤呈祥》等剧。

十一月赴邢台，在邢台人民影剧院演出《群·借·烧·华》《九江口》《龙凤呈祥》。

十一月二十八日上午我在地市文化局、民政局以及有关单位负责同志的陪同下，带领中国京剧院一团部分同志前往河北省荣复军人疗养院慰问演出，化装演出通俗易懂的精彩剧目《三岔口》《三不愿意》。冯志孝、杨春霞、李金泉、夏美珍同志分别为大家演唱了《十老安刘》《断桥》《遇皇后》《佘赛花》的选段。我即席编词演唱"审判了四人帮为民除祸患，我们到疗养院慰问伤病员，衷心祝愿同志们早日康健，为四化多贡献，奋勇向前"。受到老红军干部、残疾军人、在自卫反击战中英勇负伤的解放军指战员的热烈欢迎。

十一月二十九日中国京剧院一团我、冯志孝、杨春霞、李金泉等同志，和市业余京剧团同志一起举行联欢座谈会。会上两团同志欢聚一堂，互相鼓励。席间，冯志孝、李金泉和业余京剧团的演员霍长林等分别演唱了《十老安刘》《遇皇后》《宇宙锋》《空城计》等剧目。就此我收了霍长林这位票友徒弟。

根据党中央领导同志反复强调，一切单位、一切工作都要考虑八亿农民。农民深爱戏曲，是我们京剧的基本观众，我们更应该送戏上门，满足他们需要的有关指示。中国京剧院一团再次赴邯郸市及大名、馆陶各县，还有河北、山东交界处的临清县巡演。

所到城镇和乡村，的确是经济活跃，市场繁荣。一年一个样。农民比以前富了，访问过的一些社员，几乎每家都有几千斤的存粮。我们在邯郸，八角至一元二角一张的戏票，工人剧院一天就卖光了七天九场的戏票，场场坐满、站满。

一九八〇年十一月，我率中国京剧院一团到邢台、邯郸等地巡演时与主要演员留影

在邯郸演出中期，各界观众强烈要求续演。团委会正研究如何满足大家的愿望增加续演场次，又顾虑变动推迟日期，会给下站大名、临清等地已做了演出相应准备工作的组织者带来很多麻烦，从而举棋不定。恰好，从北京赶来邯郸采访我的蒋健兰同志到了。

她与大家一见面就满面春风地祝贺一团演出成功！

"我们还没向你介绍演出情况，你怎么就祝贺了呢?"我问。

蒋健兰同志说："还用你们讲，火车上的好多人都在讲。"

在火车上，邻座的人们为解旅途寂寞，都会互相谈论可以相通的话题，中国京剧院一团在邯郸热演便成热谈的话题之一了。

一个说："中国京剧院一团在邯郸演出可叫座了，票价一块二，排队还抢不上。"

另一位说："也真怪，越贵还就越买不着。我们那儿有些票就卖三四角也没人看。"

"那还用说，好戏、好角儿，人们就是愿意看!"坐在对面的一位老同志也开了腔，"我还听说，有个老大爷想看戏买了好几天的票也没买着，后来袁院长知道了，让剧场的同志给他拿了个凳子在台口边加了个座。因为连过道都坐满了!"

健兰喝了口水，又说："我说的八九不离十吧？大家多欢迎你们啊！加座的事儿……"

"确有其事。是一对老夫妇，他们年轻时在上海工作过，看过我的戏。这次给我写信说，他多年来就想看传统艺术，现在你们来了，这难得的机会不能错过。为了看戏，已经住了三天旅馆，可无法买到戏票，只好给你写信，能否帮助买两张票。我想，应当无条件地解决。问前台是否有两张票。好，票早卖得一干二净。我只得说明原委，求前台加两个临时座位，加座也没有了，最后只能在舞台边上搬来两把椅子，请他们高高兴兴地看了戏。"

岂止这一档子呢，不少观众还从几十里外特地赶来看戏。有个七十多岁的老大娘，行动不便，就让儿子用手推车推到剧场看戏。还有一家三口赶了几十里地路来到县城，掏出五十元钱对剧场经理说："你给我们找个住处，我要连看三天戏。真牛！"

团委会备受鼓舞，决定无论有多大难处，也要想办法将在邯郸市的演出期限延长五天以满足观众的要求。

这次邯郸演出中的工作格外繁忙。我登场演出本就比原安排的场次多，我又意外地增加了一项非常重要的业余工作，那就是给集邮爱好者在新发行的戏曲脸谱邮票上签名。

这还是在一九七九年至一九八〇年期间，邮电部设计制作了一套《京剧脸谱》邮票，请我帮助。我认为这是件弘扬民族艺术——京剧这颗璀璨明珠的大好事。作为一名京剧花脸演员，自己有责任在设计花脸谱式的勾画、色彩方面出谋划策。又在刚恢复的第一期《集邮》杂志上发表了一篇《谈邮票上的京剧脸谱艺术》的文章，简单地介绍了我国戏剧中脸谱的形成发展，说明脸谱是用色彩象征和夸张图案的手法表现人物的不同特性，介绍了不同美术感的一些基本知识和有关花脸艺术。

始料未及地引起了集邮爱好者们的巨大反响。自此，十几年间我收到无数的来信，要求我在这套京剧脸谱邮票上、首日封上签字和留言。认真地对待、认真签名回信，是我应做的。集邮爱好者们更是认真地将回信的信封和邮票都一并寄来。我看到了上万颗爱好京剧脸谱艺术的真诚的心，使我感动。如果说，我的签名越来越有点儿漂亮、越来越有点艺术气息、越来越有点内涵的话，是广大集邮爱好者们给了我这个练字的机会。

我没想到在邯郸会有那么多集邮爱好者前来拜访，大会面、小会面地接待他们，回答他们的提问，反复讲解李逵脸谱，为什么要去掉彰显凶恶有余、善良不足的花鼻窝，改碎脸为独有的三块瓦式整脸。这样才能体现出李逵既善良正直又带粗鲁的性格。

鲁智深脸谱是孔雀眉，前是头，后是尾。眉角有笑纹，嘴窝、胡茬都应有凹凸，说明性格乐观，心胸海阔天空。郝老师根据其个性和体形，认为让他袒胸露怀比穿黑僧衣更能反映他四海为家豪放爽朗的特性。他与同类人物比，共性是嗜酒如命，见义勇为，好打抱不平，但眼窝底下的智慧纹又勾出他比较精细的特性。

张飞是蝴蝶谱大笑脸的形象，性格豪爽通达。最近，在演《古城会》

中的张飞时勾脸比过去又有很大变化，反映出他有乐有气的性格。谈到变化，关键来自内心，随着我表演的角色感情来变化，这才叫脸谱，否则只能是面具。

邮票上的张飞脸谱是工笔，我勾的是写意。舞台上面具式的勾法不好，写意勾画才活分。

孙悟空脸谱是独有的，既有真猴的面孔，又有艺术的夸张加工，逗人喜爱。

廉颇的眉毛之间皱起来，不是三块瓦而是白中套粉的线条。在《将相和》中，说明他本质善良，只是具体事上想不开。他做错事不固执、不自傲，是个可爱的人物。

窦尔敦性刚暴，是草莽英雄，自以为是，有勇无谋，寓粗鲁于眉中。

……

虽说忙，占去我很多休息时间，有时说得真有点儿唇焦口燥，可我高兴。说明关注我们京剧的人们非常多，京剧基础是雄厚的！不厌其烦地讲解脸谱知识更是我们普及弘扬京剧艺术本就应该做的事。

虽说忙，不能耽误排戏的大事。我们恢复一团的老传统，巡演期间要排出新戏。团委决定恢复《西门豹》一剧，动员大家利用演出空隙赶排，下站演出地点是大名县，力争在大名县——西门豹治邺的所在地复演。

困难不少哇！背戏词、练唱腔准备恢复唱、做、念兼重的《西门豹》，担子确是不轻！

《西门豹》只演五场就被封杀。何况，从一九六三年至一九八一年十八年间非比寻常的隔断，复排很不易。但是全团演职员对当年的这样一出好戏被江青横加指责而禁演的不平之愤和一心要奉献给西门豹所辖子民后代的决心促动，难，也不在话下，很快就排出来了。

四月初，复排的《西门豹》演出了，演出的反映很是不错。演员和大名县的观众都实现了一个共同的愿望。

漳河南域的古代邺城郡，即是现在漳河南岸的大名县。当地群众中广为流传着西门豹其人其事。一位漳河岸边的老农看戏后激动地说："西门豹的故事发生在我们漳河地区，今天能看到这个戏真高兴。现在农村的政策对头，我们这里连年丰收，日子过得高了一大截。看戏花钱不怕，就怕你们大剧团难得到我们小县城里来呀！"

在大名县一周多的演出，登记票数达六万张，我们日夜两场，也满足不了三分之一。县委的同志告诉我，过去大名县是个穷县，有的生产队农民肚子都吃不饱，哪还谈得上看戏，而落实党的十一届三中全会关于农村政策以后，现在人名县已经没有穷队了。

多么令人振奋的消息！我说："再夺他几个丰收年，咱们的粮票呀、卷呀、证的就准该取消啦！更上一层楼的好日子也就来啦！"

四月九日在馆陶县演出《群·借·烧·华》。

十一日驱车到漳河边凭吊西门大夫祠。漳河之滨的春天，依旧飞沙狂起。对情有独钟的我来说，为了缅怀西门豹，风、沙尘、演出的劳累，何足道哉！我兴致满高地看了漳河的新旧河道。尽管吃了满嘴的黄沙，上下牙不敢相碰，否则满口假牙硌得牙床生疼。

一位七十三岁的老农介绍说他小时候还看见过完整的祠堂，祠的规模很大，四边还有围墙。可惜在二十年代张作霖和吴佩孚打起直奉战争的时候，架着大炮打，把祠堂给轰毁了。

我见到的西门大夫祠只剩下字迹模糊的几块碑，幸好还有西门豹文物展览室。我一走进去，立即在《河伯娶妇图》的挂图前停步凝目，图上西门豹刚刚走下乘坐的车辆，威严地站立河边。我顿有所感："这就对了。当年排《西门豹》时，我觉得已做文官的西门豹，这时应该是乘车沉稳地款款而来才体现他的身份，又表现他胸有成竹、粗中有细的性格。有人说应该骑马来参加河伯娶妇的仪式，我说不成，战国时候是坐车，骑马不合适。看看，这图上的西门豹果然坐车而来，这造型多美。"我指着图上的车高兴地说。

同来的大百科全书出版社的摄影记者来启斌被我的话所吸引，也凑过来看图，指着图上的说明问："袁老师，您看，这原文上写的是先投巫婆入河中，你们戏上怎么是最后投巫婆呀？"

我继续往下看图：西门豹脚下有两名差役，匍匐在地，头磕地上求饶，已磕得血流满面，还有两个人抬着巫婆正投向河中，周围众多围观群众。我转过目光又看说明。

"历史记载倒是先投巫婆，可戏终归是要有戏，巫婆在戏中是重要人物，是造河伯娶妇的迷信谎言，坑害百姓、图财害命的主谋！如果西门豹来了就先把她投河里了，那底下不就没戏演了？戏是要尊重历史，但还必须考虑舞台表演效果，既要刻画人物，又要有戏，因此在不违背历史真实的情况下，是允许进行艺术加工，这不就是源于生活，高于生活嘛。"

我佩服西门豹在邺郡错综复杂的情况中查清巫婆等人的罪恶勾当，用以毒攻毒之计予以清除的英雄胆略。还能请水工测量地势，齐心合力地开了十二道水渠，用漳河的水灌溉农田，使百姓安居乐业，造福子孙。如此为民着想的丰功伟绩，更使我敬慕得五体投地！

也深为西门大夫祠只剩下几块碑而凄凉……江青封杀我饰演《西门豹》是历史的悲哀，令我遗憾终生。

到实地参观、走访式的学习，对一名戏曲演员来说，实在是不可缺少的课程。

在临清县，我们采取送戏到公社、大队。

五月三日演出时，我不巧把脚扭伤，夜里还闹起肠炎。

五月四日上午，访问当地棉花生产先进单位老赵庄大队。大家拦着劝着，我还是来了，不能演出，就清唱嘛。

热情洋溢的社员们簇拥着我这兴致勃勃又拐着腿的客人从这家串到那家与社员畅谈。我串访的几家农民都说，想看大剧团名角的真人演戏太难，只能在电匣子里听名角唱戏。

我点头说:"这些年,剧团是下乡少了,没有为大家服务好!不仅该批评,还应该打板子!"

"可舍不得!你们来了,惜爱还不够呢!"大伙儿齐说,阵阵笑语透着亲切。

我们来到孀居的赵兰香家中,她兴奋地说:"去年俺分了六百多斤粮、二百多块钱,还有三十多斤油!"

我掀开缸盖一看,白花花的大米满着。再望着她那连皱纹都被展开了的笑脸,高兴地大声说:"在北京听广播新闻说,农村形势大好。我还有点儿不解,心想,这十年耽搁的,能那么快就扭转了局势?这次可是亲耳闻、亲眼见!谁要不信,我就去对他说,还不信就把他拉您家来!"

访问即将结束时,社员们要求我唱一段。没有理由不答应!我想此时唱戏不如唱心气儿、唱激情。就临时编词,不用胡琴伴奏,给大家放声而唱:"粉碎了'四人帮'民心欢畅,今日里我们大家欢聚一堂。为党的三中全会方针政策欢呼高唱,为夺取再丰收,我们大干一场!"

我把"大干一场"的腔挑得高高的,气运得足足的洪亮放歌。这样唱果然好,与社员的情感,就在这刹那间拉得更近了,心也连在一起了!

不看不知道,这次巡演所到之处,人民群众、农民兄弟笑逐颜开,精神面貌大变样,真是受益匪浅哪!感人肺腑的事例深深地教育着我,是我近六十年演出生涯中所没有的。

以往,我常说巡演是舞台实践提高的好机会,是发现人才、锻炼人才的好机会,是开阔眼界参观学习的好机会。进入八十年代,更大的不同是了解党的方针政策的好机会!强烈地感受、亲身验证了,十三届三中全会引导全国人民走上富国强民之路。

去年山东巡演前一个半月,演出近二十场,突破了院里安排的十场次一倍,尚不觉累,彰显坚持抗衡糖尿病计划——不演出等同演出的体耗训练的威力,让糖尿病"后退三百里",我总算能适应较频繁演出的初步成果。这次我坚持三天演两场戏，身体虽然有些累，但心里颇甜、欣慰，累而不累！不由得更嘱咐自己得坚持计划，活一天就要坚持一天！

"五月七日欢迎老海胜利归来！"

这是福瑗记在日历上的，我回京的归期。

壹伍陆 赴西德 文戏殊荣

舞台上，《三岔口》已经结束了，大幕拉开，饰演任堂会和刘利华二角色的演员重新走到舞台上。他们在阵阵喝彩声里，在十分热烈的剧场气氛中向在座的黄头发、白皮肤、蓝眼睛的观众谢幕完毕。

这时，一位穿着京剧服装的德国安娜小姐出场了。观众席上一下子肃静下来，听她以流利的德语、沉着甜美的声音引导观众进入到两千年前中国楚汉相争、九里山战场的意境。《霸王别姬》一剧的主人公们，在她的介绍引荐下，一个个分别走上舞台亮出最具代表性的姿势与观众见面……

锣鼓阵阵，帷幕拉开。

项羽迈着那虎威尚存的一派帝王气势，又难掩大势已去的衰颓步伐走上舞台。观众望之项羽脸面沉长，知其性情刚暴、刚愎自用、说一不二的性格。

被围困的项羽大吼一声，枪杆起处，群雄惊走。中计十面埋伏，战败回营见到虞姬，失意变关怀，一改项羽冷漠的表演。

最后,借鉴武生、花脸发声相糅的凄凉之音,泣声唱出败亡前夕与虞姬、爱马生死分离的《垓下歌》……

外国观众看懂了!大为其悲剧结局寄于惋惜和感慨。他们时而对虞姬抑制悲痛舞剑安慰项羽的真挚情爱落泪,时而对项羽英雄末路的仰天悲歌发出了叹息。

演出在雷鸣般的掌声中结束了,我和春霞一而再,再而三地四次谢幕、五次谢幕、六次谢幕,就连事先安排好的虞姬返场,重演剑舞的谢幕,也都谢过了,可是观众仍然发出了阵阵欢呼,仍然热烈鼓掌、跺脚(这是他们的习惯,是对演出最热烈欢迎的表示)。

面时这情景,全团同志都十分激动,对于演员来说,没有比得到观众的理解更加使人愉快和幸福的了。何况是得到语言不通的外国人的理解呢!大家也都明白了,这是要求项羽出场,再次谢幕!

"老海!悲歌!快上!"

"'力拔山兮!'老海!等着听你的哪!"

就这样在热情观众的强烈要求下,我又重新表演了"悲歌"片段。借京昆苍凉悲壮的声乐力量,把末路英雄项羽的思想感情,再一次送上舞台呈现在外国观众面前,让他们再次感受到悲剧美,也作为对热烈掌声的答谢。

热情的观众涌上台来把手中捧举着象征真挚友谊的玫瑰花送给了每一个演员,激情地与演员们拥抱、握手、拥抱……

安娜小姐是那样的兴奋,与春霞紧紧地拥抱在一起,分享着演出成功的喜悦……

我们聘请的这位报幕员是懂中国文学的德国姑娘,热情的安娜放弃了去莱茵河游览的机会,和翻译孔皑玲小姐同我团的同志一起,按照各剧目的时代背景、情节人物和戏剧结构的顺序编写了语言精练、生动有趣的剧前报幕词,而且报幕时,采取了电影片头的办法,如前所述,每当介绍各剧中主要角色,如廉颇、蔺相如、林冲、鲁智深……他们就走到幕前与观众见面,让观众结合剧情从形象上熟悉人物，加深观众的印象。

《霸王别姬》在过去一度仅上演二十七分钟的基础上，重又恢复到五十分钟的版本，在演到《别姬》一场时，观众席中发出轻微的唏嘘叹气声，和以前一样。

我走下场，尚未来得及卸装，就被许多西德观众和记者团团围住。大家问我的年龄、问我的艺术之路……当听说我已经六十六岁的高龄后，都露出惊讶赞叹的目光，还有许多人竖起大拇指。

在记者的要求下，我通过翻译简单讲述了八岁学艺的艺海生涯。最后又回答了一位记者的提问："你现在最大的愿望是什么?"

"我们有句话叫艺无止境，作为一个演员，我要活到老，学到老；活到老，演到老，把生命奉献给京剧艺术。"

每每回忆此事，我不止一次地说："说实话，我扮演项羽已有五十多年的舞台历史了，这样欢迎的场面、谢幕重演《垓下歌》，是我生平第一次。"

这是一九八一年六月二十日至七月九日中国京剧院一团在团长简朴，副团长我、许家屯率领下一行七十人应邀参加西德科隆戏剧节，赴西德、瑞士进行商业性演出的首场演出盛况场景之一。

这次的科隆戏剧节有二十五个国家的五十多个艺术团体参加表演。中国京剧院一团这次所带剧目《野猪林》《将相和》《霸王别姬》《闹天宫》《虹桥赠珠》《三岔口》《盗仙草》《秋江》《挡马》《断桥》等合为三台京剧节目。十七天的访问，在九个城市共演出十四场，组织这次巡演的维德曼先生说："这么短的时间，演出这么多的场次，中国京剧院一团创造了奇迹。"

更重要的是场场演出前剧院门口都围满了等票的观众，有些外国朋友从几十公里之外专程驱车赶来看戏，观众的反响相当好。纯属文戏的《将相和》，演出也十分成功。谢幕重演了最能体现团结主题、中国民族风情浓郁的《负荆请罪》一段才算告终。

且在众多返场谢幕的过程中，发现观众第一遍在剧中看到这一段戏的时候，台下鸦雀无声。戏完了，经过一刹那的停顿，掌声四起，是观众完全进到戏里去了，这才悟过来是戏完了。可在返场的时候，一上来观众的情绪就十分激动，这说明什么？外国观众完全看懂了，观众和剧中人的感情完全相通了。

后来知道当地报刊评论：中国京剧的演出是这次国际戏剧节的最高潮。"德国人能够欣赏京剧，京剧的最大贡献是使戏剧节更加隆重，产生了戏剧性高潮"，"中国京剧取得了爆炸性的成功"。

一位剧场艺术总导演十分感慨地说："我到过许多国家，导演过歌剧、芭蕾舞。京剧太好了，我不是语言学家，但从你们的表演中我完全看懂了，这正是京剧迷人的艺术魅力。"

主办这届戏剧节的一位负责人说："这次戏剧节，中国京剧如不参加就不能算是世界戏剧节。"

中国京剧在科隆戏剧节被评为第一。

再想代表团刚刚到达时，便看到科隆街头高高悬挂着"北京京剧来了"的大幅标语，这使大家顿时感到肩头的担子分外沉重起来。强烈意识到，在外国观众心目中这几个字的分量，真有一种考验临头的滋味。当然，中国京剧的艺术魅力决定，演出在世界戏剧节上引起了巨大反响。

这些友好的舆论，都给了我们极大的鼓舞，但在这次访问演出中，触动我最深的是演出《野猪林》后，西德一位戏剧评论家说："《野猪林》得到很好的反响，虽然没有武打戏热闹，但能代表京剧全貌。"

西德希尔德斯海姆市长发表观感说："你们的节目有文有武，代表了京剧的全貌。"

"代表京剧全貌"，简单几个字，真让我们心中的一块石头落了地。说明我们在科隆戏剧节的演出达到了理想目标：文戏出国是完全可以被外国朋友接受的、欢迎的，也是完全必要的。

对外文委也肯定我们在西德的演出是对文戏出国的一个突破。

赴西德演出实践的结果，观众做了最好的回答。西欧观众对中国京剧的欣赏要求正在深化，进一步要求看有文有武，有头有尾，有生动情节、尖锐冲突和众多人物形象的大戏了。

其实，读者们很清楚这是以往历次出国所见证过的！这次，说是恢复会更实际些。从二十年代梅兰芳先生首将京剧推上国际舞台至新中国成立后的五十年代初期，到六十年代京剧文戏就出国，而且是受欢迎的，我们早有文戏出国的传统。

当然，谈文戏出国的问题，并不是否定武戏出国的好成绩。诚然，武戏是容易看懂，易于被国外观众所接受，但它只能代表京剧唱、念、做、打中的打（含舞）一个方面。

这次出国才知道，过去西欧对京剧武打翻译为"阿克罗排的克"，即杂技、武技之意，这显然降低了京剧的艺术性。这次一家报纸用了"武打芭蕾"一词来介绍京剧武打，稍微准确了些，但以芭蕾比京剧，仍不贴切。这不能埋怨外国报刊和剧场不完全理解京剧艺术，而是在于十几年来对外演出的剧目过偏武戏的局限所致。七十年代后虽然增加了《碧波仙子》《破洪州》《火凤凰》等新剧目，但也仍然是偏重舞蹈和武打。

我们共识文戏出国，不能原封不动，要经过整理。清理脉络，精练场次，贯通情节，紧凑语言，保留刻画人物的表演、精彩的唱段，保持京剧艺术和戏的完整性的前提下，限时三小时以内。

然而，应该记住的是最初经验不足，出国的文戏删节过多的弯路，掌握住情节贯串完整、人物完整、艺术完整。

还要针对反映，继续改进。外国朋友不熟悉中国历史和京剧程式，又听不懂戏词，翻译介绍剧情尽可能简练，还必须尽可能地细致，对重点细节随时增删，着力修补，意在说清，这才能真正给外国观众欣赏京剧表演艺术提供一个扎实的"肩膀"。像《野猪林》中《倒拔垂杨柳》一折，由于事先使观众了解了这一场的情节和重点细节，所以在拔柳树时鲁智深三摇两晃，观众就感受到是力大无穷的英雄能倒拔柳树，马上爆发出热烈的掌声。如果没有分场介绍，观众看明白夸张的拔柳的动作，其"动作的舞蹈性强""讲求造型美"的表演也可在毫无准备、似懂非懂中滑了过去，无从感受表演的魅力了。

总之，我们坚信中国京剧唱、念、做、打的强烈表现力、高度综合力，一招一式、一声一息的鲜明寓意，是赢得外国观众理解的内在保证；我们也坚信外国观众有较高的审美能力和一定的欣赏水平，能够不通过语言，从音乐、表演、舞蹈中感受欣赏。对以唱为主的表演艺术沟通得当都会欢迎的。

此次我问过西德一个综合剧团的艺术指导，是否理解《霸王别姬》。他说："艺术不分国界，你们的表演动作优美清楚地向观众揭示人物的内心感情，懂不懂是和表演的艺术水平有关的。"我把这话作为过

在西德演出《霸王别姬》剧照，我饰项羽，杨春霞饰虞姬

誉之词听了下来，回来反复思量，外国朋友还有一层鼓励我们更好地提高表演质量的意思。一言中的，他正道中了我们现实的薄弱环节。必须要求演员的表演，精益求精，唱、念要传情，做要传神，保持京剧艺术的独特风格、艺术的魅力。那么，哪怕言语不通、唱词不懂，也能让国外观众与我们情、神与共。为了更好地完成对外文化交流的重任，首要一环是下决心付出努

力，提高表演艺术质量，进一步深入探索外国观众欣赏中国京剧的规律，以期为加强中外文化交流，增强中外友好，做出更大的贡献。

"民族的，也是世界的！"

重任

ZHONGREN

壹伍柒 明方向 雨润心田

一九八一年十月中旬，一团又赴保定演出；十一月初在河北青苑县演出，仍是场场爆满。

十一月二十五日召开第五届全国政协四次会议的分组会上，讨论文艺界在精神文明建设中担负的重要任务，一定要坚持为社会主义服务、为工农兵服务的方向。

我激情地向在座的委员们谈了几次下乡演戏的感受，引起大家的共鸣，纷纷说："我们城里的剧团要下乡去，为农民演出去！"

也就是在这次的政协会上，文化部的几位领导曾分别与我做了较长时间的谈心。林默涵同志在谈京剧如何发展提高时，遗憾、惋惜地回顾了十年动乱身体尚健的周先生、马先生却也先行。更有和我同辈的少春、盛章、盛兰，年龄只差一两岁，尤其少春、言慧珠等人，尚比我小三岁，艺术家遭受迫害不明不白地离开我们。造成六十岁以上的京剧名家不多，迫使京剧传承的重任落在了少数人身上的局面……

部领导语重心长地直接向我提出来:"明年呀,希望像您这样的艺术家今后不要在舞台上经常演出啦,应当把更多的精力、侧重面,放在传帮带的工作上。"

"我……并不高明……"

"您不要客气啦。你们受前辈的教导,正好将艺术继续往下传,做承上启下的工作。这是很要紧的,您没算过一笔账吧,传的效率要比您演一场戏的效率大得多。就说您演的拿手戏《九江口》,一场不过一千多观众看,如果教出几个学生都演,全国各地能有多少观众看呢?等有了资金,部里计划着还要有步骤地安排些录像,多留些资料,也多拍些个电影,这样既扩大了观众面,也使青年、中年演员能够得到学习。岂不是更能以一当十?"

"这个问题……我想过……我想的最多的是十年动乱,老些的,我算最幸运的,也只演了两个日本人,一个鸠山、一个龟田……离我原来定的,十出以架子花脸为主的戏的计划差远了!我一心想把这耽误的十年弥补回来……"

"该弥补回来的一定要弥补回来,一定能弥补回来!您在舞台上不是不演,要演,还要演得好!大家喜欢您的艺术、佩服您的艺术才能传承。我指的是相对减少些舞台的演出,要保重身体。您看看,现在京剧舞台上文武老生,缺;架子花脸,也缺。照我看您这架子花脸光凭口传恐怕……难。"

"的确。架子花脸既要以做、念为主,提高唱,还要有基本功,就是武功,比较复杂一些吧。"

"所以呀,必须反复示范动作,这要有一定的体力才能达到教会、教好的目的。正好趁着身体尚可时,多做一做承上启下的工作。这是让京剧繁荣最重要的基础工作。"

谈话,荡起我思想上的重重波澜,引起我反复思考了但未郑重考虑过的问题,不错,我向部领导说的是实情。

"四人帮"被清除后,我充满阳光地一心想重振一团旗鼓,重新审视十七年的优秀剧目，以跟上八十年代的时代步伐。几年来，工作是做了一些，《群英会》《龙凤呈祥》《将相和》《牛皋招亲》都做了修改，收到可喜的成绩。

然而，诸多困难也不免使我时有丝丝彷徨……年龄、体力都身不由己。春季在大名演出《西门豹》由心里感到再演这样的大戏确实是有些力不从心……那么《黑旋风》《李逵探母》等戏呢，咬咬牙，是尚能演，但像"文化大革命"前那样一场连一场、新戏再一出又一出……难矣！快七十岁的人了，不服不行。偏偏我又不肯服、不甘心！思至此，心中隐隐沉重，遗憾难言！

文化部领导的一番话，雨润心头，完完全全抹去了我心底的那块阴云不说，传帮带，摄制资料等还指明了事业对我的需要和我今后艺术工作的重点，这两项工程既是应尽之责又非常实际，及时地解除了我的后顾之忧，像雨霁春阳令我眼前一亮，茅塞顿开。

虽说自己也开始了传帮带的工作，但并没有对这项工作的重要性看得如此深远和重要，也没有将这项工作纳入自己的重点日程，只是抓演出的空闲来做。

一九八一年二月十二日上午中国京剧院在陶然亭音乐亭举办拜师会，我和李万春、张君秋、吴素秋、赵燕侠等诸位同时收徒。我收的学生是罗长德，学生向老师献花、三鞠躬，献清茶一杯聊表心意。张梦庚院长在会上讲了话。我还作诗一首愿师生共勉，为繁荣祖国的京剧艺术，为四化做出贡献。

雪涛同志也向我推荐了陈真治，刚看了他演的一场《除三害》，他就随《杜鹃山》剧组调来一团，事情搁浅……

我必须要以高度的责任感做好传帮带的工作，安排日程，主动出击！

壹伍捌 《探母》愿 重修流传

罗长德毕业于北京戏曲学校，是中国京剧院四团的演员，他有一个好嗓子，又有武功基础。他出身于梨园世家，父亲是著名丑角罗盛公师兄，曾祖父是丑角表演艺术家罗寿山（罗百岁）先生，高祖父是"名旦两福"之一的旦角表演艺术家罗巧福先生。他有很好的武戏基础。现在嗓音也日见洪亮。我计划把这出曾受欢迎又经修改后的《李逵探母》一剧教给他，以提高他刻画人物的表现力和演唱水平。

那时，《李逵探母》一戏的修改已初步定谱，因为几次巡演时间紧迫，组织上同意长德与我同行，观摩我的演出，利用空隙时间得以学戏，还能顺便照顾我的起居。

提起修改《李逵探母》，话可就长了……

早在一九七五年，毛主席就《水浒传》这部小说发表评论，批示指出"《水浒》这部书好就好在投降，做反面教材使人民都知道投降派……"尤其毛主席还说："李逵、吴用、阮小二、阮小五、阮小七是好的，不愿意投降。"这可使常演李逵的我十分激动。由此《水浒传》一书各种版本大量发行。我如获珍宝，重新翻来覆去地阅读，咀嚼品味李逵、鲁智深等曾演过的角色，对这些个人物加深理解的同时，更增加了几分对这几个人物的喜爱，认为有朝一日肯定还能重登京剧舞台。

每每读到李逵葬母时，在这个"大哭一场"之处踯躅流连，联想到此处在舞台上只唱几句【西皮散板】："一见老母把命丧，怎不叫儿痛断肝肠，只望接娘富贵享，又谁知中途遭祸殃，我哭，哭一声高堂母，我叫叫，叫一声儿的娘呀，儿的娘呀，忙将尸骨来埋葬。"词意感情很单薄，完全是官中的词、官中的腔、官中的唱法，难道就这么轻描淡写一带而过啦！很不合适。反复再唱这段戏，我越发觉得缺情感、缺韵味，没有调动好艺术手段来表现孝李逵探母、接母反而失母难言的大悲心态！【反二黄】！我的脑中不断闪现出六十年代与盛戎切磋【反二黄】的情景，我相信架子花脸同样能唱【反二黄】，接受其试创腔时一定要用剧中的新词、唱新情感来创新调子。

那时，我演出少，又无新戏可排，有着充分的时间，可哪敢去做？万一被戴上"复辟"这顶冠冕堂皇的帽子，吃不了，兜着走！望书兴叹，我只能将此事再度放到一旁。

恢复传统戏了，我立马动起这段【反二黄】的脑筋。没有剧本了，唱段我还会，从见母亲被虎吞吃的唱段开始先改，自己先着手编词。

俗语说："旦角怕笑，花脸怕哭。"花脸的哭腔很少。经过了多少次的琢磨，这段【西皮】唱段还要保留。此处若用【摇板】不行，【摇板】舒展，只能用【散板】。第一句"一见老娘把命丧"改腔！从激情出发，我果断地借《锁五龙》中"一见小罗成把我牙咬坏……"高八度之腔对架子花脸的演唱来讲，算是最高难度！难，也必须上。李逵冒着被官府抓走的生命危险，一心要将受贫穷、受压迫的母亲接到梁山享受清福，没想到误上沂岭，给母亲去取水，回来母亲已被虎吞吃，这对李逵是多么严重的打击，是万分悲痛加绝望。若不采用高八度，断然不成！根本不能表达其急切痛彻心扉的心情。演唱时还要刚烈，才好体现李逵这位铁骨铮铮的汉子的悲愤。我试着翻高而唱这个腔，条件不那么充沛。得很好地努力，哪怕嗓子有劈音，情感却是准确的，观众可以原谅。后来，我在电视台录这段音，坚持用高音唱。虽并不是那么圆，但是情绪饱满。

下面几句"怎不叫儿痛断肝肠，只望接娘富贵享，又谁知中途遭祸殃，我哭，哭一声高堂母，我叫，叫，叫一声儿的娘啊……"按老唱法，一句一锣，节奏极拖沓松散。

我想到程派的《牧羊圈》心里顿时一亮。别忘了，我是程迷。《牧羊圈》中，赵锦棠向两皂吏讨饭哀求时的【西皮散板】有这么一段，我立即哼唱："赵锦棠跪席棚泪流满面，尊一声二相爷细听我言，可怜我有八十岁的婆母她三餐未曾用过饭，眼见得就要饿死在那，那，那……"从"三餐"到"要饿死在那，那，那……"全是垛字唱，如珠走盘很显紧凑，又显哀怨。正好借它过来！从哪接呢？最后就从"只望接娘"的后面，从"富贵享，又谁知中途遭祸殃，我哭，哭一声高堂母"有十八个字之多一气呵成，字字相连垛唱。学个花脸的玉珠滚盘，以体现李逵见母被虎吞食后心如刀绞、急如火焚的心情。下面："我叫，叫，叫一声儿的娘"骤然放慢节奏，突出其悲，全段节奏快慢几个反复将李逵面对惨景、悲愤、焦急，交错而纷乱的心绪体现出来。

这种借鉴学习，是吸收程先生垛句的方式。消化吸收，把营养输送到要表演人物的思想感情里。花脸的演唱，不管【西皮】、【二黄】，垛唱中有八、九、十个字的唱法占多数，没有十八个字垛在一块儿的。实践说明，观众是接受的。

最后，"啊……再不能相见的亲娘啊……"

这句也是借鉴于《专诸别母》的哭头。当然专诸也是架子花的应工，但这哭头一定要像铜锤唱老哭头一样嘹亮。

唱完了这句，就起乱锤。（匡匡匡……）是李逵看到老娘的尸骨，这儿一块骨头，那儿一块肉，心里非常难过，紧接锣鼓起唱：（唱）"忙将尸骨来埋葬，忍不住心惨伤，悲声放，呼天喊地唤老娘，一阵阵我泪洒在胸膛。大不该去取水撇下老娘，不料想沂岭上虎口身亡。老娘亲一生受苦，儿未曾将你奉养。千里迢迢来接娘，心愿未尝。从今后有谁人来把铁牛儿叫喊，从今后母子们要相逢，除非是梦中想。"

【反二黄】的唱词我编了出来，词句的文字一般化，只求把心情体现出来。此板式，对老生、旦角、小生（《孝感天》）常见，花脸尚没有。前次借鉴搬《碰碑》的腔不行，仔细想来曲调的线条太细了。这次吸收了孙菊仙先生的唱法。孙菊仙老先生，我没赶上，赶上孙派的传人时慧宝先生，其中两句都是借鉴时先生的拿手戏《上天台》《朱砂痣》等演唱时的老腔老调，以表达李逵这个人物的浑厚性格。所以唱段中的"胸"和"膛"两字和"未曾"的"曾"字，采用了前辈名须生孙菊仙前辈的滑音唱法，增强悲愤。这里的"泪"应当唱"泪（luei）"，为什么不唱lei？不好听。京剧有上口字，要有四声等要求，适当地修改可以。不能随便乱改，改得像话剧加唱，绝对不成，要适度。

这段【反二黄】是哭调，边哭边唱。"除非是梦中想"一句采用【清板】，不用任何乐器伴奏，以突出李逵哀悼母亲的悲痛心情。接着唱【反二黄】哭头"儿的亲娘啊"一句，完全是大悲唱唱法，"亲"字用虚音唱高五音，是借鉴《文昭关》老生的唱法，更渲染了悲凄的气氛，也为以后李逵听到虎啸立即将满腔的悲痛化为愤怒，促使李逵怒杀四虎为母报仇。演唱中还多处运用了老生的抖音，使曲调韵味更加婉转动听，越发表现出李逵哀悼母亲的悲痛心情，大大加强了艺术感染力。

【反二黄】曲调唱完几声虎啸马上转为【二黄散板】，我改成"听得虎叫怒满胸膛，"这【散板】虽无任何花腔，唱的是由大悲转大怒、大恨的情绪连贯。按规律每句后面都要下一锣。气氛抻散了，也太官中。我只在第一句后留一锣，然后一气呵成唱垛句："我与你有什么怨仇，绝咱的愿望，我不杀孽畜，怎对亲娘。"越唱越快这样听起来才非杀虎报仇不可，而且"不杀孽畜"咬着牙唱，表现出李逵不杀猛虎誓不为人的气概。

随之，问题又来了。后边唱加强了，也突出地感觉到前半出戏中以音乐形象塑造李逵显然不够了。那个时期，强调突出架子花脸的做和念白的功力。《下山》一场又得和《黑旋风李逵》一剧载歌载舞的《下山》区别开。选中回忆儿时的趣事，全是念白，较有特色。今天再看，就显得李逵急切回家探母、憧憬母子见面快乐团圆好时光的那种快乐心情，表达得尚有差距啦！这就不能很好地衬托母子相见时母亲为自己已哭瞎双眼，哥哥的不孝，母亲处于忍饥挨饿、朝不保夕的那种凄凉悲怆的情景，与李逵所想大相径庭才能更具有戏剧性。

所以有必要从唱腔到表演，重新增减。我也已又自写词创编了一段较有生活气息的【西皮流水板】。

> 一路行来暗思量，想起了幼年性情实不应当。
> 少时间回家去把老娘探望，母子们见面要叙叙衷肠。
> 我的娘，笑着脸儿，颤着身儿，拍着咱肩膀，
> （白）她叫道："李逵，我那好儿子，铁牛！我那乖儿子哟！"
> （接唱）少不得做些面食馍馍叫咱尝一尝。与老娘对坐把话讲，
> 我一边吃，我一边说，我边吃边说，边说边吃，
> （夹白）噫——嘻！哟嗬！（笑）啊哈哈！……
> （接唱）咱李逵心中不住地喜洋洋，紧行几步西门往。
> 恨不得插双翅，飞到咱老娘身旁。

回忆起来，真是呀，这几段唱腔连写词带配曲，再加停放、细想的过渡，不知共用了多少时日……

如果说后来创的这段有点儿意思的话，那就是归功于多听戏、多学戏、多储备的好处。

十二月的一天，我早早地起了床，收拾完毕，等候学生罗长德来学习修改后的《李逵探母》。

我算计着时间，眼看新一年的春节快要到了，不能不感叹，一年的时间飞快而过，北京市民开始忙着准备新年甚至春节的年货，各个剧团则在考虑另一种"年货"的添置，《李逵探母》已上中国京剧院的日程安排。利用这一段时间教会罗长德翻新的《李逵探母》，要在春节拿出新的节目，以飨观众，恭贺新春吧！

不过，在近段时间里，我还需要再次更全面地审看剧本和权衡剧中的艺术处理。剧本还有修改的必要，面对这五十年代创作的即使是优秀的作品，事隔二十多年后，进入八十年代，社会已前进了多少！时代不同，审美的方式与角度都已不同，必须回首再重新更客观地思考。

不能否认此剧之所以能立住，是在于刻画出草莽英雄李逵的另一侧面——对老母的孝子之心，是出充满人情味的戏，仍具有催人泪下的力量，感人至深。

但问题也确仍不少。剧本中李逵在探母途中路遇李鬼剪径，初义释赠银，后因李逵误找了李鬼妻寻水，李鬼夫妻霸其银加害李逵，被李逵杀死。这段戏与探母的主题无关，那时，扮演李鬼妻的李幼春演得活灵活现，也算给这出悲苦之剧调剂了一下苦味，似乎过得去。今天看来纯属赘笔。如果保留，除非李鬼夫妇不死，让李逵被捕时出面相救，成为戏中伏笔。如果改成这样，势必削弱了探母情结。前面讲过，初编此剧时，争议之下的选用是为了增加时间，是使之也能成为一出以架子花脸为主的大戏。一系列的安排，真使我对推陈出新有了更进一步的认识。

这些要和长德说明，他向团里去汇报，待共同商量后，再做出如何修改剧本的决定。

所好者，经过这一年的停停打打，长德很用心地将唱腔、台词基本动作都掌握了，新加的这段唱也已学会。主要是细扣情感和贯穿的问题，解决了就可以进排练场了。

罗长德按时来学戏了。

我没想到，长德对这段行路中【流水板】的演唱掌握起来有些难度，几次给他截住："前面的唱，节奏要准确，特别是后面'李逵！我那好儿子'要念得生活化，要自然而有激情。"

"这段唱难度对我真挺大的。我在家练，也僵，不自然……"

"怎么说呢，这段唱词是我自己琢磨的，都是些家长里短的话，没什么华丽的词儿，从文字上看，并不高明，还带了点儿……一定程度的土气吧，什么馍馍呀，对坐呀，一边吃、一边说呀……我是想，李逵是个没文化的粗人，我还要把生活气息浓郁些。目的也是想把李逵的淳朴乡音和偏粗野性的气质、直爽、单纯可爱的性格，刻画出来。

"可是我编完了，唱啊唱，就是找不到这种感觉，前不久我才又往里加了咱们架子花脸常用的手段：唱中加念，活泼多了！又想到李逵在探母途中的愉快心情表达不够，所以然就把念中加笑的手法也用上了！又好点儿，曲调的欢快似乎也有了。还觉着缺！缺什么？缺李逵粗犷豪放的性格！左想右想，这才又加了几声似念又似吆喝的'噫嘻''哟喃'等口语的加白！这才觉得有点儿意思了。所以你唱的时候要注意把唱、念、吆喝融为一体，让这段唱流畅、自然，才能把李逵憧憬母子离别多年重逢的欢乐气氛渲染，夸张地、诙谐地体现出来，好为后面的悲剧结局做好铺垫，以便更加衬托出李逵哭母、葬母时的悲痛心情。"

"可是……我唱着……尤其，'我的娘，笑着脸儿，颤着身儿，拍着咱肩膀，她叫道：李逵我那好儿子，铁牛！我那乖儿子哟！您的那个劲儿……我怎么找？……找不着……'"

我又反复地示范。

虚心的罗长德认真地学着，一时间掌握不住，尚拘谨、不自然，反而还不如开始。

"得！要邯郸学步！"说罢师徒俩都大笑了。这里有段我们师徒俩共同经历的小故事。

长德拜师之后，刚准备说《李逵探母》，我马上要率中国京剧院一团赴邯郸演出。北京京剧院非常支持长德的学习，特批他随行演出中学艺。中国京剧院也考虑我年岁，在外演出频繁，超累。有家人陪伴照顾最好，从此批准家人随行。此次小弟中途回团有事，照顾我的生活，长德就鼎力为之。当时我们还一起参观了邯郸古迹学步桥。同行的还有在邯郸相遇的知识渊博的名记者、新华社总编王焕斗同志，他饶有风趣地介绍了邯郸学步的故事。

《庄子·秋水》上记载，赵国人走路的姿态优美，燕国有个少年，羡慕赵国人走路的样子，特意到邯郸来一心学步。不过他并没有认真掌握走路的方法，只是单从形式上去模仿，结果走的样子非常难看。受到赵国人的笑话，狼狈而逃，遗憾的是竟连自己原来的步法也忘记了，传说只好从邯郸的这座桥上爬了回去。后人管这桥叫学步桥，也常用邯郸学步来比喻模仿别人不成，还丢掉了原来所学。

"切不可邯郸学步啊！"我语重心长地说。

"千万别着急，很多东西不是一下就可掌握的，我也如此，需要一段理会、消化的过程。消化了，变成你自己的体会，再把它表演出来，就自如了。为什么我的老师，你们的郝校长总说'你学我，要把我捏碎了变成你'的。这是郝老师精辟的总结。切记！你所以不自如，是你还没熟练，需要去反复练，品味其中的滋味。你还有点儿不好意思，撒不开……架子花脸是要讲功架，但在某种需要的情况下还要卸下架子，变成松弛的、生活化的、自然化的。这是另一个境界了。这段唱里正是要进戏，才好卸下架子……"

记得，有一年的戏曲晚会上，我化装演唱了《李逵探母》中《下山》这一折，观众们说无论是念白还是这段【流水板】，流畅自然，唱中有说，说中有笑，笑中带唱，风格清新。把李逵未见母亲时憧憬天伦之乐的幸福欢乐心情透彻地表达出来，闻其声如见其人。

怎么说呢，只能说功夫不负有心人吧。再说远点儿，光是"化"还不够，还要下一番再创造的苦功夫，才能够真正有所获。

接着我又让罗长德唱了沂岭上李逵向母亲解释时的【二黄摇板】转【二黄原板】。

长德唱："老娘亲休听信恶语诽谤，咱梁山俱都是英雄豪强。恨只恨朝廷昏愦官府欺压（转【二黄原板】）善良，因此上举义旗我上山岗，替天行道除暴安良。"

我当年创演《李逵探母》一剧时也没有。这是在李逵母子误上沂岭后，李逵在母亲再三追问下，说出投奔梁山的真情，李母误认梁山为贼寇，怒责李逵，李逵向母亲做解说时所演唱的。

"这段唱你完全过门。要注意的是，李逵热爱梁山，在母亲对梁山有所误解时，出于对母亲的尊敬及孝道之心，他能克制住暴躁的性情，向老母做耐心的解说，但李逵终是性如烈火，所需的板式演唱速度节奏又不能太慢，故采用了紧打慢唱的【摇板】，最后几句再转【原板】。这两段唱，尚不成熟，等进排练和琴师再商量。"

几天后，我发烧了。福瑷倒是说，缓一天再去吧。我说，来不及！吃点儿退热药，就走了。在排练场中，通过长德与琴师、文武场配合的试唱，将前几年编的李逵葬母时的【反二黄】一段又从唱词唱腔再次做了个别字、唱的调整。我又跟琴师商量："埋骨时用哭皇天连接。"琴师说："【西皮】变哭皇天正合适。后面正好转下面【反二黄】。"

重要的是，大家听后十分赞扬，架子花脸能完成此成套大段唱腔，既符合情理，又韵味十足的，是架子花脸的味道，实属难能可贵！同行们一直深为我能如此执着追求，而又如此敢于解改思想，大胆地创新所竖指称道。

过后，也听过有人说："这不成，花脸没有唱【反二黄】的，是胡闹。"

说起来是有点儿胆大妄为，前人没给留下这个遗产。花脸唱【反二黄】，不敢说是首创，也许前辈有，我不知道。但是我六十年代想加这段【反二黄】时，我的老师还健在，我听郝老师说："据我所知，花脸唱【反二黄】，为师还没有。前辈，我也不知。"后来有个朋友讲，他说："有过，叫《殷回朝》。"就是咱们的闻太师《大回朝》，这据说是听来的，没根据。只能是有也罢、无也罢，求同存异吧。

因为问题并不在于以前是否有过、何时有的，关键是《李逵探母》一剧此处该不该有，是否适合此时此刻人物情感的需要。通过实践，证明合适。至于哪句词有失误、哪个腔有差距，那是枝节，是需要继续提高，艺无止境嘛！

所以说，对于这种不同意见，听了后要分析，分析是否有道理。要避免主观，主观不成。明摆着不合适，人给你提出来了，你就否，那不行，那不会成功。但是，创造艺术，继承发扬，你得有主见。甭管他的意见如何，同意也好，不同意也好，是你要引出他好的建议。他要有好的意见就丰富我们自己的想象。

初步的词曲过了，还得需要在排练场上演员与文武场进一步协调、完善、提高。

我发现在排到葬母哭皇天结束之后，李逵这儿的身段还没完，那怎么办哪？音乐就想出起垫头，拉几个音儿来个过渡。那么这会儿，李逵用象征形式把这坟埋好。回首一瞧那香炉已扔在地上了，可是香炉里头还有一点儿水，就是为取这水，给老妈妈的命丧啦。就拿起这香炉来，把这点儿水滴在手上，捧着这点水，洒在坟头上。在胡琴的过门中间边倒水边念："老娘，儿与你取水来了。"（仓）一锣后起再唱【碰板】："忍不住心惨伤，悲声放，哭天喊地唤老娘……"

我说，这就是情感的贯穿哪！这个情感是必需的。如果说坟墓造好，哭皇天的曲子也完了，接着就唱"忍不住……"就贯穿不了。尽管音乐能够将唱腔贯穿，可是你的情感断了，没有贯穿。尤其是老妈妈丧命的祸根就是李逵去取水了。这节表演是自己经过深思熟虑了，当然是不是虑到头了，很难说。

戏，在排练场形成了完整的创作。

我说，前面还有路。艺海无涯嘛，没边。我相信必有高人还要比这个高明。这是我的愿望吧。

艺术是大家的，是集体的智慧结晶，不是个人闭门造车，闭门造车那是不行的。你在屋里造车，净顾你的车好看，到外头运行起来不合辙，落个没辙，都不成。咱们有句老话："你家里打车，外头得合辙。""外头合辙"就是不仅音乐要合乎人物、合乎情感，还得合乎观众的需求，几方面都得照顾到。话又说回来，你只要人物的情绪、性格全都合适的，观众就自然而然地接受。这是我个人的一点儿体会。

统观《李逵探母》中所增加的唱段，极大地丰富了架子花脸的音乐形象，丰富了架子花脸的唱腔板式和丰富了花脸的哭腔。演唱时多处运用了老生的擞音，其韵味更加婉转动听。最重要的，只有加强架子花脸饰演人物的音乐形象才能拓展表现人物的类型、层次！

经过一段时间的排练，经过我、李金泉的共同辅导，从严要求，青年们大踏步前进了。虽然认为仍不十分理想，但可以和观众见面了。中国京剧院四团在春节期间演出了这个观众盼望已久的戏，公演受到了观众的欢迎。

当罗长德饰演的李逵从母亲呆滞茫然的眼神和双手不停的摸索中，意识到娘的眼睛瞎了时，急切而痛苦地喊道："我妈的眼睛看不见啦！"四座无不动容。

之后报上也见评论："在老师们悉心教授下，他们的人物塑造不落俗套，像人们所熟悉的李逵，誉之为是一出打动人心的戏。"

青出于蓝是我永久的期望。

一九八三年底，我回到北京，一会儿没得休息，我忙着挑蝴蝶图案为李逵赶制黑开氅。以前的呢？不见了。以前黑开氅上面绣的是素蝴蝶，这次我要绣的是彩蝴蝶，增加些色彩。李逵是位真正的草莽英雄！

中央电视台要在十二月分录制我的《李逵探母》电视艺术片，确定的信息已传来。立即，我转入这项工作。

有了给罗长德的排演，相对中央电视台再录制这出戏的艺术片就容易多了。

还记得，录音那天是严冬的晚间，西北风狂啸，我很早就回到家中。

还未及准备夜宵的福媛一边接过我的大衣一边忙问："这么快？八成没录。嗓子不痛快？'一见老母把命丧'没过门吧？"

我没说话，忙着弯腰低头解鞋带。

"……改期了吧？"

我脱下皮靴，换上拖鞋，又把皮靴用鞋撑支好，放到习惯的地点，端端正正地盖上盖鞋棉绒布。

这是我一贯的作风。我喜爱干净、整洁。我洗漱用的手巾、手绢，总是搭晾得方方正正，就是电视上的盖布，也必须把角对准中心才成。有时就是搭正了，感觉不太正，总要站起来走过去再抻抻这儿、抻抻那儿，反而往往给抻歪了。那就再去修正，决不嫌麻烦。哪怕是在吃早点，哪怕那安的假牙又不合槽，牙床生疼。

"到底怎么回事，你吃不吃点儿什么啦？"

"哈哈！我一猜你就以为没录成。甭提嗓子有多痛快！'一见老母把命丧'不在话下，一次过！其他的唱，何足道哉！什么也不吃了。不饿！满肚子的高兴！"

"七老八十了，狂，有什么用？早点儿呀！"

"嘿！就是呀！大伙儿也都说，五十年代您要能这样，有这嗓，那还了得！"

没想到，录像时却遇到了许多的意外障碍。

我到了电视台，就到化妆室去看李逵的黑棕帽，这是我昨晚躺在床上十分惦记的。

我一看吓一跳：这哪儿是我用的？还又短又小，别上慈姑叶哪儿还看得见？我的棕帽呢？看看，根本戴不上……

我拿起棕帽往自己头上试戴，好，差了一圈……

"根本不能用！"我有点儿着急。

"我们找遍了，没有。"

"在台上都没法儿用，何况拍电视，全是近镜头。咱们再想办法吧。找找借借，好在我还没化装，来得及。"他们去想办法了。

我对服装的管理好不感叹！

甭管怎么着急，总还算找来了一顶，虽不满意，尚略微长一些、大一些的，幸亏又在前脑门儿戴上一排珠子过桥，勉强看得过了。

开拍了。

演到李逵母子见面时，为李母是睁眼瞎还是闭眼瞎，"李逵"和"李母"也大伤了一通脑筋。

也难怪，这出戏算来有二十年未演了。录像时，李母与李逵见面是闭着眼，"李逵"向"李母"提出："我记得，以前李母是睁眼瞎呀，只是两眼略微朝上翻的样呀。"

饰演李母的李金泉同志说："我记得，好像……我一直是这样的吧……"

"不可能，您想想，咱俩一见面，您要是紧闭两眼，我李逵也看不见，那李逵不也成了瞎子了吗？"

"我怎么想不起来是睁眼瞎？"

"我想了，您想得起来想不起来都不要紧，谁让这么些年没演啦，算算，上二十年啦！今儿，拍电视，全近镜头，您……得睁眼瞎合适。……"

"我这样……"他把眼睛开了一点儿。

"再大点儿。对,眼珠翻上去,有黑眼珠,多露点儿眼白。成啦!"

开始接着拍了。演至百感交集的李逵为了让已经哭坏双眼的母亲辨清自己,想起五岁时,上树摘枣留下的伤疤,让母亲抚摸自己的伤痕,唱起母亲教的儿歌:"打花巴掌哎,正月正,老太太要看莲花灯。"念到最后,已是嗓音呜咽,泣不成声。李母再也按捺不住激动的心情,恰到好处地全身颤抖地蹉步,悲切呼喊:"哎呀儿啊!"母子抱头痛哭,真是悲怆激越,撕心裂肺,强烈地震撼着人们的心弦。

在场的演员及录制人员中许多人都流下了动情的热泪,赞不绝口。

随后,得以重逢的母子要叙母子情时,原来李逵母子是坐在一条破板凳上。这次我一心想拉近母子间的距离,想让李逵坐在李母膝前,扶着母亲膝盖较能面对面地讲话,但是没有可坐的石头、矮凳之类的道具,只好坐在地上,母子关系贴近了,但画面并不完美。

录制过程中,出现的问题看来都是小事,细一想不免透出苦涩。这样一出演了近十年的名剧,这样两位原班人马曾几何时是多么配合默契,居然在临场时从服装到道具及演员间的协调,都一会儿有这样的问题,一会儿有那样的争论,在令人费解中,恰恰看出了十年割断历史、禁演传统剧目的危害与悲哀!

多亏中央电视台做了件大好事,将这出戏录制成艺术片。播出之后观众和同行的赞誉、反响极好,同时也引起了理论界的关注。

一九八四年十月,《戏剧报》刊登了李洁非、张陵两位同志一篇《京剧革新的美学沉思——兼谈〈李逵探母〉的现实意义》的文章,文中谈道:"由现代戏入手的京剧改革正好忽视了艺术中内容与形式的辩证统一关系,犯了一种不问形式的内涵、拿来随意乱用的真正是'形式主义'的错误。因此理所当然地,对京剧唯一科学而可行的改革,必须在充分考虑了这一艺术形式的内在规定性之后方能实现。

"我们能够提出上述理论,主要归功于京剧《李逵探母》那极富启发性的改革实践。这出戏，我们没赶上看舞台演出，而是在电视屏幕上欣赏到的。我们认为，这出仅长一小时左右的小戏，已经用它近乎完美的实践，解决了京剧改革中最重要的美学问题。

"家喻户晓的李逵是本剧的主人公。由于施耐庵的伟大小说《水浒传》的巨大影响，关于李逵，人们头脑中已形成一个根深蒂固的概念——任何时候一提起他，那必然是一位杀人如麻、粗鲁爽快的草莽英雄，而这一点，则正是《李逵探母》所要实行的头一项重大改革。事实上，作者选择'探母'这个情节便已颇见用心了。《探母》中的李逵，除了偶见憨急外，从前这个人物身上的莽撞、凶猛等粗线条的东西统统不复存在，代之而来的却是浓郁、细腻并且又完全性格化的'人情味'。戏是从李逵下山开始。因为就要与自己唯一的亲人——母亲久别重逢，一路上，他对万物都倾注了动人的柔情，而自然则成为'人化的自然'，一草一木全都变作李逵抒发此刻无比兴奋的心态、追忆昔日母子之爱的寄托，来到村前那座古庙前，他幸福而眷恋地回想儿时如何顽皮、与老和尚逗趣、给慈祥的母亲惹来麻烦的往事，极为生动地展示了李逵对母亲强烈的爱以及见母心切的美好情感。那形象，既纯朴又温柔，有时甚至是羞涩、妩媚！《探母》惊人之处更在于，不仅刻画了李逵同普通人一样本质的内心世界，而且进一步把他塑造成一个懂得爱更善于爱的崭新形象。……

"李逵形象的改变，直接涉及一个重大的理论问题，即怎样在古代人物身上显示现代人对人的新的理解和解释？中国两千余年的封建统治，造成了思想、道德、艺术等领域中对人的地位和价值的贬低，尽管人道主义精神在古代中国也一直在挣扎着前进，但占主导的毕竟是，前者而非后者。在这种情况下，古典小说、戏剧中不少英雄人物几乎成了令人敬而远之的超人或神人。的确，如果说《三国演义》的诸葛亮，《水浒》的一百零八将代表着那个时代人的价值观念，那么，《李逵探母》便讴歌了现代社会的人的理想。这不禁令人想起近年在民主德国兴起的'新古典主义戏剧'。这些戏剧家能够不惮于承受'复古主义'的指责而通过那貌似复古的工作开辟着古代题材戏剧的全新主题，关键在于他们提出了一个生气勃勃的艺术主张：非英雄化。从这个主张出发，他们虽然在取材上重复着古希腊悲剧作家的基本内容，但在思想上却赋予这类古老的题材以从未有过的深刻意义——英雄和天神一个个被拉向人间，充满着现实的人的欲望、优点或缺点，即使万神之王朱庇特也不能幸免。我们发现，《李逵探母》透露出的倾向与新古典主义何其相似！'非英雄化'的《李逵探母》诱导我们发现了京剧改革的一条重要途径，即：虽然我们不能强迫古典京剧去表现它所不宜表现的现代生活，却可以用不断更新的社会意识去重新解释古代生活，从而创作出富于时代感的新编剧抑或赋予传统剧目以新鲜的气息，必须指出，这正是对京剧内容质的意义上的真正变革。……

"在京剧中，情节复杂意味着一系列艺术上潜伏着的危险。这类戏的演员已无法施展其从容的程式表演。演出形式被异化：本来无须闭幕的京剧舞台，此时却因为注重情节造成的严格区分开头、发展、高潮、结局的西方戏剧结构，不得不使大幕时升时落，京剧特有的节奏连贯性和整体感被弃于一旦；为了迎合情节戏所要求的实感表演，程式的形式美感大大削弱，韵白中尖团不分，力图靠近生活语音，演员情绪十分外露以便与剧情的骚乱取得一致，制作逼真并且粗大笨重的布景道具充斥始终……京剧的美感确已丧失殆尽。所有这些，都不过是以戒规型戏剧原则'改革'京剧的合理后果；许多主题很不错的新编历史剧大抵都是因此招致失败的。

"在这个方面，《李逵探母》，也显示出不同凡响的指导意义。有关创作人员没有打算构思多么跌宕的情节，反之，事件被处理得相当洗练，无非就是'下山'、'见母'、'离家'、'打虎'、'葬母'十个字。但是，这出戏的容量却堪称博大精深。这里首先指的是该剧的细节达到了极其丰富的程度，一个全新的李逵形象完全是在由无数细节构成的传神的情绪描述中脱颖而出的。其次，它最大限度地容纳了有关的程式表演，两个主要人物涉及的行当——架子花和老旦,无论在唱、念、做、舞,哪一方面,均淋漓尽致地发挥了其中最精彩的艺术功能。

"再其次,它的舞美设计也为京剧改革提供了一个样板。'图书空咫尺,千里意悠悠',这是古人的两句题画诗。而'尺幅千里'不单代表着中国绘画的艺术精神,也是古典戏曲空间形态的写照。以虚拟表演创造情境的高度自由的京剧舞台,不允许出现逼真实物的舞美设施。当然,对于今天大多数观众来说,一桌二椅的舞台环境毕竟过于抽象了。这里,就产生的一个调节的需要,即:既保持京剧艺术整体上一致的写意性,又能使观众理解这种写意性。这个工作,与其说在冲淡写意性,不如说是让它的意蕴进一步明确化。《李逵探母》成功地实现了这一调节。'见母'一场,地点是李逵的家中,舞美设计师没有采用流行的繁缛写实的大型布景,同时又不再沿袭传统方式,而在一桌一凳之后,树起一块四方的象征性布景——它体现为一片忽略屋顶,仅仅勾勒出朽窗和蜘蛛网的半堵破墙。它第一给观众一种'家'的暗示,第二帮助观众对这个'家'的贫寒有一个直观的认识。这块布景并不妨碍演员的任何虚拟表演,因为它不是为了摹仿,而是对规定情境进行有分寸的说明。更主要的是,它外延、突出了京剧的写意风格,致使最缺乏思象力的观众对京剧空间形态的特征也能心领神会。……

"由于充分考虑了艺术创作作为一个整体的审美和谐性,这出改编后的古代题材作品,终于成为内容和形式高度统的艺术情品、厕身于京剧改革中罕见的少教几个成功者之列。

"末了,还应格外强调一点:在谈论京剧改革时,必须把提高演员的艺术素质作为一项实质性内容考虑在内。

"与西方戏剧不同,京剧的美感常常不是由作家而是由演员直接创造的。原因在于京剧及其它古典剧种基本上不属于语言艺术,而是表演艺术;演员,一直是这种艺术中最活跃的因素。现今京剧的不景气,显然应当把一半以上的责任归之于演员水准的普遍下降。人们也许还能回忆得起,

'文革'以前,'四大名旦'、'四大须生'以及一大批杰出演员在世时,京剧并不至于门庭冷落。从某种意义上说,京剧的衰微,不在于它本身失去了魅力,而是今天许多演员缺乏足够的功力来传达、显示那本来取之不尽、无可比拟的魅力,等而下之者,甚至起到蒙蔽、掩盖这一魅力的反作用。每个观众都有如是的感受:同一出戏,同样的规定程式,存在不同层次的演员手里,其结果往往有天地之殊!因此,要振兴京剧,就必须从演员抓起!

"造诣深厚的袁世海同志扮演的李逵,尤其发人深省,此处仅举一例而言之。

"脸谱是京剧程式化的标志之一,同所有的程式一样,每张脸谱最初无不具有特定内容,与所配人物的性格、身分抑或设计对人物的评价有直接联系。但是,时过境迁,脸谱现在通常被忽略了上述实质,当成一种图案来欣赏;在修养欠佳的演员身上,脸谱更成了毫无生气的符号。然而,类似袁世海这样的优秀艺术家却能使脸谱的本性得到复归。他主要通过对眼神——还有面部肌肉——的绝妙控制,深刻揭示出李逵脸谱中高度抽象的喜、怒、哀、惊等表情内容,使脸谱的每个线条、每块油彩以及这些线条和色彩之间的组合本来深藏着的人物个性因素生动地复活了!这就是袁世海式的改革,他并没有到京剧以外找什么来'改革'京剧,但是谁能说他不曾给京剧以新的血液、活力和生命?——在真正的艺术家手里,艺术永远不会死亡。这就是结论!

"我们感到,无论《李逵探母》的革新或是就此所作的思考,都不是包罗万象的,'京剧改革'一定还有许多其它具体渠道。因此,我们无意在此确立一个供人就范的'模式'。但是,《李逵探母》所奉行的原则,却是不可置疑的。这原则就是:必须根据京剧艺术内容和形式的历史属性以及二者之间的辩证关系改革京剧,而不是违反上述属性和关系最后葬送京剧——这恐怕就是这出新鲜的老戏最重要的现实意义吧!"

尽管如此受到稿赞,戏也虽说十分动情,也更是我心中非常珍爱的新编创剧目之一。但，从恢复传统戏，我有力凑合到无力不能演之间的二十多年间，再没有在舞台上演出。

为什么？主要是因为男老旦没啦。李金泉同志已经不能在舞台上活跃啦。如果请女老旦，当然她们有很高的技艺，但是我总觉得跟我一台上演这个戏，"娘"，我叫不出来，我叫她侄女成啦。所以这个戏，只能留在电视，请观众来研究，如果您喜欢，您多看看。

由于我不方便演，学生们对这出戏又有些望而却步，也有诸多主客观原因无法深学。

说到这儿，我心里很难过。难过哪里呢？《李逵探母》成了《钓金龟》啦。这李逵整个成了张义了，没有李逵啦，是老旦戏啦，说明人家占了上风，我们失败了。怎么就不能唱好李逵……我也为这事情呀……遗憾！

记得，我有个学生要出门儿（外出演出）找我，说："老师，您给我说说《李逵探母》。"

我说："你几号上哪？还有多少天？"

他说："还有三天。"

我说："三天？！三天，你带《李逵探母》走……哇！那你，你连一个走边都会不了哇！"

"不是，我就演那一点儿。"

我说："你就是按电视戏曲晚会中播放的那一点儿呀（我曾演唱行路中【流水板】一段），那你就甭学啦。那就会啦！那很方便呀，你还找我学干吗？！"

"我找个谱。"

我说："你要按这么唱，这戏，我就没谱啦！我也已生疏啦，真对不起。将来你有时间啦，好好来学一学。"

事后，我很难过。你想，这出戏费了多大的事（排出来的），那不是前人给留下的。也不是我的，还有若干人，编剧是翁先生，老旦是金泉，还有其他人。那会儿唱这出戏不是一个人的力量。但是现在呢，我指的也是架子花脸这一门，我们不能发展，只能在一点儿一点儿地丢。缺乏，很缺乏，特别地缺！而这出戏唱、念、做都很繁重，是架子花脸当中吃功夫的一出戏！

（执笔者按：那一年，中国京剧院庆祝建院六十周年时在梅兰芳大剧院演出了《李逵探母》母子见面的片段，报幕词上介绍纪念袁世海为建院立下功勋云云，可是老旦唱完，李逵该接唱重要一段才应结束。偏偏地，仍然是和历次以往，同样把李逵该唱的唱段不唱！饰演李逵的陈真治绝对能唱。他高唱的京剧歌曲《说唱脸谱》多少年了，都在观众心中荡漾……那么，想必，不好说，也许，怕是节目太多，被时间所限了……）

壹伍玖　传帮带　南进火炉

初夏,武汉东湖宽阔的湖面,波光似镜的湖水清得像舒展开的大锦缎,我站在南方特有的伸入水面的纵横交错不宽的堤坝上纵目远望。清悠悠的湖水点缀着片片绿荷和初露水面的尖尖角,湛蓝的天空上点缀着朵朵白云,湖滨的山坡上,翠绿掩映着鳞次栉比的宫殿式的座座亭楼,宏伟的武汉大学校舍愈发显得壮美,真是"极目楚天舒"……

我就住在附近的武汉军区第四招待所。吃过午饭顺东湖土坝路在湖边散步,边消食边观赏南国的宜人景色,顺归路还摘了一叶碧绿鲜荷。

"晚上咱们可以喝上一碗荷叶粥啦!北京起码得等到八月……"我正和身边同来的小蓉说话。

"您,您是鸠山……'活曹操'……老先生!"

迎面走过来一对老年夫妇,领着一个五六岁的小女孩。他的话说得不通,意思很明白。

"是我,袁世海。"

"袁老先生，您好！见到您非常荣幸。报上讲，您来传帮带了，太好啦！快叫袁爷爷好！这就是演鸠山的袁爷爷……"他把小孙女推到我面前。

"袁爷爷好！"小姑娘很响亮地叫着。

"她在幼儿园学会唱李铁梅，老师表扬她唱得好，唱'我家的表叔'给爷爷听听……"这回小姑娘可羞怯了，忽地躲到她奶奶身后。

"没的出息！袁老哇，来了几天啦？"

"七天啦！"

"不容易来一趟，多待些时日，也不要光传帮带嘛，我们都想看您的演出嘛，演出也是带！这些年轻人，都没得见过嘛！怎么学得好！"

"看吧！如果有时间、有需要，当然应该演。我也是二十年没来过武汉啦！"

"这不是我个人，是我们很多人想！"

"您工作……在……"

"喏，武汉大学……教书匠……"

"好，好，好，我一定力争！"

我比较适应听懂这种初见面时、高度概括又有略带激情的语言，也非常习惯这种会面、交谈。就是在北京来武汉的火车上，被列车员、乘警、列车长或是乘客认出都是问长问短，留名、签字的。到了湖北省京剧团怕我在火车上过夜没睡好，晚间没安排事项，我本想早点儿休息。可巧正赶上招待所演《少林寺》电影，我没看过，不可不看。在电影院也被许多观众认出，围着我问长问短。尤其每天早晨练功的中间休息时，更有许多人向我问候。人家很热情，我更得热情。我又喜欢多交朋友。

当然最后的话题，总还是归到一处，渴望看到我的演出。

到武汉几天来，兴奋、激动始终占据着我的心头。

第二天，我主动拜访了武汉市京剧团。同行们都向我表达了对早已调往中国戏曲学院教学的盛麟兄表示思念，并请我回京代问候。我也欣然同意晚上应约观看市京团演出的《三岔口》《下书》《杀惜》《古城会·训弟》几出折子戏，也演得很好。

下午观看舒建楚演出的《九江口》很振奋。

舒建楚是在一九八一年五月拜师的。年底，小舒参加《徐九经升官记》剧组来京拍摄电影，我正利用参加全国政协会议休息时间给吴钰璋排《九江口》。小舒闻讯忙里偷闲赶来在旁看了几次，我也只是简单给他说了说。随之听说小舒回到武汉后竟也排演这出戏，演出后，观众反映还不错。我就喜欢这股闯劲，在商定工作日程时，我要求先看小舒彩排，后说戏。

舒建楚有武功基础，功架没毛病，嗓音也够用。看了舒建楚演的《九江口》，他演的张定边比我预想的要好得多，甚至觉得有些意外！定是他自己下了功夫，才有较深刻的体会。对这个青年演员很值得下功夫培养。

当然，《九江口》一剧，还存在诸多不足之处，需要趁热打铁把张定边、陈友谅等其他角色再加工提高。他们接受力非常快又一丝不苟，一周时间很见成效。我既高兴又增强了信心。

排练场中开始排练《黑旋风李逵》一剧了。

舒建楚身穿一件挎篮背心，腰间系着一条练功用的极旧的鸾带，他右手提绕着鸾带在"嘟……"鼓师口念的"丝边"锣鼓点儿中走出场。

"停！"我走近小舒。

"按道理说，这个出场一般先是'崩，登，仓'，再起'丝边''嘟，嘟……'到台口，又一个'崩，登，仓'亮相。这两'崩，登，仓'，我说是废锣鼓。这么一小截戏，用两个'崩，登，仓'，并不能够为你的人物出场增色，何况又不是第一场是第二场，只保留一个。再说李逵，这手抓住水袖，捋住了胡子，出来就掏着鸾带在'丝边'，'嘟，嘟，嘟……'中绕鸾带，看！"我又做了出场的示范动作。

"上场，外形上必须有一种美感，上身微向内倾，显出身体流线型之美。内在的还要有演出剧本的贯穿性,有这场与后场的贯穿性,场与场的贯穿性、连接性。只要一上场,你就得把上一场的情绪贯穿衔接住,全剧一气呵成,也叫紧凑!李逵精神抖擞兴高采烈:'嘿!我一个人下山来啦!'"说着,我又边做示范边剖析。

"这手拿着鸾带,放在眼前这儿,把胳膊收小一点儿,"丝边"出来,'嘟,嘟,嘟,嘟,嘟……'到了这儿啦,鸾带,这是表现兴高采烈,此时你说不了话,只可通过鸾带表现内心。这才有人物的连贯性、贯穿性,观众才能聚精会神,一直盯着你,眼睛也不累得慌,热了扇子也不扇,这就是你紧紧抓住了观众。

"到了台口这儿,等住了,在这个(锣鼓点儿)'八'上扔鸾带,交这手攥住,'达',甩扎,'仓'亮相。亮住了,再看。左看,返回来;右看,梁山美景真美呀!点头刹住。这是第一个内在的潜台词,边看边走,都得踩在锣鼓点上。然后,走,一步,两步,三步,趋步,捋扎,扎要捋就得有个目的性。扔扎,转水袖,捋胡子,转身。成顺风旗式,右手按掌亮相,走圆场。"

我走了几步圆场,停下来,说:"这一段圆场儿要走,可跟窦尔敦不一样。窦尔敦是大气,山大王,五十多岁,有霸气。李逵这步叫赖皮。看,这样。"

我念着"钮丝"锣鼓点儿,完成上述连串的系列动作亮相。

众人喊着"好!太好了!"热烈鼓掌。

我没有理会大家高涨的情绪,掏出手绢擦汗说:"锣鼓点都不能是空的。你得掌握它,它才配合你,才能有意义。和锣鼓点配合不默契,那就坏啦,不一定有人叫倒好,可是看着没劲儿。这就要求我们的演员,要理解李逵这个人物,使用好锣鼓点的节奏,亮住了。该起胡琴的过门了,要把胡琴的过门也运用上来观看梁山美景。这样表演一个人就调动了全场。如果胡琴起过门空着,台上就是一空白,戏就散了,观众就不能聚精会神,也就去休息了。我们偏偏不能让观众休息，非让他们一口气看完这场戏。你来。"

舒建楚再来这段出场，还真是大有长进。

"往下接！"

舒建楚唱："尊奉将令沂州往……"

"眼随手，唱'往……'眼睛往远处去看，沂州，还远哪。直到唱完这句，'仓'，哎，你随着锣，还得继续看！看贯穿着一大截戏，你要眼睛离开看，戏就又断了。"

我又示范了一遍。

"顺便说一句，这种唱法叫架子花脸铜锤唱。帮助粗犷、豪迈的人物起了衬托的好作用，所以郝老师他这一辈子要求架子花脸必须铜锤唱。你要是一般架子花脸应是'尊奉将令沂州往……'"我学唱调往低去的。

"这种唱法从音量上省劲儿大啦。为什么叫架子花脸铜锤唱呢？哎，你把腔唱得饱满、唱圆满啦，才合乎李逵兴高采烈的情感。"

小舒唱："……沂州往……"

胡琴过门中，我提示："注意，看是贯穿下来的。下边，眼睛要先看路旁的杨柳。"

小舒看了杨柳（唱）："道旁的杨柳列成行……"

"对。必须唱之前先得看，先是眼看到，李逵的语言不是编的，不是准备好了的，而是见景生情说出来的。'仓'，看水！……"

小舒（唱）："水波如鳞……"

"停！眼神交代得不清楚，给观众感觉如同是瞎子。只是形式上有动作而已，没能给人以提示就不叫以情带声。这四个字，对生、旦、净、丑、文、武全都有用。但是记住，动作却又不是绝对的，必须得这样，或必须得那样。学样板戏要求一指一动全得准的，很不符合艺术规律！动作可以随你便。什么叫由必然王国到自由王国呀？用理论讲、用哲学讲，就是这么个理！关键不是在这么一指，还是那么一扬，这无所谓。动作要合情理，关键是什么？关键就是你的动作合理不合理，与你内心接触了没有。接触了，那就好。这不是框框，也不是守旧。这就是咱们所说的，要在一定的规矩内，你可以自由。但你绝不能随便地自由，没有纪律地自由，就坏啦。我们不是一直说'有纪律的自由'吗？！"

大家一听"有纪律的自由"将这样有着强烈政治含义的话语用到艺术上，又很贴切，就都大笑了。

我也笑了。

"话糙理不糙，这话搁在舞台上一样，是辩证的用法，当然辩证法里没提咱们艺术。哎，我觉得正是辩证法来指导我们的艺术。轻、重、缓、急，何为？还不是辩证的嘛！我们运用的恰当，就是你掌握了艺术辩证法！"

一阵更热烈掌声再次响起。

是呀，在排练场的，文场、武场及演职人员全为这番话鼓了掌，他们互相赞叹地伸出大拇指。

"有多少人能把艺术上升到理论讲出来呢！"他们赞说。

"大家一个劲儿地给我鼓掌，我得感谢。这都是在'牛棚'里被强迫着学到的。实际上，前辈他们创出的这些个动作都是'源于生活，高于生活'。这八个字呀，非常重要，你没有生活依据，那等于无源之水。理论是根据，生活是源，理论是在生活中提炼出来的，又是依据。"又是一阵掌声打断了我的话。

"建楚，话是这么说，你千万别着急，你已经有了很大进步，我这是对你严加要求。我再从头示范一下，你多看，看仔细。不完全是背记动作，关键是找到感觉，回去练练就有了。"

我又边念锣鼓点儿边唱，通过对过门中动作、眼神的讲解，详详细细地从李逵出场，示范了这一大段的表演。

我穿着单而爽的针织圆领衫已被汗水浸湿得紧紧贴在前心、后背上不算，眼看着豆大的汗珠顺着剃得光洁的头上滚滚而下，滴在排练厅的水泥地上。

在场的人们先是看得入神，接着是赞不绝口：李逵下山这么一场唱、做、念、舞兼重的表演，我驾轻就熟一遍又一遍地示范。

大家热得汗流浃背顾不上去擦，争相评论着。大家热评后，望着汗如雨下的近七十岁的我，心疼地开始大声埋怨排练厅的简陋。

"武汉本就是个大火炉！要不怎称得上全国三大火炉之一。排练厅东西向，早上阳光直晒，下午又西照，自然这么热！"

"排练厅的玻璃，'文革'就都给打碎了，到现在都没安上，能不热？"

"连个电扇都没安！哪有钱！"

建楚的爱人端来早已备好清洗干净、盛满凉水的脸盆，用新毛巾蘸湿拧干交给我，让我擦着头上、脖子上的汗。

这汗出得痛快，擦得爽！时令虽刚入夏，而武汉已是高温炙人，我念着锣鼓点示范动作，讲解表演要领，热汗涔涔。可为了京剧事业，值！我愿意！我愿意和学生们一起在熔炉中锻炼。再一层是指艺术熔炉。为分析人物思想感情，排好《黑旋风李逵》，我翻阅了《水浒传》和元人杂曲中对李逵负荆的描写。对自己，岂不也在提高。

"袁老师，您好！"

"您是……"

"我们是湖北广播电台的，听说您来湖北武汉教学传艺，我们代表湖北广大的听众向您表示热烈欢迎。"

"谢谢！"

"我们带着录音机来到湖北省京剧团排练场，想给您做一次现场录音，准备在戏曲节目时间请您向听众谈谈您做传帮带工作的体会和播放您演唱的唱段。"

"好，好，好。"

"为了不打扰您的工作，我们刚才先看了您排戏，也做了录音。我们也看到了，您不仅要求演员在唱、念方面要为剧中人物服务，而且您不顾年高有病亲自反复示范，把戏中的一字、一腔、一招、一式都教给了青年演员。我们和大家一样都很高兴，也向您表示感谢。袁老师，这哪儿是七十岁的袁老？您就是李逵！"

……

"现在我们想趁排练的休息时间，请您给湖北的广大听众谈谈您在给青年演员传帮带的过程中的一些体会好吗？"

我谈了，一九八二年是我由演出步入收徒、授徒、教学、讲课、示范演出的重要转折的一年。帮助年轻一代成长，是我们老一代演员义不容辞的责任。我们要传知识、传技巧、传经验，还要传好的思想、好的品德、好的作风，

一九八二年五月至九月底，我在武汉为湖北省京剧团讲学

让这些好苗子尽快地成才。深深感受到去年部领导对我的指示、嘱托：要担起传帮带工作的必要性。

……

最后提及在传帮带的工作中，我是老师，但我也是个学生，要跟同志们一块儿互学互勉，以求共同提高。……

排练厅里响起了长时间的热烈掌声。两位电台工作的同志也起劲儿地为我流利的讲话由衷地鼓起了掌……

"袁老，非常感谢您对我们工作的支持！"

"应该做的，应该做的。"

"刚才，我们听了您排戏时对艺术上深入浅出的剖析，感觉非常好！我们还想请您到电台去做一次有关京剧架子花脸艺术的介绍以及如何继承与发展的专题节目，您看……"

"没问题，弘扬京剧，首先是要宣传我们的京剧！您和省京剧团里商定好时间，我照办！"

"您太谦虚了！"

几天后，我就去湖北省广播电台录制了京剧架子花脸艺术及如何继承与发展的讲话。

送走了电台同志，趁还没有排戏的空隙，改写剧本的同志，将新改的剧本送给我看。

"这么快！"我接过剧本向他伸出大拇指。

为了不影响排《黑旋风李逵》的进度，在仍说排《九江口》时，就及早地与省京剧团领导、有关部门、主演一起开会研究了剧本的修改。

我认为一个优秀剧目能长久地流传下去，无不是在实践中随着时代的要求而不断改进，向前发展。我认为教学的过程，也是提高剧目质量、发展表演的过程。

《黑旋风李逵》创作于一九五三年，六十年代初已很少上演，距今已有三十年了。这出戏当时在实践中可称是一出优秀的新编传统剧目，但它只能代表五十年代的艺术水平。六十年代初已有所感觉，该本子前四分之三到王林认宋江的戏效果都很好，但后四分之一"草"，剧本比较"水"。只让观众等请罪时，听宋江的一段高昂唱腔、李逵唱的那段【流水板】，而且结尾是先破曹庄，对不知剧情的观众有误导，以为曹庄攻破，满堂娇被救回，戏该结束了。往往出现起堂现象，待观众一听下一场锣鼓又响起，才又重走回座位。究竟应该怎样，始终未能拿出精力来研究。

今天，用八十年代的艺术眼光来衡量，从剧本到表演都有待于修改提高，需要弥补。剧本剧本，一剧之本，剧本修改好，才能保证排练的正常进行。而我，难再演这出唱、做、念、舞、打吃重的剧目，对此戏的加工也就未能提到日程上来。教学中就有充分的时间考虑，于是请湖北省京剧团的导演、编剧等同志座谈。大家集思广益，各抒己见分析了剧本安排李逵先请罪，还是破曹庄后再请罪的问题。

有人认为，宋江要杀李逵，当然是假杀。如果破曹庄后再请罪，显得宋江对李逵一味要杀，狭隘了。先请罪，戏剧情节贯穿。理应先教育李逵，使他更加认识到自己的错误，将内部整顿好，严格了军纪再一致对外，而且不会有起堂现象。缺点是容易落入俗套——以攻破曹庄开打结束。

也有人认为后请罪之所以引起起堂，是因前边李逵大闹忠义堂与宋江的矛盾，气氛造得不足，才会使观众认为要完了。若将李逵犯下的错误，往后无法下台的问号扩大，观众就不会走了，建议增加李逵砍倒杏黄旗一场戏。

也有人提出李逵的人物性格粗鲁直爽，主张正义，爱憎分明，敢于斗争，是通过王林女儿被抢的事件体现的，故倾向原来结构，请罪在后。

争论最后决定剧本改写成先请罪一试。

而且因演员条件各异，重新创编了宋江和王林的唱段，丰富了李逵砍倒杏黄旗一场（原只是向宋江一报），渲染了其大闹忠义堂的气氛。

连日气候较热，工作紧张。早起练功，九时排戏到中午，下午三点到五点两班排戏，晚上除散步外，小楚夫妇来，细解张定边、李逵的人物分析；讲解架子花脸的艺术表演；关心他政治生活的相互交心，我觉得此来不仅仅是个教戏的问题，还有教人的问题，所以我跟青年同志们聊天的时候，我就问他："你说，组织花这么大的人力、物力把我从北京约来，这是为什么呢？是不是就为你一个人排一出戏呀？这绝不仅限于此吧！是为了我们京剧事业。我们应当要知道感谢组织，这是党组织对我们的关怀爱护、培养、教育。那么，怎么样？我们应当靠近党组织，接受党的改造。我虽然是六十多岁啦，才成为一个不够格的共产党员，不合格的吧。但是，我希望你要靠近组织，加强改造，在很快的时间里争取做一名光荣的共产党员，为我们的京剧事业而奋斗终生，真正成为一个思想、艺术都过硬的接班人。"

他们走了，我还要在灯下准备给省市文艺界做学术报告的讲稿……排得满满的。加上练功后，看到风景如画的珞珈山，冲动地登山欲试自己的体力，一口气爬到半山坡，汗如雨下，站在树荫下观望风景的刹那间，顿觉一凉，连打了几个喷嚏，风热感冒了，夜间咳嗽不止，过了三点才睡着。

早晨起来，我浑身酸痛没有去练功。正准备去排练场，接到通知：湖北省省委书记陈丕显同志接见。我在省文化局局长、艺术处处长、省宣传部部长和省京剧团吕团长、孙扶民主任的陪同下，受到陈书记亲切而热情的接见。

时任湖北省委书记的陈丕显（左五）到剧场观剧后与演员合影留念。我（左四）饰后半部分张定边，舒建楚（左六）饰前半部分张定边

"有朋自远方来，不亦乐乎！"这是陈丕显同志与我初见面时热情而诙谐的话语。

在询问了我的年纪后，陈书记笑着说："我们是同庚！像我们这样的年纪，不算大也不算小，都有传帮带的责任。你这次来汉传帮带，我们欢迎！"

接着关心地询问省市京剧团包括县里的几个京剧团是否都派人来学习。在听说我一日三班地工作后，嘱托我一定要拿出几天时间去转一转。最后，又与我签订了一份"合同"，请我每年都来武汉一次。最后，我们又谈了谈控制糖尿病的经验，直谈到十一点半才结束。

下午，我到排练场说排《质对》就不再出汗，只觉得身上发紧。回到招待所试体温表，体温已高，请所内卫生室的值班人员打了一针安痛定休息。第二天到武汉军区总院彻底检查，结果喜人，只是外感引起的气管炎。当我听到自己有着一颗似运动员健康的心脏时，甭提多高兴了！最高兴的当然还是受到军区医院医生、护士们，尤其是院长负责又热情的照顾。

就在这个阶段，省京剧团接到了中国京剧院志洪同志来电，要求我七月二十四日前回京，月底有重要演出。这个要求使一直顺利执行的教学计划面临改变……

晚间，湖北省京剧团吕团长和孙主任到招待所共同研究如何进行下一步的工作。实践证明，一个月的时间太短，大家希望再延长些时间。

我已想好，北京的临时任务必须完成。来湖北省京剧团教学，更认识到其中的必要性和重要性。一个月时间不过是刚刚开展工作，才看到虎头之势，不能蛇尾而收。北京的临时任务完成即回武汉，至于发来的中国文联组织八月分到庐山的读书会通知，可请假不去。全力以赴，保证完成众望所归的猪肚、豹尾式的教学任务。

我的这个表态，等于给省京剧团吃了一颗定心丸，于是，大家放下心来，照例按部就班"铺路搭桥"，研究决定争取在走之前到江夏剧场完成由湖北省文化局、武汉市文化局、武汉市文联、戏剧家协会湖北分会四单位联合举办的艺术讲座。汉剧艺术家陈伯华和市京剧团团长郭玉昆、董少华都来推荐拜师的事情都安排到返回武汉之后。

当晚还请执笔修改《黑旋风李逵》的欧阳明同志抓紧读了修改好的剧本，大家一致通过。

为使大家和自己两放心，我决定打长途电话直接找院长张东川询问临时任务情况。直到晚上十点半，他才回到家，在电话中告之七一演出很重要。是由国务院签字，为各大部老干部演出《群·借·华》。点名要我饰演曹操，京剧院无法做主换人。我只好订二十三日的飞机返航北京。

六月十八日，我参加湖北省文化局、武汉市文化局、武汉市文联、戏剧家协会湖北分会四单位联合主办的艺术讲座。车刚刚开到江夏剧场，前来听讲座的省内京剧团、汉剧团、楚剧团、评剧团、越剧团的诸多艺术团体的同行们、听众们热烈鼓掌迎我下车，围着我走进剧场。

我所讲的内容大致分两个部分：一是演员和剧本，二是演员的表演。当时，我已感受到了好剧本难求，是当前要排出好剧目的一大难题。也有很多剧本基础非常好，但缺乏和主演沟通；演员在二度创作时，未按自己的表演风格、艺术特色和突出人物或情节时做必要的再度修改提高。而且，在恢复优秀传统剧目时，更需要先行一步地对剧本加工。历经数百年历史的京剧也包括其他艺术门类，是有着无比丰富的艺术宝藏，只有予以较细致而又准确的分析，更加合理、完善地继承它宝贵的精华，进而跟上时代的步伐来提高、创新、发展，这是当今搞好戏剧艺术的革新发展，是百花齐放的时代要求！

我讲了对《空城计》这样一出脍炙人口、历百年而不衰的好戏的不同看法。戏中有这样一个情节：看门的老军见司马懿大军压境，诸葛亮独守空城，就问诸葛丞相："计将安出？"诸葛亮回答道："国家事用不着尔等操心！"过去演出时都是这样说的。可是现在，关心国家大事才是顺理成章的。这句话一出演员之口，台下就骚动起来。国家事要人人操心嘛！如今，当然，这并不是说要求诸葛亮具有今人的思想，而是说传统剧目与今天的现实是有距离的。如果改成："国家事安排定，尔等放心！"不就解决啦！

所以说，再优秀的传统剧目，从唱词到表演都有个剧本整理、加工、提高的问题——要跟着时代走。否则，就必然会失去自己的观众。京剧，任何戏曲，一旦失去观众，那就危矣！

我还讲了一段有趣的插曲：今年四月，英国一位建筑学家应邀来华讲学，专程到中国京剧院访问了我。这位专家是个京剧爱好者，对京剧的流派很熟悉。他讲京剧在国外影响很大，把它称为中国的国剧。现在，英国有些大学考试，其中有一道题："你懂中国哪一出京剧？"回答将影响学位的取得，足见京剧在国际文化艺术中的地位。国外对我们的京剧尚且如此重视，我们如果不在继承的基础上有所创新，创作不出符合时代要求的新剧目，岂不愧对我们的民族和人民！

下半场讲的是演员表演三折戏中的曹操在三种不同的环境下同样演唱三次【西皮】倒【碰板·原板】，是如何演唱出曹操三种不同的情感。我绘声绘色地演唱，尽所知分析，台下一会儿是鸦雀无声，聚精会神；一会儿是群情振奋，欢笑声声；一会儿是热烈的掌声阵阵，持久不断，讲座掀起一个又一个高潮！

然而大家意犹未尽，向主席台递上的条子像雪片般传来……大家还嫌分量不够，在座的楚剧团、豫剧团、京剧团、评剧团、汉剧团、越剧团还一并联合要求我表演《黑旋风李逵》二场《下山》，非要亲睹早已在湖北省文艺界传开的我饰演黑旋风李逵的所谓风采……

大会主席团很为难，讲座时间已超时，我这一上午又讲又唱又演，已经很累，而且已经到了我定时吃饭的时间，再表演体力、精力是否能承受？

正站在舞台上擦汗的我闻言，二话没说，折好手帕收在衣袋里，去候场了——观众一见，那掌声的沸腾……

我依旧自念锣鼓点儿，一丝不苟地走了一遍，不时响起的沸腾掌声淹没了我的声音……

这不是在舞台上的演出，但直到多年后，我都难忘这次听讲的同行们所给予的鼓励!

　　当然,我这一天真的是有点儿累了,午睡直睡到该吃晚饭了,才被叫醒。也因此,原定晚间去看市京剧团准备收为徒的谢宗俊演出的《失·空·斩》也只好改日了。

　　省京剧团十分心疼我一日不休地三班排戏或看戏,一件事接一件事认真地做着,几次想安排我休息,到附近游玩,我都没接受。

　　建楚、明霞夫妇到过我家,知道我非常爱花。又见我到武汉后,每每一起散步时,对四所内几棵高大的玉兰树上开许多碗大的白玉兰花,还有成排当花障的栀子花、米兰花、幽香发散不尽的四季桂花赞不绝口,甚至还看见我床头水杯中插着两朵大白玉兰花。问及才知因为我爱花,天天捡落花放到自己的床头柜上。此情景,使帮助收拾房间的两位女服务员很动情,偷偷地采来花插在水杯里,放在我床头。哎哟,我一回房间,第一眼就发现了床头的花,闻到扑鼻的清香,那高兴的劲儿就甭提了!每天恨不得给它换两次水,有时被服务员给劝住了……总之是珍爱得不得了!

　　建楚夫妇琢磨出我的爱好,又想马上面临回北京,于是就趁上午排完《破庄》的最后一场戏,下午安排我去附近一花圃看看,我二话没说就高兴地答应了!

　　偏不凑巧,天下起小雨来,一路泥泞,待到花圃的土路更是可想而知,脚一踩就能下陷,我的皮凉鞋早就面目全非了。可惜,但我可顾不了。

　　所到之处,人们一眼就认出了"鸠山",围着我问长问短,最后当然还是要求看我演《黑旋风李逵》!我无不点头应允。花圃的人热情地送了我几盆花,我又乘兴到公社大队养花场买了几盆满蕾顶花的一对米兰。要返回时,我不无遗憾地摇头对他们说:"多好的花,只要搬到我家里一养,甭管怎么精心,不是掉花就是掉叶,而且越精心,花叶就掉得越快!"

　　"为什么?"

　　"咳,都是撑死的!"

"撑死？"

"水大、肥大！"

"少浇点儿……"

"忍不住哇！哈哈……"说到此，我哈哈大笑！

自然，全场笑声高扬……

归途中，我对建楚夫妇说："这回一定饿着它！"

"就怕您舍不得让它饿！"

"是有点儿，你师娘也这么说我！"

回到四所，已六点。该到我吃饭的时间了，热情的女服务员正在楼门口张望。

我脱下泥鞋，手里提着，自己光脚走进招待所的楼门。服务员一见急忙拦住："您穿鞋走吧，没关系，我们用吸尘器吸……"

"吸，也不行！这么漂亮的大红地毯，穿这么脏的鞋踩？如果是在自己家，舍得吗？"

"……我给您拿拖鞋去……"

连续一夜的瓢泼大雨，天将亮，雨仍未停。

我醒了。楼外人声鼎沸，与往日的寂静完全不同，起身出门看究竟。霎时，我被这没见过的场面惊呆了！

天上仍下着不大不小的雨，满院一片汪洋，水深浸过了一层半台阶！许多鱼在雨水中游啊游，还时时扑腾着！小伙子、老头们，还有不少姑娘穿着短裤，披着雨衣，人手一盆兴高采烈地蹚着水，跑着、蹦跳着在捞鱼！嘿，真有丰收的，盆里能有三四条一斤来重的大鱼，看热闹的人群在为他们站脚助威！

哪来的呢？我很是奇怪！一位战士告诉我，是雨太大，前楼鱼池里的鱼随雨水漾到地面了，战士们捞的，水退了放回去，家属捞的恐怕是各家餐桌上的美食了。

"真开眼！这是北方人少见的情景，可长江会不会发水呢？"我不由得担心起来。

早饭后，建楚来电：省京剧团地势太低，院里的水已没膝，我只能在四所休息一天！

中午，我通电询问得知，省京剧院里的水齐腰深，汽车漂浮在水中。宿舍一楼房间里的家具都已漂起来了，无法住人，暂时无法正常工作。

晚上六时，明霞来电，省京剧团院里的水最为严重，最深处已齐脖子，练功棚里全是水，全天团里大乱！

像这样的大雨成患，我还赶上一次。那是一九八六年六月下旬，我应邀参加天津《剧坛》创刊三十周年纪念演出时，我演完《群·借·烧·华》，到天津戏校教学录像《黑旋风李逵》中《下山》一场。准备第二天一早回北京，不料从头天晚上就下起瓢泼大雨，到第二天清晨仍是不停。

天津市区积水漫过小腿。我急着回京，因大连京剧团的人已到京，找我有事。我原定赶早上八点四十分的火车，而接我去车站的汽车到来已过八点二十分。这一路上好赶哪，也好险啊！我们的汽车不是行驶在马路上，是行在泥水中！像汽船般地漂游到火车站，用了两倍的时间。误点了十几分钟，正要去改乘下趟火车的票时，只见这趟火车的检票口仍在检票！我高兴极了，急忙与送行的人道别进站。待上了火车一看，只寥寥数位乘客。怕是水阻路隔没能赶到，或是怕火车开走，根本没有来。火车共推迟近三十多分钟才开动。

这次是很侥幸的，另一次可就完全被耽搁了。不过不是下雨，是因大雾。

一九九四年吧，我应郑州市文化局、中国豫剧第一小生王希玲相邀，参加她从艺四十周年的一次活动。乘坐上午九点的班机到郑州。我六点起床，七点不到就出了家门，但飞机迟迟不能起飞。晚上八点多了，我敲开了家门。家人惊讶，如何能当日赶回？道曰："人家会都开完了，我还没离开北京！"好在机场管了饭，没血糖低！

再说武汉，一天过去了，雨虽还下，不再滂沱。长江水涨，防汛工程的作用没给武昌造成太大影响。省京剧团的排练场不能排戏，下午三点即去参加武昌业余京剧研究社主办的联欢会。区统战部、区政协主席都与会到场。听他们演唱后，小舒等省京剧团的演员也先后表演，小舒演唱了《九江口》的四句【二黄散板】，进步很大！我很感欣慰地为小舒鼓掌，予以表扬。

最后放了《李逵探母》中我的几段录音。我又即兴演唱自编的词曲："天南地北各一方，今天汇聚在一堂……"

省京剧团排演场的积水，人家努力排除，总算让我在临回京时将最后部分的戏排完。

我按时回到北京，圆满完成六月三十一日在人民大会堂小礼堂为几大部退休老干部演出《群·借·烧·华》的任务。这场演出除小平同志、赵紫阳同志外，当时四十多位中央首长都来看戏了，演出效果甚佳。

第二天上午，我向院里做了湖北此行的详细汇报，得到院团党委、支部的赞许，并同意如果在武汉做教学汇报演出时，将派有关舞美人员携服装到现场大力支持。

重回武汉，是其温度最高、最热之时！人在室内，空调不能停机。走出房门即如同进了蒸笼，那闷、那热，真有走进火炉之势！在排练厅里只能领教此热滋味，北京的热与之是不能相比的！排练厅里人人汗水如雨浇……大家找来了一个电扇放在离我较远又能有些许之风吹来的地方。不愧我们有着"热不死的花脸"的光荣称号。"来火炉里锻炼锻炼"之说，也绝非是妄谈。

戏已转入排练传统骨子戏《群·借·烧·华》。应观众的热烈要求，决定七月十七日公演，算来只有不到半个月的时日，这样一出大戏，要由我一个人从龙套上下场、鼓乐、琴师、诸多演员一字一句，一招一式地依次讲解、说排，达到设定要求，可想而知有多么紧张。

周瑜在剧中所处地位是极为重要的。尤其一开场近一个小时都是周瑜支撑着舞台。又及周瑜这个人物，才华出众、文武全才，但心胸较狭窄，与诸葛亮之同心破曹的合作中，仍时时在斗智，要体现其角色性格的复杂性。同时也由于技艺超群的盛兰兄，在观众中留下了不可磨灭的印象，将这出戏的周瑜已成定型化的表演，相应地给周瑜的饰演者带来了表演上的很大难度。

在整个排练过程中，我对周瑜的念白语气、眼神中表露的思想变化，以及动作都是亲力亲为做示范。后来，饰演周瑜的青年演员杨明写文章说其受了益。

例如，在周瑜坐帐一场中，当周瑜念："我观此人，计划机谋出我之上，若不早杀，必为江东之后患。"随即有一个使眼神的动作。他开始只是注意了转动眼珠的技巧，忽略了人物的内在感情，因而只看见转动着的眼珠，而脸上的神情没有表现出来。我反复示范，边念边做，甚至一边使眼神上的技巧，一边把人物的内在潜台词大声念出来，使他茅塞顿开。他也如法效仿，在运用眼神技巧的同时，口中念道："孔明比我高明，怎么办？我非杀他不可！怎么杀？怎么杀？唔！我有主意了！"这样一来，果然找到了人物的自我感觉。周瑜《打盖》一场的末尾，周瑜有个（"四击头"）下场亮相的身段。他在表演时节奉与力度总不够准确。我又反复示范，手把手地纠正，甚至把身段分解开来讲，边念锣鼓点儿边做：第一节"八大仓仓仓"，双膀翻水袖，左右切胸三下；第二节"八大八仓"，右反绕水袖，侧身回头一亮；第三节"答台仓"，跨右腿，踢左脚；第四节"仓"，向前磋步；第五节，"蹦登仓"，顺劲转身到门口；第六节，"仓才仓"，双手反绕水袖，跺左脚。双手水袖向左前投去，抬右腿亮住。就这样帮他找准了这个下场身段的节奏和力度。

并且还提到，我时刻提醒他："你是在演周瑜，不是在演某位名家或流派，更不是在演你自己，要表演人物的性格及感情。"每当他的表演有不合要求之处，我则疾言喝止，他内心明白，责之严则爱之深，其目的是帮他把周瑜的形象更准确、鲜明地树立起来。

与此同时，我还要参加诸多社会活动……

七月五日晚，海员业余京剧团为答谢我，在宽敞的海员阅览室，举办了一次茶话会。著名汉剧表演艺术家陈伯华、著名京剧演员董少英及部分省市京剧团的主要演员和业余京剧舞台上的艺林新军，都纷纷来参加茶话会，大家欢聚一堂谈笑风生。

会上，我即席唱了一段表达文艺工作者与海员工人情深谊重的唱段："平息了十年内乱人心欢畅，今日里我们才得欢聚一堂。专业、业余如手足一样，在'双百'方针指引下我们的文艺事业一定要繁荣富强！"我的演唱声洪气壮，嘹亮灌满堂，即兴的曲调流畅自然，最后一句长达二十二个字唱得天衣无缝，无生涩之感，赢得了满堂喝彩和热烈、经久不息的掌声，算是让我通过了。

最后，两位老红军业余画家当场题字作画赠送我。

我被逼上梁山，本不太会书法的我豪情所至，毫无顾忌地提笔书写："业余专业携手并进，为人民服务，为社会主义服务！"

最后又照相留影，夜十一点，大家才欢乐无尽、恋恋不舍地结束。

第二天早八点半即又从武昌赶至汉口江夏剧场。休息厅内一片笑语喧哗，我正在欢快热烈的气氛中进行接收新徒——武汉市京剧团的谢宗俊，武汉市汉剧团的童志、姚如祥的仪式。

拜师会是由武汉汉剧院、武汉市京剧团联合举办的，市文化局副局长吕希凡同志主持了会议。在举行拜师会前，按当地风俗，提出准备摆几桌酒席以表隆重。我听了双手使劲儿一摇："大可不必！我太理解了，这会给学生们增加许多不必要的负担。如果公款就更不必了！哪有钱！咱们的经费多紧张，用在有用之处吧！我在北京收学生，包括建楚拜我的时候，不都是清茶一杯吗？！"

怎么劝说，我都坚决否定。我介绍说："春节时，中央首长请那么多知名人士座谈，也不过清茶一杯嘛。我是个党员要带头树新风，废旧习。"

恭敬不如从命，当地领导只好让新收的徒弟们一起向我这个老师鞠躬行拜师礼，献上一束鲜花，完成拜师仪式。著名汉剧艺术家陈伯华、京剧表演艺术家郭玉昆致了贺词。

汉剧名丑李罗克即兴赋诗一首："京葩吐异香，汉苑竞芬芳。一杆发千枝，家家吟皮黄。"把藏头诗的头一个字连起来念，就是"京汉一家"，恰到好处地表明了京剧、汉剧的同根渊源。

我一听喜不自禁，随即说："我幼儿失学，文化不高，可心情太高兴了，我得就李罗克同志的诗和两句吧。只会顺口溜，不成样子，表达表达我的心情。"

"京汉原本是一家，进了北京分了家。在党亲切关怀下，京汉今天又一家！"我吟罢，全场欢声不绝。

"京汉今天又一家"自然是指汉剧演员拜了京剧演员为师成一家，也涵盖了京、汉演员在党的教育下互相尊重、团结友爱如同一家人。

记者在发表时做了美化处理："京汉原本是一家，进京才成两枝花。春风化雨功在党，喜看艺苑竞芳华。"当然，熟思之后的记者就更有文采了。

我之所以如是说，一是京剧发展史上，明确地讲了京剧在乱弹的基础上吸收了徽、汉等诸多调子逐渐演变，至二百年前康熙皇帝六十诞辰时进京祝贺成京剧。再一就是我与陈伯华同是全国政协委员，开全国政协会时经常在一起碰面非常熟悉。这次来武汉，陈伯华马上来约请我去看新排的汉剧《汉宫惊魂》。我诙谐地说："《汉宫惊魂》是我们京剧院李光他们新编演的，你们又改编了过去。我要看你原创的《二度梅》，那才是汉剧的原创，你原汁原味的杰作，汉剧中的精华，可惜那时五十年代你进京汇报，又拍成电影，我在国外，回国又演出一场接一场，到武汉来了，还不给我补补课？"

"您这么说，我可不好意思……我现在……这戏唱不动了……"

"我也一样！《黑旋风李逵》不就是吗？穿着便衣，走上一场半场的，教教学生尚可，真勒上、穿上演全出……困难啦！"

"那，我安排学生演一场……"

"承谢！承谢！冲这，这武汉就没白来！补上课啦，哈哈！"

我临回京前，就是冒雨去买花的那天吃过晚饭，生怕误时，急急忙忙去清芬剧场看伯华同志的得意弟子胡和颜主演的《二度梅》。

武汉市文化局李局长和伯华同志热情陪同。

看过之后，我赞叹不已：剧中的唱腔，尤其是【反二黄三眼】的唱腔流利、跌宕，许多地方与京剧曲调相似。不过，比京剧更婉转、更缠绵，再配以细腻的心情揭示的表演，真是醉人之至！莫怪伯华同志被誉为汉剧的梅兰芳，这是一出不可不看的剧目，不可不看的艺术珍品！

散场后，我到台上与演员们见面合影。

临上车时，陈伯华拉住我悄悄地问："您还没留下意见哪，不能上车！"

"我……前半部剧情紧凑，表演细腻，全好。后半部的陈杏元人物还得想办法再增强些，邹府的小姐……"

"多余！"我们异口同声。

伯华笑了："想到一块儿去了。我正在修改剧本，准备砍掉！这回就更下决心了。您说，当初看着很……过得去，现在看来不足之处太多了，真是艺无止境！"

"英雄所见略同。"这是杜鹃山中的戏词！

佩服！陈伯华同志真是位艺术家！我坐在车上，回到住所一直在想……

还有一件事使我萦怀：是去看襄樊市京剧团周东萍同志演出《玉堂春》。他很了不起，身体有残疾，走路时腿有些跛，但在舞台上一点儿都看不出。嗓音宽亮，是位很好的张派男旦。他的演唱博得观众的赞赏。我被观众认出，散戏后，上台与襄樊市文化局领导及演员们见面留影。出乎我意料的是数百观众不走，将我团团围住问好，要求演出的呼声尤其强烈。最后，在众人的簇拥下，我只得走上舞台向观众大声讲话：我说明这次来武汉的主要任务是教学。承蒙大家如此厚爱，一定争取演出几场，向大家汇报教学成果,请大家指正。观众的情绪热烈至极,很长时间才逐渐散去……

这桩桩件件都是此行武汉留在我心中的段段佳话。直到多年后,我还难忘这次湖北之行与京剧业余票社以及与汉剧、楚剧等兄弟剧种的同行以及热情的观众所结下的友谊……

由此我也更品味到了在武汉进行传帮带、演出的必要性。

忙碌中,我没有忘掉福瑗的生日,在这天特地给家中打电话祝寿。

在这里,我也因为签字时走神闹了笑话。有一天,湖北省沙市橡胶厂工人、收藏迷王宏均特意挑选了两张京剧脸谱鲁智深、孟良的邮票,端端正正贴在欲求签名的白信封上。邮票迷们知道,邮票设计者刘硕仁先生在构思这两枚邮票时,专门登门请教过我。他经过七小时的颠簸,从沙市乘车赶到武汉。

我欣然命笔,写下"携手并进,为四化服务"几个字。

时值盛夏,武汉如同火炉。我写下这几个字,已是大汗淋漓。我掏出手帕擦了擦额头上的汗珠,自言自语地说:"今天怕是有四十度吧?"写下最后的"八二年七月七日于武汉"几个字,我放下笔一抬头,王宏均脸上细微的变化没逃过我的眼睛。我一瞟自己的字,莫怪!顺手将武汉的"汉"错写成汗水的"汗"了。

我拉长声音:"武汗(吾汗)武汗(吾汗),吾浑身是汗也!"说到这里,我稍作停顿又认真地解释道:"这恐怕就是我对武汉最真实的感受了。看到这个签名,我想,你是不会忘记我这个挥汗如雨的白字先生的。"说完,我俩哈哈大笑起来!

七月十七日、二十日在人民剧院我参加演出两场《群·借·烧·华》。我饰演曹操的消息于七月十二日早晨见报后,十四日早八点半售票。

十三日晚,我接到几个电话,告说人民剧院门前已经排起了几百人的队伍,他们特备了竹椅、竹床要在这儿彻夜守候,以保证明日能买到这两场的戏票。十四日晚吕团长、孙主任来到四所商谈演出的事项,也谈起昨晚整宿排队今早队伍之长，连转了三条街，两场戏票很快一抢而空，许多人深为没买上票而遗憾。

在八十年代中已难得见的买票长龙今又现，使全团人无不振奋、无不激动！加演的呼声已不光是发自观众之口！我对再加演几场的决定更是毫不含乎、毫不犹豫，我们集体异口同声："加演，太应该！否则，对不起观众！"就在这盛夏酷热的武汉，又于七月二十三日、二十六日、二十九日加演三场《群·借·烧·华》。八月一日、四日才按原计划与舒建楚师徒合演《九江口》，舒建楚饰前半部张定边，我从《挡驾》接演。

演出时剧场观众沸腾之热无法形容，真比武汉最热的天气还热！演员们呢？他们一颗颗被激情燃烧的心，比观众更沸腾、更炽热！他们从艺以来冬练三九、夏练三伏何所求？求的就是能被观众接受、欢迎。

可以说我此行传帮带和几场示范演出轰动了武汉，轰动了湖北省。

为什么观众如此之欢迎，仅仅是我的名气吗？非也！是我饰演的曹操真的"活"？一位名叫武克仁的老领导曾撰文《继承贵在创新》，讲得很好："更难能可贵的是通过两个月的教学，呈现在人民剧院舞台上的传统剧目焕发了青春之美、整体之美！我自己不能如是说。这是省京剧院邀请了部分曾多次看过该团演出的观众来评戏评人，用他们心中的尺子量出长短。参加座谈的老中青观众众口一词地肯定了《群·借·烧·华》一剧演出的成功。他们说这是一出见功夫、显亮演员的戏。一般剧团不敢演。袁老师不辞辛劳精心传艺，给省京剧团带来了精品艺术，带来了更旺盛的士气、人气。

"普遍认为，经过袁老亲传，台上的演员个个都有很大进步。扮演诸葛亮的罗会明，比以前扮演的杨四郎截然不同，无论是运气、行腔、韵味都较以前成熟。胡为之以前没唱过红生，这次演关羽较称职。特别是他的做功又有提高。在前边饰鲁肃，比他以前演的岳飞、海瑞来得老练、大气、自然，人物分寸也掌握得比较得体。

"汪永龙的蒋干也演出了水平，足见他下了苦功。大家一致认为全台演员包括黄盖、周瑜、赵云、张飞、庞统、太史慈、周仓、关平，及大铠、龙套，人人严肃个个认真，做到了全台'一棵菜'；一招一式，都为塑造人物服务，整体、整团艺术素质的提高，这才是艺术家真传的硕果！"

他的评论，我十分赞同。京剧是明星制，更是讲究"一棵菜"的众星捧月，绝不是水落石出！这种局面是湖北省京剧团各级领导、演职员们共同拼搏出来的新局面！

面对一片赞扬声，我很严肃地告诫大家说："很有进步，但这只是一个开始，应该继续努力，反复实践，一天也不要搁下！千万不能，一清、二昏、三不见啊！"

酷热在继续，大家的情绪持续高涨、升温，我在"火炉"中的锻炼也仍在继续升温……

排练厅中更是锣鼓声声，"急急风"紧催。这是在响排《九江口》，我饰演的后半部张定边上场……

《九江口》对武汉观众并不生疏，一九六三年炎夏，正值盛年的我随中国京剧院一团赴中南各省巡演到武汉即以《九江口》打炮，自然我是扮演全部的张定边。这出戏中老元戎的耿耿丹心、铮铮铁骨，活灵活现、传神的唱、念，救驾时振奋人心的跑船，被观众留在了心中。

此刻，二十年后的炎夏，八一建军节之日，为了满足老观众热切盼再看的心情，我又在这汉口人民剧院故地重演，更显几分亲切。观众和我双方的心情都在与日俱增。特别这次师徒共演，观众预测，肯定我年事已高演前部分做、念的文场，建楚武功基础好，又年轻，肯定是演后半场。猜错了！我考虑，作为教学汇报，关键是看舒建楚的做、念、唱，表演人物的提高情况，理应演前部。而且，跑船是全剧中有力、豹尾般的重场戏，如果前边演得再好，最后的高潮上不去，不免让观众遗憾。我决心将跑船时急切心情的体现，及打桨的起落如何配以疾速的舞步、甩髯的幅度，趁自己身体还行时，不失时机地示范给学生，让学生看在眼里，记在心上。再过些年，恐怕我会心有余而力不足了！这决定实实出了观众之意料，又给了观众和舒建楚一个大惊喜！

舞台上，"急急风"锣鼓点儿乍起，张定边率众军士风起云涌般地乘风破浪急驰江上。那一圈又一圈的圆场，一圈比一圈疾速，一圈比一圈勇猛地髯飞桨舞冲破激浪……

年轻将士圆场功不到位的，被我紧追不舍，逼得竭力前奔，心里叫苦不迭："袁老师，您别再快啦，跑不动啦！"

我呢，铆足劲儿保持神疾、体美、气不嘘，步伐健！我必须把最好的形象让学生看到，让他们学过去，也必须给久盼的观众奉献精彩的、完美的一幕！

观众呢，鼓掌已不足以表达他们的心情，很多人都站起高声喊着："好！好！"

学生舒建楚呢，来不及卸装及擦去全身透湿的汗水，即站在侧幕边，全神凝视红氍毹上，凝神关注着老渔翁一弯一扬、一举一动的演情之要领，关注着老元帅一顿一挫、一腔一字的唱情之要素。他完全理解老师为学生的一片苦心，他紧紧抓住这一难得的学习机会，以不负老师期望！

又有好消息传来！

湖北省电视台要将《黑旋风李逵》录制成舞台艺术片。这真是意外而又在预料中大收获的副产品！

我到此时更加佩服文化部领导的远见卓识、正确的引路及指导有方！

团里组织了座谈会，为这次教学讲课做一全面总结。

没想到，总结会上大家畅谈了收获，大大地表扬了我

旦角演员们在会上，强烈要求我给旦角说一出《霸王别姬》，甚至还有同志激动地落下泪来。

因期间湖北省京剧团中花脸演员陈国光（铜锤花脸）陪同襄樊市文化局领导来约请，他们介绍该地区三国古迹甚多，我鉴于漳河、邯郸多处学习收

获甚大，自己在三国戏中饰演过曹操、张飞、关羽、马谡、姜维、司马懿、孙权等诸多角色，能寻三国古迹丰富知识，这吸引力之大可想而知。于是答应了待九月此处工作结束，有时间即去。眼下，襄樊那边已安排好，准备来接。我权衡着教学事大，婉言辞谢，决定留下来再教一出《霸王别姬》。

我在武汉主演的七场戏的票房收入结算下来了，数目可观。省京剧团的同志与我商量如何处理这笔收入。我明确表态，始终坚持说："我没有带演出任务来，不能要私人报酬。"为省电视台和《黑旋风李逵》艺术片录像、电台录制录音，也分文不取。

我推心置腹地说："作为一名共产党员，这点儿事都是该做到的。现在，我心里常常想，作为一个老演员，是坐吃老本，养尊处优，还是活到老，学到老，改造到老，工作到老？我想应该是后者！"

省京剧团只好又与中国京剧院商定，这笔钱都留给湖北省京剧团做经费。

在湖北省京剧团教学讲课任务结束，我回京了。

湖北省文化局、湖北省京剧团分别向中宣部和文化部做了汇报，说中国京剧院副院长、共产党员袁世海应湖北省京剧团邀请赴鄂讲学传艺三个多月。从始至终倾注全力，忘我工作，要求表彰我的模范行为。

孙扶民同志撰文说："袁世海赴鄂授艺深受赞扬。三个月里，六十七岁的袁世海为湖北省京剧团传授了三出大戏——《黑旋风李逵》《群·借·华》和《霸王别姬》，加工了《九江口》，与该团同台演出了七场戏，给省京剧团讲了两次大课，为电视台录制了电视艺术片《黑旋风李逵》，为省、市直属文艺单位做了京剧表演艺术的学术报告，为省电台作了录音讲话，同时还经常接待群众来访，回答各种问题。当时，武汉正值盛暑，袁世海不畏炎热，经常是从早到晚连续工作，星期天也不休息。省委第一书记陈丕显同志劝他'至少花一个礼拜时间出去走一走，休息一下'，并安排他去风景区避暑或去庐山参加全国文联举办的'读书会'，他都谢绝了。

"在教学剧目选择上，世海从剧团的基础建设和长远规划出发，既选了以架子花脸为主的《黑旋风李逵》，又选了几个行当并重的《群·借·华》和兼顾旦行的《别姬》。在教学中不仅教花脸，也教生、旦、丑；不仅排一线的演员，也排二线演员；不仅教演员，也教场面。对学戏的同志，不论什么行当，不论基础薄厚，他都一视同仁。他说戏耐心细致，不厌其烦，反复示范，而且还经常给大家讲戏剧老前辈们在新旧社会的不同遭遇，勉励大家政治上要求进步，争取做又红又专的人民演员。这一切都使省剧团的同志们十分感动。在湖北的这段时间里，世海不端名演员的架子，表现出谦虚的作风。他一到武汉，就主动上门拜访了武汉市京剧团、市汉剧院和楚剧团的同志们，观看了他们的演出。他收了三个徒弟，其中两个是楚剧演员。"

壹陆零 育『种苗』 赶赴大连

国庆节期间，我已回京。在北京演出《群·借·烧·华》。

福瑗总算替我长舒了一口气，心里盘算着，今年春节将过我就参加了天津文化周，在天津京剧团收青年花脸演员何永泉、天津戏曲学校青年花脸教师鲁铁夫二位为徒。

当时，由于杨荣环同志从电视上看到了我给北京军区战友京剧团排的《霸王别姬》，要求交流艺术经验，提出愿共同在梅兰芳、杨小楼演出的《霸王别姬》基础上再度整理剧本并发挥其尚派艺术，排练公演。永泉的条件文武兼备，很不错的。起码，他们都比我当年的嗓音条件好。所以借机给永泉较仔细地说了霸王一角，最后又说了一出《牛皋招亲》。恰巧，永泉的爱人张重华是不错的花旦，剧团安排她学戚赛玉。最后为了培养青年，我还带她演了一场《牛皋招亲》。

天津京剧团的青年演员马少良，更是一位很有前途的青年演员。文的能唱《借东风》《甘露寺》，武的也能唱《长坂坡》《野猪林》，紧步少春的后尘，当年也曾向少春学《响马传》，因少春嗓哑无法教，由谷春章代教的。他和剧团都提出让我帮他们整理《群英会》《借东风》《华容道》。依旧排好后，我陪他们演出，时间近一个月。

回北京没几天又去武汉。马不停蹄般地四处奔忙，这回可得在家歇歇了，福瑗特意想再调着花样给我做些想吃、顺口的饭食。好好在家休息一段，再去忙新年、春节的演出。

哪知客厅里的电话又打乱了福瑗的如意计划！

我的一碗米饭刚吃了几口，接到这电话聊了很长时间。福瑗不好催，又担心饭凉，赶忙拿个碗将米饭扣上保温。直到福瑗饭已吃完，我才放下电话高兴地回到饭桌前坐下。

"瞧你这高兴！是什么好事？"

"老郑——院里的导演郑亦秋来电话，他到大连去给大连市艺术学校实验京剧团排《杨门女将》刚回北京。他说给我物色了一个青年花脸演员，架子花脸的基本条件不错。有嗓子、有武功，还唱了《九江口》，非常适合做我的学生。"

"听着条件不错。"

"难得，岁数小，他才二十岁出头。大连艺校刚毕业的学生，可塑性太强啦！我教他二十年，他才四十岁。正是好时候！"

"又走？"

"快！他说得快！我让老郑先去跟大连艺校联络，我听信儿，他说也就一两天吧！"

"你从武汉回北京忙着十一的排戏、演出哪得休息了？昨天刚商量好，在家好好缓一扎，你也得去检查身体，出去这么长时间，都没去医院查个血糖。今天才十月二号又忙着出去……"

"事儿摆着，主观得服从客观，计划赶不上变化。迟同志！"这是我近年来对福瑷和稀泥时常用的口气。

"你先别讲矛盾论，留神鱼刺！"福瑷说这话一点儿也不夸张，我满嘴的假牙，对刺不敏感，时不时就会卡着。九十年代，一次吃鱼时真就鱼刺卡在嗓子深处了，咳不上来，咽不下去。把全家人急得不知如何是好，只好去医院，医生用镊子才给夹了出来。医生说，万幸，再深一点儿只能开刀啦！

福瑷又把汤热好端来："快吃吧，说不定又有电话，就全凉……"福瑷话音没落客厅电话又响了。

"怎么样！"

这回我接电话很短。

"通知七号，院长、局长召开院体制改革会议！"

"好，主观必须服从客观！"福瑷高兴了。

"水平大见提高哇！迟同志。"

十月四号老郑又来电，说大连准备邀请他去大连教学讲课加工这出戏，马上派人来接洽。但是剧院的改革工作开始酝酿，文化部、艺术局的领导又找我谈话，都是体制改革大事，去大连直延迟到十月十四日才在郑导演陪同下一起动身。

到了大连艺术学校实验剧团的当天下午在大连艺术学校排练场我看了《杨门女将》。第二天上午看了青年毕业生杨赤的《九江口》。我确感不虚此行！其中两重含义：一是大连艺术学校实验剧团的《九江口》按一九五九年演出本稍加增删排成，大有借鉴之处。华云龙与公主比剑的情节改为前场处理，别有色彩，后来我和实验剧团的同志们一起研究，在这个基础上，增加华云龙一面博取公主的欢心，为自己做掩护，又以比剑试探公主的武艺，借此了解北汉兵力的强弱，也为玉山之诈做好充分准备的情节。既丰富了前场戏的内容、色彩，又让比剑更有的放矢了。

再一方面确感杨赤是个不错的架子花脸的苗子，武功基础挺好，能打能翻（跟斗），又有嗓子，够架子花脸铜锤唱的材料。尤其是年龄，才二十岁出头，可塑性的确太强啦！

也听说，这期间原本杨赤要拜李长春为师。其实，他即使往铜锤发展，也未必一定合适。杨赤的嗓音高，又发音靠前。"玉不琢不成器"，可是琢成什么样、怎么琢，就更重要了。琢得好，玉成器；琢不好，就难说了。当然，琢得好琢不好，单靠一个老师是不成的，还要靠天时、地利、人和呀！但是，老师要尽责让他走好这出科第一步！

我着实为这次的教学进程动了一番脑筋。

杨赤是块好材料不假，可是问题也不少！这一段教学讲课也去了几个地方，可以说，十年来，把传统戏"四旧"扔进垃圾箱了，可也使现在青年演员们的基本功不扎实，包括他。手、眼、身、法、步的运用目的不明确，大部分是在画魂儿呢。说没有，有点儿；说有，嘿，反正没让我看清楚。应有的基本功不到位，何谈要做情、念情、唱情、打情，更何谈运用这些艺术手段来准确表达人物此时此刻的思想感情？

所以，这些年轻演员有嗓子的为唱而唱，腔高了，还嫌不够，还要再高，再高！有武功的，为打而打，不管合理与否。能翻，演张定边这样的老元帅也得翻！翻上船去。不错，观众是给掌声了，可这种掌声，我说不能要！因为已脱离人物，成了卖弄技巧了，不行。

技巧要用，要恰到好处，符合人物身份、地位、感情。我曾对杨赤说，你有这么好的跟头，等到有一天排演《西门豹》，就可以用上翻。西门豹是武将又值壮年，夜探五龙湾时，完全可以翻！两张桌子还是三张桌子，尽管施展你的本领。

要想补上这些课，教他掌握架子花脸以做、念为主的基本功，还是得好好地让他学会《黑旋风李逵》，学会《下山》一场的做、念、舞，明确手、眼、身、法、步的目的性，而且教他学新戏，要比教他会演的戏，更便于纠正他功架上的毛病。架子花、架子花，首先要看功架的美。身段要无可挑剔，再往下学戏、排戏都会容易。

嗨，盖楼容易，打地基难呀。不如与阎校长商量，将教学改成教《黑旋风李逵》……这位阎校长，别看是位女校长，非常有艺术眼光，有工作魄力！所以会培养出这一批批戏曲接班人，她会理解，定会同意。

然而，还是那句话，《九江口》这出戏太累，现在我还能坚持演，再过几年，我可就演不动喽！最重要的是让他能看到我在舞台上演张定边究竟是个什么样，提高他的接受力和理解力。想来还得先把这出戏给他捋顺了，做示范演出，他演上半场也能感受一下我所教他的，得些体会，这叫为他抓住机会留个印象，是很要紧的！我又仔细算了一下日程，从眼下算起，到初定的演出日期，不过二十天而已。这么短的时间，要给每一个角色加工。饰陈友谅的王长江，饰胡兰的刘廷建也都要拜我为师，都是我的学生，都要给他们仔细加工加工。还要请阎校长帮助丰富增加公主与华云龙比剑定情一场的戏。

那么，给杨赤排《九江口》也只不过是算略加修整，要想演好这出戏，以后还得反复地给他说。放个短线十年，放个长线也得二十年，才能有点儿意思。路长着呢！想到这里我决心下定。

惜玉之情，雕玉之切，为这块玉坯寄予满怀的希望。起步的基础教学的用心之良苦，对培养接班人的重视，全融在我的一番深思之中啦。

我与杨赤师徒合影

是呀，但愿杨赤能把架子花脸的大纛旗接过去！

十月二十二日大连市艺术学校实验京剧团青年花脸演员杨赤、王长江、刘廷建，敬了我一杯清茶，恭敬地给我鞠了三个躬，他们成了我的学生。

我面对新的学生寄托着满怀希望，希望他们能继承、发展、开拓架子花脸的新局面，开创京剧繁荣的新局面。并以自己对党对京剧事业热爱的情怀，亲身的经历，实践中的总结，深入浅出地做了一番诚恳的讲话："来大连八天，激动了八天。看到青年同志们平均年龄才二十多岁，文能唱，武能翻，文能武，武能文，人才济济，心里很振奋……"

我介绍了一九五三年，中国京剧院让我排《黑旋风李逵》，郝寿臣老师对我说"你可赶上好时代啦"。我那时候就是有这个想法，有这个剧本也不行啊，我也组不了以架子花脸为首的班。你要珍惜这个时代，要努力呀！以此谈至党结束了十年动乱，大家都在安定团结的形势下工作和学习。党号召我们尽力量，搞好传帮带。希望同学们知道今天的幸福，把领导的关怀、老师的培育，变成向上的动力。

我还特别强调了学习方法，郝老师所说："要把我捏碎了变成你，不要把你捏碎了变成我。"我们必须把前辈创造的好东西尽可能学到手——就是把继承来的东西变成自己的，再加以丰富、发展。我们之间，你叫杨赤，你永远叫杨赤，不能学了我就是我了。"

最后嘱托记住周总理生前说的："活到老，学到老，改造到老。"这话我始终记住，希望他们也牢记在心，咱们师生共勉。只有坚持思想改造，才能祛邪扶正，把党和个人、集体和个人的关系认识清楚，摆正位置。总之，希望你们都成长为京剧事业的优秀接班人。

教学中，《九江口》剧中众多人物仍全由我一个人教。上课时，免不了一会儿是张定边，一会儿是华云龙，一会儿又是陈友谅、胡兰。我愿把刻画人物性格的表演经验毫无保留地教给每一个学生，要求每一个人饰演角色时的每一个身段、每一个动作和眼神，一句念白的语气、一句唱词的情感表达都要有这个人物的特殊性，也就是要求同一戏中，不同人物的唱、念和表演必须不同。希望他们明白，这次虽不是扮演的张定边，但向老师学的、争取学会的是善于抓住特定环境中不同人物的性格特点，去挖掘出人物出内心深处的思想感情，去学会品味程式，将死的程式给活化成富有生活气息的唱、念、做，来表现人物，今后才能把不同类型的历史人物能活生生地再现在舞台上。这才是我想让他们该学到的真本领——艺术的真谛！

这样，对饰演陈友谅、胡兰两个不同人物的同是自己的学生，同是架子花脸演员来讲，如果用心，学习的收效也应是同样的。

一九八二年十二月，休息时我仍在楼道给杨赤不停地讲解戏理

我为了既能抓紧时间，又能说得更细致些，几乎每日三班。晚上不休息，把学生叫到宾馆再细说。

晚上说戏之余，抑或是所谓休息，在马路上散步，我也在谈古论今地教导杨赤学会表演人物的重要性，以及如何在艺术上将老师的揉碎了再化成自己的。

有时，也常和杨赤谈心。当我听说杨赤出身工人家庭，父亲已去世，只有母亲和姐姐时，对他更加怜爱，更觉自己责任之重。要杨赤理解为什么能把自己从北京接来给他授课、让他拜师，这是党对他的培养。不要辜负党对他的一片苦心，要感谢，先感谢党、感谢组织。自己要求进步，做一个又红又专的接班人。

当我知道杨赤还没加入共青团时，便严肃地对他说："你应当努力，要靠近组织，要求进步，争取入团，主动争取组织和同志们的帮助。"还苦口婆心地以自己经受组织考验二十七年，终在六十四岁高龄入党为例鼓励杨赤还要争取入党，做一名合格的共产党员！

当杨赤说到老师教学太辛苦时，我只淡淡地说了一句："要知道，老师是共产党员哪！"

作为一名共产党员，怎能沉浸在"夕阳无限好，只是近黄昏"的感慨中，终日为老辈凋零、后继乏人而哀叹呢，还是多想些如何为振兴京剧艺术去培养人才，去行动，去尽力多补漏吧！

十一月七日和十日如期与大连艺术学校实验京剧团在大连市工人俱乐部做教学示范合演《九江口》。

老天爷非要考验我的诚意，演出的前两天就下起了大雪，使本不太寒冷的大连气温骤降。我蹚着没脚脖厚的大雪兴冲冲地赶到排陈场。对大连路途稍一熟悉，我就谢绝了接送我上下课的车。

大家一见我来都非常惊讶，急上前帮我掸去帽子、围巾、大衣上的白白积雪，高一声低一声地问："您怎么来啦？""这么大雪，您来，也得让车去接呀！"

莫怪，大连艺术学校实验京剧团考虑我教学劳累，为了七日的演出，原本商定五日、六日我两天休息，由团里组织排练。

"闲在宾馆，还不如和大家在一起。"我继续给大家排练。

演出前后台化妆室里，在我身后立起两架照相馆照相时才用的几百瓦的白炽灯！来后台的人见了无不奇怪。

不用奇怪，这场大雪一下，大连宾馆的一级厨师杨大厨着了慌。

刚下大雪的那天早晨，我去餐厅吃早饭。四十岁出头、略胖却很健康的杨大厨，照例又端着他那沏满茶水的特大茶杯与我对面而坐。

"天冷啦！您多穿点儿衣服，糖尿病人不能感冒。"

"看看，换了厚毛衣，外面再穿长呢子大衣，冻不着了。"我洒脱而又非常自信地对老朋友说。

自从我住进大连宾馆，杨大厨就跟我交上了好朋友。

"我年纪不大就看您演《群英会》中的曹操，佩服！《野猪林》中的鲁智深，仗义英雄，佩服！后来《红灯记》天天听，鸠山，更佩服！见了面，您平易近人、笑口常开，说话又实在又诙谐，我真喜欢。着迷！"

此后，只要他有时间，就端上一大杯茶水，来看我吃饭，和我谈天论戏。

"后天更冷，东北下雪不化。唉，后天演出，您赶上了，大连市工人俱乐部在我们大连宾馆对面。我还不清楚啊，俱乐部建的年代早，供暖不理想，后台暖气更不行。年轻人都喊冷，您别脱毛衣……"我正用假牙与菜吃力地进行撕扯战，只用筷子晃晃表示不成。

"不脱毛衣？勾完脸再脱，就这小鸡心领还不把脸谱都抹花喽？"我的牙得胜才说。

"我是说穿着毛衣演！"

"更不成！老弟，我知道你怕我冷，怕我感冒。可是不成，甭说在剧场里，就是在露天广场也不成！里面只能穿一件纯棉布的水衣子，这是规矩……"

杨大厨一听，有些着急："您老，七十岁了，穿着单衣在化妆室化装可不成！"他沉默了一会儿，一拍大腿："有了，我想办法去，准不让您受冷！"不容分说站起来就走了，连茶杯也忘了拿……

第二天，杨大厨兴冲冲地来对我说："成了，全解决！"

原来他去找了一位照相馆的朋友，始末根源一说，那朋友痛快地说，拿走，哪怕照相馆不开门了，也给袁老去用。人家快七十了，在家舒舒服服养老，大冬天跑东北来，大雪天的带徒弟唱戏，人家为什么呀？就这样，杨大厨高高兴兴地用自行车将两个灯连同高灯座一齐驮运到工人俱乐部后台。

这两个几百瓦的白炽灯，齐刷刷地对准我的后背。的的确确，那暖融融的感觉直透我的肺腑，与齐说灯暖，更得说心暖远胜灯暖。

没想到，我卸装走出后台，成群结伙的观众——站在雪地里，在后台门外等我。这种状况不是一次两次，数不清了，在北京、在武汉、在老区、在天津、在邯郸……若在春夏秋天犹可，竟在这大雪后东北的冬夜，此情此景……我的心，呼地又被激情燃烧起来……

霎时，观众将我团团围住。

"再加演几场吧！"

"戏太好啦，空前绝后！我们还想看曹操！"

"我五十年代看过您和李少春、叶盛章演的《连环套》《将相和》！"

这句话，一下子将我拉回那时。对，是夏季，新中国实验京剧团来大连演。又一下子把拉我到观众中，零距离接触他们。我顾不了许多，将严严实实围在脖子上、鼻子下的厚围巾拉下来露出嘴和大家喊话。因为大家都在争着说话。

陪我走出后台的大连艺术学校实验京剧团的同志，亲眼看着我的汗仍在出，纷纷向观众述说："袁老累了，身上都是汗。天太冷，改日再聊吧……"总算将和大家一一握手的我拉出了人群。

兴奋！陪我回大连宾馆的人都兴奋！大家踏着雪，不停地说笑着演出盛况的动人之处。

回到宾馆我不停地打喷嚏。第二天早晨头痛，浑身酸懒，嗓子也不听使唤。坏了，关键时刻，我最怕感冒！我十分着急，演这么一出唱、念吃重的戏，嗓子不给劲怎么成？大家一听我说话鼻音特重，喷嚏不止……担心地提出赶快登报改期。

我何尝不考虑？甚至考虑过回戏，如果嗓子不好，怎忍心让一千五百名观众冒着纷飞大雪、寒冷天气，乘兴而来，扫兴而归呢？再一想，如果没那么严重，日期改来改去非常影响孩子们的士气！自己得沉着、冷静，先吃药控制吧。咬咬牙，下决心不辜负观众的期望。我没敢再出门，强迫自己吃药休息。

杨赤来看望我，我告诉他，这戏累，得及时换水衣子留神别感冒。

京剧演员在华丽的戏服内必须贴身穿一件水衣子。通常一出戏下来，演员要换四五件水衣子。每个演员用自己的行头是京剧界的行规，外面的戏服如此，相当于人们日常生活中内衣的水衣子就更不便借给别人了。当我与杨赤聊天中得知，他只有一件水衣子，不能换穿时，想到演《九江口》一剧之累，非同别戏，立时就又给他拿了两件自己为教学示范演出时所备的水衣子给杨赤换穿。

第二天清晨，我刚刚睁开眼睛，自觉浑身酸痛感见轻，立时喜上眉梢，躺在床上就立即喊了几嗓子。虽有很重的伤风味儿，却有亮音。没关系啦！我充满信心，迎接晚上的战斗。终于圆满地演完了，当然又大获全胜！

这期间，买不着票的，只要在马路上认出我的，都会找我要票，要求加演，最后只好又在十一月十三日加演了一场。

演出的收入，在当时来讲是很可观的。除去开支，大连文化局、大连艺术学校实验京剧团欲将纯收入万余元分给我。我当然坚决不同意。

"我是来教学讲课的。演出是做教学示范演出，没有经济可谈。余下的钱留在团里，我看杨赤的服装太旧，用这笔钱给杨赤添几件行头吧。"

给团里留下万余元钱，大家都认为我留下的是一颗诚心。言重了。

我对这一年南北三地的教学，传帮带工作的实践深受鼓舞和教育。

这次几地剧团一看，尽管中青年演员具备良好的基本素质，生、旦、净、丑各行都大有人才，但十几年的岁月蹉跎，未能得到继续深造。更年轻些的，直到一九七七年才第一次看到京剧传统戏是什么样子，不同程度地缺乏京剧表演的基础知识。另外，花脸行当如何掌握运用其规律使脸谱既能表现人物性格特征，又具有外在的美感等，都还需要较全面地补课。

难能可贵的是他们在困难面前没有丝毫的气馁，正以强烈的求知愿望和刻苦的学习精神，全力弥补十年动乱所造成的损失。他们朝气蓬勃，一丝不苟，一遍不成再来一遍……课后，他们三五成群地互相提示，抓紧练习。每个同志都汗水浸湿了衣服，不怕苦、不怕累、不怕流汗的好作风，给我留下了深刻的印象，也深深地感动了我。我感到自己也变得年轻了，更进一步认识到传帮带工作的重要性和必要性，京剧振兴大有希望！

就连我自己也没有完全意识到，教学过程中的示范演出能起到很多意想不到的作用，不仅给学生们脑海里勾画出完整的人物形象，帮助他们提高对人物感情的理解和分析能力，也使他们开阔了如何表演人物、体现人物情感的眼界。大连有几位同学感慨地说："我们刚刚从学校毕业，还停留在老师怎样教就怎样演的阶段，寻求表演途径；考虑怎样才能将戏演好的时候，看了袁老师的表演，我们明白了，要演好戏就得演好人物，就得运用唱、做、念、打，一切程式动作为塑造人物形象服务。"通过我示范演出前的排练，许多抽象的概念变得现实了。比如《九江口》拦驾苦谏的一段【二黄三眼】的唱腔，由于节奏随着感情的变化而不断变换，快和慢的程度没有绝对的标准，原来学生们都感到不易掌握。后来，琴师、鼓师在与我合作的实践中，逐渐摸到了规律，心里有了准绳，协助演员掌握了演唱技巧。另外，在演员之间表演激情的互相刺激，花脸勾脸的谱式、方法、摆头方法、服装制作的样式等方面，也都有所交流。

此外，示范演出在一定程度上也满足了广大观众的要求。

有些同志问我："您既教学又演出，而且又演那么多场，不累吗？是犯戏瘾呢，还是另有所图？"

我说是观众的盛情难却！在武汉演出，正是七八月间盛夏时刻，观众的"热"比天气更热。票价一元五角，售票的早上，买票的队伍绕了三条街，多达千人。没能买到戏票的观众强烈要求加演。作为一个演员，就是为观众服务的，遇到这种情况有什么理由不满足观众的要求呢！演戏能不累吗？当然累！但是在广大观众给予我巨大的精神鼓舞下，我累而不觉累！

最使我感动的是散戏后经常有几百名观众不顾寒冷或炎热，候在剧场门口一小时，等我卸完装回住所时与我见见面。更令人振奋的是，这些观众不是六七十岁的老人，很大一部分是中青年，他们这样做是因为我的艺术有多高明吗？不是，是观众们对京剧的热爱，是京剧在观众心目中扎根很深。这些动人的情景激励着我，促使我要付出更大的努力，让我们的京剧不仅根深，更要后继有人，叶茂花盛。若说所图，这就是我之所图吧！

教学相长，我从中获益匪浅。吸收各团许多营养来提高表演和剧目质量，《九江口》《黑旋风李逵》《霸王别姬》和《群·借·华》等剧的词句、场次、表演也都有所改进。《黑旋风李逵》录了像，一九八三年中国戏剧出版社出版了由刘金初、谢力行摄影的照片，孙彬、余汉东改编的《黑旋风李逵》戏剧连环画。

这些都是很难得的。

总之，通过一年的实践，我进一步地理解了领导关于传帮带这一指示的深刻含义。现在我正是在教学工作中能讲、能示范、能演出的黄金时代。我一定要立足本职，从足下做起，做好传帮带工作，为我们京剧艺术事业的发展，贡献自己的微薄力量，为开创京剧事业的新局面尽一个共产党员应尽之责！

壹陆壹 赴香港 情深谊重

别提有多忙了。我天天早晨起来练，压着腿还得忙着去接接也接不完的电话。索性，把压腿改到客厅电话旁边，来他个两不误。不练哪儿成呢，到香港演《龙凤呈祥》，那小蹦子、飞天十八响、飞脚、圆场，哪个动作不溜都对不住观众，也对不住自己呀！

该踢腿了。踢着腿，还得接待来客……刚给客人倒上茶，又被电话给截断了……是不断登门的记者采访……

二月二十日中国京剧院一团准备赴香港演出，怎能不忙一大阵子。事情本就够复杂的，要排戏，还要添服装，定图案、定戏报、选相片……去香港不仅要演《群·借·烧·华》《龙凤呈祥》这样群星荟萃的戏，还要高标准演出挑梁担纲主演的像《九江口》这样的重头戏。对我这位六十八岁的老家伙来讲，的确不轻松！

当然，忙中也使我更深地体会着这次赴香港演出的重要性

送走客人，我仍坐在我会客的原地——饭桌靠墙的椅子上愣神儿。其

实，哪里是发愣，是在盘算着今天还应有哪些事要去做，千万别漏掉，明天我就要和中国京剧院一团的同志们一道启程赴香港访问演出了。

说到香港、九龙并不陌生，五十年代出访时常是在香港驻足转飞机，但专程去演出还是头一遭，心中总有点儿捉摸不定。

香港肯定喜爱京剧。说不定，会有一大批从内地去香港的京剧迷、老观众，与多年不见的老友故交相逢，特别会有不少的台湾同胞、海外侨胞专程前往看戏。几道消息都已传来，两周的戏票已全部售完，剧场很大，为了尽量满足观众要求还准备破例开放三层楼的座位。唱了一辈子戏的我，当然能品味出其中的深沉。再加上赴港的剧目生、旦、净、丑，流派纷呈，有《群·借·烧·华》《梅妃》《霸王别姬》《九江口》《龙凤呈祥》《文姬归汉》《艳阳楼》《甘宁百骑劫魏营》《春闺梦》《打金砖》《锁麟囊》等，您看绝对够一卖！邀请方仍提出许多老观众指名还请我加演架子花脸的硬功戏《坐寨·盗马》。我都激情满怀地答应了，那句话了，"抖一抖老精神"吧。但自己毕竟是一个近七十岁的老头儿，能否让观众满意，能否让观众喜爱，尚是未知数。所以诸多方面要都考虑缜密些，减少失误才是硬道理。

"都十二点多了，你快洗洗脸，该吃饭了！"

福瑗催促，我站起身来欲走，与正走进门来的福瑗碰了个对脸。

"瞧瞧，你忙的，一上午都过去了，客人接待了好几拨，你还穿着这个……"

我低头一看，也不禁哑然失笑：那件穿褪了色的板团军上衣，是近年来冬季练功服之上衣，一条蓝色镶双道白边运动裤、一双白球鞋。

"真是忙忘了。穿练功服也挺好嘛，挺好，英雄本色！"

这"英雄"二字，不是我妄用，是有出处的。

这些年，给我写文章的人不少，刊登的文章也很多，有时还配一两张漫画式的插图。福瑗不喜欢这种夸张之笔画出的我之画像。一次，我外出，福瑗写信说，某某文章发表，文章所配的画像，不好看，有损"英雄形象"。

还好,信上也加着引号。引得我大笑,后来经常以此为典和福瑷开玩笑。

"扯到哪儿去了!我是说你练功湿溻了的衣服,还溻到中午,多难受!"

"噢!您这一说,我才觉出溻来!好,迟同志,我马上洗脸!"

福瑷无奈地摇了摇头。

不是吗?为了能在舞台上演出一个让观众看得过去的张飞,或李逵……须要付出几十年的心血和汗水!老伴儿和孩子们曾多次劝我告别舞台。我知道,对我而言是否退出舞台,并没有本质区别。还有多少事情在等待着我——能不再向青年人传艺?不练功、不示范,能教好?能不整理前辈艺术家传授给我的宝贵精神财富,写下自己几十年舞台实践的种种经验和体会……反正"呀而哟"(闲散)地过日子,与我无缘!

所以呢,我对这些完全为我健康、长寿的关心话语,仍是听之亲切,处之淡然,始终持似听非听的态度。没任务时,真听。一有任务马上置之脑后,抖擞精神,沉浸在即将开始的不平凡的演出中。这态度使福瑷气不得、恼不得,无可奈何!这不,当此新春之际,她也在事无巨细地为我做好多方准备。明天我也好应香港联艺娱乐公司邀请,带着《九江口》《群·借·烧·华》《霸王别姬》《坐寨·盗马》等戏和香港朋友见面去了。而且,还要使香港的观众看到:咱大陆的老艺人,技艺不减当年!中青年演员人才济济,后继有人,以此来告慰多年未见的老朋友们!

我与中国京剧院一团副团长李汉飞,秘书赵书成,主要演员李世济、张春华、冯志孝、杨春霞、高牧坤、李宝春、唐小皓、琴师唐在炘、李祖铭及舞台美术人员陈自刚,林德禄等,第一批十五名成员在团长简朴率领下,乘飞机至广州再乘直通火车于二月二十一日晚,抵香港红磡火车站。

火车一进站,我们立即受到香港华丰国剧社社长赵从衍,银行界京剧票房、东方艺术学会等京剧票友前往接车及戏迷们献花致意。第二天中午即在假九龙敦煌酒楼举行记者招待会、宴请。

团长简朴代表八十四名团员表达了大家满怀深情厚谊,抱着交流艺术经验和与港澳同胞共勉的心愿来到香江与老友、老同行们久别重逢，倍感亲切。

身为中国京剧院副院长，此行，我又为中国京剧院一团的副团长兼艺术指导。在讲话时也表达了自己来港演出之振奋，将尽力演出，不负众望，并表明愿与香港戏曲界的朋友们商榷艺术，共同提高水准的心愿。

演出主办方香港联艺娱乐公司经理谢益之致辞中也提到此次来港的中国京剧院一团阵容强大、流派纷呈，所献演之剧目皆精彩绝伦，将给予香港票友和戏迷以高尚和精湛的艺术享受。

招待会上笑语喧哗，老友新交，共话当年不尽，共谈今天不完！互留电约访，笑不停，忙不闲，气氛热烈而感人。

初次见面，年近七十的我满面春风洋溢，身着正统的藏蓝色中山装，加上演花脸典型的敦厚嘴唇、笑口常开和尤为洁亮的光头最引大家注目。

记者们特别关注我的光头，并对之询问。我索性掏出带在身上黑皮夹中的一张和福瑗结婚时的婚纱照，这张曾被撕坏又被福瑗从破碎相片堆中淘出保留，一九七九年经照相馆翻拍成新的照片，新郎官的我即是光光无发头顶。以此告诉他们，我从十二岁改学花脸，刮光头发直至如今。

众人十分夸赞我的光头之魅力，更显别一番英姿、另一种倜傥。报纸上笑说我光头早过尤伯连纳。是吗？我不知道。

记者问我，漂亮的新娘袁太太是唱什么派的？

"她叫迟福瑗，六代都是京剧世家。但她不唱，干后勤，是我的'后勤部长'！"这个回答原本我在家常说的一句话，没想到哇，简直让大家更为耳目一新！

大家夸赞之余，更有亲切关怀又好心的询问，但有时也真让我难以回答。比如在此之前、之后众多记者访问，问我快七十岁才来香港演出，为什么不早一点儿来？香港京剧迷都望穿秋水了。我明白他完全表达出对我的欢迎和盼望，使我也听之很动心。可这能不能到香港演出，我毫无办法。还要友好、圆满地回答，我只好说："是呀，太迟了，以前没有机会呀，现在已是风烛残年喽。"

他们也常赞我袁派，我焉敢，只得学廉颇举手遮头说："愧不敢当！"我哪能就这么承认自成一派。有意思，无奈之举反让朋友们认为这是思维敏捷、神态自若、对答如流的诙谐幽默。

中国京剧院一团此行来港的确阵容可观，特别是老中青三结合组成整体，而且生、旦、净、丑，文武兼备。演出的十六场计二十四出戏场场不同，皆是经过精心挑选，侧重选出的即有各流派特色且又体现创新改革，具有新鲜感和吸引力，都是对香港观众具有相当号召力的剧目。

自前年谭元寿、马长礼、杨淑蕊、杨少春等来港演出后，京剧爱好者们盼戏已久。这次一听中国京剧院一团来港演出从二月二十四日至三月八日，在北角新光剧院演出十四天十六场的消息，立即在当地卷起了一股"京剧热"。居住在美国、日本、新加坡等地的华侨、华人闻风而动，奔走相告，纷纷相约赴港观戏。一些台湾戏剧界人士，也通过各种渠道辗转赴港观看。票价无论为三十、四十、六十、九十，还是最高一百二十港币，争相购买，气氛热烈！这是以前任何演出所未达之高度。

尤其值得一提的是从台湾专程赶来的五百多名观众，他们有的一场不落地看完全部演出。在那些日子里，朋友们相见几乎都会互相询问有无办法找到戏票。由于购票者太多，新光剧院开卖了三楼座票以满足观众的要求。一位香港朋友不无感慨地说："过去我们演出，观众坐满了一楼就誉为满座，比起今天的盛况，真是惭愧啊。"

二月二十五日，中国京剧院一团在新光剧院首场演出仍以《群·借·烧华》打炮，仍是自一九七九年我整理剧本并重新排练以来的老习惯了，几年来可以说每演必场场爆满，自然成了一团的看家戏之一，无论到哪里演出总以它作为首演节目，而且是一炮必红。

这天新光剧院门前"满座"高悬，灯亮如昼，霓虹闪烁，车水马龙。卖票房前更不断拥挤着人群想能购买其他各场星点余票，场面热闹至极。

新光剧院大堂内摆满了各界人士致送的花篮，更有不少观众在大堂内等候有无退票。剧场内，满坑满谷不说，好，平日根本不开的三楼上，敢情一样座无虚席！

整晚的演出，掌声满场，此起彼伏连绵不断。我出场前即掌声四起，上场的亮相博得满堂彩。及至涮步前行，开唱【原板】，那掌声热烈无比，直到曹操归座。

观众们齐赞我台风气势无人可比，唱、做功架得心应手，精练老到。击节赞赏的是，自始至终紧扣剧情，从开始领兵直指东吴，到火烧连环船后落荒败逃至华容道，一唱一做，以至挥鞭、迈步的微细动作，无不恰如其分地刻画出人物当时的思想和心情。其表演已是由简化繁，又由繁化简。足见其艺术，已趋化境！真正是在舞台上塑造出一个"活曹操"，令人叹为观止。特别是经过十多年停演传统戏，又加上年近七旬，有如此美好成绩，诚属不易，不愧艺术大师之名。盛名之下，其实难却。难道有近六十年艺龄的我，还不应该如此吗？！只要在这一晚的演出中，能了却香港观众盼我多年的"相思债"，那就吾愿已偿吧！

深得好评的还有后起之秀李宝春，他扮演的关羽在最末一场《华容道》紧凑炽烈，满弓满调，和我一唱一和把整个演出气氛推向最高潮，全场掌声雷动。宝春家承祖父、父亲之名作《打金砖》，也受到观众赞誉。

在整晚的演出中，冯志孝饰演前鲁肃、后孔明，唱、做潇洒，《借东风》中的大段唱腔神定气足。

其他演员的演出也都各具红花绿叶之妙。

张学海饰前孔明、后鲁肃，笑呵呵地，稳健大方，很好。

陈真治饰黄盖，嗓音宽宏，唱"俺黄盖受东吴三世厚恩"，"三世厚恩"拔高而唱气势非凡。

闵兆华饰周瑜，十分卖力。

郑岩饰蒋干，念白清脆。

高牧坤饰赵云，上场起霸，稳而又帅，打曹八将时抽抢背，开打，均为上乘。后又演《艳阳楼》《挑滑车》开打，以勇猛火爆倾倒观众。

总之，中国京剧院一团全体人员人人认真、个个卖力才将这出三国名剧演得波澜壮阔，气势非凡，给初见面的香港观众留下了深刻的印象。

"中国京剧院一团真好！"我们赢得一片赞誉声。

新华社社长许家屯，副社长李储文、陈伯坚及适逢在港的前社长梁威林，均到场欣赏，演出结束后与知名人士费彝民、赵从衍、陈廷骅、李和声等一起上台祝贺演出成功。

一九八五年二月，我第一次赴港演出

演出轰动，观众、戏迷们大感满意，深觉过瘾！

我心中深深最为欣慰的事有三：一为当年下功夫修改《群·借·烧·华》剧本，几年来经受国内各地的演出考验，又在香港演出得到香港朋友们的鉴定，结果是获得通过！二是深为老友少春的后继亲人成绩突出，傲然崛起而兴奋不已！三是有情的观众竟也能从这场戏中领会到我愿意扶掖青年的一番用心，实为难能可贵。

第二天是李世济的《锁麟囊》。她的唱、念已不单是程派，在她爱人名琴师唐在炘的密切合作切磋、创新下，已将程腔融会贯通创新成大有自出机杼的境界，其百转千回的唱腔和韵味，令人听来荡气回肠，回味无穷。不用说观众，就是我听了，也要为她叫好！包括随后几场的《春闺梦》《六月雪》也倾倒了无数程派观众。

二月二十九日在新光剧院演出《九江口》。

这出呕心之作，也未负众望。尽管观众们十分欣赏，赞我那沉稳老练的步伐，那善于洞察蛛丝马迹的犀利目光，那雄武敏捷的形体动作，那更有真情尽泻、酣畅厚朴、叱咤风云的架子花脸式，韵浓神沛的大段演唱，将白发苍苍的老元戎张定边刻画得栩栩如生。赞我在最后，率领所剩八千子弟兵，连夜驾船，挥桨飞驰搭救君王。一圈快似一圈、稳健如飞的圆场深功直把子弟兵累得几乎拖尾……赞我演得游刃有游，驾轻就熟。直把观众引得随剧情看表演，使劲鼓掌，全场沸腾！以至多次谢幕……而我心中很清楚，毕竟近七十岁了，终是"廉颇老矣"。庆幸还敢演，却又怎能和当年四十多岁相比呢！如果真能早上个二十年，哪怕早上十年，那么献给香港观众的才是原汁原味吧！

三月一日，张春华、高牧坤演《雁翎甲》，杨春霞演《断桥》，一武一文，唱、做、念并重。

该演《霸王别姬》了。我深知，香港观众太懂戏了。对于这出名剧是有相当水准的鉴赏眼光的。果然，我的唱、念白他们称颇具杨小楼韵味，说我以架子兼铜锤唱，以杨小楼之"韵"，金少山之"猛"，复又独具一格，成为当今舞台上独步的"老霸"。

我真是望七的"老霸王"了！尚能扎着大靠，尚能踢甲、半劈叉般表演马失前蹄。是练功，给了我无穷的力量，我要坚持下去。

三月九日在新光剧院演出《龙凤呈祥》，包括了《甘露寺》《回荆州》

《芦花荡》三折戏，唱、念、做、打，文武双全，金碧辉煌，生、旦、净、丑，生动活泼又大放异彩。我饰张飞，上场走边，直到"与咱马来！"持丈八长矛亮相，全场一直情绪高涨，掌声连连，热闹非凡。这是戏保人，不多赘述。

演出的音乐伴奏由张景林、孙砚军司鼓，李祖铭、唐在炘操琴，熊承旭的二胡，李世英的月琴。音乐人员功艺非凡，为全剧增色不少。

中国京剧院一团在新光剧院公演了十六场，非常圆满。在香港各界朋友的再三挽留下，一团移师九龙美孚百丽店，自三月十日起至十六日止，一连七天八场继续公演，共加演了十三场。戏码大部分有变化，有《锁麟囊》《三击掌》《钓金龟》《三盗令》《四进士》《状元媒》《女起解》《打金砖》《雁翎甲》。

我仍是《群·借·烧·华》《龙凤呈祥》两场演出。

地处偏僻、一向卖座不佳的百丽店剧场依旧盛况空前。演毕仍欲罢不能又南下利舞台加演五场，有《群·借·烧·华》《三击掌》《打金砖》《三岔口》《玉堂春》《起解》《会审》《监会团圆》《大破铜网阵》《状元媒》。最后一天是《挑滑车》《打瓜园》《六月雪》《盗御马》。

《盗御马》是我主演，演出高潮迭起。演出结束后，我代表一团向不停热烈鼓掌的观众表示衷心的感谢。新华社香港分社副社长祁烽，联艺娱乐公司董事长袁耀鸿、经理谢益之、副经理张明，华星娱乐公司负责人陈永镐及京剧爱好者上台和演员合影。

中国京剧院一团访港演出在香港利舞台圆满闭幕。

三月二十四日，中国京剧院一团满载荣誉的风帆和观众们的深情，依依不舍地离港抵穗。

一月有余的时光让香港观众看到近年来大陆京剧事业的发展，感到无限欣慰的同时，他们诚心相赠给我的是厚重而情深如海的友情！

自二十六日开始，中国京剧院一团在广州友谊剧院连演三天，剧目有

《锁麟囊》《雁翎甲》《女起解》《打金砖》《群·借·烧·华》。

福瑗在家中早就做好了迎接我的准备。按老例，我去香港半个月，会在回京的前三天电话召集孩子们来大搞卫生。可是几次接到我的电话，都言简意赅地说演出成绩好，加演，归期未定。一个多月了，总算接到我从广州打来的长途，有了四月初回京较准确的消息。

孩子们为迎接凯旋的我，为了使我好好地缓一扎，见面之后全都各自回家，只两个男孩子被安排按时帮助我接取行李。几天后，全家人才相聚家中，午饭后团团围坐饭桌前……

孩子们对我去港有着许多许多想知道的新鲜事情，你一言我一语地问个不停，我呢，津津有味地讲述，这也是我在给自己此行做了个随想随说，刻意又随意的总结。

"整个演出，非常成功！按新华社做的简要总结，这次演出有三突破：第一个突破，就是天数，演得时间最长。以往去香港的剧团最多二十天，这次演了二十六天，尽管原定剧场的合同是十四天，在新光剧院，又换百丽店和利舞台，直演到二十六天二十九场，观众仍非常欢迎。这是一个突破。第二个突破，就是票价钱卖得最贵。国内剧团到香港演出，票价一般有卖八十港币的、六十港币的，最高的卖一百港币。这次票价卖一百二十港币……"

"合人民币多少钱？"

"合人民币三十元之多，开创了香港当地戏剧售价的最高纪录。这也是首创的一个突破。第三个突破，就是新光剧院有三楼。三楼特陡，看戏往前倾身，很累。一般的剧团去，这三楼不开放。池座和二楼满了，这就算客满。可是这回三楼开放，照样全满。"

"您不是说，当年上海天蟾舞台的三楼，观众如同挂着看吗，还特别累。香港的戏院……"

"不光看戏累得慌，那里看戏还很讲究面子。咱们无所谓，旮旯都能听。他们那儿不行，什么事都跟身份相连。拿票进了剧场，见着熟人，互相都会问，你在哪儿？我这票是池子，第五排、第六排，或者第八排。这是最光荣的。如果票是三楼，好像这票都拿不出手。'您在哪儿？''我有位子啦。'就不能说'我在三楼'，不好听。叫面子吧。一般的演出，这个三楼也不开放。池座和二楼卖满了，这就算客满。可是咱们这回去呢，三楼开放是一个突破。很多人买不到好座位，又不肯放过看这场戏的机会，忍了，情愿这么看。所以这次新华社给我们的评语就是三突破。这就说明港胞们对咱们自己的民族艺术特别热爱。"

"演出之外，和香港票房也接触了吧？"

"当然，他们不仅热爱之至，他们还很有研究。举个例子吧，聚会的时候，他们就对我有所问。我们第一轮十四天演完了，这就引起港胞们的爱好和研究。

"有那么一位，他通过朋友招待我吃饭，说要跟我学习。简而言之，我们见面之后，我说，学习不敢当，请您提批评。您可能听着批评或许很耳生，我们听着很耳熟。批评、自我批评、互相批评，就是请您提出我的不足和差距。他说，我有几个问题，要问您。他很尊敬我，说是向'袁老讨教'。他做生意，本身也是个业余演员，爱好京剧。办善事时唱义务戏，文的能唱《二进宫》《打龙袍》，就是铜锤戏，包老爷和徐延昭。带点儿架子的戏，能唱《坐寨·盗马》的窦尔敦。他拿出相片，让我看某年某月唱过《坐寨·盗马》。哎呀，我一看，真是了不起呀！"

"彩唱吗？"

"彩唱很多，比内地水平高多啦！定期定点不说，都有经济实力，制的行头崭新！"

"广东口音怎么办？"

"改！很讲尖团字，真学！"

"简而言之，他提出几个问题，就不是一般的提问了。"

"他提什么啦？"孩子们迫不及待地问。

"第一个问题就是说,您这勾脸是怎么个勾法。大都勾上脸,眼睛看不见,没了。看您,不仅能看见您的眼睛,而且您通过您的眼睛要表达人物很多的思想感情,喜、怒、哀、惧的变化。我很想学。

"我说这简单,勾脸如何突出眼睛,是勾脸的艺术和手法。您必须用眉毛把眼睛挑起来,勾在这表演区里头。我用手指眉上,就在这块,就这块。这是帮助,不起决定作用的。这儿,我指眼,才起决定作用,眉目传情嘛。

"您要想把一个角色演出喜、怒、哀、惧、忧、惊、羞。这八个字的表演,咱们俗称就是喜、怒、哀、乐。我认为这喜、怒、哀、乐概括性太强了。喜也是乐,乐即喜也。怎么喜、怒、哀、乐就能概括整个表演。按我推论,我就把七情六欲丰富进去了。喜、怒、哀、惧、忧、思、惊、羞,一个人物总归有这八个字的情感。这一出戏、这一个角色也许表演了四个字,也许占八字,这都有可能。但是不管怎么着,各行有共性而又有个性。这个必须把它作为区分表演手段的称谓。

把花脸的眼睛亮出来,表演这几个字就比较容易啦。如果眼睛亮不出来,这就坏了。这样一讲他理解了。"

"能提这个问题,说明很懂戏了。还有什么问题?"

"再一个问题呢,就是听了您三个戏的例子。第一个先是曹操,上场走出来的台步;第二天《霸王别姬》项羽的台步和第三次《九江口》,饰张定边的台步都不一样。我们看着好,您是怎么考虑的……"

"哎哟,这题太专业了,也太占时间,您还是讲别的、新鲜的吧!"孩子们不愿听我重复这堂表演课,七嘴八舌地让我说别的感受。

"好好,讲别的!不止与香港票社做了交流,还应邀访问了中文大学,广泛听取意见,结交朋友,受益匪浅,一些热心观众还远道自美国、日本及台湾专程来港看演出,大家都很关切内地京剧的动向和发展。很多观众都问我有关京剧改革的情况,我说我们一团来香港演出也是改革成果之一,强强联手,老中青三结合……"

"您遇见老朋友了吗？过去上海的……"

"遇见了，很多的。记得吗？回忆录里讲过，四十年代初，上海成立大来戏剧公司，统管黄金、天蟾等几个戏院，我三处赶包。大来公司董事长顾乾麟也是上海怡和公司经理。"

"记得。他爱京剧，票红生。您说，他请您到他家去，他家的墙上画着大大小小麒麟……"

"就是他，我们曾一起唱过《华容道》。我还答应他再有机会去香港，一定和他演一场《华容道》。还有……你们也知道，马志忠。"

"知道、知道。那时叫邀头，四十年代初，您从上海坐船去天津赶正月初三和吴素秋演《别姬》，结果船开到烟台……"

"顺天号船要停泊三天，我和马志忠逛烟台。"

"烟台三大宝，苹果、条子……"

"马志忠后来去了香港。热情！这些老朋友，四十多年再见面，话多得谈不完。他们在香港生活得很好。马志忠请我吃饭，还请我到他家中坐。很是不错，称得上是小康之家。老朋友见面格外亲切。还有一位四十年前红极一时的文武花旦张淑娴女士，几度在上海合作过。"

孩子们太小，没反应。我提示："小蓉你应该有印象，盖老骨折再接，养好后出山，那一期，旦角就是她，盖老和你叶三大爷（盛章）如果大轴子演《三岔口》，他和你叶五叔（盛长）、我，就在前边或演《取洛阳》，或演《瓦口关》《阳平关》之类的折子戏。她也有时和芙蓉草演《能仁寺》，我来出《双李逵》……时过境迁，当时她很年轻，这次再见雪染双鬓……"

"噢！想起来啦！去年我到北京图书馆查四十年代《申报》，上边有她，我觉得耳生，还问您来着！"

"嘿，你这一惊一乍的，还以为你想起什么大事呢。新朋友结识也是幸事，一位是广东粤剧名生新马师曾。"

"马师曾？！他还活着？是不是和红线女演《关汉卿》的……"

"是新马师曾,又一代人了,是一位素有善举伶王之美称的粤剧表演艺术家新马师曾先生。他擅长粤剧老生和小生,艺术造诣极深,在香港久负盛名。现在,他已弃艺经商。新马先生也是位京剧爱好者,与马连良先生交友甚厚。当年马先生困住香港,新马还向他学过京剧老生,我们结识后,也曾有同台演出之议。种种原因,未成,挺遗憾。他为人随和,马路上摊贩都叫他马仔!我们颇有一见如故之感,聊天很投缘。他也说了想与我合演一场《华容道》……"

"太好了!港陆合作,京粤同台,太有意义了!演了吗?"

"谁都知道太有意义,都渴望能有机会同台交流,可是没演成。条件不成熟,但是这些有影响的事,即使是件大好事,也得经领导批准才成。可惜时间来不及,只能是有一约。我许了愿,何时他有空来北京演出京剧,要哪一个配搭,开句声就行了,我去办!如果我有机会再去港,一定做好准备,一定和他京粤同台演《华容道》!"

"您欠债太多,看来还得去,得还愿去!"

"看国家的改革开放的深入,大有可能!"

"还有什么新朋友呢?"

"新朋友太多……"

"跟'我家的表叔'一样多,'数也数不清'……"

"真倒是……再说一位吧,她也是位舞台粤剧、电影双栖的当世英雄,六十年代演过电影《荒唐四怪侠》,还有……《龙江三虎》"

"哎哟,可惜我们没看过这些电影……"

"您看见汪明荃了吗?"

汪明荃女士演《万水千山总是情》的女主角。孩子们都是她的影迷。

"当然,还照了相!"

"相片我们看看。"

"相片太多,得慢慢找。"我说。后来汪明荃给我来信寄来照片,大大满足了我的孙辈们的渴求。

"再说这位粤剧女艺术家李宝莹不简单,一九八一年获英女皇荣誉奖章。她是首位为中西乐团演唱的广东粤剧演员,多有闯劲,有改革精神。现在艺术中心执教,又为香港电台主持《梨园之声》节目。和他们一接触才知道,香港粤剧包括当地的舞台剧,戏曲发展也困难不少,是社会发展潮流的影响。你们说,电视这么普及,上了一天班,吃饱了,坐在家里休息着,打开电视,什么戏、什么电影都能看上。有多少人还费那劲儿,出去挤公共车,熬半宿再挤车回来,第二天早上,早早地再挤公共车上班?"

"可满堂照样还是有。"

"所以说,质量是生命!恰恰,我们就忽略了。什么戏,是谁都能唱,可唱和唱大有不同!怎么能让他提高了再唱,咳……怎么不滑坡!"

"您和李宝莹还聊什么?"

"闲聊中,宝莹说及在励群粤剧团担任正功花旦时演过《霸王别姬》。我一听,马上让她谈谈看了我这次演的《霸王别姬》的感触,处理上有什么建议。她能说一口流利的普通话,当地叫国语。她说,感觉很多京剧剧团来香港都演出这一段戏,但没有注意霸王与虞姬的感情,虽然主线明朗,但刻画他俩的互相关怀、充实生离死别的情感仍很重要。英雄所见略同。对了,她还提到他们也改编过《九江口》,但是将《九江口》与《百花公主》的剧情贯穿起来。《百花公主》当初程先生排演过,叫《百花赠剑》。后来,你世芳叔也排演了就叫《百花公主》。这两出戏剧情节相近。我说希望能送剧本给我。她真认真,最后一场演出时,把他们改编的带《九江口》的《百花公主》剧本给我了。"

"怎么样?"

"要回京了,更忙,没得看,等踏实踏实,学学。小弟,你也应该看看,学导演知识面更得宽!"

"爸爸,和您通信联系过的邓太也见到了吧。"

"当然，相当热情！他们夫妇请我吃饭，到他们家中做客。家中之大、之豪华非同一般……

"爸爸，香港人的生活真的那么富裕吗？"

"俗劲！肯定比咱们富裕！亚洲四小龙之一嘛！"

"是俗点儿！你看看送给爸爸的大三开门冰箱，咱们国内有吗？就可想而知了。是不，爸爸？"孩子们你一言我一语地议论不休，我笑看、笑听他们的争论。

"那您见到了那位改演京剧的钢琴家邓宛霞了吗？"

我未去香港之前，就收到香港邓太的来信和寄来的一份报纸，对宛霞有评论。孩子们都很清楚。

"当然！没见面之前，邓太也向我介绍她非常喜欢西班牙那色彩独特、节奏明快变化多端的音乐。说她在欧洲那些年，就曾到过西班牙好几个城市。如今又一发爱京剧爱得不可收，现在正刻苦攻学京剧。原来，她每天要拿顶、下腰、练腿功、练把子功……"

"您等等，她都是青年人了，都定型了，还从头练这些基本功？那得多疼啊！"

"不光练基本功，而是刀枪把子、出手，练昆曲戏、京戏，同时全上。满满的课程，居然比专业演员的训练还紧张得有过之而无不及，她甚至还立志在京剧事业不获得一定成绩之前，决不生育二代。"

"哎呀，整个文武昆乱不挡啊。"孩子们像我当时一样，听后有些震惊了。

"我当时和你们一样地惊讶了。在此之前，我和你们一样，只知她曾在国外学习钢琴演奏多年，在港举办的钢琴独奏会上深受港胞和海外人士的好评。后来，一次偶然的机会，我又听说宛霞到上海专程向俞振飞学习昆曲。我想，喜爱洋乐，何尝不可以也喜爱祖国的民族艺术呢。艺术家为求博学，在闲情逸致中寻求艺术相通之处，相辅相成，攀登更高的艺术境界，倒也有之。谁想她能动真格儿的,这可不多见!这基本功都是从十一二岁或更小些,趁筋骨尚柔软的时候开始训练的。即使如此,在接受这种训练时,那腰、那腿的疼痛滋味直到今天也一经提及,不光你们,我也依然会在心头浮动。何况像她一个成熟定型的少女了,该受多少痛苦,才能达到舞台上所要求具备的水平呢?尽管我已有六十多年的艺术生涯,可对这样入迷的京剧票友也还属闻所未闻过!费解,终是令我颇觉费解。见了面,我一看宛霞,好,亭亭玉立、娇娇滴滴的一位二十多岁的成熟女孩。我不禁问:'你热爱京剧艺术的心情,我能理解。你学些文戏,玩玩唱唱、过过戏瘾也就是了,你又有这么富裕的家境,并非生活需要,何必去吃这么多苦呢?'你们猜她居然说什么?"孩子们摇了摇头,静静地听着。

"她笑了一笑,说:'苦?不,我认为,这是非常甜、非常甜的事。我喜爱京剧,就要为京剧而献身。爱,需要付出代价才能求得,所以,您说的痛苦,正是我感到的乐趣。您说玩我可不爱听呢,我是要学习、研究京剧艺术嘛!'听听!寥寥数语,言简意赅,透彻地解开了我对她的不解之谜。至此,我不得不重新认识面前的这位相貌娇巧柔媚的女孩子,她有着一颗坚定、深沉,以为事业献身、为乐趣的可贵之心。难得,实在难得!不能不让我佩服啦!"

"她能演出了吗?"

"演出倒没看,可在她家中,看了她演出《百花赠剑》《游园惊梦》的录像,果然是功夫不负有心人,且不谈她的扮相秀丽、嗓音清脆,单就是舞蹈身段、面部情感传递、内心活动的捕捉与体现,完完全全合乎专业水平!"

"爸爸,您对她的谜解开了,我可又有一点儿想不明白了。"

"说说。"

"您说,她那么大了,会钢琴,却没京剧基础,为什么能在短短的时间里,就练成了连您都给'发放通行证',批准为'完完全全合乎专业水平'的京剧演员了?"

"这也是我一直不断在想的问题,她本就是钢琴家,认知能力、艺术起点极高,与本就一张白纸的孩子不能同日而语。她又有着极好的天赋,你说扮相,你说嗓音,绝对合格。这都是得天独厚的条件。不过,我终归还没看到她在舞台上的发挥……"

"要我看关键是培养她的客观条件是众星捧月式,不是大锅熬白菜!"

"可以这么说。"

"爸爸,还有不拘一格式、全方位学习也应该是主要原因。"

"我们别过早下断语,看了她舞台演出再说。她还要和我演一场《别姬》呢。现在只先肯定她一点,是肯定她虽生在优越生活条件下,仍然肯于主观的努力、肯于吃苦、甘愿吃苦、苦已变成甜的愿为艺术献身的这股子精神!好哇!难得呀,这很值得你们向她学习……"

"要我看,小妹比她也有过之无不及呀!"哈哈哈,一下子大家全笑起来了。

"关键时候竟拿我开心!"小妹也不好意思地笑了。她从北京戏曲学校毕业后分到广州市京剧团。在我家掀起改行浪潮时,她到山东军区参了军,改行搞了测绘工作,后来在海军工程局搞资料。为了攻补文化和专业理论,达到专业水平,几年间不分昼夜,刻苦学习。在通过工程师的考试后,第二天就得了美尼尔症,天旋地转,卧床不起,但她终是获得工程师职称。

"总之,这次去香港其实赶上改革开放的最佳时机了……"

"去……香港演出,历年都有,跟改革开放的关系也紧密?牵强点儿了吧……"

"要不说,不学习不成。你们都给我好好地听着。"我一下严肃起来,巡视了每一个孩子,又放缓了口气。

"在此以前,前年,北京团去香港还有一条禁令,演员不可单独会友,有事请假,经批准,二人以上才可出行。这不光是对去香港,出国都如此。现在咱们不断改革开放啦,这次去香港大不相同,我们每个人可以一切行动自由！所以，我才有机会、有可能被香港各界朋友招待，那真比曹操待关羽'三日一小宴，五日一大宴'有过之而无不及……"

"那就是'每日设小宴，三日一大宴'喽！"

"上马金、下马银呢？"

"哎哟！送了爸爸这么多东西……"

"说起来真让我感动，文汇报、工商界等宴请中国京剧院一团，又接风又送行。宴请团长、主演更多，还穿插着家宴，老朋友请完，新朋友请，再加小聚……天天吃的是港澳风味，上品的美食！再看这些东西，以往总得要上报组织，请示一下能不能收。这回呢，组织上又执行开放政策，是送谁的，谁可以一礼全收。好！东西、红包只要送来了，送我的写了我的名字，送世济的，写上她的名字，送别人的写别人的名字。根本都不留下送东西人自己的姓名！我们收的仅仅是物质吗？应该想到，我们收的是香港人民对祖国人民的一片心意！"

孩子们这回居然没接话茬儿。谁听了能不感动，谁不为这一颗颗闪亮发光犹如金子般纯正的爱国之心而被深深触动呢！

"你们得回答我，跟改革开放的关系紧密不紧密？"我严肃地问。

"紧密！紧密！懂了！服了！"

"老爸说得对！正确！绝对正确！"

"所以说，离开香港，到广州、回到家里我一直在想，又和你妈也商量了一下，想给香港的朋友们写封感谢信，多少能表达一下心情……"

"太应该了！"

"太对了！"

"应该，应该！"

"这两天，我也写了点儿想说的话，小蓉你把文字整理好……"

"我去买信封、信纸、沓蓝纸……"

"你当是那些年写检查哪，什么年月了，咱们应该找地方打字、复印，这套事儿归我。我看信纸也得改改革，不要白的，要红的，火热！"

"表决心哪？要大红纸？不好！"

"淡蓝的，雅致……"

"色调太冷，蓝是冷色调！干脆，粉色，不温不火！"

"我管发信！信皮……可还得手写……"

"当然，我来！爸爸，您这几天得把名片集中，数数要写多少封，心里有数好操作。"

"已经让你妈都给整理好了。十天发出，事儿不少呢。信写好，多念几遍，一同改，沉一沉再改再印，用词要准确点儿。半个月内发出吧。总之，抓紧点儿时间，我有可能还要出去……"

"还要出去？去哪？还出国？"

"老出国？准是教学讲课！"

"八九不离十吧……小弟，你有时间吗？五一节前后。"

"到时看吧。还有谁？"

"你万春大爷，还有谁……没定准，总之，抓紧！"

"保证没问题！"孩子们异口同声。

给香港朋友的信如愿发出了。

我对香港朋友的承诺也一一实现了。

一九八五年，宛霞在上海成功演出后，六月，北上来京在民族宫剧场义演三场五个剧目：《白蛇传》《穆桂英挂帅》《游园惊梦》《奇双会》，并特约我与她合演《霸王别姬》。排戏中，我向她介绍当年与梅兰芳先生演此戏的一些感受时，更觉得她聪明过人，"心有灵犀一点通"，为她的演出能受到北京观众的欢迎充满了信心。

果然，首场演出《白蛇传》（从游湖借伞到断桥止）真是令北京观众拍案叫绝。众所周知，这出观众喜闻乐见的剧目，经过几代艺术家的实践和不断完善，已成为一出唱、做、念、舞、打俱全的重功戏，一般演员是难以胜任的，但是宛霞在游湖借伞中演得含情脉脉，引人怜爱；端午惊变情激意切，演唱洪亮高昂；断桥重逢痴情绵绵，无限眷恋，表情细腻。大段【西皮导板】、【原板】转【流水板】的演唱清越凄婉，尤见功力。

最出乎我意料的是《水漫金山》一场。要知道，踢出手最重要的是扔枪者与回踢枪者严丝合缝的配合。特别是踢八杆枪时，四下手有一杆轮扔得有偏差，枪也许会导致掉满台。我清楚地了

我与香港青年京剧票友名家邓宛霞合影

解宛霞的四下手中有两个是北京的演员饰演的，只短短两天的合练，就仓促上阵，是否能达到舞台上的要求呢，我坐在台下不由自主地暗暗为她担心。宛霞呢，她在台上却是格外沉着应战，恰如有三四十年的火候似的，左来左踢，右来右挡，出手竟是那样异乎寻常的稳、准、自然。眼见银枪飞舞有致，红缨交相辉映，耳闻观众席中爆发出阵阵雷鸣般的掌声，一股敬佩之情，油然而生。

《霸王别姬》是梅大师生前的杰作，宛霞对虞姬的温慧、娴雅、庄重的性格，与项羽似海的深情以及下决心舍身保全项羽能轻车简从冲出突重围，再图后举时镇定自若的神情，强抑死别的悲痛为项羽做最后一次舞剑时的内哭外笑的两面神态，都不温不火恰到好处。吃功的剑舞也是手、眼、身、法、步融为一体，寓健于美之中，实非一日之功可得。

不仅如此，宛霞对其他几个剧目依然准确地把握住了不同角色的不同的表现角度，也令人惊讶。老将挂帅的威风，闺阁少女思春的浓情蜜意，新婚

少妇的娇羞、含嗔,匀刻画得淋漓尽致,达到上乘水平。

她的演出引起了我的深思。

只短短学习了几年京剧,为什么宛霞竟能在艺术上有如此大的飞跃,表演的戏路又如此之宽,可谓夺得千峰翠色来!难以想象,可偏偏又是事实。是了,她起点高,她学习的决心大,她吃苦的勇气足,她学习的路径对,从学习昆曲入手,兼练基本功,并练习京剧演唱、表演、武打的三位一体的学习法,我赞赏,更值得借鉴!

昆曲艺术和京剧艺术血肉相连,而且昆曲载歌载舞,板眼节奏、音韵、音准要求严格,是京剧必修的基础课。多少艺术家都有着雄厚的昆曲基础,我们幼年坐科,学艺时不分生、旦、净、丑,都要先学昆曲。的确体会到,如果掌握其唱、念、身段、舞蹈表演,再表演京剧就会驾轻就熟了。

路径既是对的,努力之下,必然会取得事半功倍的效果。

这是宛霞对爱的不懈追求,可以说,她得到千百万京剧观众的爱。

作为京剧演员的我,深为在香港也有这样执着追求京剧艺术的优秀人才而高兴!她堪称是咱们界在香港成长起来的色彩鲜艳、引人注目、充满生机的京剧天空中的一缕朝霞。

转过年来,一九八五年九月间,我又随中国京剧艺术家代表团第二次赴港演出。

这次有名家老将厉慧良、杜近芳,中坚骨干张学津、刘长瑜,后起新秀李岩、李欣、谭静、刘子蔚、袁小海等,称得上生、旦、净、丑,文武齐全。

当时接受了这次任务后,新剧目并不多,仅增加了与刘长瑜同演《牛皋招亲》和《桃花村》,希望以新面目去吸引年轻的观众。但就我自己而言,短期内二次赴港,谓略显频繁尤恐影响演出效果,心里还有那么点儿忐忑不安呢。

事实证明,多虑了。剧目预告贴出后,不但港胞们蜂拥而至,争订戏票，许多台胞和远隔重洋的海外侨胞也都赶来观看，二十几场的演出甚为圆满。谨以《群·借·烧·华》一剧为例，演出中，场内阵阵掌声此起彼伏，戏院外直到开演半小时之后还有许多未买到票的观众在门前等候，以求买张飞票。当我看到徘徊在剧场门前的大都是年轻人时，感到格外振奋，更认为只要京剧重视提高自身的艺术质量，何愁会没有观众呢！

在整个演出接近尾声时，几位观众操着浓重的香港口音，风趣地对我说："我们观众累得很噢！一口气连看二十多天的戏！不过么，再累，我们也舍不得放弃一天的。"

杜近芳饰《霸王别姬》中的虞姬，在帐中对项羽强颜欢笑，时时珠泪偷弹。我念语调悲怆的"如此酒来"，杜近芳以哀怨悲泣之声念"大……王……请……"悲不自胜，而强自忍耐。杜近芳正宗梅派，表演入戏，唱南梆子："看大王帐中和衣睡稳，我这里出帐外且散愁情。"唱腔清亮，满堂掌声。舞剑之初唱"劝君王饮酒听虞歌"，富有情感，温柔细致，与楚王的慷慨悲歌成为对比，一刚一柔，依依不舍，相当动人。我们二人几十年默契的配合、丝丝入扣的表演被赞曰："在中国京剧中，此地位之此剧，目前可称独一份。"

再就是，这次赴港了却那一桩与新马先生同台合演《华容道》的心愿。

自去年我返回北京后，多次不失时机地向有关方面谈及新马师曾邀请合演一事，这次九月十六日我来港演出之前，单位通知我与新马师曾演出一事，已获得批准。在新华社、艺术团领导的支持下，在京鼎公司及联艺娱乐公司的协助安排下，促成了此次艺术交流之盛举。特将此场演出安排在中国京剧艺术家代表团二十二场演出圆满结束后，作为主办者为酬答各界盛意。于十五至十八日加演三晚场，全体主演，每晚登场。合演《四郎探母》，由张学津饰杨四郎，公主为杜近芳、刘长瑜、谭静三人分场饰演。《龙凤呈祥》则由厉慧良演赵云。

十八日最后一场，由南北名艺员合演拿手折子戏。最后我与新马师曾演出《华容道》一折，并带关公《讨令》一场。张学津在《借东风》后再演孔明坐帐。

十四日新马师曾偕京剧团团长吕瑞明，演员有厉慧良、张学津、李岩、谭静等，在记者会上宣布此一盛事。

新马先生极为重视这场演出。之前，特请夫人到北京赶制了全套的关羽服装。新马师曾与京剧艺术家同台演京剧，但他认为并无压力之感，他自信四十年前学过京剧，一直以来对京剧艺术是很推崇的，并没放弃练习京剧，每周均在宁波会所表演，心里边底气、劲头十足！这次京剧、粤剧演员共冶一炉，他认为京剧的武生每一个动作、功架都是很细腻的，只要抓住这次取人之长、补己之短的机会就是了。

我也十分重视这场演出。新马演关羽是要带《讨令》一场的这场戏很少有人演，尤其近二十年就得加个"更"字，中青年大都不会此戏。我连日急忙给学津说排这场戏，向学津提出改词、精练的要求……

被香港报界称为"有历史意义的南北合璧"的演出时刻到了。

新光剧院全院满座，而新华社香港分社社长许家屯及著名电影导演李翰祥亦亲临捧场。

上半场是由中国京剧艺术家代表团先演四出折子戏：《汉宫惊魂》之《绑子上殿》一折，由李岩、李欣、张连祥、孙畹华演出；《春草闯堂》之《抬轿》一折，由刘长瑜、寇春华主演；《白蛇传》之《盗仙草》一折，由杜近芳、张启善、宋小川、李文林主演；《长坂坡》之《掩井》一折，由厉慧良、谭静、陈建良担演。这样有文有武的折子戏，各位主演又各有独到的招数，演出之精彩非比寻常，观众报以掌声次数不下数十次。

下半场是新马客串《华容道》特别专场。著名粤剧名家新马师曾与我演出《借·烧·华》，我饰演曹操，新马师曾饰关羽，张学津演孔明，刘学钦演赵云，陈真治演黄盖，李益春演张飞，刘子蔚演关平，孙元义演周仓。

新马师曾虽然是以客串身份饰演的关公,但一出场就把观众镇住了!

台下的他,个子不高大,但在京剧中开脸饰演的关羽,其台步之稳健,大将之台风,显得相当威武,一下子就把台压住了。他音调不高,但独到之唱功,唱、念及功架气势十足,足见功力底蕴雄厚!不愧当年曾师事以演红生戏著称的京剧前辈林树森!

最后我曹操兵败赤壁,落荒而逃的狼狈相,和新马师曾的关公的大义凛然阻击埋伏在华容道,狭路相逢时紧凑的一幕对手戏,互相烘托,相得益彰,精彩频出,尽显京剧的艺术精髓。观众的喝彩、叫好、鼓掌声不断,赞曰:"京粤名角同台,各演所长,功力悉敌,旗鼓相当,精彩纷呈!关公、曹操,均给我们留下难忘的印象!"

演出结束后,全体演员再三谢幕,接受观众经久不息的掌声。

这场别具一格的演出,加上各位名家戮力献艺,令京剧迷欣赏到一场难得一见的京剧折子好戏,

团长吕瑞明,顾问黎华、晏甬,秘书长杜振宁及厉慧良、杜近芳、我等全体主要演员一起出场谢幕,主办公司代表献花篮,京鼎公司负责人李时蓉

《华容道》演出后合影,新马师曾(二排左五)饰关羽,我(二排左七)饰曹操

向新马赠送银碟，新华社香港分社社长许家屯也上台与演员们握手、合照，祝贺演出圆满成功。全场热烈鼓掌，气氛动人。

新马师曾演出之后，非常高兴，他形容这次演出是"数十年心愿一朝偿"，因为希望与我同台演出盼了数十年，终于有了这次的机会。他也透露演出之前也不免有些紧张的。他说，当晚演出的都是一流的名角，自己几十年都是演粤剧，不论怎样说都是京剧的外行，而要与全京班演出，如果演得不好，就会"好失礼"。直到演出后，见台下观众反应热烈，表示大家接受了他的京剧，才由紧张心情变得开心了。记者问他与我同台表演京剧，是否会有心理压力时，新马师曾特用普通话答曰："没有。我们是兄弟，京剧和粤剧也是兄弟剧种，艺术上有共通之处。"

他演毕回后台换衣服，内衣全部湿透，脸上汗流不停。他说，只演出这么几十分钟关羽，比演两个晚上的《胡不归》还要辛苦，足见新马是如何的认真。

我很为新马对京剧的热爱所感动。新马师曾八岁开始学粤剧，从十一岁起学京剧。他的京剧老师，就是当年演关公自成一绝的林树森先生。难得而又可贵的是，就在他以演唱粤剧而成名后，对京剧艺术的热爱依旧。他一直没有放弃练习京剧表演，每周至少练唱一次。三年前，他曾在新光剧院演过京剧《斩经堂》和《古城会》。所以，他这次满怀渴望成功地登上京剧舞台，还演得这么好，整个戏仍是行当整齐的京班。这一点儿也不奇怪，是新马先生尽心表现了他对京剧数十年的真爱之情！而且，这次合演表达了我们无法用语言表达的最美好的意愿！

是呀，新马先生是粤剧演员，能登台演京剧，足见功夫之深。我这个京剧演员，若去登台演粤剧，可就难啦！更谈不上"水平"二字。

如此这般一场南北名艺术家合演，可说是难得一见的轰动演出，引来许多媒体采访并在各报报道，将中国京剧艺术家代表团的演出推向最高潮而宣告全部演出结束。

还有一件意外的事情使我激动。小海在港演出关公一角获得好评。

香港报上评论:"第一晚(九月二十二日)《华容道》,第二晚(十月十一日)《古城会》皆演关羽,因身材高大,嗓音高亢,得乃父指导,演出自属不凡。第一晚出场亮相,已得满堂彩声。世海有后,可喜可贺。"

更幸甚,老友顾乾麟先生见小海身材与他相似,厚赠了自己曾用的全套上乘的关羽戏装。我更是感谢不尽。《文汇报》一九八五年十月十一日老吉文中也讲:"名票沪籍殷商顾乾麟,数十年来勤习红生,由上海至本港,演出慈善筹款关公戏多次,曾为东华三院副主席,为善最乐,因勤习气功,身材魁梧,演关戏极有心得,并以巨资自制全副关戏道具戏服。近以年逾古稀,因与世海由沪至港,订交近五十年,今见世海有后,乃慨将全副关戏所需,完全赠予小海。世伯所赐,世海父子,心感无任。十一晚新光台上《古城会》中,行见小海将以全套关戏私伙,显耀于红氍毹上矣。"

我再三嘱咐小海:"初出茅庐,观众给以掌声是鼓励,是爱屋及乌。顾伯父赠衣是诚友谊之至,是义举,是希望和鞭策!要知己之短,尚缺少火候,嗓音缺少苍劲,功架缺厚重,只有继续努力,莫负观众厚望!"

短暂的、令人激动的三十天中,我和全体演员无时无刻不沉浸在港、台、海外同胞热爱祖国,热爱祖国文化艺术,热爱京剧的热潮之中,小小的舞台变成了大陆同香港同胞交流情感的广阔天地。

一九八八年,我第三次赴港可就不那么顺利了。

这次赴港我担任艺术指导,由山东省京剧团:方荣翔、薛亚萍、张秀莹、白云明、谢同喜、杨志刚和北京军区战友京剧团:叶少兰、许嘉宝、辛宝达、刘金泉、袁小海,并特别邀请中国京剧院:孙岳、刘长瑜、寇春华、宋小川,北京京剧院:张学津,中国戏曲学院:王玉敏,上海昆剧团:王之泉、喜同申组成。

早八点五十直飞香港,到香港召开了新闻发布会,一切都很顺利。

十六日却风云突变。主办公司告诉我，给我伴奏的鼓、琴、月琴三位乐队人员不能来了。来港前，主办公司提出希望我在第三期的演出中，贴演《九江口》，我同意了。众所周知，这出架子花脸为主演的剧中，老元戎张定边唱、做十分繁重，又同赴香港的山东、战友两剧团均未演过，所以，我提出上演此剧时请让我的琴师、鼓师三人同来。主办公司当即应允，届时用十日游的方式解决。但在十六日，主办人突然告诉乐队三人不能来了。我只好表示如此《九江口》就唱不了。没想到对方即表示：第三期您就不用演了，七月三日就可以回北京。此种做法，对身负担任艺术指导的我是非礼之举。我明确向主办方申明，《九江口》不能唱，责不在自己。况且，此次是以全团艺术指导的身份而来，岂能如此！是对我极大的不尊重。深有当事人以此"轰"我回去之感觉。我想自己已七十高龄的人，受到如此极大的不尊重，非常气愤！原本我从"文化大革命"后都靠吃安眠药入睡，这下，吃两片安眠药都无法入睡！严重失眠影响了血压，因此头昏痛、腿软的我，未能参加晚上演出。我将此事向驻港新华社汇报，得到同情理解，协助买机票，将我送回北京。

事后，我深思此事，事是的确令人气愤，但处理莽撞了，怎么也应该克服头痛、血压高的病痛，演完《群·借·烧·华》，了了观众的心愿。向观众当场说明此事，再回京。唉，即便进入二〇〇〇年了，提及此事，我乃是感到对不起欢迎我的香港观众，心中遗憾、内疚。写在书中，再次由衷地向香港观众们道歉！

壹陆贰 重流传 不拘一格

深夜，火车依旧隆隆隆地向前开着。喧闹了一天的乘客终是静静地睡着了。

此行是我与李万春、厉慧良、魏喜奎四人同去山西太原，应山西晋剧院之邀请做艺术交流。晋剧也很讲究武戏，慧良前去顺理成章。之所以说艺术交流，一方面去传艺，恰好山西省太原市实验晋剧团在一九八四年五月组织了剧目展览演出，我们正好观摩学习。

躺在软卧车厢的我没有睡着。十几年来每日的睡眠全靠着安定片催眠。火车的抖动、遇站停车、乘客上下车的响动，使我难以入睡。

我听着火车前进的声音，看看头脚相对拥挤地躺在对面下铺的李万春兄夫妇，他们俩的车票一个上铺、一个下铺，万春兄七十多岁，夫人李砚秀也不是能睡上铺的年龄，本该请列车员帮助换换位置，他们就是不肯，坚持挤在一起。瞧，他们双双进入梦乡，睡得那么安稳，不禁感慨万端：

我想起了北平被日侵占期间，随少春去他家玩麻将牌，痛打假日本鬼子的笑谈。

一九四八年，春夏季时我在沪演出，与被诬汉奸罪平白关押两年，才出狱登台在来沪演出的李万春的永春社演出一期，万春热情地要和我排《野猪林》《连环套》《灞桥挑袍》等戏，可惜，自己中途生病返京休养，而后与李少春排了《野猪林》。

万春兄一直在沪，直至北平解放后，彭真市长派迟景泉、傅世钧将全团接回，组建首都实验京剧团，也排演了《野猪林》等戏。因被错划为"右派"，一九六〇年被要求去支边组建西藏自治区京剧团。当时，内地人到西藏难服当地水土，更不适应高原气候，纷纷生病回京。福瑗的二哥迟世尉在该团打武场，也随团到西藏，就因原有高血压，不耐高原气候，时间不长就突发心脏病病逝于西藏。后组织上又将该团调往呼和浩特市，成立内蒙古自治区京剧团。一九六六年"文化大革命"开始，在京休假的万春也无法避免地被揪回内蒙古饱受批斗之苦。

直到一九七九年落实平反政策万春兄才得迁回北京，在新拨给的前三门新建楼房居住。我和福瑗同去万春家去看望，经历了那么多年坎坷经历的万春兄，虽然头发稀疏了，面部留下沧桑的痕迹，走路时的腿脚略显苍劲，可他那谈笑风生、调侃无忌的风度依旧。尤其，他乐观甚至是乐天派的性格更是依旧！就说刚才吃晚饭，他喝着用凉开水调了的洋酒——威士忌时幸福荡漾满面，那十二分满足的样子，正如他笑着举起酒瓶对我示意说的："这就是福！"

这几年我常说："要在有生之年把自己对京剧艺术的所知全部掏出，绝不带一点儿去八宝山！"福瑗、孩子们都不爱听我这句话，让我少说这样的口头禅。这种心情岂止是自己呢！看看，万春老兄已经是饱经沧桑七十多岁的老人了，还有厉慧良、魏喜奎……众多的戏曲老一辈，不都是一样的心情、一样的拼搏，一样地艺重流传、一样地不分剧种、一样地不拘形式、一样地愿在有生之年把自己对京剧艺术的所知全部掏出，绝不带一点儿去八宝山吗？！

我们这代人，绝不甘心眼见着京剧下滑而无动于衷，京剧是民族艺术的瑰宝！我们要尽责发展、尽责传承，你我他，大家一块儿干，不灰心、不丧志，不停地追求、探索，这样有多少力出多少，我们的京剧、我们的民族艺术就大有希望！何况我还是名共产党员！

我想着想着，不免又想到春节前的疑虑……

随着改革开放的深化，许多京剧剧目也都亮了绿灯。《四郎探母》恢复上演了，全本《连环套》复演了。一九八三年，中央电台春节联欢晚会需要上节目。我马上想到了和万春兄合演《连环套》，然而报上去未批准。几经申请说明、协商只同意录制了其中的《坐寨》《盗马》两折，就是没同意录播有黄天霸上场的《拜山》一场……为什么党提倡要继续深化改革开放呢，绝对是有道理的，但愿这个过程越短越好！

五月八日上午八点半，我们被正在练功和排戏的演员们兴高采烈、热烈的掌声，迎进山西省太原市实验晋剧团排练场。

年轻学员开始基本功汇报。

只见一群年轻学员全身跃起，一腿飞出去，啪啪啪，手与脚声声拍响……接着蹲下身一腿从脚下不停横扫……接着上身探出，两腿分别向后飞起落地，一个接一个旋转不停。是练功！不完全，有表演、有展示。

一位年轻的小武生开始学演《雁荡山》。

忽然，一个矫健的身影轻身一跃蹦上高台。当人们看清他的脸面时竟是位年近花甲头有白发的健壮老先生。他接过青年手中的大枪，漂亮的背花挥舞不停，紧接几个转身、蹉步、亮相。哗……全场人都为之热烈地鼓起掌来。花白头发的先生呢，力不虚、气不喘，诙谐地说："别鼓掌，一鼓，一分钟就没了，抓紧时间快练。"一句话，引出了满堂笑声。笑声中，他已手把手地为那位比自己小四十多岁的小同行讲解着其中的门道……他是谁？他是在京剧舞台上有"中国芭蕾舞"美称的著名京剧艺术家、名武生厉慧良。

当两个表演夺刀的学员上场后，厉慧良就走到李万春先生身旁，说道："请您啦！"

七十四岁的活"美猴王"健步上台，手握单刀精神抖擞地为学员讲述起舞台美与生活美的关系。你看：他舞刀缠头裹脑，亮相美如塑像，俨然又有"活武松"的风范。谁能想到，数月前，他刚因车祸受过重伤，现在的手臂还有点儿错位呢！

接着，排演厅里的演员分成了四摊，更使追随采访的记者们目不暇接、眼花缭乱，听、看、记，忙得不亦乐乎：

台上李万春正给学《打店》的小演员们现身说法，讲述自己演这出戏的体会。

厉慧良稍歇片刻，用手揉着自己患有肩周炎的右肩膀，又给学武戏的学员们做起了示范。

我呢，身边围着一大群与花脸沾边的演员们，一会儿诚心诚意，手舞目睁地给薛维义、张家盛等演员边示范边讲艺术中"四功五法"的表演心得；一会儿又被记者们团团围住采访，我再次凝目沉思，谈谈对戏曲艺术的见解；一会儿又来到另一个排练场给正在排《访白袍》的戴占寿等人说戏。

还有一位女艺术家也在现场，嘿！她真不愧是一位说唱艺术家。

她周围坐了一群旦角行当的演员。高翠英、刘秀琴、田照明等人，一个个凝神地听她用那圆润而有韵味的声音讲述演员记住台词的基本功诀窍和要领……她是谁，她是曲剧艺术家魏喜奎。

山西曲协盼望魏喜奎去交流，后来她在山西曲协做了艺术交流演出。

从五六十年代走过来的人，大家都看过或听过她演出的曲剧《柳树井》和《啼笑因缘》以及拍成名噪一时的戏曲电影《杨乃武与小白菜》。

魏喜奎自幼学演乐亭大鼓，后改唱唐山大鼓（奉调大鼓），是一位鼓曲演员。新中国成立初期，发展了拼唱八角鼓的形式，以单弦牌子曲为基础，直接演出从老解放区传来的小歌舞剧等戏，老舍先生为他们这种演出定名为曲剧，为他们写了主张婚姻自由的《柳树井》。排演后收到受很好演出效果，老舍高兴地说："曲剧是真正的北京地方戏，填补了北京地方戏的空白，是一大贡献！"

周总理赞同老舍先生的说法，把曲剧引进中南海。一九五七年周总理亲自去前门小剧场看了他们的《杨乃武与小白菜》，亲自委托中央文化部负责电影工作的夏衍部长，把这出戏拍成彩色影片，并向港、澳、东南亚发行。在一九五七年的第六届世界青年联欢节上，荣获国际金质奖章。

她能够创成曲剧一个剧种，与吴素秋、李再雯的教导帮助分不开。刻苦努力好学的魏喜奎把《打面缸》学会并深得筱老板的赏识，吴素秋、李再雯不厌其烦地将身段、动作、话白、语气、神情等，连说带示范地对她进行指教，为后来创演曲剧打下了良好的戏曲表演基础。

魏喜奎为提高曲剧的表演水平，经常组织演员向京剧荀慧生、昆曲名家白云生学习，从身段、水袖、指法、脚步各方面入手，苦练基本功，还不断去马连良先生家问艺。魏喜奎与爱好曲剧的李万春结缘更深。早年，经常是李万春的母亲去西单剧场看魏喜奎的戏，请她到家里为她包饺子吃。现在，魏喜奎正好与李先生是楼上楼下的近邻，不时彼此串门谈艺。

她的演唱嗓音甜美、娇柔动人，发音、吐字、演唱技法堪为旦角们的楷模。福瑗就是她的追星族、粉丝，常在家中听她的《杨乃武与小白菜》。九十年代魏喜奎搞了个专场演出，不爱出门听戏的福瑗也赶去助兴。

时下，已打破剧种界限的排练大厅里不时传出的掌声、笑语即表达了这老中青三代戏曲工作者发展中国传统戏曲艺术的决心和信心。为了提携后进，个个都在争分夺秒、深入浅出、竹筒倒豆般地往外掏出来之不易、外不轻传的技艺，甚至还有股拼命三郎的拼劲，生怕辜负了这次传帮带的讲学机会。

几天前，五月五日上午一下火车，见到接我们来的市委宣传部长、文化局长等领导就急着要到团传艺。厉慧良说:"我们是艺术交流组,请不要光为我们输入(看戏),也要快点儿安排输出(传艺)活动。"在领导们的劝说下,才同意下午好好休息,利用时间去晋祠圣母殿看看,晚上观摩新排的晋剧《国王拉马》。

第二天上午到太原市实验晋剧团座谈《国王拉马》观剧感。

下午,到省京剧团座谈戏曲如何改革和剧团怎样建设等。晚上去省戏曲学校观摩晋剧《挡马》《见皇姑》和《放裴》等剧目。

五月七日上午参观双塔寺牡丹花展。下午参观画苑,万春兄挥毫画了一幅雁来红,我写了一幅中堂"振兴晋剧"四个字。晚上观摩晋剧武戏专场《雁荡山》《挡马》《凤台关》,省委书记也来观摩,演出结束后一同上舞台合影。

五月八日上午到省戏曲学校观看学生训练《访白袍》,下午到省文化厅讲学,晚上观摩晋剧折子戏《赤桑镇》《空城计》《访白袍》。

五月九日上午我与李万春、厉慧良、魏喜奎到太原市实验晋剧团传艺,晚上观摩《书生拜将》。

五月十日上午与太原市实验晋剧团座谈,下午举行拜师会,我收薛维艺、戴占寿、张嘉盛三徒,他们都是晋剧青年优秀花脸演员。

拜师会上,万春兄慷慨万分地讲述了当年学艺练功之苦以教育青年演员们进一步懂得梅花香自苦寒来的道理,介绍了京剧有关艺术的各方面基本知识,内容非常丰富。

我满怀希望地讲:"来进行艺术交流,来讲学是学中讲,学着讲。提高我们的晋剧,也提高了我们的京剧,不论晋剧、京剧以及在我们山西省的各戏剧团体团结起来为振兴我们本剧种而努力奋斗!

"京剧、晋剧是戏曲一家子,历来有着在艺术上互通有无、互相切磋、取长补短的好传统。马连良先生把晋剧的《灯棚换子》《唱筹量沙》《巡营》,联成大型剧目《春秋笔》,就吸收了很多晋剧老前辈的宝贵艺术手段,充实到我们的戏里。解放前我来过咱们太原，就看到咱们迟景玉同志、乔国瑞老前辈，为我们演出《嫁妹》。还有一出，借鉴当年乔国瑞老前辈跟丁国先同志合演的《捉放曹》。曹操喝完了酒假睡，起更拔剑巡营，枕剑而眠的细微表演。"

我也讲了近年来所总结出的一些表演艺术理论和对推陈出新的看法，以及如何推陈出新的体会，总结出的五个"它"：学习它、分析研究它、理解它、应用它、发展它，不成熟地供给同志们来参考研究。

谈到表演，我讲了："老一辈的喜、怒、哀、乐，我增加成喜、怒、哀、惧、忧、思、惊、羞，表演本着这八个字来琢磨。

"表演除手势动作、形体、身段的帮助，最关键在于眼睛。眼是表演的中心，其喜、怒、哀、惧、忧、思、惊、羞来源于眼睛，眉目传情嘛。眼睛要是不能够随着感情而变化，那就要吃亏了。

"尤其我们花脸，虽盖上一层颜色，它却是帮助你表现这个人物的。

"当初，周总理曾指示，脸谱要求性格化，还要有美术感，那么这个脸谱勾出来应'跟人物性格接触'，就是让脸谱必须随这人物此时此刻的思想感情变化动。这个脸谱才是活的，才能帮助我们起到好的作用，但也不是没有目的地动。我曾看过有人勾上脸无缘无故地老活动，太不合理。

"脸上的肌肉还不能成为眼睛的包袱，勾脸首先要把眼睛勾出来，让这个人物有眼睛。有了眼睛还要会运用眼神，运用不是瞎用，净转眼睛，不行，得根据需要。眼睛要为唱词服务，内心的东西，必须用唱词形式把它唱出来，而眼睛，要充分表现出剧中戏词所需要的喜、怒、哀、惧……这才能有魅力。

"我看到咱们演的那个小垫场，那个眼神，不简单，多好哇！包括翎子功、扇子功、水袖功、胡子功、纱帽翅子功等。这是咱们各地方剧种突出优秀的传统艺术，我们京剧在这方面逊色多了，没有这方面的功夫，要向你们学习。

"表演要有轻重缓急,一个身段、一段唱、一段念,它不可能一个劲儿地下去。你要急,必须有空;你要轻,必须有重。这些辩证关系,运用得不生动、不恰当,就不会引人入胜。

"刚才万春也讲啦,老得学。总理也教导我们嘛,'活到老,学到老',还有一句'改造到老。'这个改造,初听起来好像难以接受,其实我觉得,很正常的一句话。我们在生活中得改造,艺术中也得改造,随时随刻都在改造中。今天,我们进入四化时代,如果我们还抱着新民主主义时代的思想感情来服务于四化时代,我们适应吗?我们不适应。这不就是改造吗?改造就是推动我们前进。

"艺术依然如此。老抱着二三十年代,成吗?不行。我们把那个年代的艺术拿过来,用在今天成吗?我说有的成,但是有的不一定成。它是前辈为我们创造的丰富的宝贵遗产。不一定成者,传到我们手里头啦,时代前进啦,我们必须遵照这个'推陈出新,继承发扬',跟上时代。

"有继承,你没有发扬,那事物就是停滞式的,只有先继承才能谈到发扬。如果说我盲目地为发扬而发扬,那会走弯路。因为继承我们前辈的艺术,它是经过舞台实践,千锤百炼的。我们只有认真地、刻苦地把它接过来,才能谈到发扬。"

接着我又对几天来所观摩的晋剧做了评述:"看完了几场戏,看到兄弟剧团蓬勃发展,我们几个人都非常之激动、高兴,非常之振奋,真是心花怒放。许多中青年演员都很有基础,而且感到我们的晋剧不是墨守成规的,是跟着时代而前进的。这些都激励着我们、鼓励着我们,我们不虚此行呀!

"昨天看的《凤台关》,那位演三夫人的演员演得非常好。我不知道我的体会对不对,那天她演夏飞,我们就有所感觉了。她的戏也并不多。特别欣赏的一点是,三夫人在配合老生上台下台、扶桌子……她这儿有几个动作好得很,虽然是她背对观众,但她内心在想什么,让我拿得住。她拿了香迎自己的情人,没有声音的表达,这个心情呀,是此处无声胜有声呀。我不知这是有意识做还是下意识做的，好得很。当然不等于说，我们就到了不可再提高的地步了，绝不是。

"还有老生《带病从征》的一场戏，也没有多少词、没有多少唱，就凭他的表演，看起来好像是个次要角色，就在旁边站着、听着、瞧着……在后头没什么太多表演，却既不搅戏，而又衬托得非常好，把那个人物此时此刻的思想状态，全都淋漓尽致地表现出来。这个演员很会表演。当然这有他们自己的主观努力，还有老师教导和导演的要求。我们特别要讲这三结合，凭着一个人是不成的，要靠领导、导演以及全台同志互相配合。甚至，观众们都能帮助提意见。从客观上集中力量，演员们发挥主观能动性，才能把这个角色逐步表演好。他们的表演很感动我，非常之佩服。

"再说基本功。因为我们京剧有个《南阳关》《斩郑恩》跟这个故事一样，人物相同，又有所区别。不是郭颜威，是赵匡胤。巡城的表演，咱们晋剧的这个演员是了不起的，中年了吧？（插话：四十二了）中年了。可以说他舞台上表演的基本功很扎实，说明他在勤学苦练。蒙不了人，咱们的舞台最会说实话了。你练功不练功，台上一看便知。那几个'夺头'那么快，扎大靠，不是开玩笑的。

"《国王拉马》晋剧过去没有，内容非常好。从音乐、灯光、舞美、服装、演员等都是极大的突破，是有效果的突破。咱们把艺术再跟上，剧本再好好地加工，演员表演，再有所提高，我们相信能成为一个划时代的保留剧目吧。

"今天，我们还是要提倡'三并举'嘛——传统剧、新编历史剧、现代剧。这次七个节目里头一个现代戏没看。不要紧，再找时间，我们再补课。我相信，现代戏也会演得很好的，'三并举'是戏曲工作主要的任务。根据时代的要求，我们绝不是净搞现代戏，不要搞传统；净搞这两个，不要新编历史戏。一块儿搞！哪个题材好，就动笔，就排练，就使用。

"我听说，赶明儿还要请我们看《杨门女将》，好极了，非常期待。总而言之，我们的戏剧、我们的剧种是有前途的，光明得很，我相信晋剧如此进步，势必影响我们京剧也要跟着进步，让我们在戏剧曲艺术中，展开友谊的竞赛。说竞赛，可不是说斗法，是为我们的戏曲事业，互相学习，携手并进。我们没有什么晋剧、京剧之分，没有，我们是一家子，一个大家庭，只是我们分工不同。

"我们看到晋剧的发展，当然，我们还没看到京剧在山西省的情况。在山西，京剧可能碰到许多困难，不要紧，我们要知难而进，我们决不会知难而退。只要我们踏踏实实地求师访友，就一定会有所发展。为提高我院的质量，我们也提出了四项建议嘛，其中就有'请进来，送出去'。我们要从各个方面探索提高的道路。因为这十年动乱，各行、各剧种都存在共同的损失。但这个损失，我们要弥补，不能净叹息，净是怎么办呀、怎么办哪！我们一定要谨记：努力！这次，做一个开端吧。

"在省委领导的支持下，山西省晋剧团的同志们很费劲儿把我们找来，我们受到各方面的优待呀，对我们照顾得太多啦，超出了我们的工作量，大家太费心啦，真是感谢，由衷的感谢。我们要把这热情接待变成我们行动的力量。

"今天时间太紧张啦，我也学习得很不够，只能提点儿我个人的点滴心得，供同志们做参考。我很同意刚才万春师兄的提议，只要组织跟组织同意，我们坚持经常来访，互相往来，但是我们要有支有收，多从咱们晋剧吸收营养。"

最后，我连讲解带示范地剖析了《黑旋风李逵》中《下山》一折的表演，受到在场人员的热烈欢迎和一致好评。

晚上观摩了《杨门女将》，更体现出京晋是一家，互相学习、互相沟通的道理。

五月十一日返京，我参加全国政协会议。

慧良好样的，他留下进一步说排武戏，最后还带领他们演出了《挑滑车》。

一九八四年全国政协会议结束后不久,我六月四日又赴石家庄,在河北师范大学举办戏曲知识讲座三天。有趣的是,一位姓魏的教授写了八句词请我试唱。唱词是:

　　以文会友到河大,教学相长两不差。
　　源远流长京剧美,推陈出新有根芽。
　　象征模拟真独到,活灵活现实堪夸。
　　古为今用党指导,拼搏起来奔四化。

我高兴地当即改为四句即席清唱:"以文会友到河大,教学相长两不差。继承发扬为四化,拼搏建设新中华!"

在大学讲堂去讲课,这不是第一次了。第一次到高等院校讲京剧艺术课是冬季到外交学院。

一九八一年底,我接到了久未见面、四五十年代的老朋友——翻译家黄金祺同志的一封来信。

黄金祺,大家应该并不生疏。

我和黄金祺,有着一段渊源没提……

一九五三年出国访问印度、缅甸前培训期间的一天,任文化代表团翻译的黄金祺笑问我:"您还认识我吗?"

问得我好纳闷儿:"您是翻译,谁不认识!"

"我们早就认识!"

"早就认识?"

"还合作过。"

我笑了:"恕我记不起来……"

"在上海,《牛郎织女》,您演织女我给您拉胡琴……"

我猛然想起，一九四六年在上海过七月初七乞巧节，按风俗习惯要演应时节令的戏《牛郎织女》。那时，我正与世芳合作，准备反串《牛郎织女》，可巧琴师王少卿先生因母病回京，有人介绍了当时在圣约翰大学医学院的一位大学生——黄金祺。他迷恋京剧，能拉一手不错的京胡。剧中，我反串织女，要唱四句【西皮慢板】，分别用梅、尚、程、荀四种流派演唱。黄金祺特到后台找我对了腔。演出后，我和他还互道了辛苦。

"噢！您是……那位大学生琴师！黄……千万别怪我，我难再辨认是可以谅解的，是不？您那时不过是个十几岁的学生，现在，瞧，一表人才，英俊的翻译官先生、秘书阁下！记得您是医生啊，怎么……"

"一九五一年，我调到上海外事处工作了。这不，才有机会又见面。"

这位朋友可是了得，一九五六年又调入外交部工作，曾担任毛泽东、刘少奇、周恩来、陈毅等党和国家领导人的英语、法语口译。一九七九年到外交学院任教，著有《外交文书教程》上下册、《概说外交》等，对新中国外交理论的总结是有较大贡献的。

黄金祺在信中谈道："外交学院遭到'文化大革命'的撤销，去年复院。……如您所知，外交人才不仅要有坚定的政治立场、爱国主义思想，以及外交外语等专业，还需要有多方面的文化修养。这一切正是目前不少青年学生所缺少的。……现在，学生会想邀请您，来做报告。介绍京剧这一祖国优秀文化遗产和它的高度，以及京剧对全世界的影响力，和国外对京剧的评价。这不仅能提高学生对欣赏京剧的兴趣，也能激发他们的民族自豪感。……"

我深感这是应该去做的事，不单是以上的作用，其中不乏涵盖了培养有知识、有文化素养的新一批热爱京剧的新观众！

一九八二年三月十九日晚，我在外交学院举行了京剧艺术讲座。

这是我第一次走进大学讲堂介绍京剧艺术。

老朋友黄金祺同志也告诉我，这是外交学院第一次请艺术界人士到学院讲课。

我向学生们讲了京剧知识、京剧的发展史、各流派行当的艺术特点等京剧概貌,以深入浅出的比喻、形象的示范表演,并结合架子花脸的艺术表演,分析了京剧表演的艺术特色,引导大家如何欣赏京剧。学生们十分爱听,不断发出一阵阵掌声和欢笑声。我还结合自己五十多年的艺术实践,说明了勤学苦练,实践第一,不断革新,活到老学到老等道理;又以解放前后演员地位变化和京剧发展情况,歌颂了社会主义和党的领导。

休息结束了,我仍被团团围住,回答同学们提出的各种问题。事后听到反映说,学生们中一些原来对京剧并无兴趣的,听讲后对京剧有所了解,开始产生了兴趣,说真希望能看到我的演出。我很高兴。这些学生是我们青年观众的基础,培养他们是传承京剧艺术中不可忽视的重要环节之一!

这里还要重笔一提的是,这次与金祺同志见面,才知他的夫人是刘玉玲。

"刘玉玲?哪位刘玉玲?河北梆子演员刘玉玲?"

"是她。"

"了不起!她可是北京河北梆子剧团的顶梁新秀,我的老朋友李桂云大姐的高徒!一定得去看她的演出!"

李桂云大姐唱的虽是河北梆子,但因她与京剧有不解之缘,承受过梅、程、周诸名家指点,与盖叫天等名家还同过台。她把许多京剧艺术化解到梆子艺术之中,她的演唱,在解放前就迷倒相当一批观众,被观众誉之为"京梆子"!我们都与她相交,而且很敬重她。我小时候看戏还"京梆二下锅"呢。包括我母亲、二姐,都是她艺术的迷恋者。尤其是她演的《大蝴蝶杯》,唱得悦耳,表演细腻,可谓真真切切、毫无做作感觉,令人叫绝!可惜到解放前几年就已听不到这悦耳的"京梆子"之音了。解放初,在党的关怀和支持下,聚集起一批梆子老艺人恢复梆子,成立了演出梆子的丹声社。一九五二年后改名北京市新中华河北梆子剧团。一九五二年十月第一届戏曲观摩演出大会上桂云大姐演《蝴蝶杯》中的胡凤莲，荣获演员一等奖。

母亲闻言高兴极了，只要她在北京演出这戏，甭管我在北京或是在外地，也不管我当晚有否演出，就会自行购票去欣赏。

母亲说得好，不耽误你上园子，不耽误你完了戏吃夜宵，想听谁了，我们也听听去！在得空时，我把桂云大姐接到家中做客，母亲和桂云大姐都特别高兴！

一九五四年开始，剧团又在李桂云倡导、党和政府的支持下，开创了剧团自办学员班，全面培养人才。刘玉玲就是其中的得意门生！一九五七年，长春电影制片厂将李桂云所演《蝴蝶杯》这一代表剧目搬上银幕。

我应约去看了她新排的这出夫妇分别又团圆的轻喜剧《状元打更》。看来李桂云大姐对她是下了功夫雕刻过的！她嗓音清脆甜美，将乃师的委婉缠绵、刚柔并济的演唱和细腻的表演，都较好地继承了下来，更有发展在其中！玉玲饰剧中为奸臣所害被迫落草的女寨主刘蝉金，她与路救的落魄书生沈文素结为夫妇后，沈得中状元嫌弃患难之妻，两人分手。十三年后，刘蝉金挂帅平辽时，扎大靠、枪下场，武功极扎实，看后甚为桂云大姐有如此优秀的接班人而深感欣慰。

不过我也真诚地向她讲，挂帅出征时胜利者不要再摔叉了，摔叉意味着马失前蹄之败意。后来也知五场连演把她小宝宝也损失了，真为我的老朋友心痛，也钦佩玉玲的事业心！

此后一九八六年十月十六日去中国戏曲学院讲课。

一九八七年十月八日晚七点去国际关系学院讲课。

十月二十二日晚七点赴中国人民大学讲京剧知识课。

十月二十四日上午到中国戏曲学院讲课。

十一月九日在中国人民大学举办戏曲知识讲座。

十一月十二日晚到北京大学讲京剧戏曲知识课。

十一月二十日在北京师范学院《水浒传》研究会上讲《谈李逵》。

十一月二十一日到中国戏曲学院第三次讲课。

十二月二十日晚去北京大学讲课，参加北京大学艺术节。

一九九五年十二月十一日到北京师范大学三校讲解京剧艺术。

一九九六年五月二十四日到外交部京剧座谈。

五月二十六日下午六点到中央民族大学座谈。

七月十日早参加中国戏曲学院成立研究生班座谈会。

十月二日官正等戏曲院约研究班开学典礼。

一九九六年十一月六日下午一点中国戏曲学院讲课。

一九九六年十一月二十九日下午到北京工业学院讲授京剧知识（我在学校讲课时，许多学生递上来条子）。

……

我始终认为，传帮带的形式多种多样。可以请进来，可以走出去，可以专程讲课，可以艺术交流，也可以跨马一缰——即借演出之便，在当地不失时机地、不分剧种地开展传帮带工作。重点是带中青年，爱护提携后辈，也重视正在学习京剧的青少年，助新苗成才……

一九八四年六月我从石家庄回京。接着，中国京剧院一团赴鞍山到鞍钢公司庆祝鞍钢开工三十五周年慰问演出时，知道了鞍山市京剧团建立了少艺队。

六月二十日我与张春华、冯志孝、李宝春等应邀到市京剧团，观看了该团少艺队的汇报演出。

在一个多小时的汇报演出中，我等始终神情专注、兴致勃勃地观看。尤其看到一名十二岁小赵红，在舞台上表演，不仅手、眼、身、法、步到位，而且武旦的大刀下场之敏捷、稳健，出手踢得比成熟的演员踢得还稳、准。我们高兴得什么似的。

我结合自己的艺术生涯和所见所闻，结合时代对京剧艺术提出的要求，要出人、出戏的问题，到市京剧团少艺队做了关于遵照艺术规律的报告。

我热情赞扬了老师们的教学成绩和学员们刻苦学艺取得的成绩。最后，我要求学员们再接再厉，戒骄戒躁，充分利用党和政府提供的优良条件，树立事业第一，保持艰苦奋斗的精神，为繁荣和发展京剧艺术而努力。

我、春华等同志在边重排并上演新剧目的忙碌中，还抓时间为学员们说了戏。

此次，我们还重又上演了新改编的全本《法门寺》。这出戏因老本子最后太后赐婚，傅朋娶了宋玉姣、孙玉姣两个妻子等多种原因一直禁演，只能演其中一折《拾玉镯》。而这出《法门寺》是马连良先生常演的剧目，如果把剧本整理好，很适合冯志孝上演。其中刘瑾的京白和小太监的念状，都是几代艺术家的心血奉献，有独到之处。可以说是老生、架子花脸、小花脸的重点剧目之一。于是请苏维明将剧本做了删改。大家觉得比旧本洗练，就抓演出空间排出上演。

一团演出到七月十日左右结束返京。

我没有走，留在鞍山京剧团少艺队教学直到八月中旬。每天上午九点至十一点半、下午三点至六点、晚上八点至十点，几乎每天如此给学生们上课。

教学中我对其他行当加以指点。至于教本工戏，专爱给自己找麻烦地从严尽细，亲自示范，尽力悉心指点，倾囊而出。

一天我讲完了京剧的唱、念、做、打之后，已是四点钟了。我擦擦汗、喝口水，大家以为我该休息了。我又叫老师把《黑旋风李逵》中《下山》一折戏的词写在了黑板上，我脱掉外衣，穿上练功服，噔噔几步走上台要用这一场李逵的表演进一步解剖李逵下山时应有的心情，塑造角色的心理和环境依据，进一步讲解京剧的手、眼、身、法、步的应用法则。

我念着锣鼓点儿，从上场门几步跨出，接着告诉学员为什么这样出场，为什么这样亮相。之后，也是每做一个动作，都加以解释。鸾带，这时该怎样耍,髯口怎样用,水袖怎样抓,耳毛子何时捋,以及唱哪一句词、念哪一字时应用力才传情,哪一个身段怎样汲取花旦的身段才美……仅仅十分钟的一场戏,连讲解、深入浅出地剖析,又反复示范,用了一个多小时。尽管我已汗如雨下,可竟然不觉气喘。老师、同学们既感动又心疼、惊讶,又自惭形秽……我呢,两字,"高兴"!几年来的实践证明,与疾病抗衡的路,我走对了!

我见孩子们还尚小,接受能力有限,为了抓紧时间多教几出戏,多留点儿东西,在离开鞍山回京后,老师能进一步给孩子们巩固教练。所幸,有的戏是先教会少艺队老师,让他们带着学员排练,自己再琢磨别的戏,待初具规模后,我再详细加工提高。

我管这叫二步教学法。这方法果然比较切合实际,也有较长远的效果。在不到二十天的时间里,不仅为学员们加工了《醉打罗汉拳》《钟馗嫁妹》《三不愿意》等十几出折子戏,还教老师和学员们初步学会架子花脸重头戏《坐寨·盗马》、《黑旋风李逵》中《下山》一折,其紧张程度也可想而知。

这时,传来鞍山戏曲学校正式成立的喜讯,在举行建校典礼上,市委张副书记代表市委、市人大、市政府为鞍山戏曲学校建校剪彩。龚副市长代表市政府向我颁发了聘请我为鞍山戏曲学校名誉校长的证书,并让我在鞭炮和锣鼓声中,为鞍山戏曲学校挂校牌。最后,由原鞍山京剧团少艺队、现鞍山戏曲学校学员做了汇报演出。

第二天,下午收陈强、杨继松(他俩又是师徒关系)为徒。在宾馆一〇一房间,举行了一次除旧革新、别开生面的依旧是清茶一杯的拜师仪式。面对陈强、杨继松两位都是共产党员的高徒,我提出艺重流传,希望徒弟与自己教学相长,共同为京剧艺术的流传和发展做出贡献。首先要当好合格的共产党员,在此基础上,当好振兴、发展京剧艺术接班人的校长。

我回京后不久,又协助联系好长安大戏院,邀请鞍山戏曲学校师生进行汇报演出,在京城引起很大的反响。观众们称赞这些平均年龄十四岁的孩子武戏干净利落，有着扎实的基本功。文戏不仅演唱得有滋有味，而且在大胆继承的前提下，勇于革新，取得了良好的社会效果。

九十年代，我到北京戏曲学校、中国戏曲学校、天

一九八四年，我在鞍山戏校教学

津戏曲学校、天津青年京剧团、北京剧协讲课更是常见之事。直至二〇〇二年十二月初去沈阳演出《红灯记》时，还为沈阳戏曲学校的学生讲课。

与此同时，我也十分重视对票友、京剧爱好者、新观众的培养并与他们结下深厚的友谊。

这年九月十八日建国三十五周年国庆京剧晚会演出《芦花荡》。十一刚过就开始筹备在政协礼堂举行的纪念梅兰芳诞辰九十周年大会。从二十七日起连续举行四次梅兰芳艺术研究讨论会，此外，还有六场纪念演出活动。

十月二十八日我和美国华裔票友贾丽妮合作演出《霸王别姬》。为什么？因为，京剧在世界各国演出，处处都是欢呼声，称赞京剧是"中国文化的精粹"，是"东方艺术的珍品"。在美国文化艺术界，华侨人士中很有一股"京剧热"，成立了许多成龙配套的京剧票房，最高学府也在探索京剧的艺术规律。他们竟能把梅先生的代表作《凤还巢》翻译成英语来演出。听了他们的录音，真叫我惊讶。我真不敢相信，这样艰难的移植竟然成活了。我看他们的剧照，化装十分认真，使我叹服。由此使我低头反思：外国人尚且这样艰难地来传播京剧艺术，作为一个中国人，能不加倍地来珍惜自己的艺术？前辈们在京剧的开创时期不知耗费多少心血，怎能让它在我们这一代手上衰

落下去？绝对不能。只要对京剧艺术发展有利，只要对京剧艺术瑰宝的宣传有利，我都应该从足下的点滴做起。

贾丽妮女士出生于上海。父亲是黄埔军校第一期学生，在国共两党内战的烽烟中。父亲率全家离开大陆，前往香港，再往美国。虽离开祖国已经四十多年了，但她对京戏的爱好并未中断过。她创建新亚国剧研究院，后到纽约成立了中国京剧学会，一九七九年组织了梅兰芳研究小组。在美国，工作很紧张，精疲力竭的她在回家的地铁车厢里，口不离京戏就能缓解她的紧张情绪，调剂生活。回到家里，即便做家务事时哼上几句京剧，也会除烦解乏。京剧增强了她对祖国的思恋，她热切地希望能经常回祖国切磋技艺，提高自己，以便更好地在海外推广京剧艺术。七十年代她曾回国，见到了梅兰芳先生的传人魏莲芳。当时的环境不允许她公开学戏，只好偷偷地到魏莲芳女儿家中去学，颇有收获。回到美国，她演出了《霸王别姬》，还到台湾演出。台湾禁演这出戏，她便改名为《虞姬恨》。两地的演出，均获得成功。

一九七八年，"四人帮"已被打倒。贾丽妮的父亲去世，她护送父亲的骨灰回大陆安葬。借此机会，她可以完成公开学梅派戏的愿望了。她拜访了梅夫人福芝芳女士，观赏了梅先生的舞台艺术片，深深地陶醉在梅派艺术之中，对梅派青衣的了解、热爱更加深入，学习演唱也更上一层楼。

如今贾丽妮女士千里迢迢回到祖国大陆，想实现自己的梦想，在纪念梅兰芳先生诞辰九十周年活动时希望我支持她演一场《霸王别姬》。我自当大力支持。

这一天，演出时的戏装、行头，都是梅先生当年演出时所用的。她的表演很到位，确有梅派风范，那不温不火的舞剑更实居票界首推之才！想这场戏定是圆了她的多年夙愿。

一九九一年初，大陆隆重纪念徽班进京二百周年。她从美国专程赶来参加演出。梅先生的儿女梅葆玖、梅葆玥对她进行热情帮助、指导，使她完成了《坐宫》的演出。

不仅这次，一九八六年十月十九日航天部庆祝成立三十周年，我高兴地接受名票南铁生先生之子南齐约请合演《霸王别姬》一折。

随之，我听说福建省京剧之友联谊会成立，邀请我前往祝贺并与福建省京剧团合演《群·借·烧·华》等戏祝贺，我欣然前往。

十一月十五日至十九日，我赴上海参加南北京剧表演艺术家在上海人民大舞台交流演出《群·借·烧·华》《龙凤呈祥》等剧目并同时完成录像。

十一月二十四日我抵达福州，参加福建省京剧团纪念京剧之友联谊会成立周年纪念活动。

我认为，指出京剧是"夕阳艺术"的人是出于好心，更是对我们的鞭策。眼前的京剧是不景气，但是暂时的，京剧决不会就此沉沦下去。夏衍同志说："京剧是中华民族艺术的精华，中华民族不会亡，京剧也不会亡。"你看，说得何等之好，说得多么透彻呵！当务之急，是要我们把演员、剧目两个"青黄不接"接起来。只要我们能手携手、肩并肩地苦干下去，京剧就会出现一个暖空气回升的景象。京剧在中国艺术之林中应当朝前站，在世界艺术中，京剧也有勇气有资格朝前站。

现在，在福建省、市领导的关怀下，成立了京剧之友联谊会，就是要用各种活动多做普及工作，培养新观众对京剧的欣赏兴趣。联谊会聘请我为名誉会长，我定扶新秀，添砖瓦，愿不负众望。

为了与京剧爱好者们结成友谊、发展京剧事业，把活动搞得轰轰烈烈，出面邀请了香港著名京昆演员邓宛霞演出《奇双会》之《写状》、《白蛇传》之《盗仙草》，并与她演出了《霸王别姬》，还特邀北京京剧院著名旦角李世英，演出荀派名剧《红娘》。

我呢，十一月二十四号到达福州后受到得各级领导热情欢迎，每天连班辅导福建省京剧团说排《群·借·烧·华》和《龙凤呈祥》，以求整体表演的提高。

十一月二十八日庆祝福建省京剧之友联谊会成立，胜利演出第一场

《群·借·烧·华》，接着与邓宛霞演出《霸王别姬》，而后李世英演出《红娘》。十二月三日演出《龙凤呈祥》。均获喜人成绩！

　　此间，我曾与观众中的三姐妹相遇。大姐三十九岁，穿了一件黑绒外套，显得十分文静。二姐三十四岁，穿了件粉色毛衣，戴了一副眼镜。小妹二十九岁，穿着打扮更显年轻了。她们热情地将我围住说："'文革'以来，没有听过这么过瘾的戏！"

　　"欢迎你们常来！"

　　"你们是京剧之友联谊会的会员吗？"我问。

　　"我是！"大姐说。

　　"我要求加入……还没领到表。"

　　"为什么这么爱京剧？"我又问。

　　"受父母影响，我们一家人都爱！"大姐说。

　　"没有一种艺术赶上京剧。京剧靠艺术吸引人，不是靠狐仙、鬼怪招引人！"二姐补充。

　　"听得懂吗？"

　　"听得懂！《黑旋风》《九江口》都爱听！在收音机中听到过，更想看！"

　　"我们场场都来看！打电话，他们不给订……"

　　"我们想要求电视台不要放到晚上十点才有京剧……"

　　这些观众多么鼓舞斗志！

　　还有更激动人心的事哪！

　　一九八五年十二月二十一日，随福建省京剧团赴厦门前线慰问驻守鼓浪屿虎头山的37514部队才是完成了一件大家都视为十分亲切、十分荣幸、十分激动、十分神圣的任务。

　　车刚到，前来欢迎我们的都是三十岁上下的年轻军官，他们敬了标准的军礼，伸出双手热情地边搀扶我边笑问："袁老这么辛苦到海防前线来，今年……"

我知道他们是在问我的年岁,我哈哈地笑着亲切地说:"我还不老,才长你岁数的一倍吧!"大家闻言,欢笑不止,一下子就把军民的距离拉得更近啦!

慰问演出开始,福建省京剧团的演员们都使出自己的浑身解数表演。战士们听得专注,热烈鼓掌。

随行而来的傣族舞蹈家刀美兰,伸手将深浅褐色交织的圆檐毛线帽一摘,长发披肩,身着浅黄色风衣、灰蓝色裤子,耳垂金色大耳环,尤显傣族风格。又抬脚把红皮拖鞋一甩,露出脚趾上抹红色指甲油,洒脱地赤着双脚,走至表演区中心,双手合十低头向官兵致敬。随之甩起长发,跳起了优美动人的孔雀舞。从面部、身材,别具风格的优美舞姿,根本看不出她的实际年龄。但谁都知道,她在"文化大革命"前就已是非常出色的舞蹈艺术家了!

我的拿手戏是请政委写词,自己现场演唱。

政委写的原词为:

守卫在鹭岛的水兵,
满怀喜悦的心情,
热烈欢迎袁老和刀美兰等艺术家,
莅临我部慰问演出。

我改写词后演唱:

守卫在鹭岛上人民子弟兵,
满怀着喜悦、欢迎的心情。
这样的感情我们大家心中愧领,

愿军民团结一致，四化一定要建设成功！

我们望着鼓浪屿前高大的山石上郑成功威武的塑像，在海军战士列队欢迎下，全体人员同乘登陆艇去参观菽庄公园。

菽庄公园门口写着一副对联："长桥支海三千丈，明月浮空十二楼。"

菽庄公园过去是私人名菽庄的花园。这里太美了，到处种植着开着片片玫瑰红花朵的三角梅，与绿树、遍地绿草交相辉映，点缀在山水、亭阁之间。这在我们十二月风雪交加的北京公园内是绝不可能有的美景！

我们登艇回返靠岸去南普陀寺时，刁美兰下船前，将头发向后归成一绺，高高梳起马尾辫。她手提着刚脱下的拖鞋，活泼地跳到沙滩浅水中像跳舞般地去涮净脚……引人注目的舞蹈家风度！

盛情的厦门市长特来此相看望，他与我、刁美兰坐在一条黄色长椅上亲切地交谈。请我们吃了一顿非同寻常的素斋饭，其中有一道最有民族气节的菜——香珍藏泥。

这道菜不光是令我不能忘怀，令中国人也都难忘的。不过，还应该令我最难忘，因为这是林则徐开的菜单！我是总想演林则徐，却总没得机会演！

据说，当年林则徐上任后，各国公使宴请。他们心中都明白林则徐走马上任是为禁止鸦片烟来的，十分敌对地暗藏歹意。席间，最后一道甜食给上了冰激凌，明知道当时的中国人没吃过这玩意儿，会不适应，却不言之。

宴会上，大臣们不知此为何物，一勺吃到口中，冰冷无比，很不习惯。是咽，咽不得，太冰凉；吐，又吐不得，吐即为失礼，会遭到各国公使嘲笑。其滋味可想而知！

林则徐该回请了。他不甘示弱，与厨师商量着，最后的甜点就给上了这道香珍藏泥。各国公使一看，都以为也是一道凉的甜点，仍一勺吃到口里。这可不比冰冰凉的冰激凌，这是灼热、极烫嘴的东西！一样，再烫，他们也得往下咽！他们嘴里泡烫出多大，自知！各国公使气死了，但一尝味道十分鲜美，又说不出什么，还齐赞好吃！这时中国官员才介绍这是芋泥，请诸位慢用。中国官员出气了！我们听了也都无不解气。

神奇的香珍藏泥摆在了桌上。看上去，真像一盘很考究的凉甜点。我用勺慢慢放嘴里一尝，果然极热，却极香！

原来，芋泥上锅蒸时，在调好味道的芋泥上面刷上一些油，促使其奇热无比竟不冒热气，酷似凉甜点还使口感滑润而绵软可口。

一九八六年元月十七日上午，云岩宾馆一楼的大餐厅里，我滔滔不绝地对几位正襟危坐的"诸葛亮""周瑜""鲁肃"分别示范着他们的表演。一会儿，我仿沉着老练的马派诸葛亮；一会儿，我学英俊威武、风流倜傥的叶派周瑜；一会儿，又来憨厚重义的谭派鲁肃；一会儿，更是从小熏透的萧氏蒋干的神采。我不时地从眼神、手势、身段一直讲到情感，讲到戏外的艺术追求。如果只注意形体的表现，而忽略了情感的体现是不成的。优秀的表演者应该神形兼备。强调京剧的振兴在于演员自身，演员要提高唱、念、做、打的艺术手段和刻画人物的表演水平出好戏，就得勤学苦练，从各种艺术流派中吸收其精华而集大成。艺海无涯，需要探求不已啊！这是我的老生常谈了。

这是我于一九八六年一月十四日，应邀到贵阳来，进行讲学和艺术交流活动。我正在给贵阳市京剧团排演《群英会》。依旧是紧张的排戏、演出、讲学，自十六日至三十日一天工作近十个小时，三十一日离筑。并在演出空隙为省、市文联，剧协，艺术院校等单位及业余爱好者专题讲课。

之所以几年来，足未歇、意无尽，情满怀地抓紧时间探求，抓紧时间奉献，是我已七十周岁，进入古稀之年了。我何曾不想在温暖的家中，带着小孙孙去逛逛公园，安度晚年。可是眼下京剧出现不景气也是事实。我不能在京剧需要东山再起的时刻，在家享清福。我应该把身上点点余热献给京剧。作为一个演员，能像莫里哀那样累死在台上，与将士们为国为民战死沙场才是同样的光荣。所以，传帮带要抓紧，"要把所知全部留下，不带一点儿去八宝山"这句话，就是这些年我安排工作的宗旨。凡是能为振兴京剧略尽绵薄之力处，我不应该后退一步。

一九八六年一月二十三日起贵阳云岩剧场掌声雷动，喝彩声不断。

这是我在贵州与贵州京剧团首场合演《群·借·烧·华》，省顾委主任，贵阳市委书记、市长等观看了演出。

一千多观众观看了这次精彩演出。

在这次《群·借·烧·华》的示范演出中，我扮演的曹操很注意从特定环境里的特定人物出发，抓住细节体现人物情感。

戏剧是一种视觉艺术，观众要十分完好地领略演员在舞台上精妙绝伦的表演，只有亲自到剧场去观看演出，仅从书面的文字记载是不能得到满足的。同样，一般演员要很好地学习到著名表演艺术家表演艺术的精髓，仅仅看他们的经验谈之类的文章也不会收到理想的效果，必须亲眼去看他们的表演示范。

一九八六年六月二十五日、二十六日，我应邀到天津戏曲学校讲学。

我认为，要教会学生，更要教会老师。戏曲学校青年教师卢铁夫慕名前来，拜我为师。我一口应承，耐心传授了《李逵探母》。别人问我为什么还要收教师，我回答："义不容辞啊！我看过几次师生同台演出，有的老师自己唱、做、念都离了谱，这岂不是'五祖'传'六祖'，越传越糊涂嘛！不把老师教好，他怎么去教好学生？"

我希望戏曲教师要善于鉴别学生的天赋条件，因材施教，学生自己则要量体裁衣，有自知之明。不争牌次，才能成为知名艺术家。

我以拿手戏《黑旋风李逵》中《下山》为例，传授表演技法。我边讲边唱边表演，举手投足把李逵下山时的激动情绪，把那似快非快、眼神变速的技法，细致入微地传授给了听课的学生。

壹陆叁 小学生《侠女除暴》

  汽车沿着弯弯曲曲的盘山路向上奔驰着,车上的人们居高临下地遥望到平静的滇池。那点点白帆,排排围鱼网,装扮着镜子般平静、辽阔的湖面。她本应更宽阔、浩瀚!但是十年内乱,她也没能躲过。"截湖要粮"几次砍断她的臂膀,留下了一处处再难恢复的伤疤。我观这美景,心里不停地说,咱们又见面啦!老朋友!世界上最高的名湖之一,不认识了吧,看看我,三十多岁的小伙子,现在变成七十岁的老头子了!

  车停了。呵,好一座壮观的华亭寺。高大的殿堂背靠葱山翠竹,面前一池碧水,小桥横跨。对面遮掩在花丛中一座飞檐翘角的台阁,正是剧组选好了的纪献堂的演武亭。那纪献堂头挽高髻,脸粘重髯,身着古铜色镶边练武衣在练拳脚,旁立四大金刚似的非常凶煞的随从。

  拍摄前的准备工作已经开始了。这场戏的演员们化好装在排练中……

  从鞍山戏曲学校回京国庆节后一天的早上九点左右,我穿着那件自制的，当年为图夏天凉爽、用的确良布仿制的绿色军上衣，下穿蓝色加白道的灯笼腿运动裤，足蹬仍是那双练功鞋——白球鞋。腿放在窗台上，身子不断向前倾轧。这是在压腿。旁边搁着个小圆闹钟，我注意看着时间。

门铃响了。

"袁老，您好！"

我回头一看，是万伯翱，笑了。

"我给您送剧本来了！"

"太好了！请坐。我踢完这趟腿，咱们聊。"

万伯翱是万里同志的大公子，因为他喜爱文艺、喜爱文学，又对京剧情有独钟，所以早结成忘年交了。

我与万伯翱（左二）合影

前次他来介绍了他自己根据清代小说《儿女英雄传》改编成的电视连续剧剧本《红衣女侠》，后定名《侠女除暴》，将由河北电影制片厂摄制成一部古装电视连续剧。

"这在咱们京剧里的戏名叫……"我踢了几趟腿，蹲在地上翘起双脚跟，喘着气说。

"《十三妹》！"

"对。我从十三岁……可不，是十三岁就演这出戏里的邓九公……"

"十三妹的师父。这电视剧里也有这个人物。"

"这个人物在京剧里可是咱们架子花脸的专工。他武功精深，家财富有，爽直侠义。"

"电视剧里的邓九公也是乐观善良，武功精深，有胆有识，专打抱不平。"

"这么说，和京剧里的人物性格基本一样！"

"差不多，一样。"

"如此说来，如有机会……我能否试试……"出乎意料地引起我的极大兴趣。

"这，大家都没敢往您这儿想！您还用试？"

"当然！别看电影的舞台艺术片拍过三个，可还没拍过这种生活片的电视剧。有机会当回小学生……不，老学生……不，新学生吧，也是件难得的机遇。你们人选都定了吗？定了，我别去捣乱；没定，我报个名。"

"有的定了。导演是香港亚洲电视台高级监制梁天，十三妹是石家庄戏校京剧班五年级的学生李胜素。"

"纪献堂是……"

"是电影片《武林志》中东方旭的扮演者李俊峰。他也是北京武术队的教练。"

"这部电影我还真看了，剧情和表演都不错！我们那位担挑著名短打武生云溪，张云溪演他师父，演得也好。"

"他和您是担挑……"

"他的爱人是我……迟阿姨的亲二姐。"

"原来想过，还请他出演邓九公，他还没表态。"

"为什么？"

万伯翱摇了摇头。

"我给他打个电话问问，再说吧。"

我踢完盖腿，略一休息，拿起了电话。

电话中云溪说知道这件事，由于腰病，又由于自己也正在写回忆录，又因演邓九公这个人物，嫌自己的形象偏瘦小，毕竟还有些受京剧中邓九公形象的影响，尚在考虑。我们俩不光是亲戚，也是无话不谈、一路走来的铁哥们儿。云溪对我说："还不如你演，这应该是你的本功，我去向摄制组推荐。"听到此，本就有意的我也说，编剧在此，想打听你意下如何。

我揭榜《红衣女侠》中邓九公一角，才有万伯翱同志又送剧本一事。

我仔细阅读了剧本，又请执导的香港著名导演梁天先生到家一块儿商量修改剧本。我说："我们这叫编、导、演共商剧本。这个戏叫《十三妹》，她是红花，我是绿叶，根据我几十年演邓九公的体会，该加强的地方我就谈了加强的想法，可不能光让我抓了观众，这个戏可不叫邓九公啊！我只是建议，加不加、怎样加，导演、编剧拍板。"

几个人从吃完晚饭，逐字逐段地研究剧本一直到午夜一点多钟。

十一月二十日到了昆明。二十三日，我即赶到云南省京剧院拜访关肃霜，可惜她带团巡演去了武汉。我受到剧团留守领导及昆明文化厅艺术处的热情接待，表示对摄制组所需的演员、服装全力支援，体现了团结、大协作的一家人精神。

该试装、试镜头了。

化妆师望着我说："在您这么富态的脸上，化装成稚面童颜的老人是件极容易的事。"

"底版不够标准，未必没设暗道机关！"一句话把化妆师逗得笑个不停。

果然，我两道又浓又黑又长的眉毛，给化妆师出了道小题，连粘了两次都不行。梁导提出，先将原来的眉毛全盖白后，从眉头就粘上假眉毛，妆才过关。

我穿上短打，随意地捋髯沉思，又摆了几个武打姿势。导演和大家深为满意，拍下的几个镜头回放一看，认为我饰演这个人物的造型有风度、有特点，很有银须皓发老英雄的善良、乐观、勇健之气魄！

昆明郊区华亭寺前的拍摄现场，围聚的游人看客越来越多。他们好奇地辨认着这些曾相识，又未曾相认过的众位演员们。

"他是徐敏，北影的。"

"那个戴帽子的高个的指挥者，是香港的。他也是演员，我看过《清宫秘史》，他演李莲英，相当风趣。他这是到内地当导演来了。"这是几位评论者，从衣着和语调上可似猜出，他们或是港人，或是华侨。

不远的一处石椅上，穿着一身绿呢子军用老式制服的我和一位穿红毛衣的中年妇女同坐。

"我看您非常眼熟，知道您是位有威望的人。遗憾，我就是叫不出您的名字。"在她几次上下打量我之后说。

"听口音，您不是当地人。"

"杭州人。我开会来了。您去过吗？"

"二十岁上去过。……目老老……"

"对，是我们的口头禅，如果说，这里人很多，就会说这里人……目老老……多呀。杭州美呀，不次于昆明！我看您非常眼熟，听您的声也耳熟，怎么就想不起您的名字！"

这时，我看见导演、副导演都在向外边招手，互相间又说着什么。我急忙站起身走了两步，回身说："你会想起来的，等我再去杭州的时候，你一定会认识我……"

原来准备工作尚未就绪，还需请一位电工接电源，要夜战。我随车去了龙门。

车开了，只见那位女士追车跑着说："袁老！我知道您啦！我从小就看《红灯记》！……"

车要赶时间，没停。我探出车窗外大声说："杭州见！"

汽车顺路继续向前，开始沿绝壁盘行。山高路险，这对内地平原人来讲，有些胆寒。唯恐司机稍有不慎……

司机以娴熟的技术使汽车灵巧自如地左转右拐，又加上他态度自信而又淡定的气势如给车上的人吃了一粒定心丸。车到罗汉阁坡下不能继续前行。我在大家陪同下一口气登了一百多个台阶，站到罗汉阁前。

"欲穷千里目，更上一层楼。"遥望天水相接处，"极目楚天舒"。再遥望龙门处，不免是望洋兴叹喽。想登龙门吗？它更远、更高，不过才走了五分之一。我想，止步吧，量力而行就此等待司机为最好。

返回圆通饭店，见桌子上放着香蕉和一张字条。原来是云南省京剧团的樊凤来给送滇剧院请看《关山碧血》的戏票。

樊凤来，可不是外人，她是拜了郝寿臣老师的大师兄樊孝臣的女儿。这真是又一次千里他乡遇故交哇！在昆明期间，多蒙她常来照顾，她几乎成了云南京剧院、文化部门委派与我不时联络的"交通员"。

这次到昆明很有福，赶上了云南省第二届民族戏剧会演，否则哪有机会看许多少数民族的戏剧。只要与拍摄不冲突，我都争取去观摩，如《蔑独尼闹房》《春满彝山》《跳歌场上》，此后，还看了滇剧《搜孤》《拾玉镯》《烤火下山》《铡美案》《古琴魂》，这是其一。其二是赶上了云南省文化厅、云南省京剧院纪念前辈花脸名家刘奎官等几位九十周年纪念会，不仅有幸能到红星剧院音乐厅参加纪念会，晚上还观摩了纪念演出京剧《芦花荡》《白水滩》《通天犀》《走麦城》。戏是好戏，《走麦城》关公刮骨疗伤、麦城归天，都仍是尤为感动人的。遗憾者，前人给我们留下了宝贵而丰富的遗产，并没有完全继承下来……

我看后赞扬《关山碧血》是出好戏。人员搭配整齐，每个角色各具风采，无论是洋人格莱还是主角刘南屏、罗飞霞，表演、演唱均佳。导演借鉴话剧形式、手法，尤其结尾处理堪称妙笔生花，出人意料。刘南屏大获全胜，正欲杀格莱时，突然全部被朝廷扣捕！罗飞霞假冒土司三女儿与父告别，突然反手刺死格莱，钦差吓傻。刘南屏和各族首领戴手铐走上正座哈哈大笑，全剧结束。好！

我们京剧得向兄弟剧种好好学习。应该仔细考虑为什么我们现在也创了不少的新戏，为什么只是参加个会演、评个奖，一阵风吹过，没有留下，更没有传代？……

　　一天上午，我趁邓九公的拍摄还没轮到，到翠湖边散步。边走边琢磨着，邓九公手上似乎缺点儿什么……我回顾着剧本，有装乞丐接了十三妹的铜钱的、有拿兵器的……那么，在家休闲呢？喝茶，端着茶杯……太俗。抽烟……不太理想。该有更别致一点儿的，得能体现雄健老英雄的……

　　就在我走在翠湖旁拐弯上坡时，对面来一老者，手揉两个大铁球。就在擦肩而过的刹那间，我猛然感到，这不正是所需要的吗？

　　"老同志，给我看看您手里的铁球成吗？"

　　老者转身走回一步，将手中的铁球递给了我。

　　我接过铁球，右手平托，两腿自然分开，站成八字步的同时左手撩开羽绒背心于身后，往腰间一叉，两眼微闭，俨然是一位神气十足的邓九公！

　　我睁开眼时，见老者和几位停步观看的路人都在向我笑。我也有点儿不好意思地笑了。

　　"您家住在哪里？"

　　"坡上。"

　　"到时，我要拍电视剧用用成吗？"

　　"可以。这铁球的花纹样式、大小，好多种呢，还有比这更大的……"

　　"再大一倍的更好！您知道在哪儿卖吗？"

　　"小西门，不远。"

　　"那就行了，怎么走？"这一句问话，围观的人全发言了，往东走再往西拐吧，更有好心人说："您跟我走吧！"

　　三下五除二，我买了比这个大得多，又能在手上转动的一对大铁球和一对小一点儿的石球。

　　又过了几天，终于早十点化装要拍邓九公了。可是，副导演一早就从门缝儿里递进字条通知改到晚上，结果偏偏赶上了下雨。

在盘山路上，从车窗向外望去，细雨霏霏中，天淡、湖淡、山黑、树黑，灯光点点。车在悬崖边上，险险的几个急转弯后，大家都知道太华寺该到了。

太华寺内的花园，已被作为邓九公所居住的红柳对家中的私家后花园。灯光尚未齐备。直过了晚十点半，才开拍第一个镜头，第二集中邓九公听程飞进谗言，顺利通过。接着是第四集中定计时闪出一个黑影，七个镜头拍完，已是深夜两点半，整整凌晨五点才入睡。

两天后，换景到大观楼拍三月三的游园会。我化好装到现场。

正在拍十三妹与赵杰、纪剑文马上相遇的镜头。他们都不会骑马，借用的三匹军马还算老实。只是在演能仁寺的黑风僧骑马而来时，要三马并辔，道路偏窄，黑风僧被挤下马来之时，卡在马镫子上的一只鞋自动飞出落在湖里了。这位来自黄桥的武术高手扮演黑风僧的六子，从地上爬起来使劲儿地揉着摔疼的屁股，怒气冲冲地脱下自己脚上仍穿着的另一只鞋狠狠地向湖中抛去，鞋成双地留在湖中作为永久的纪念了。六子光着脚、捂着臀，一瘸一拐地去服装箱中找鞋，不巧，箱中只剩下一双不大的粉红色绣花鞋，只得咬牙趿拉上。我和大家是先大惊后大笑，见他趿拉着一双进不去脚的粉花鞋更是笑声难止。

十三妹遇安公子的戏开拍了。

十三妹鼓足勇气翻身上马，马迈步前行。

"放松缰绳！"

牵在十三妹手里的那匹最听话的马，果然听话，眼见着马在柳树成荫的湖边小路上加快步伐，小跑起来。

"别害怕！""腰别晃！""双腿夹紧马肚子就掉不下来！"在习马教练的喊话指导声中，扮演十三妹的李胜素骑马试跑成功了。

开拍跑马时，聪明又勇敢的李胜素，像个久骑有术之人很快完成了这个镜头。

湖对面水中亭里站着的一位翩翩少年安公子，正看着这位红衣女子骑马飞驰而过。

一旁待拍摄的我，把这一切看在眼里，喜在心上。我很喜欢并且很看好这个扮演十三妹的小姑娘，对她格外留神。她是河北戏曲学校的优秀生，是咱们京剧的行里人，是新一代的接班人。那天早晨去二招，见她正在舞剑，觉得演《霸王别姬》《白蛇传》《廉锦枫》够用了。与她对话时，她的沉稳、淡定，比她的年龄要成熟得多。这会子骑马又显出她勇敢，有魄力，接受能力强。如果唱得有味、嗓子够用，一定是旦角的好坯子。

这话没错，几年后，她的一出《廉锦枫》夺得梅花奖。我看了说，可惜她没在北京。

又过几年，李胜素进了中国京剧院。我由衷地笑了。

拍摄中的一茶馆里，一老者操琴，小女子唱小曲。茶客们男女老幼全听得津津有味。一老乞丐颤巍

《侠女除暴》剧照，我饰邓九公，李胜素饰十三妹

巍走进来挤在人群中，一茶客嫌其脏，拂袖、嗤鼻。这些茶客都是昆明军区二招的服务员们扮演的。瞧那位喝茶的胖胖的灰胡子的员外，是二招食堂的杨主任。

四打手横冲直撞进入茶馆，伸手一推就把正在乞讨占路的老乞丐推得站立不稳，倒退台阶，重重地摔倒在地上。这时一串钱递到他的面前，老乞丐猛抬头，红衣女子站在面前，说："此处不是停留之地，拿钱赶快走吧！"她将乞丐搀起。老乞丐望着走上台阶的十三妹点头赞叹不已！

这是邓九公扮成老乞丐讨饭。那缓慢的一举一动，那闭不严的嘴，露出残留的只剩两三颗的牙齿，那一个个哀怜乞求的眼神，在化妆师的帮助下把老乞丐的形象勾勒了出来。

其中，老乞丐被推得倒退几个台阶再摔在地上，重复地拍了四次之多：第一次没摔到位置；第二次摔得过低，十三妹搀不起他；第三次合适，十三妹台词没念对；第四次导演才通过。

围观的游客越聚越多，齐声称赞这个乞丐演得活灵活现，都在猜这老乞丐是谁演的？贫穷衰老的化装已使演员的面目难辨，但感到他的眼睛格外敏感、会用，表演那么自然而又精熟。他到底是谁呢？演过什么电影呢？他绝不是一般的演员！

大家忍不住向剧组的人发问。不知是谁说了一句："他演过《野猪林》！"

"是袁世海，演鲁智深的！"大家马上议论纷纷。

"老艺术家！就不一般！"

"那跟头摔得多好，那么大岁数……"

"跟头摔那么些回，站起来没事儿！这叫功！"

大多数的镜头，我这邓九公都拍摄的很顺利。比如去金殿前拍摄练武的镜头，邓九公跳起来用龙头拐打断粗大树枝，从设计到拍摄，导演们都非常满意。

隔行如隔山。遇到难题、不顺利的时候也很多！不入一行门，不知行中苦……

一天下午，去大观楼拍邓九公寝室一场戏。那可就费了劲儿喽！

化好装阳光才是初灿之时，园中茶花盛开，大家兴致勃勃以它为背景照了几张相留念，以等寝室的布置。导演对灯光也有较新的处理。该拍了，发现监视器忘在车上了，又回去取……

直等到晚九时半才开始试拍。摄像机电又不足了，灯光不够，程飞被遮在黑影里。好不容易能开机了，还不成。门，从镜头里看上去像现代化的门，赶紧又重往上粘黑纸。好不容易开拍了，不料，邓九公、程飞轮流忘词，漏洞百出，仅程飞进谗言一小段戏，拍了十次之多。

导演要求邓九公的表演要深沉些。我说话时身体晃动的幅度偏大，是戏曲动作夸张大成了干扰，最后导演总算通过了。我知很勉强，向导演提出，再给我一次机会，重来一遍！准备时，我深呼吸，气下沉，告诫自己：要沉稳、要控制，不能让大家失望！

这次，大家都满意地笑了。

在表现邓九公浑身武艺的情节中，我的功架和武术区别很大，出拳、击剑、接招或杀死对手，在力量和动作上都不一样，我一招一式、一出手一踢足，虚心地向武术设计教练反复学。即使是教练的学生二十来岁的娃娃六子、三子都常常帮着纠正："袁老，不行，您的胳膊得抬高些，拐杖出手太慢！快！还得快！"

"好！你看这回，咱们重来！"我总会如是说。

剧中还有一个邓九公凌晨早起练气功的镜头，我表演起来应快却慢，应放松却力度强，一遍又一遍，好一通的练，专注、认真地做到完全合乎规定动作才停手。

是呀！我清楚地知道，凡属艺术皆有共同之处，然分类不同，其差异之处就可列种种。戏曲的程式性、夸张性的表现手法是与电视剧现实的表现手法相矛盾的，要求自己重新有舍有从的。武打在戏曲中是虚拟，而电视剧中要真刀真枪地打。要想演好邓九公就要忘记资历、声望、年龄，让它们统统变成"学"字，只有当个学生，才能知己之短，不耻下问、虚心向大家学习，做到百练求准、百改不烦、百拍不厌，才能有勇气拿起这个跨门类艺术的梨子来品尝，才能大胆地去塑造邓九公的老英雄形象。

一个多月的时间，我与李教练、六子、三子等人都结下了深厚的友谊。一次三子拍摄时从马上摔下来，缝了六针，我急到医院去看他。我时常说：

"别看戏中我们都是冤家对头,你们是纪献堂、黑风僧,戏外我们可是好朋友!"

我回京后,接到他们的来信问候。率改革团演出时李俊峰教练听说我也在此处,热情地到宾馆看望我。这都是后话了。

返回说,我们寝室戏拍完,回到圆通饭店是深夜一点多,不料,大门紧闭,叫不开,敲也敲不开。总不能在车上过夜吧?情急中想到翠湖宾馆昼夜开门,于是只得又返路去翠湖宾馆给圆通饭店打通电话,才得回房间。临时煮了点玉米面粥喝,睡时三点已过。

还有更不顺的,我累得一步都不想再动,还引起诸多误会……

这一天,早上八点半即去化装。十点准时到西山拍最后一个镜头:血战后,邓九公、十三妹、赵杰三人胜利,相扶上山而去的镜头。因知是在山上,中途会有人接,就顺山往上走。直走到罗汉阁,也没有人接应。又登上玉皇阁仍未见人影,向四周的游客打听,谁也没见到过拍电视剧的。我一分析,准是走岔路了,千万别再一个劲儿地上了,赶快往下走去找吧。

这时的我又急又累地边向下行边询问,总算见到来接应的人。是不知原因地相互错过了,没接着。再一看表十一点过五分。向他一了解,如果去拍摄现场应走岔路,还得再下近三百个台阶。于是我让同行的李胜素、六子等人先下去,问问导演上午是否拍得上这个镜头,因为拍摄中遇到后延或改日拍的情况太多了,借此我可以在此小歇一缓劳累。如果拍得上,就在山下喊话,马上下去。如果拍不到,赶快回去吃饭,早些返回别误拍摄。

直等到十一点半都过了,葛厂长上来了。他介绍了原定只一个上午,没有备我的饭。我一路行来没见着有卖吃的,鉴于当时具体情况,再下行三百多个石阶。后来才知,实际是六百多个石阶。穿上服装拍后,再爬上这几百层台阶,再走正常下山路坐四十分钟汽车到驻地吃饭……我清楚,最近检查尿糖是两个加号,绝不能让《闯王旗》那一幕在这山野中重演。觉得这不是克服的事了,于是请厂长转告导演,暂时先回去,改日补拍吧。

事后，我才知这个镜头被导演删掉了，变成不表邓九公是活是死，由观众去想……自然有误会在其中了。

可巧，两天后，剧组由于准备工作不好，到了黑龙潭又没有拍成，全体撤回开会追究责任。我来到现场说明情况，又找来"十三妹"等人做证，事情终于清楚。导演也说："我唯一就是没过问人事。"

导演和我，二人相拥在一起。

"邓九公是死是活，由你安排，我听你的！"我激动地说。

"我陪你去补拍那个三人上山的镜头！"导演认真地说。

十二月三十日上午即去罗汉阁山下拍了那个三人上山的镜头。

这件事怪谁呢？要怪就怪通信太不发达！甭说有手机，就是有BP机，嘟嘟一叫，什么问题都没有了！

晚上，我被接到小礼堂参加省委的新年电影晚会。小礼堂内沙发前放满了香蕉、橘子、点心、茶水……

原来，在座的是几位省委负责人，领导们热情地将我让到首位。

主持人的开场白中说，在今天除旧迎新的电影晚会请省委领导参加并欢迎在昆的京剧表演艺术家袁世海同志。

我与省委领导共同观看了两部日本电影《铁骑兵》《兆冶的酒店》。第二天又与领导们同看了《南魔王》。

真不一般！岂止如此，我到昆明没几天，省委副书记和文化厅领导于十二月初即到圆通饭店看望，副书记热情地介绍了云南省是少数民族多、物产丰富、气候地理条件多层次的省份，诚意邀请，安排去西双版纳……临行时，安排保健医生来给检查身体……知道房间里未接通电话，立即给予接通。

柳营园餐厅可称的是我在昆明拍电视剧时，生活上的坚强后盾。餐厅的饭菜可口，服务热情，尤其是多亏餐厅主任的支持，这次的拍摄任务才能顺利完成。

八十年代初，改革开放尚属初级阶段。我们拍摄时间不固定，开饭无准点，吃饭成了困难问题。省委派医生检查我的尿糖已升至两个加号，出现乏力现象。我果断将伙食费提出，不够自补。早点自己打奶，午、晚饭到柳营园餐厅来吃，更有他们朋友般的接待，使我进门来总是暖融融的。

年尾了，我很想与始终敬佩的梁导在一起吃顿晚饭，尤其敬佩他有一颗极强的事业心。肯来，首先意味着要能吃苦头。拍片期间，他住我的隔壁，闲谈中也知道梁导在国内的伙食补助不高，工作又没日没夜没休息，十分辛苦，饿了只能用饼干和糖果充饥，衣服脏了无人洗。这些我都亲眼所见，能不佩服吗？！

我也非常感谢梁导的信任。在他认为剧中邓九公送十三妹下山赠剑时需要加台词时，他就来找我帮助，写完一听，通过，就用了。邓九公假扮乞丐一节的拍摄也是我在北京时就加上的。

三十一日，我诚心诚意地愿与梁导共迎新年。我和梁导相约晚六点在柳营园餐厅见面。

不巧，香港邓宛霞的母亲——邓太专程来昆明找我商量宛霞组团演出的事宜。下午三点就去了翠湖宾馆见面商谈，赶到柳营园餐厅时六点十分。梁导早来等候未见我到恰刚离去。我急回车到昆明军区二招，再次相请于他。

我与《侠女除暴》导演梁天（右一）和香港朋友邓太合影

终于在爆竹声中，我们二位愉快进餐。饭后同去人民胜利堂，看电影

《南魔王》，我们俩与省委领导同入座。之后，领导又派车将我们二位送回圆通饭店。我们共同度过愉快的一九八四年的除夕夜。

我由衷地感谢省委领导，承蒙如此无微不至地关怀照顾，真不知该说些什么好！

一月二日邓太邀请我游览石林。春和日暖，一路顺风。临景照相，兴趣大发，误登上一条艰险之路，不知不觉中步上望峰亭。突兀的座座石峰，与我并肩而立，更有无数的峰端被踏在足下，真可谓天下奇观、奇景、奇峰！

邓太也不无感慨地说："我为在'石林'两字下留影，居然登上望峰亭。世海，你前头登的那么快，我只好跟着。都是你，把我给促上来的！否则，我无论如何登不上这么高的地方来。"

"促你登上险峰的不是我，是你的女儿宛霞！"来者全笑了。

"我的功不算，劳也都不算了！"邓太的侄儿说。三人更笑了。

我望着错落群峰心中默想：新年登石峰，象征着迎来的一九八五年，是敢攀登的一年！但，也会是愉快的一年、取得胜利的一年吗?！果然，回到圆通饭店，就见到了北京来的催归电报！

下亭后，又走到一石洞中，石桌用瓦片敲击就能听到钢铁般的声音。石壁上写着"无欲则刚"。

"无欲则刚！太对了！在这里给我照一张！"我大声说。

最后，齐到"石林"两字下留影。

我在云南的留影不光是"石林"两个字。

云南省电视台一直在与我联络，与中央电视台接洽借用舞台录像，配合在昆明的活动，利用拍摄《侠女除暴》的间隙，又拍了一部有关我对艺术见解、改革看法，京剧前景的生活专题片，成为我今世的永久留念之一吧。

一月三日我参加《春城晚报》创刊五周年纪念会，即席助兴赋词唱道："参加这联欢会心情舒畅，天南地北欢聚一堂。同心协力把四化大业创，共产党领导下的中国一定要繁荣富强。"

我再三辞谢了去西双版纳旅游之行。一月五日急急返京。

壹陆肆 改革潮 引领潮流

鞭炮声中，同行们互相拜访，
电话铃也在高唱。
是恭贺新春，
是将改革酝酿。
是诸葛献策，
是宏图展望。
佳节之际，
我阅读着一封封热情洋溢的来信，
言辞亲切、直爽。
是祝愿，
是希望，
是促进，
也是力量！

心,
多少颗心,
都在激烈地跳动,
强烈和谐的心音,合奏出一曲艺园新春畅想曲的第一乐章!
它,
使我憧憬着艺园新春的美妙景象,
它,
使我感到了任重路远长。
是的,年过花甲的我——老了,
舒适的生活环境围绕在我身旁,一切都已满足,
倾听着这雄壮的乐曲为之欢乐,足矣,
又何必再次舒筋骨,
随着乐曲的节拍,迈出新的舞步。
看,
前面挥舞改革大旗,
向我召唤的是——党,
我,
共产党员,
怎能沉默不言,
怎能硕果坐享?
前进吧,
只要心如磐石坚。
紧紧跟着党,定会焕发出青春的光芒。
前进吧,
我们要勇敢地去谱写艺园新春的第二乐章、第三乐章……
前进,前进,前进吧!

奋力奔向建设社会主义精神文明的前方!

一九八五年二月春节前夕，中国文联组织春节前的联欢会上，我朗诵了这首诗。这也是在改革大潮中，我向文艺界同行们的表态。之所以写在这里，是因为诗句基本表达了当时京剧实行体制改革的形势、我和许多立志改革者的心情与决心。

春节的这几天，就是大年三十，我也没有叫儿女们回家团聚，因为太忙了。

一九八五年二月二十一日，大年初二一早，我偕同为了说戏，初一留宿家中的优秀中青年演员，马连良先生的弟子、张君秋的儿子，北京京剧院的马派老生张学津，从北京站登上南下列车正式启程赴邯郸演出。

二十三日，改革团成员年近六十的杜近芳、年过六十的名武丑张春华、六十四岁的名鼓师赓金群几位老艺术家和优秀的中青年演职员张学津、赵书成，武生高牧昆，花脸陈真治，旦角孙萍等八十一位一个不少地齐聚邯郸。

更有与我风雨同舟几十年的老一团的老伙伴骆洪年、苏维明、曹韵清，也不辞辛苦前来助阵排戏。这个团组建十分仓促，八十一人的团体来自中国京剧院各团，张学津还来自北京京剧院。相互间没有一出合作过的完整剧目，更没有时间来得及排几出完整的剧目，由于要抓住春节的最佳演出时机，一切还是从零开始的情况下，就拉上队伍出发了!

这个团，就是根据十一届三中全会精神进行体制改革，实行承包制，自愿组合的中国京剧院改革试点团。

大家满怀着对党、对艺术的热爱，大家满怀着对改革的希望，坚决地愿意摸着石头过河，愿从体制管理、经营管理、艺术管理多方面改革，寻求京剧艺术振兴发展的途径!是以共产党员应尽之责统一决心，自愿结台在一起，组成了生、旦、净、末、丑行当齐全，强强联手的京剧团。

人人憧憬着在自己的努力下，要让京剧艺术受到广大观众喜爱，重返争相购票的繁荣景象的改革试点团，准备接受实践中困难的考验，准备迎接真知的洗礼！全体人员告别了温暖的家，雄心勃勃地足踏皑皑白雪，勇敢地迎着料峭春风，肩负改革重任，承担着来自各方面的压力，弃置了千丝万缕、缠绕不清、解说不尽的诸多事项，摈弃那些尚未理解、带有偏见性的闲言碎语，下基层到广阔的工农兵中去，为他们演出、为他们服务，去赢得，去争取更多、更大、更广的京剧观众群体。

眼下，大家已一刻不停地投入紧张的装台、排戏、走台等准备工作，勇敢地面对摆在眼前的重重困难，征服它、克服它！各负其责，各尽其职，视一切工作为己任，哪里有困难，众人齐心同上。

以前，剧团装台、卸台、装车、卸车的活累又兼脏，派谁都不愿动，很勉强，往往人手不够。现在，一声"车来了"，如同是号令，不管男女老少，大伙儿都争先恐后地干。老一辈的也和年轻人一样搬箱抬拒。动人的场景、动人的事迹不胜枚举。为什么？

改革试点团进行了精兵简政。人员由以往的一百三十人，减至八十一人。电工要兼管音响和拉二幕，管梳头桌的武美人员兼当会计。后勤管理人员就赵书成同志一人，他在一晚剧目中还要兼跑龙套、大铠、士兵，来回穿上不同服装赶包。日间还要负责对外联络，对内生活安排及人员管理。演员们同样会在一出戏中连赶几个角色。这样避免了人浮于事的现象，又大大调动了基层演员的积极性。当然，或许也有大家感到以前剧团办得好坏和自己关系不大，现在是自己自愿参加的改革团，积极性很高的成分在内。

改革试点团内的一切业务安排、经济分配等均不是某个人，或两三个人可以决定的，均由团核心组研究决定。核心组成员即是团内的主要演员，有着多年的舞台实践，了解熟悉艺术生产规律，立志改革，愿科学地解决演出与排戏的矛盾；愿摈弃私心，将各位演员按特长妥善安排在发挥其艺术才干的最佳位置上；愿挖掘、解放艺术生产力，为振兴京剧的共同目标自愿结合在一起的。

演员们排着《群英会》，早就安排下要背《打渔杀家》的词、说《四进士》的腔了。排出二十年未演的《青梅煮酒论英雄》的戏，对张学津来说是出纯新戏，张学津背词、对腔，贯彻始终。

杜近芳演着《凤还巢》就得着手排《宇宙锋》，三月四号就演。与此同时还得排《桃花村》，这可是近芳二十多年没饰演过的十几岁的小丫鬟春兰，属自己的原创戏了。这次她真是焕发了艺术青春！幸亏小生张学济在北京戏曲学校毕业，读者一定不会忘记，这出戏可是郝寿臣老师完全按中国京剧院一团的演出本教的学生，也是张学济从小时就熟悉而且演过的剧目，可省大事了，所以三月五号就敢与观众见面。

演员们还得顾及着《霸王别姬》呢，因为我要在此剧中增加韩信坐帐发兵一场，安排了韩信一段器宇轩昂的【倒板·碰板·原板】的唱段。为了增加这场戏，我曾在八十年代初，在一个北风呼啸的冬夜，去梅兰芳先生家拜访住在那里的曾为梅兰芳先生撰写自传的许姬传先生，向他述说了想法，并得到他的支持。因为这是剧情的需要，终归韩信是胜者，需要表现一下他的强大，以反衬霸王的兵败与无奈，而且也并不影响虞姬、霸王的表演。

武戏演员要的是武打配合默契，不但要排《大破铜网阵》即《靖忠五烈》，还要排新戏《三盗令》。其他演员更辛苦，要同时背几出戏的戏词、唱腔，同时还要排一出戏中的几个角色。为保质量，他们不辞辛苦，几乎天天自习或排练到深夜……

每个演员被弹得叮当脆响，保驾护航的老哥儿几位，就是这么日夜兼陪！

不仅如此，改革试点团的花脸一律不许留头发。以我为首，花脸全都要剃光头。老生的鬓角要剃干净，大家都要理发。青年人流行留长发，也都剪短了。团风好，舞台面貌才会好。

最重要的一点，改革试点团得到了邯郸市委、市政府的鼎力相助。市委书记、市长等各级领导不光是亲到车站迎接，演出上台祝贺给予鼓励，而且先后到团探望帮助解决实际问题达六次之多。

短短三天的准备就一切就绪，按期首场演出！

面对这沸腾的场景、激动人心的件件事情，更激情难言的是我⋯⋯

自从七届三中全会提出改革开放的响亮口号以来，全国人民都动起来了，各条战线改革不单是蓬勃兴起而且效果显著，形成硕果频传的新形势。

文化部多次召开艺术团体体制改革多种形式的座谈会、交流会，互通情况，研究推进改革的措施和办法。

中国京剧院也是学习再学习，号召又号召。

由于历史和现实的种种原因，艺术团体存在体制和经营管理不适应艺术生产的需要，机构臃肿、人浮于事，艺术团体缺乏必要的自主权；缺乏严格的经济核算制度和按劳分配制度等许多弊端，使艺术团体的改革步履维艰，严重阻碍了艺术事业的发展。

大道理，人人都明白。如何从实际情况出发，按艺术规律办事，才能开创新局面，使艺术团体具有活力、动力，走出一条具有中国特色的艺术团体的新路，但一时又难以统一思想、统一步调。我屡屡提建议，却组团不成。

一九八三年，在中国京剧院党委半敦促半分配的情况下，组成第一次改革试点团，赴大庆哈尔滨、沈阳、香港演出后即结束了。

直到一九八四年年尾，我在昆明拍电视剧《侠女除暴》时，赵书成等几位立志改革者电报、电话催，我赶回北京。

京剧院已陷入滑坡势头，已到时不我待的时刻，不改革，就没有出路。

我呢，一边忙着参加喜（富）连成科班创立八十周年纪念大会演出《群·借·华》，一边经历了对京剧院改革产生各种不同看法的思想上的相互交流、碰撞，甚至思想上的短兵相接的过程！终于，这一部分人统一了思想、认识、步调，勇敢地冲破阻碍，组建成了这次自愿结合的改革试点团。看这初战有着良好的势头，深情期盼着改革试点团能一路顺风，取得改革的更好成果！

二月二十六日（正月初七）在邯郸工人剧院首演《群·借·烧·华》，张学津分饰前鲁肃、后孔明，谷春才饰蒋干，陈真治饰黄盖，郑元饰周瑜，李文林饰前孔明、后关羽。

二十七日杜近芳主演《凤还巢》，由张学济饰穆居易。

二十八日是张春华和高牧坤主演的《大破铜网阵》和《蒋平捞印》，张春华饰蒋平，高牧昆饰白玉堂。

演出大获成功！不但座无虚席，而且还临时添加了好几排座位，可谓盛况空前。

每当演出拉开大幕时，舞台上齐刷刷、亮闪闪的充足灯光，顿时照暖了改革试点团每一个人的心。改革试点团带不出来该用的灯光，又没有资金，这是市灯具厂闻知后立马送来的十八盏现代化舞台灯具，价值三千余元，先供使用。几天后又给安装了新型特制的脚灯，懂行的人们一看都说，比上海剧团的灯光还好，为演出增加了强烈的渲染效果。而灯具厂十分体恤改革之难，愿为改革援助力量，每个脚灯他们只收一百元的成本费。

当剧场内荡漾着演员们清脆而洪亮的演唱时，更使改革试点团的全体人员心里异常兴奋。因为这是市文化局和工人剧院帮助请来了原市话剧团的音响技术员协助工作的结果啊。

龙套、宫女们上场了，他们精神抖擞又穿戴整齐……舞台上该使用的道具一样不缺，这是邯郸市京剧团给予的支援。

就连最难办的关羽大督旗……瞧！打在关羽身后，也相当威风。这是舞美队的同志们想办法移花接木做出来的！

场场演出绝对有着国家剧院的水平、风格和风范！

就是在二十六日的中午，邯郸市委、市文化局即为改革试点团首演贺喜，得知正月初九是我七十大寿，要为我庆祝庆祝。在宾馆里设宴，全体演职员为我敬酒祝寿。事后，我每每回忆至此，都会高兴地说，这是我过得最有意义的一次生日，七十岁了，还能在前线，在改革大潮的风口浪尖上过生日！惊动了那么多的领导，得到领导的关爱、大家的关怀，得到了八十名同行的祝酒，有何德何能？受此殊荣，一定要牢记心中！

这个团的全权管理者赵书成同志激动地说："我们团和邯郸有着特殊的感情，和邯郸人民心心相印。我们的成功，是和邯郸市各级领导和人民的支持分不开的！"

剧目接连上演《四进士》，由我饰演贪官顾读。《打渔杀家》中，杜近芳饰桂英，张春华饰教师爷，这都是年轻时给主演老生配戏时所饰演的角色。当然，也绝不是改革试点团中无人能演这几个角色，为的是托举张学津，给他同台配戏，提高他的表演技艺，同时又能给饰演这些角色的年轻人做示范，更是观众们几十年难得一见，让他们大饱眼福。实行全团"一棵菜"的好作风，纯属老艺术家们一举四得的一份苦心，也是培养青年演员最直接、最得力的手段。这件事张学津在他所著《生正逢时》的书中说："最让我难忘的是与袁老一起演出的《四进士》，剧场效果非常强烈，我感到自己的理想终于达到了。我们这可真是全国最佳阵容了。袁老的顾读，他的化装，勾的脸，那眼神，那盖口，疾徐张弛有度，感到就是不一样。……一起演这个戏真是我梦寐以求的莫大享受。完了戏后袁老就跟我们回忆起，原跟马先生合作时怎么样交流，怎么把戏给'逗'出来，都跟我说了。并说咱们以后再细说，在唱、念、做方面再进一步研究。这天演的《四进士》，郭玉林演毛朋，孙萍演杨素贞，张学济演田伦，我演顾读，张学津演宋士杰，秦汉演杨春，谷春才演万氏，奎福才演刘二混，金利水演看堂的，周元伯演杨青，这阵容相当不错。如此强大的阵容，如此精彩的演出，谁不想一睹风采呢？……"

张学津还说："……杜近芳还和张春华与我联袂演出了《打渔杀家》。正月初十是马连良先生的八十五岁诞辰，我不能到灵前祭奠，就在邯郸演出马派剧目纪念。正好这天晚上演出的是《群·借·华》，我和袁老怀着对马先生同样崇敬的心情参加了当晚的演出。"

三月十四日、三月十六日晚场推出两场重头戏《霸王别姬》，从韩信发兵、九里下大战，直到兵败垓下、虞姬自刎后霸王乌江自刎止。这出戏，杜近芳从"文化大革命"开始至此仅在一九七九年，为庆祝召开十一届三中全会时和我为大会合演过一场，后又在国际俱乐部演过一场。一切都由最熟悉、最拿手变得令她太生疏。她的戏装都瘦得无法穿，只得由她自己想办法动手拼接，可见其难。

观众们对这出名人绝配的名戏可谓情有独钟。加坐票已不够，围着剧场内贴墙四周都站满了观众！掌声此起彼伏贯穿始终。可不是光给我们两位的，从刚开始韩信发兵时清脆动听的老生唱段，到九里山前霸王中计两军对阵殊死搏斗的精彩舞打……真是让观众看得懂、喜欢看的一出名戏！这才是我所追求的"一棵菜"，这才是我所追求的继承发扬，推陈出新！

不单这出戏，《龙凤呈祥》同样如此，我把不合理的唱词、念白都加以修改。《相亲》一场老本子刘备听说赵云告他外面有埋伏的兵将时唱"吓得刘备"，随之配合滑到桌下的动作，既不合理又不合适。这句是刘备的内心独白，如真如此无用，诸葛亮早躲得他远远的了。于是我就给刘备的唱词改成："听说一声有奸细。"刘备一转眼珠，再接唱："刘备假装魂魄飞。"同样再滑到桌下，一会儿跪在地上央求太后，在洞房看见刀枪也害怕的一套，人物形象却大不一样。观众也自然会明白，是刘备善用的韬光养晦之计。

在邯郸最后七场，是三月十一日《龙凤呈祥》，三月十二日《群·借·烧·华》，三月十三日《龙凤呈祥》，三月十四日《霸王别姬》，三月十五日《龙凤呈祥》，三月十六日《霸王别姬》，三月十七日《龙凤呈祥》。

稍微熟悉京剧的人冷眼都会看出，这需要我连演七场啊！打破了我，也是组织爱护安排的多年来歇两天演一场的惯例。对于七十岁的我来说，确是一场严峻的考验！对于七十岁的我来说，该拿出什么样的干劲和毅力，有着什么样的心气儿，发扬了什么精神？唯一能解释的就是我对京剧艺术、京剧事业融于血、融于生命的无尽的爱！

意想不到的是拜访我的人愈来愈多，一天竟达七次。也不像大家所想，是京剧爱好者的拜访和记者采访。有，但大部分是河北、河南、山东许多地方前来邀请演出的人们。这些情况说明什么？是任何人都可以明了的。可喜的消息不胫而走，每一位同志的士气更高涨了。

邯郸二十一天初战成功，经济上也净余二万六千多元。这个数目在今天看来不算什么，但在当时那个年代相当可观。

接下来的演出任务是慰问峰峰矿务局，矿区接待极热情。最使演员们感动不已的是台下观众居然能跟演员们一起哼唱，像《劝千岁》《叫张义》等名段皆是如此。

尤其是有一天，到了化装时间，大家走进后台，发现没电了。漆黑的后台，演员们凑在一起在几支蜡烛昏暗的光亮下化装。舞美、服装也都依旧有序地做着演出前的准备工作。乐队不时响起的胡琴定音调的声音平稳自如。大家都在默默地争取时间，一旦来电，准时开戏。我让书成几次去了解情况。

没多久，观众开始摸黑入场了。他们大都靠火柴、打火机的光亮找准自己的座位。

开演时间已经过了半小时了，观众席中没有嘈杂的催开戏的叫声，都耐心地在等待。直到八点钟开戏前，依然如此。不由得使后台的演员们钦佩，煤矿工人老大哥的组织纪律性就是强，可亲、可爱、可敬。

断电的原因已明了，是大风刮得高压线相碰造成短路，又因是周六，变电所无人，一切都得临时找人修理。局书记亲到后台指挥……

六天的演出成功也带来许多难题。峰峰矿务局下属十三个矿都要求看戏，几次提出续演。但下一站慰问丰收县——磁县演出日期已定，广告已出，难再推迟。于是最后确定，第二天下午三点去羊渠河矿，在一个三千观众的礼堂召开联欢会，全体演员和大家见面，表演清唱、武打等节目。改革试点团准备了十几个小节目。杜近芳表演虞姬舞剑一段，张春华表演《节振国》选段，也有舞剑。我自有我的拿手戏，还是自编清唱了："党的三中全会制定的方针政策英明果断，峰峰矿重视改革产量翻几番，今日里喜相聚我们把节目来演，愿大家再接再厉为四化建设奋勇当先！"

短短几句唱，我使出浑身解数，演唱得声洪气沛。这又是唱矿工们自己的，那欢迎度是可想而知了。

我自编自唱的四句【散板】，每一句可以不计字数，就是长达十几二十个字，只要上下句是对的，就能根据字来自由地行腔演唱，每次词不同，唱腔也全不一样，但均会唱得很流畅。这也是客观造就的。我在晚年，参加各种联欢会时，大家见到我，免不了都要热情地邀请我演唱。次数太多了，我自己就能在很短的时间内，根据现场情况编上这么几句，最后还准有花脸的高腔，让您听着挺过瘾。京剧清唱，最怕没胡琴伴奏。而这种场合下，大多不可能有胡琴陪着。所以，只能半唱半吟，大家听得懂，我还能灵活应变。最大的优点是和大家能一下子拉近距离。

开始慰问邯郸地区的丰收县了。十一届三中全会以来，农村的变化不断增大，多少次到农村慰问已经有着较深的体会。

第一站是磁县，听当地介绍所属武安现已年人均收入达一千五百元。干部最高达二千五百元，群众最高达到二千八百元。这是因为大队办了三十五个厂。书记曾十三次去上海请工程师，提高技术，厂年生产值达一百多万。

当地领导考虑，为了保证几位高龄老者的健康，安排仍住在邯郸，虽来回长达三个多小时的路程，极受颠簸之苦，尚还能睡好觉。

自三月二十六日至三月三十一在磁县演出《群·借·烧·华》、《挡马》《凤还巢》、《大破铜网阵》、两场《龙凤呈祥》，磁县文化局来接时，呼吁加演。说五场演出只能让六千人看，光团体票就已登记出八千多人。可是几个县的演出日期已定，无法续演，只能临时加座。演出时，来自山区一百里开外的岔口、杨家镇、五合、观台等县乡的人们，他们不是乘汽车来看戏的。要知道，在八十年代初，这些观众都是赶大车来看戏。哪像现在是要致富，先修路，村村都通了长途汽车。

然而，看演出的观众之多、加座之满、站票看三个小时之甘愿，很感动人！

如果再仔细观望观众，还会发现，他们虽没穿着时髦的西装，看上去脸色也都黑黝黝的，可大多头上都系着白羊肚毛巾。从他们入神的目光和时而点头、时而大笑、时而挥动粗壮的大手一个劲儿地鼓掌来看，他们不仅看懂了，而且已经被戏吸引了！三中全会以后，农村刚刚往富裕的道路上走，就已渴望精神上的文化生活，他们爱看戏，说爱看好演员演的好戏！这些足以使我们演员深思！

在馆陶县演《霸王别姬》，剧场只有一千三百个座位，初算加出了三百个座位。剧场临时购买椅子，更有观众自带椅子，剧场三面贴墙站满观众不说，居然有人抱几块砖，站在砖上看。二楼贴楼栏杆内加了一排席地而坐的观众，站在舞台上清晰地看见从楼栏杆中钻出一排观众的头……

四月四日在大名演《群·借·烧·华》，四月五日《挡马》《凤还巢》，四月六日《龙凤呈祥》，四月七日《龙凤呈祥》，四月八日《钓金龟》《打瓜园》《霸王别姬》，四月九日《龙凤呈祥》，四月十日《打渔杀家》《断后》《打瓜园》，四月十二日在馆陶演出《群·借·烧·华》，四月十四日《大破铜网阵》，四月十五日《钓金龟》《打瓜园》《霸王别姬》，四月十六日《龙凤呈祥》。

大家都看见了，河南、河北、山东各地仍络绎不绝地来人邀请。

大家也听到了一段笑谈，邢台剧场经理不知怎么得知改革试点团不去邢台，有要回北京的消息，急急开车追到冠县，进门就说："袁老，我这是第七次来邀请啦！冲这，也得去邢台呀！"我回答得更妙："那你是'七擒孟获'来啦！"

刚过一天，大家又目睹了，山东聊城闻听试点团改道邢台，不去聊城，聊城宣传部部长及地区的同志都来到冠县招待所强烈要求去，而且说张海迪在北京写书，听说中国京剧院要来她的家乡，决定提前回聊城等。并说临清地区相约四个京剧团到那里聚会，如果改革试点团答应暂不去，这工作由聊城出面去做。接着，下午改革试点团到馆陶演出，他们又追至馆陶，表示不答应就不回去了。果然晚上又追到剧场，改革试点团正为馆陶县的劳模大会演《群·借·烧·华》。最后，听说改革试点团核心组碰头初步决定去聊城，十分高兴。

请想，一个剧团受到各地如此诚意相邀，如此迫切相邀，说明是需要！还能坚持不去吗？作为一个演员听到这消息能不振奋、能不克服自己的困难去为他们服务吗？

他们也兴奋地直等到我们卸完装、道了谢，才高高兴兴而回！

观众极度热情，在这种精神力量的鼓舞下、支持下，苦而不苦，累而不累，想不通也想通了，此说可以成立吧！

到各县近一个月的演出，我累得瘦了一大圈。肯定，这不像在邯郸原地演出。有演出，下午三点就要坐上汽车，演出后夜里十二点多钟才回，来回奔驰在并不平坦的乡间路上三个多小时。

为了满足观众要求，我只能"再抖一抖老精神"。演《龙凤呈祥》虽说这出戏我上台时间最短，但跑来蹦去，那飞天十八响加飞脚、枪下场的小踩泥再加念白，也非我的年龄之所为。但演这出戏，已算是让我歇了一口气，第二天就得演最累的《霸王别姬》。为了让观众看懂完整的故事，《霸王别姬》是演全本的。霸王主观独断在九里山中计被困，我饰演的霸王是要扎上靠开打的！后边还要接乌江自刎。等到后台卸装时，我自己无力脱靴。当靴子脱下来时，整条彩裤被汗水从裤腰浸透到裤脚，湿淋淋地贴在大小腿上。厚底靴的长靴筒里衬当然也是大片浸湿。

更甭说，经常还要商量上演新剧目的演员安排，想办法解决同志们遇到的困难以及来自上下左右以各种理由催张学津速回北京、催赵书成回院，否则严肃处理的电报。往往到夜里两点才能精疲力竭地吃下安眠药上床，以保证珍贵的睡眠完成连续作战的演出。八点前开早饭，经常赶不上，只能打点奶回来。

首先发现我瘦了的是去往各县剧场总坐在司机后座的杜近芳。她看到坐在司机旁座的我，穿着棉外衣原本是看不见脖子的，可是眼见着我的脖梗越来越看得清楚，越来越看出脖梗在变！

她大喊："哎哟，老爷子，您瘦得连脖梗都细了，起码掉了十几斤肉！"

"减点儿肥，演起戏来更显轻称，还不好！"

"您的尿糖可得注意……"

"放心，我自觉良好！"

谁见我瘦了，谁都会这么问。我总是这样答。

四月十日晚在大名演最后一场《打渔杀家》《断后》《打瓜园》。我没事，照顾我，先至冠县住进招待所。这里离馆陶较邯郸路近，坐汽车走了三个多小时的颠簸之路才到冠县。每晚坚持由此地去馆陶演七场后，大队人马再都集中到山东冠县。

春天终于到了，窗外团团雪花般的柳絮翩翩起舞。

九点多钟冠县招待所一排宁静的小院开始沸腾了。住在这院中最东头的是张学津、张学济两兄弟。张学济开始练真假嗓子相结合的小生嗓音了。我一听，不错，比他刚开始演出时的嗓子大有进步。本来嘛，他一搁就是两年没上台，换了谁，那嗓子也不听用。何况近芳还主动热情地给他讲解如何发音，讲解了发声跟唱、跟喉头发音的关系。近芳的发音是非常好的，会对他有所启发。

与他们相邻的是张春华。他那屋里静悄悄的，但他绝不会是在房间睡觉。我料想他一定是去剧场练功连带去排武戏《三盗九龙杯》，这是已安排好的排新戏的任务。

再隔壁就是杜近芳。这些日子，她都起得很早，踢腿、练功、打太极拳。如果累了，再睡个回笼觉。今儿个不然，她女儿香妹又扫地又倒土，准是收拾好房间，要接待来排戏的同志们。果然，不大工夫，七八个人，有男有女，每个人都手端一茶杯，拿着剧本，说说笑笑迈进淡绿色的圆形门，来到小院，走进近芳的房间。工夫不大就传出张学济念杨宗保戏词的声音……

小院更热闹了，排戏声引来了其他排房的住客，挤在窗外，又好奇又兴致勃勃地往里观看。

我在房间难得有此清闲，坐在椅子上想再修改一下《青梅煮酒论英雄》的剧本，又想起接到的院党委的来信，对赵书成不但有严厉的批评、质问，而且命他立即回京，否则要进行组织处理。

该怎么办？

不由得我把改革试点团的始末缘由，像过电影一样，整理着思绪想了一遍……

中国京剧院的改革工作也是从三中全会后、八十年代初就开始学习酝酿，但要从体制上实行改革，冲破数十年的习惯势力，与之抗衡，用符合京剧艺术发展规律、促进京剧艺术生产的管理模式振兴京剧，谈何容易？

一九八三年，我曾提出一项改革方案并提出实行改革京剧团体。头一条，在剧目生产上，必须坚持"三并举"，而且传统剧目也得是经过加工整理的。第二条，改革试点团要把培养人才当成自己的一项重要任务。团里演员是老中青三结合的，老同志的任务是传帮带，把住艺术关，偶尔进行示范演出。中年人上学下传，演出为主。戏曲学院新毕业的同学是边演边学。出戏又出人，才是长远之计，绝不是三个月或半年一蹴而就。所谓出人，首要的条件不光是你主演了一两出或三五出戏，而是得到观众的认可，你演戏，观众得来买你的票。第三，得抓住经济效益。既要减轻国家负担，增加公共积累，还得让大家富裕起来，特别是担负主要演出任务的中青年。要达到这几个目的，除了增加演出量，大大开源以外，还得齐心一致，处处节流。一句话：应当挣的钱多挣，不该花的钱不花。

一九八三年初，在中国京剧院领导的安排下，我与李世济、张春华、冯志孝、李宝春等人组建了第一次的改革团。

八月即开赴大庆演出，剧目有《群·借·烧·华》《龙凤呈祥》《锁麟囊》《六月雪》《大破铜网阵》等。后又去鞍山、沈阳，回京后即一九八四年二月赴香港演出，再回京后就告一段落。原因很多，最主要是主演们合作戏太少。

一年又过去了，全国城乡都已掀起更加深入的改革浪潮，而京剧界依然在改革问题上，尤其在体制改革问题上辗转腾挪，艺术生产力被大锅饭、铁饭碗、平均主义等弊病束缚，不能更多地出人才、出好戏，面临着市场日见萎缩的危险。每一个热爱艺术的演员无不热爱自己的集体。大家都盼望着改革，盼望着有一个更好的、更理想的演出团体，挽回京剧已沦落为"夕阳艺术"的局面，让京剧振兴！

党中央号召改革是使京剧艺术焕发光彩、焕发艺术青春的唯一途径。文化部部长朱穆之为了推动中国京剧院的改革，七次到中国京剧院将党的改革精神向我们传达，动员要求我们剧院本着出戏出人，改善个人经济，节约国家资金的宗旨进行改革，并在全院大会上亲自点了我的名，将了我的军。他说："世海同志，您老经验有，新的经验也有，您应当拿出比较确切的符合艺术规律的方法。"

是呀！我经历过解放前的旧京戏班社，后来亲身体会国家剧院，在这方面有丰富的生活经验，要带头。偌大一个中国京剧院，如果给国家做不出多大贡献，我心里着急！着急，就得去做！

中国京剧院中以赵书成、高牧昆、陈真治为首的有志中青年，按照文化部有关改革的指示精神，自愿结合，组建起一个团，正需要艺术上的领头人。年轻人找到正在昆明拍电视剧《侠女除暴》的我，希望我扛大旗。我觉得共产党员应站在改革的前列，没含糊，答应了。

我和杜近芳、张春华三位与这几十位中青年取得共识，冲上了改革第一线。"改革"二字写起来容易，做起来真难哪！不论原来合作关系如何，不能取得共识,这次就不能合作。最可怕的是无风起浪的闲言碎语。

在急需主演老生的前提下,听说一九八三年四月十五日正式从上海调来北京京剧院的张学津,至今无演出团可归属,两次组团一筹莫展,除和谭元寿、马长礼的一团演了三十四场戏外,始终赋闲在家。于是我和杜近芳、张春华三位把张学津找来,介绍了根据文化部部长的改革方案成立改革试点团,希望在一起演出的想法。张学津认为我们这老三位都是可尊敬的艺术家,能够与之同台演出,是可遇而不可求的事情。何况当前是演戏无路、有劲儿没地儿使的情况,他心情激动地同意了。张君秋闻知后也给我打来电话,我们老哥儿俩也取得共识。

皆大欢喜后,具体实施难了。组团完全符合中央的改革方针政策,中央文化部也有批件,但没有先例。学津一次次找院长、找书记,我去找京剧院,甚至去找北京市委,北京京剧院、中国京剧院洽谈借调用组织原则一要求,就一个字,"难"!最后还是张学津在得到当时院长默许后才随我们来演出的,真感谢北京京剧院这位院长的成全。

几十年后,张学津在回忆录《生正逢时》一书中谈到此事是这样说的:"在完全不影响北京京剧院工作的情况下,并今天看来,前任院长说:'你要走我拦不住,要叫我说你去吧,我不能说。但是我的大门是向你开着的,如果你来信,我去接你。'后来又说:'现在看来,这件事情可能不对,也许以后是对的。'以今天的眼光来看,当时这位前任院长能做到这一点,表面反对,心里同情,并给予默许,已经很难为他了。也许他就是因为这件事而下台的,我想他是个好人,我们应该记住这位院长的名字:史占海。"

队伍拉出来了,也知道难,却是没想到承受的压力如此之大!

就在邯郸场场客满,大家无比振奋;就在《龙凤呈祥》落下帷幕,掌声将停;刚刚送走从石家庄赶来看戏并上台来接见的河北省省长、书记,我的汗尚未止、喘息未定的时刻,我看到了一封电报:

邯郸市文化局转袁世海：

　　请立即动员张学津回北京京剧院工作，以挽回产生的不良影响。

文化部艺术局

这封电报谁看了，谁都感到赤热的心中，被浇了一盆冰水！幸而我给艺术局书记打通了电话。领导说："此事作为公事，但走不走还是剧团的事。让张学津跟北京京剧院把事做得圆满点儿。"紧接，中国京剧院又来电报：一是祝贺演出成功，二是让赵书成速回，三是让张学津回北京京剧院。

我想不明白，张学津想不明白，赵书成想不明白，大家都想不明白！……

像张学津这样一个生行中拔尖的人才，北京京剧院各团安排不了，两次组团均未能成功，在家一待近两年，可以相安无事。一个演员停演两年有多大的损失，这个责任谁负？谁能来负！一个演员的最佳演出期又有多少个两年？为什么宁可闲着，也不能在闲时随中国京剧院去演出？一封封申述、请求的信发出了，一次次汇报、请示的电话打了，也占了多少宝贵的精力和时间！……

当然，这些难题大家团结一心都扛过来了。现在，赵书成的问题又升级到给组织处分了。院里还给改革试点团里的舞美工作人员彭连生来信，大概内容是院里二十五日有演出，让他带着道具回京，别误演出。

难道改革错了吗？我问自己，不！我们改革没错。若说里边有这样那样的偏差，我不敢说没有，肯定有。任何事都不会十全十美，应该在实践中、在组织帮助下逐渐完善。但是核心意义是要改革，党号召共产党员要站在改革的前列。我是共产党员，几年的党龄也是共产党员。何况文化部部长朱穆之点了我的名。我不能口头拥护改革，实际观望！怎忍心看着京剧滑坡，继续丢失经济市场。这也是我这代人吃一辈子京剧饭的良心、责无旁贷的义务！我得下河摸着石头去寻路，一定要摸索出使京剧振兴的路！

在邯郸曾有一位记者采访我时说:"袁老,既然这次您是扛着改革大旗来邯郸演出的,邯郸城乡正在改革之中,您是否给邯郸的人民留下几句话呢?"

我也曾爽朗一笑,说:"我八岁登台,算来已六十余年矣。作为一个共产党员,我要响应党的号召,走在改革的前列。古稀之年,为改革贡献点儿力量是我的一大乐事,愿与大家共勉,将改革推向前进,把余热散发在生前,绝不留到死后。"

国家组织部、组织局局长陈云鹏同志也说得好,他肯定了这个团的改革方向是对的,几位老同志肯领头干是非常好的。

三月底,陈云鹏同志第一次来时,大家向他述说了改革试点团虽是演出成绩斐然,和几次接到催张学津回北京京剧院,催赵书成回京议事的电报……又难以执行之苦处。几天后,陈云鹏同志一大早再次来找我,他向我们提出了注意事项:改革是新生事物,要有认识过程,让其慢慢通。不要互相戴大帽子。他要改革试点团成立临时党支部,要过组织生活,说明有组织关系。并告诫团结非常重要,在文艺界更重要,团结合作要坚持。同志之间互相多谅解,互相取长补短……这给改革试点团的领导予以很大的精神力量。他说得对!遵照他的提示,四月初,改革试点团成立了党小组,曹韵清、赓金群为正副组长。

想来,我应该有信心让改革试点团本着出戏、出人,改善个人经济,节约国家资金的宗旨,进行改革,摸索着向前发展。当然完成这项任务确实不容易,但也不是做不到。不由得想到一九五〇年,在党的支持下,在田汉、马彦祥同志的动员下,搞起了集体所有制的新中国实验剧团,李少春、叶盛章、我、黄玉华、孙盛武等一起办了十七个月。没要国家一分钱的补贴,全团人还都丰衣足食。整理演出传统剧目不算,还拿出了《将相和》《云罗山》《虎符援赵》《夜奔梁山》和《血泪仇》五台新戏。这里也有可借鉴的经验:当时全团上下总共八十一个人,不上场的就一个半:一个是会计,另一个是外联还兼着跑龙套。大伙儿心也齐，总是晚上止了戏排戏，不管有事没事，八十一个人全到。戏的质量不低，《将相和》《野猪林》直唱到今天仍脍炙人口。艺术上对得起观众，怎么会没市场呢！

我总在想，那时候能做到的，今天为什么就做不到呢？当然，事隔三十年，各方面情况都不一样了。可只要充分调动起每个人的积极性，把路子走活，出戏、出人、出钱的局面一定能够形成。

当时，城乡差别依然较大，绝难与现在的公路、住宿条件相比。慰问附近的丰收县任务十分艰巨，演出的环境艰苦。既是对全体演职人员的考验，又是锻炼，更是舒展眼界受教育的时刻。在同志们的相互关心下，大家心甘情愿，克服重重困难。

本应是先去魏县，魏县有变化，较仓促地提前来到大名县演出七场。

更有趣的是，冠县演出结束，行装已收拾好，等大名来车接，结果，大名车来晚了，演员们等得闲暇无事，不知是谁顺口而念了一段引子："被困磁州，思大名，还不来车！"

大家一听，有滋有味，笑的笑了，唱的跟着唱起来。

没想到，大名的住宿条件最差。原为散戏后，女同志天黑不便走夜路去招待所，便让三位女同志留宿后台。不料，剧场后台仍是土坑，屋内没水、没电、无窗，只一领席、一床褥。当晚又遇雷雨……亏得好样的高牧昆、胡学礼、刘海清见此状况，主动与三位女同志对换。……

大名的化装环境是十分简陋地用席棚接出来的。大家毫不以为然，在化妆间仍是谈笑风生，这代表着大家的心态哟。春华还讲起解放前他所坐飞机在圣诞节前夕失事，满飞机的乘客、乘务员遇难，唯独活了他张春华的事情。他的故事把我也吸引了过来，倾耳而听。

春华说："那年我才二十一岁。在武汉演出结束后回上海，认识了一位船长，劝我坐江轮，说稳得连一杯满水都不会撒出丁点儿来。我嫌太慢，还是坐了飞机。飞到上海的上空，漫天大雾，飞机看不见航道目标，盘旋了近三个小时不能下降。这时广播里说要降落，请大家系好安全带。我坐在机尾，正跷着腿吃苹果呢，还没来得及腾出手。来了一检查人，碰了一下我的腿，冲我说：'小孩，你怎么还不系好安全带？'我二十一啦！叫我小孩，你是大孩？我就不系，到底没系！结果飞机往地上栽的时候，我被甩了出去……活了。系上安全带的人全死了，大多是被机上飞出的铁片削去脑袋……机场知道有飞机坠落，下落不明，找到飞机汇报说'机头没了，人都死了，就一个小孩被扔出去掉在草垛上，活了！'我当时是满脸血，脚骨骨折。我这只脚能保住，多亏——李少春。我们在武汉逛市场，看见一双半长筒皮靴，他说是真皮的，劝我买。我穿着大，犹豫半天还是买了，又配了一双毛袜套里边。摔下来后，皮靴子全剐开了，毛袜子全破，脚骨骨折无大碍。没这双靴子，脚恐怕难保喽……"

近芳插话了："说你刚醒过来的事。"

"刚醒过来……不知道……好长时间了，听见有一个人哎哟了一声，我就问：'飞机掉下来了？'

"'飞机掉下来了'

"'人都死了？'

"'人都死了？'好，我说什么，他说什么……我有点儿害怕，直到有人来救我们，问我飞机里的人还有活的吗？我说了有他。后来才知道，他也在抢救，也是天津人。我还挺乐的，老乡有救。结果，抢救了十几天，你猜怎么喳，敢情他的脑袋被削掉了一半，也死了……真就活了我一个……"

"净说这没用的，那包金条是怎么回事儿？说呀！"

"金条……一包，我哪找那一包去？"

"对，说呀？"

"那是我刚醒过来的时候，就觉得脑袋底下特硬、特硌。身子动不了，就用手瞎摸，摸到一个包……"

"金条？"好些人都问。

"做梦吧！摸到一个包，往里一掏，全是整整齐齐的一个个小包……"

"还是金条哇？"大家打趣他。

"胡说，听着。甭管它是什么，先枕着别硌就成，用手把小包包挪挪平……"

"您别卖关子，包袱该抖就得抖啦！"

"就不是金条！是一叠叠的钱。后来我又添了点儿……换了一根金条……"

"好！您不但大难不死，还捞个大发！有福！"

"大难不死，有后福，不假，我得知足。可谈不上大发！我买那双靴子，为什么犹豫，贵！上飞机是头天刚穿上，土都没沾上呢！我还花了一万元买得一个壶。最让我心疼的是那块手表，一天没用，要戴在手上，或许留下了，偏偏宝贝似的装在箱子里……"

"您该化妆了，马前点吧！"来催场了。谈话也结束了。

想到这儿，我不由得想到少年、青年挚友李世芳，他怎么就没有大难不死呢？他要活着，我们哥儿俩同心搞改革，会是什么样？如果少春、盛章三哥都活着呢？想至此，心头不觉掠过强烈之思念，平添一抹凄凉……

我们从冠县每天坐三个多小时颠簸之路来往大名，一次《龙凤呈祥》演出回来的路上，坐在汽车里的杜近芳还高兴地用她甜亮的声音唱起电影《上甘岭》中的插曲："一道道水来一道道山……"

磁县的演出第一天气温骤降，后台很冷。我推开化妆室门，咦，房间里却是一股暖流扑面，不知是谁，主动将电炉提早安装好了。

纵然如此，演出时日较长了，演员们家中难免会出现一些状况。有爱人分娩的、流产的，父母患病的，需要请假回家照顾。但演出又不能准假时，领导小组就安排了留家的家属们去探望、关照解决具体困难，并送去改革试点团的慰问，百元钱以买些补品，安慰其心。

偏偏此时又遇到了意想不到的事情。一路行来，观众的热情始终在鼎沸之中，加演的呼声很高，于是，安排周日加演日场，将以中青年们为主演的剧目推上去。不料，售票不理想。这一下，对满怀热情的中青年演员来说，无异于浇了一盆凉水，这可比环境艰苦的困难还大！思想工作太难做了……靠老同志们长夜的互相倾谈、互相鼓励，明确了此行体制、艺术改革的目的，明了改革的艰难，理解改革途中的坎坷……

冠县的条件较好。待到冠县演出时招待所离剧场只十几分钟的路程，全团同志聚在一起较为方便，召开了全团大会，高牧昆在会上讲了对改革试点团近两月实践的心得。

我也在大会上讲了经济分配的问题，不能将钱分光的道理和看法。特别提到改革试点团用所挣之钱置办了一万多元的服装、三千多元的灯光。这在解放三十多年来，哪一个团办到过？没有！而今天，我们办到了。这历史的新一页，是我们在座每一位的血汗，是我们在座每一位的功绩。改革是前进，不是退回到跑江湖码头的私人班社，也不是退回到集体所有制。那时，新中国实验剧团再好，也没有明确党的领导，更没有公共积累，一切服装道具都是私人置办，挣来钱都分光。我们改革试点团绝对不可以！现在，钱挣了不少，但绝不能分光、花光，要上交给院里，即是上交国家。我们团所置办的服装、灯光不是私人的，是院里的、国家的！这才是党所号召的改革，节约了国家资金，上交给国家资金，不是年年张嘴等国家几百万、几千万的拨款！这就是给国家做贡献。这就要求，咱们每个人不围着自己转圈子，而要想国家、想事业，要热爱、关心这个集体！因为京剧艺术讲究的是"一棵菜"，主演、配演、伴奏、服装、灯光、布景……哪一环节不协调都出不来一台好戏。这就是咱们改革的立足点！话说回来，我们挣了线，一定要改善大家的生活。像领导要求的那样，把艺术团体的经济法则与演职员的分配联系起来；把集体、个人的利益与对社会做出贡献统一起来，体现责、权、利相结合，国家、集体、个人三有利；还得拉开档次，打破大锅饭，但也不可能一步到位……

大家很受鼓舞，一些悬浮的心又定了下来。

说句心里话，真正能把思想做通的还是此前、此后几个月观众对京剧艺术的极大热忱，给予演员们精神上的鼓舞。

看着眼下各自排戏、练功、准备戏的有序之状，我颇感安慰。

我转念想到了，改革试点团的前站联系工作要加强，以前一是缺乏细致，二是心中无数，没有预先做经济核算，结账时会被动。这是全团的经济命脉，要抓住。过去的疏忽和熟视无睹，是赔是赚、钱赚多赚少都一样。这次要教他们，前站职责要定几条：

一、剧场座位有多少，按等划分甲、乙或丙，各有座位多少，一场戏客满各加座有多少？

二、加座实有多少，收钱多少？

三、剧场舞台情况如何？后台能否住宿演员，条件如何？每个床位价格多少？如住招待所离剧场远近、床价多少？

四、主要演员居住地点离剧场远近、房价多少？

五、全体人员伙食供应如何？

六、与剧场如何分账，公提多少？

把这些都向书成和下一站将去聊城打前站的同志交代清楚，及时改进。因为我十分清楚，和剧场关系再好，结账时，剧团、剧场站在不同的立场，各为其利益，必须要签好、签细合同才能避免发生不必要的矛盾。

张学津在其《生正逢时》中对此有所回忆："演出前我发现袁先生非常精明。第一场演出，当时是一票难求。他就让人在舞台前至第一排座位前加了两排座，作为加座。这座位就是用大红砖码上几摞砖，再用搭脚手架的大木板搭在上面，写上号码往上一贴，这就是临时加座。剧场里坐得满满当当，真是座无虚席，满坑满谷。袁老一边勾着脸，一边叫我三弟学济到楼上末一排去问问观众，他的票是买的还是发的。各个犄角儿的观众也打听一下。足见袁老是很有经验又很细致的人，他要掌握第一手材料。看着剧场满满的，别到时候他说这些票都是发的。"

可惜当时没有归到"市场经济"这个词语，这些想法，就是京剧艺术团体抓住市场经济，才能出钱、出戏、出人。

跌宕起伏的演出生活，永远是不能平平静静的。

四月二十一日，我演完《四进士》回招待所，听说近芳病了，急去探望。果然，近芳受了风寒嗓哑并发热！立即请张春华、高牧昆、赵书成等人开核心会，根据此情况，冠县不再续演，确保聊城、邢台。一致认为二十二日晚演《龙凤呈祥》尚好说，孙尚香一角可以由后起之秀孙萍替演。最难办的是二十三日《霸王别姬》虞姬换人，剧场、观众都不会答应，只能改演群星闪耀的《龙凤呈祥》。

消息一散开，剧场经理闻风而来，一了解情况属实，顿时急不可耐："观众对你们多大期望，为了看戏，有个观众，离我们挺远，拿出一千元，每天都包三排好座，这要让他看不着最好的、全国第一份的《霸王别姬》，我、我、我这关可怎么过呀！"不平静的气氛笼罩了整个前后台。

下午，惊动了县委副书记及剧场经理数人前来与核心组商谈。直到下午六点半才定下来，当晚《龙凤呈祥》的孙尚香改由孙萍饰演，再由张春华加演一出《打瓜园》。开幕前由县委同志向观众说明杜近芳生病的情况，然后，我陪杜近芳上台与观众见面道歉，求得观众谅解。二十三日《霸王别姬》改演《龙凤呈祥》，其他一切照旧。

当晚，观众们入场了。我和近芳来到剧场，看到剧场门前熙熙攘攘的人群和一排又一排停放得满满的自行车，就大概知道观众有多少了。在这众多兴冲冲买票为看你演出而来的观众面前，你一个演员不能为他们演出是一件非常苦恼、无限内疚的事情！难道就这样让他们遗憾而去？如何能尽力弥补呢，哪怕是一点点……

杜近芳想到了，嗓子哑了不能唱，但还能动，还能舞！不能就只这样走上台去鞠一下躬……观众应该得到的就应该尽力给！近芳决定了，她轻施薄粉化了淡妆，换上一条白色彩裤、一双粉穗子彩鞋，要把《霸王别姬》中虞姬"夜深沉"舞剑一段献给观众。

我、后台演员、前台观众见状无不感动，无不赞扬！这时，大家才发现鼓师未到，他哪知道突然加了这么一出哇！好在剧场离住地近，十分钟的工夫，鼓师就让车给接来了……

观众是通情达理的。他们对演员给予了极大的同情、谅解，并赋予了大爱！当【夜深沉】的曲牌优雅地灌满剧场时，当虞姬翩翩舞剑、下腰时，那发自一千多名观众内心的掌声震耳欲聋……

祸不单行！演至《龙凤呈祥》中《洞房》一场即将结束时，突然一个宫女直挺挺地倒在地上……台下秩序良好，大家在后台可急坏了！马上将她送进医院……幸好无大碍，众人才把心放下。

后起之秀孙萍，虽说他是盛长的儿媳，但舞台上并不太熟悉。改革试点团核心组见孙萍扮相、嗓子都很好，安排她重排《玉堂春》。散戏后，她一直排到深夜一两点钟，很是刻苦。这次，她救场如救火般地果敢承担了演孙尚香的角色之后，沉着镇定地应战，虽然只饭前草草对了一遍唱腔，说了说舞台大致位置，就该化装了。看，她手里拿着剧本，演完一场下来，不得不在后台看看下一场的词。她上场了，上场门边幕还安排站着一位戴着老花镜拿着剧本提词的曹韵清同志，以防她万一忘词。

对观众负责的态度和责任感，给了孙萍无穷的智慧、勇气、胆量！她不但演出圆满，而且二次得到掌声。这是观众表达对她的支持，对新生力量、后继人才的鼓励，也说明她是有一定实力的。

为这出戏换人上演而一直担心的我，看至此，放心地去摔头、化装，准备上场了。

孙萍所得掌声，其中一次是我上午通知她先背背词做准备时，给她说了程砚秋先生演别母时，孙尚香有一个三次拜别的、非常讨俏的独有的身段。孙萍很准确地接过去了。

像孙萍这样的青年演员是可造之才!

这场戏,观众没有一人退票,而且还卖了一百六十三张站票……

闯过这一关,大家心情一下子平静多了。明天呢,明天是演《霸王别姬》的正日子,经研究决定,还让近芳化装表演舞剑,改张学津演《淮河营》。二十四日的《龙凤呈祥》照同前日,均取得三满意的效果。二十五日晚场原定还是《龙凤呈祥》,为了照顾数场连看的观众不再重看,特意改成《打瓜园》《打渔杀家》《牛皋招亲》。别看是三折戏,可是观众能把改革试点团的主演们的风采全都看了。

才有意思呢,我吃过晚饭,刚关上房门要去剧场,看见好几个人互推互拥、东张西望地走进小院的圆拱门。

"你们找谁呀?"我不得不发问了。

"今天有袁老的戏吗?"其中一人怯生生地问。

"有哇!"

"准嘛?您是……"

"团里的,不会有错。演《牛皋招亲》。"

"岳飞手下大将牛皋……招亲,好看!"

"太好了,我们从四十里外蹬自行车来看戏的……大伙儿累得什么似的,专想看看袁老……您……我怎么面熟哇……鸠山?鸠山!"

我仰脖哈哈大笑,连忙和那位说对名字的人握手!

"太幸运了!我说诚心有好报吧!我们蹬了四十里顶风车,今儿风多大呀,上坡骑不动,推着走!我就这么说……巧嘞,还能和您老见面握手,累也值咧!"他兴奋地越说声越大,最后几乎是在喊。真是山东大汉的豪爽性格!

"我们吃饭时,饭馆里人都说,戏改了,怕您老不演,才来问……放心喽!"一人说。

"哎呀!鸠山多凶!您老多慈善,长寿眉……那长!"我的眉毛随着年龄长，闲来无事时，或坐在沙发上午睡前，常将越长越长的眉毛捻成一个鬏。

"老伙计，那是化装成那样的！……"

"您是大师、大师！"几个人憨憨地笑着，簇拥着我，可以说，几乎是搀着我或架着我，谈笑间到了剧场……

这样的事很多。前几天，我去理发馆剃头。遇见一位五十岁上下的农民，他早晨出家门，步行五十多里，下午才赶到冠县，先理发、刮胡子，再去洗澡，上饭馆吃了晚饭，看戏。可谓纯休息！就在此时与我相遇、相挨理发，他高兴得几乎无以言表，扭着脸，目不转睛地看着我笑。害得理发员总得搬转他的头。

最后理发员警告他："你老这么扭脸，刮破流血，我可没责任！"

我也说，您先刮脸，待会儿，您随便看，反正，我也是个老头子！

逗得理发员和顾客都笑出了声！

这天的演出，当然是令人满意的大满堂！

就这样顺利地结束了冠县的演出。

上午，公路上的车并不多。从远处开过来两辆大卡车，上面立着一排排的布景、摞着高出驾驶室车顶很多的大箱子，还有许多倒放的红漆木的极老式的桌子、椅子。亏得上面结结实实捆绑着一道道交叉的绳子，捆得绝对专业，甭管路怎么颠，它们都巍然屹立。后面一辆小汽车放慢速度紧跟在卡车后面，同时开往聊城的公路上。

我坐上这辆吉普车时，都劝我坐司机后面，安全。我手一扬，头一摇，认定司机旁座是我的专座。

明媚的春光，透过汽车的玻璃，照在我身上暖融融的，不由得打了个透着懒懒的哈欠。

"袁大爷，您这么精神，也有打哈欠的时候！"坐在后座上的近芳和我开了个玩笑。她平时称我袁老师，我比她大十几岁。开玩笑时，她有时叫我老大爷。

"你这一闹嗓子，谁不乏呀！别看我打哈欠，其实正想呢，瞧瞧前边，冒尖的两大车服装道具……咱们这才有几出戏唱呀，没番儿不演不赔，一演就赔，多演多赔！你说，不改革，成吗？"

"咱们这回有了资金，回去就号召大伙儿，群策群力想办法，您说过设奖，成！谁的成功，就奖谁，按咱们那天商量的那样，找高人设计，着手改。"

那天，还是三月下旬时，看到分批大车小车地往后台拉道具、服装箱。晚上，我们两人在住地即商讨开了。话题先由字幕引起的。

我认为现在的字幕放在幕外双侧墙上，看字幕就看不到演员的表演，不尽合理。

近芳说："不如放在天幕上或布景上……"

"这应该在团内号召，谁能更好地解决问题，给予一定奖励。不光是字幕，包括服装、布景、灯光装置……"

"对，咱们京剧太墨守成规了……"

"徽班进京二百年了，桌椅道具还全是茁茁实实的、死沉的木头做的，又沉又笨。莫怪去年上香港，光运输费，听说就花了六万块！能不能试着把桌椅变成活的……"

"折叠的。"

"对，折叠。椅垫子为什么不能用塑料的？"

"袁爷爷的脑子真是化学脑子。人家说我妈是化学脑子，袁爷爷才真是呢！"近芳女儿小香妹的一句插话，把大家全逗乐了。

"真想到一块儿了。硬塑料的，还特让它空心，酒壶酒杯、书信、纸墨笔砚，全能放进去。"近芳思绪高涨，半站起来，连说带比画。

"咱们应该向《丝路花雨》……甘肃歌舞团学习，搞现代化的！人家的假发是塑料的，又轻又便宜，化装又省事又省时，多好。人家一人赶好几个角色，全凭这抢时间。过去，我跟曹韵清讲过，他说我是化学脑子，不实际。我看四化不是等来的，是干出来的！"

我们设想着如何减少运输空间和重量，降低演出成本，轻车简从，便于巡演，直谈到十点半已过，才各自去休息。

想到此，我倦意全消，回首一看，近芳已经歪坐车上睡着了。那偶露的几丝白发，不由得令我回想起当年……一九四九年十月一日新中国正式成立了，北平从此改为北京。转眼初冬已至，上海天蟾舞台邀角人顾乃庚、张伯铭约我们去演出，看了《野猪林》后甚为满意，也提出林娘子的戏很重，极力推荐年轻人才杜近芳。

"杜近芳？"这个名字，我从没听说过。听他们介绍：杜近芳是陈喜光师兄抱养的女儿，因患病困难，将其写给杜菊初，请人在家中学了戏，起名杜近芳。

陈喜光和陈喜兴都是富连成出科的"喜"字科的大师兄，同在荀慧生先生的班社。于是，我就在张、顾二位热情的陪同下到三庆园去看杜近芳主演的《霸王别姬》。

虽说，这天场内卖座只二百来人，但杜近芳饰演的虞姬一走上场，我确实感到，这样一个刚刚登台不久、只有十六岁的女孩子，绝对够分！

第二天，少春问我观感如何？

"除她的个头略矮外，扮相秀美俊气，吐字清晰，梅派味挺浓。难得还有着超出一般的嗓音，圆润、宽亮、响堂，剧场各角落都听得真切。最后舞剑的手、眼、身、法、步、节奏，可挑剔之处竟然不多！确是一位昆旦中不可多得的人才。"那个年代的剧场里是没有扩音器、"小蜜蜂"之类的设备，更需嗓音条件好。

"您要是看着这么好，那准是好。您就和她谈吧。公事（即包银）听顾乃庚的。"

我到了李铁拐斜街杜家找杜菊初，说明请杜近芳到起社挂三牌旦角。

杜菊初高兴而爽快地说："好哇，起社是当前又年轻又有实力的班子，承蒙李老板、袁老板能看得起我们姑娘，《野猪林》是贴出就满的好戏，能接（演）林娘子是求之不得的事儿，是她的运气！甭说挂三牌，就是跑宫女也愿意。总而言之，没话说！不过……"

他停了下来，将刚才递给我喝我没喝、放在桌子上的茶再次端起来让到我手中。

"您喝茶，这茉莉花……不赖，绝对喝得过……"然后，回到他的座位上看着我抿了一口放下，才又接着说，"其实，我只拜托袁老板您，您捧捧我们姑娘，演演《霸王别姬》《凤还巢》吧。这样呢，我们姑娘刚出道，也不算压在底下当三牌，咱们来个名为三牌，实为二牌……接近，求您多栽培栽培……"

话说到这份儿上了，我何尝不明白他的意思是实为不想让杜近芳挂三牌旦角。我深知，起社的旦角不好找。京剧班社的规律，老生挑头牌的四大须生班社，旦角得挂二牌。旦角挑头牌的四大名旦班社，就由老生或小生挂二牌。起社呢，是文武老生挂头牌，架子花脸挂二牌，旦角只能挂三牌，要找相当于二牌水平的旦角来挂三牌相对就难了。杜近芳虽年龄小刚出道，人才却是很难得。起社如果有这样的旦角饰林娘子，《野猪林》将增色不少，起社的戏路子也会宽许多。这个姑娘应该捧。所以，我没犹豫就爽快地答应了。杜菊初十分高兴。定妥广告登李少春、我、杜近芳。

就在和顾乃庚、少春商定去上海三天打炮剧目，头天定妥杜近芳的《玉堂春》、少春和我的《连环套》；第二天，提出要安排杜近芳演《凤还巢》、少春演《打金砖》（我饰马武）时，杜菊初立即讲希望我在剧中加演太监周公公，好把这出戏托起来。

没等我开口，顾乃庚插言对我说："您去邀的，您给捧了，您就一气捧到底，甭犹豫了。"

"好，就这么着吧。"少春在旁也帮着说。

周公公这个角色在剧中很讨俏，念京白，生活气息浓郁、风趣。当年，世芳时常演这出梅派代表剧目，我必演这个周公公。观众也比较承认、喜爱，认为我的京白念得清楚，还十分生活化，可把戏托得格外红火。

话，他们抢着说了。我本就很愿意和杜近芳演这戏，以便把打炮剧目的实力更强化一点。

后几天安排了近芳的《霸王别姬》，自然是我饰霸王。少春单演大轴子《洗浮山》。近芳若演《孔雀东南飞》，少春和我就演《战太平》。

杜近芳确为起社增色不少，头天《玉堂春》，她饰苏三上场一唱"来至在都察院，举目往上观……"几句高昂、脆亮、贯满堂的声音就将天蟾舞台的三千多观众震住了。

时间过得多快，艺苑中，风雨、分合三十多年犹如瞬间！

转念想到，这次演出使近芳能恢复艺术青春，岂止是使我很高兴，全体同志都深为近芳同志能在舞台上重放光彩而感到兴奋。

近芳对自己也充满信心。四月初，她穿着红毛裤、褐色毛外衣，为了演出化装省事，把烫卷的短发在头顶梳了一个向上向后的姿三四郎式小辫，一手端茶杯喝水，一边嗑瓜子，满面有神、精神焕发地对来访的剧协同志说："十几年的风风雨雨，使我的舞台艺术凋谢，甚至我还被说成是精神病患者，痛苦哇！改革给我带来了希望，我得到充分的舞台实践机会。过去我几年演不上一场戏，这次演出，我答应一个月安排演六场戏，就心虚极了。刚开始，演《凤还巢》一点儿把握没有。谁能相信，我上了台，腿发抖、音发颤，唱降E调都觉得高！可是，越实践越锻炼人，我自己都不敢相信，从正月初四，阳历二月底到三月底，一个月的时间等于我唱了近九年的戏！现在调门长到六字调，是改革恢复了我的艺术青春！这不是我一个人，团里人都这样，现在演员到后台，没有坐那儿打毛衣的，都关心演出。这是改革的动力！"

近芳是响名于新中国的新秀，国际上也曾获金奖，她说出的这番话，令人振奋，却也听来酸楚……

最可笑的是，待送走剧协的同志，近芳端起茶杯看到桌子上的一大堆瓜子皮，又说了几句心里话，连她自己也笑得忍不住弯下腰："我来这儿，只想听听，不想说，直吃瓜子，想堵住嘴，结果瓜子吃了两包，话一句也没少说！"

应该说，近芳说得对，是改革恢复了她的艺术青春！是改革的动力，才在最困难的情况下，老同志、中青年都没被苦吓退缩。

我想到改革试点团的演出秩序、后台秩序也尚良好，唱花脸的，坚持剃光头。想到《青梅煮酒论英雄》即将合排，一定要在邢台合成最后一场演出，也想到对青年演员李文林的发现和培养。李文林是中国戏曲学校的大专毕业生，到中国京剧院后，一直未被重用。这次演出中，发现他嗓音较突出，是个可造之才。大胆让他在《龙凤呈祥》中担任重要角色刘备，《霸王别姬》中担任刘邦，《群·借·烧·华》中前饰诸葛亮、后饰关羽，《辕门斩子》中饰杨六郎，《坐宫》中饰杨四郎，并请曹韵清等老同志帮他设计唱腔，具体指导教练唱法，帮助他提高，取得显著成效。观众们看过《霸王别姬》之后，往往打听演刘邦的是哪位演员，说明他在观众中留下了较好的印象。

再想到"走到哪，哪里掀起一股京剧热"（当月《戏剧报》上刊登表扬我团演出的文章）……这句话的评论更使我略感欣慰。

转首望车窗外两旁，前些日子才刚漫黄的柳树全都变成一水儿的葱心绿了，这种嫩翠绿的颜色在舞台上往往是穿在少男少女的身上，因为这种色彩透着那么生机盎然。

这盎然的嫩翠绿色在朝阳下闪耀着自然希望之光，预示着我们的改革试点团也有顽强的生命力，得以充满生机地蓬勃发展。当然也诠释着改革试点团的不成熟，要搞好，还得花费大力气……但愿在聊城再跃上一个新台阶，创出更好的成绩。您看，路旁无论高杨，还是小草的翠绿，任凭各种车开得有多快，仍是透着坦然、淡定，稳稳地向大地展示……

自己全力为改革的一片心，不也像这绿色一样吗？

四月二十七日，在山东聊城原定演出五场《群·借·烧·华》。

聊城剧场大概有座位一千五百六十六个，能加座三百四十位，合一千九多百人。票价二元二角，一场戏，剧团可分得四千元，收入可观。

春寒已过，天气渐暖，以至于没有点儿过渡，就穿上了单衣。天气闷热，日场演《龙凤呈祥》，我直到卸完装，汗仍是顺着脸往下流淌不止。这天是五一节，聊城市委、专员邀请主演们同去参加游园。四时，大家在聊城公园边走边照相合影，转了一圈。直到休息室落座后仍挥汗如雨。接着，我挥毫泼墨写下"庆祝五一节"，杜近芳写了"奋飞"。张学津写了"振兴中华"。随之几位书法家挥毫，他们希望大家合作。

一位书法家写了个"墨"字，我拿起笔，顺应着写下最拿手的'海'字，"墨海"，而且这"海"字自如的拖长之笔，十分有特色，众人夸好不断，非让我再写一字。我略想，写了个"开"字。书法家写了"拓"字。另一位书法家开笔写了个"奇"字，张学津接过笔，略一沉思，写就一个很有神韵的"香"字……真有趣！大家尽兴而散。

有一天，晚场演出《钓金龟》《打瓜园》《霸王别姬》，聊城下起瓢泼大雨！整整一天未停，直到该去剧院了，大雨仍然不止，马路上积水已普遍近半尺深，没过了脚脖子，我见状非常担心，观众怎么去剧场看戏呀！

观众或打着伞，或穿着雨衣，或步行，或骑自行车，都将裤腿挽到膝盖，湿淋淋地蹚水而来……

剧场内呢，竟然熙熙攘攘地格外拥挤，四路通道加满座，有自带马扎的，有自搬砖头的，光二楼楼廊杆后就加了两排座，别处可想而知……当时，还没有安全的提法，否则国家根本是不允许的。这天演出，观众情绪之热烈是可想而知的。

剧场要求续演，哪承想竟一加再加，《凤还巢》、《三盗九龙杯》（三场)、《四进士》(两场)、《龙凤呈祥》(五场)、《虮蜡庙》、《坐宫》《霸王别姬》(三场)、《钓金龟》、《打瓜园》轮番上演。直演到五月九日,共十五场,观众达三万人次。

现有聊城地区文化局一封向文化部、文化局对演出情况的报告,较客观地反映了当时的演出情况:

关于中国京剧院一团来聊城演出情况的报告

文化部、艺术局:

著名京剧表演艺术家袁世海所率中国京剧院一团,为满足城乡人民对京剧艺术的渴求,应邀从四月二十七日至五月九日,在聊城地区影剧院演出了十五场,总收入近五万元。

聊城,地处偏僻的鲁西,交通不便,接纳国家级艺术表演团体还是首次。

……首场演出,袁世海、杜近芳、张春华等表演艺术家,目睹了容纳近两千人而座无虚席、秩序井然的剧场,耳闻了一阵阵雷鸣般的掌声和叫好声,很受感动。七旬高龄的袁世海深感盛情难却,表示聊城人民需要我们演多少场,我们就演多少场。为满足群众"只看一场戏就行""只让我们看一眼艺术家就行"的迫切要求,又决定加了三场日场。

京剧院一团在聊演出十三天中,全体演职员那种忘我的劳动精神、那种和人民群众心贴心的情感,袁世海、杜近芳那种克服困难带病演出的革命精神、广大演职员那种一丝不苟的精湛表演和高尚的舞台作风,赢得了聊城人民的衷心爱戴,给人以美好的艺术享受,使观众大饱眼福,其深刻的美好印象,令人难以忘怀。时间虽短,我们双方结下的友谊却是很深的。

为了表达对京剧一团的感激之情,"五一"节地委、行署代表区人民为艺术家和演员组织了联欢游园活动,袁世海、杜近芳同志挥毫题字、作画,以作纪念。这项活动和重点剧目的演出实况,省电视台都录制成片向全省人民播放、报道。

该团这次来聊城演出,盛况是空前的,取得了最佳效果,领导、观众、剧团和剧场都满意。我们认为:该团锐意改革、不辞辛苦、深入到偏僻城镇为人民群众演出,这条路子走得对、走得好,充分体现我党的"两为"方针,符合时代要求,应继续发扬光大;该团81人,不设专职行政人员,一专多能,一人多用,效率高、质量好,符合精简的精神,值得提倡和效法,该团以老带新,言传身教,重视对年轻一代的培养,这样一定能多出人才,多出好戏,为我们剧团的改革,提供了好的经验。

山东省聊城地区文化局
1985.5

五月中旬的天气已经很热了,大家是踏雪而出,而今赤日炎炎,大家要求回京换装的呼声很高。但大家谁也经不住邢台人民影剧院张高升经理的邀请。这位高个子、花白头发、瘦瘦的老经理又追到聊城第八次尽显诚意。他也多次地向我和大家说,二十岁出头的他,就靠这种锲而不舍的精神,硬是把梅兰芳先生请到邢台人民影剧院演出的!大饱了邢台人民的眼福。他的办公室里高挂着梅先生来演出的相片和他与梅先生的合影。这是他一生中觉得最骄傲的事情。

邢台天气更热了,说来挺有意思的,一到我演《群·借·烧·华》,或我、近芳要演《霸王别姬》时,老天爷不是给个阴天,就是下雨,天如人愿!是老天爷心疼我七十岁的人还愿受这样的累!

在邢台主要的精力放在了排演《青梅煮酒论英雄》上。有趣的是,就连宴会中吟诗也是将此事列为其中一句。

一天，晚上演《霸王别姬》又是从头天夜里就下起了淅淅沥沥的小雨，天气凉爽宜人。

我望着窗外的雨滴，感慨地说："老天爷如此厚待我，更得好好给观众抖抖老精神、卖卖老力气！"

雨，直到吃中饭时也未停。我、杜近芳、张春华等一行六人被所住的南招处长和地委文化局副局长邀请吃饭。

席间，南招处长提到中国京剧院改革试点团在牛年这一年来到牛城（牛城是邢台的别名）演出的巧合。副局长就提出："我看袁老，您几位不如以此为题作一首诗。"

"对！一人一句！"年轻的邢台影剧院经理用手推了推眼镜也站起来说。

"好！牛年到牛城，我说首句，大家每人想一句。"善爱编唱词的我立即拍板定调了。

"京剧待振兴。"近芳在往嘴里送了菜，边咀嚼边考虑了一会儿说。

大家连称好，合辙押韵。

"'待'字不好，不能再'待'，京剧振兴，迫在眉睫，不能'待'了！"我皱起双眉连连否定。

"那就改成'即'……"

"哪个'即'？"学津问。

"'立即'的'即'。京剧立即振兴，怎么样？"近芳进一步解释。

"不仅通过，而且好！"我表态。

"袁、杜、张、高显本领！"不知是谁又说了一句。

"不行，不行！五言，怎么七个字啦！"大家一致反对。

"首演《论英雄》。"张学津正紧锣密鼓地准备着这出戏，脱口而出。

"好。这出戏多年没演了，'文革'后我是首演，而且你也是首演。这次本想给大家演全本的，能使观众明了剧情的前因后果，因为有位演员有急事回京，也只好演一折了。大家包涵吧，咱们已经定在五月十九日在河北邢台人民影剧院演出《青梅煮酒论英雄》，届时还请大家光临指导，多做宣传。"

"那是一定！"

接着，我话锋一转："不过你这是个下句，做不了上句。我总觉得应该提到改革，咱们之所以能到牛城，就是为改革嘛！"我非常肯定地说。

短暂的沉寂，大家都在想……

"改革创新路！"张学津大声地进出一句。这是他的心里话、他的志向、他此行的目的！

"牛年到牛城，京剧即振兴。改革创新路，首演《论英雄》。"副局长重复了一遍。

"我看这几句的次序再排排。这样吧，牛年到牛城，首演《论英雄》。改革创新路，京剧即振兴。"我说。

大家齐声称赞，还要求让我挥毫写下来。

我的书法就是这么一步步被"逼上梁山"的。当然也是我有着张飞、李逵、牛皋的魄力，敢于挥毫。

从邢台演出日程安排可以看出《青梅煮酒论英雄》抓紧进入倒计时，日程安排与演出巧岔开。

五月十二日晚演出《群·借·烧·华》，上午《青梅煮酒论英雄》剧为刘备、曹操说腔；五月十三日晚演出《挡马》《凤还巢》，上午排《青梅煮酒论英雄》剧；五月十四日晚演出《斩子》《九龙杯》，上午响排《青梅煮酒论英雄》剧，晚加工完成；五月十五日晚演出《钓金龟》《打瓜园》《霸王别姬》；五月十六日晚演出《虮蜡庙》，下午《青梅煮酒论英雄》剧加工熟练；五月十七日晚演出《钓金龟》《打瓜园》《霸王别姬》；五月十八日晚演出《龙凤呈祥》；五月十九日晚演出《青梅煮酒论英雄》。

尤其五月十四日这一天，是《青梅煮酒论英雄》剧上场前的最后全体合排。很感人，大家都非常认真。

弦乐都拉起来。

虽不响锣鼓，大锣、铙钹全都在座，认真地看、记。

搞字幕的王函，拿着唱词与演员一段段、一字字地核对，随时更改不同之处。

管理服装道具的武美队，拿着纸笔边看边记。

鼓师赓金群老，拿着长杆烟袋，口念锣鼓点儿，时而坐下，时而立起，提了不少好建议。苏维明、钮凤华、曹韵清等几位老同志，抓紧时间给几位次要角色纠正动作。

看得出，大家都很明确，一定要把这出新戏推上舞台。

在邢台另一件事就是大家拿着在聊城发的部分钱，高兴地四处购置物品，好，回北京时，人人大包小包，戏谑是"土老帽进城"……

这次的经济分配，按照赵书成在总结里所讲：已注意到要打破平均主意，打破大锅饭，做了新的尝试。对创造经济效益最高的艺术家我、杜近芳、张春华等老一辈，我们采用了每场从加票价中给本人提成百分之十五的做法，这个比例我们认为是兼顾到国家、集体、个人三者利益关系的。对于其他演职员是采取每月发基本薪金，演出结束时，一次发放等级不同的酬劳的做法。目前等级之间有一定的差别，如何更加合理分配，真正体验多劳多得、按劳取酬，还需我们长期实践、摸索。

三个多月的演出观众们纷纷反映说："我们不是不爱看京剧，而是爱看好演员演的好戏！"

如此看来，群英荟萃，团结合作，艺术力量雄厚、艺术魅力强，在观众心目中就会威望高。

让我、杜近芳、张春华十二分激动的是，如果艺术光彩犹在的时况下，为了京剧事业的振兴，我们愿将余热更多、更好地散发出来。

三个多月的演出终于结束了。

回到北京一个月后，还是由改革团原班人马在北京中南海汇报演出《龙凤呈祥》。姚依林副总理上台接见大家并合影。

然后转入二次赴港演出的排练工作。改革试点团就此搁置不提。

张学津在《生正逢时》中谈到此事："到现在我回忆当时的情景，尽管已经过去二十二年了，仍然记忆犹新，而且特别感慨：按照袁先生当年（就是指一九八五年）要是有现在的政策，倒退二十年的当时要是这会儿，我们的改革团就是相当成功了。现在倒是放开了，也可以让你们自己组团，还让你们当团长，也让你们掌握有一切的权利了，可是现在的京剧观众、市场没有了，没有灿烂的观众群了。我们的改革在吃大锅饭的时候，要离开这个'拐棍儿'，要离开这口大锅来进行一种新的实验，就受到了来自方方面面的、旧习惯势力、旧思想的影响和冲不破的旧体制，他就是愣让你待着干拿工资，也不让你干活，为国家出力。现在倒是让你们承包了，也让你们干活了，可是我们都老了，退休了，再也唱不动了。要是能够倒退二十年，我们现在是当年那个岁数，那该多好哇！"

壹陆伍 父与子 同修古剧

一九八七年中央电视台录制了我与小海合演的《古城会》一剧，在元宵节戏曲晚会上播放，收到较好的社会反响。

回想，我一生与三国戏结缘非浅。曹操、张飞自不必说，与关羽的缘分也够深。一出饰红净关羽的《临江会》，给自己助了很大力。不想老来儿子也改红净了，真是和关老爷缘分不浅呀。谁让小弟他一下子蹿了那么高的个子呢！

小弟，就是小海。在六十年代末，一下子蹿了个大个子，一米七八。当时，他正学演鸠山，回家让我给说说戏。

"你这么高的个子，演鸠山？上哪儿找李玉和跟你配戏呀？"我说。演现代戏注重舞台形象，李玉和的身量必须要比鸠山高才成。

福瑗接过话茬儿："找黑铁塔！"这是《沙家浜》中沙奶奶对伤病员的一个形象比喻。

一句话把全家人笑得喘不过气来。

"说是说，笑是笑。你的个子，真是个问题。日本鬼子演不了，座山雕也没戏，试试学李玉和吧。一旦恢复传统戏，你想学我，更难！"

他参加北京军区战友文工团后也曾试着演一名解放军连长，个头还好，形象过得去，嘴显有点儿鼓。福瑗在电视中一看，又下了个结论："俊扮的戏不行！"

小海也演过孙悟空。福瑗更说："大马猴！"

小海自己也着急，到底演什么合适呢？组织上让他到中国戏曲学院导演系进修，我、福瑗举双手赞成。

他毕业回团导演了《美人计》《鉴真和尚》等剧目。

八十年代初，恢复传统戏了，小海仍一直盼着能演《九江口》。我当然也想，也尽力地教他。一段时间后，终于有了新的想法。我对小海说："你是我的儿子，我还能不愿意让你子承父业？演《九江口》，你能演，我能不高兴？高兴！我求之不得！但是，我下了决心，就作为训练课到此为止吧！"

一九六二年，我在家中给小海说戏

"为什么？从倒仓，就靠念这戏的念白、唱这段【二黄】练嗓子，多少年了认真练、仔细学，如今嗓子恢复了，这出戏倒背如流了……停?！"乍一听，他简直难以理解。

"我对你有想法也不是这一两年的事了，和你妈商量多少回了，你妈完全同意我的看法。"

"什么看法？"

"你肯学、真练，有一股执着劲，我和你妈都看在眼里。可你学不了我，你根本不适合架子花脸这个行当！你的努力是事倍功半。你已经定型了，你爸爸再有本事也不能给你刷下一截去！你这个子，再穿上厚底，上台料搭料搭的怎么演曹操？演不了曹操，就是你演张飞都把关羽给欺小了！怕是只能演个周仓了。再说了，你叫袁小海，观众自然要拿你跟我比，像不像三分样，不像。六十分就丢光了。明白吗？"

"那……我该……"

"你该怎么办，也是我的一道难题。想了好几年总算解开了……你改红净吧。"

"红净？！"

"事在人为。一旦改红净你就占了很多优势，个子高，蹬上厚底，戴上高高的夫子盔，更高了，正符合关老爷的威风凛凛。你的嗓子又高又亮，但是缺宽，唱花脸偏细了，可是你唱红净，采用介于老生、花脸嗓中间的'风搅雪'的唱法，你就绰绰有余，强于大多数人的嗓音。而且你挺好的武功还可以用上。再一个，先从《华容道》的关羽学起，不用找别人，抓工夫就给你说了。还能把周先生的、林树森先生的演法都糅进来。这样一来，你的劣势全变成优势，你的努力会事半功倍！如果真能像那么回事，有机会我还可以同台带你……"

"晚不晚……"小海听了我一席绝对有理的话，茅塞顿开。

"不晚！地基打好了，不过是再选选盖房子的样式……一年吧，就能有样儿！"

打这时候起，小海一头便扎进了关羽老爷的怀抱！

忙碌的我，哪有完整的时间给小海说戏。我生活中最大的边角料时间，就是每天一小时厕所的固定时间。这时间也不宽松，小蓉要念所写的《艺海无涯》的稿子。小海要学关羽的唱、念。两人一起排队轮番站在厕所窗外的阳台上。冬天冷了，站在厕所门后，门不关严，留道门缝儿。真是你方唱罢，我念的登场。即使后来，随着我的年龄增长，组织照顾，外出时可有一子女随行。出外的时间空隙更有限，依然要充分利用这段比较有保证的时间。

再有，抓住在北京不演出晚散步的时间，与小海爷儿俩在幽静的使馆区林荫路上，跑过圆场，就说关羽的身段、动作，一遍又一遍。

冬去春来，秋又至，日复一日，月复一月。小海回团每日清晨爬上八大处山坡，喊嗓、练功、练大刀，找琴师吊嗓，练关羽唱腔。

逐渐，我感觉小海学得有点儿意思了。又多亏马路对面卫戍区部队俱乐部徐主任的支持，可以在放映电影后，我们去舞台上排练，尽管时间已很晚，尽管要节约，只开亮舞台上的一两盏灯，但坐在舞台下看小海的表演和在马路上是完全不同的两个感觉。在我高声念响锣鼓点儿的严肃气氛下，小海足蹬厚底靴，戴上长髯，舞动他新置办的青龙偃月刀，郑重其事地放开声音尽情唱、念，知足极了！

"就这么一遍一遍地练吧，不要着急演出。切记：戏要练熟，还要烂熟。不要怕等，不要怕没机会，最怕机会来了，你不成！演角色绝不是用嘴争或拍马屁才上舞台的，是靠艺术实力赢来的！说白了，只要肚子里有货就不愁卖！当年我演窦尔敦、演周德威不都是这样吗？要一鼓作气，坚持不懈……"我对小海如是说。

直到一九八五年春赴香港前，机会终于来了！这是小海学演关羽近三年来的第一次响排、彩排。一经彩排即获好评。小海终于得以与我，父子合演《华容道》，同赴香港。

香港载誉回京后，我即让小海拜擅演关公的著名红生李洪春老师再学关羽。李洪春老教小海学了《古城会》。

一九七六年，中央电视台为高盛麟同志与我合演的《古城会》摄制了录像，曾多次在电视中播放，观众反映较好。

然而，十年过去了，当我反复观看复制的这个录像之后，不禁感触，发

演毕《古城会》合影，我饰张飞，小海饰关羽

现了许多有待改进之处。

当然，从扮演关羽的高盛麟师兄的表演艺术来说，是精湛的上乘水平，无可挑剔，但从剧本以及一些表演手段等方面来看仍有改进的余地。这是合乎艺术发展自然规律的事。任何一出传统剧目，即便是优秀传统剧目，在时代不断前进、观众的艺术观赏能力不断提高的情况下，也必须精益求精地维系艺术活力，保持艺术青春，使之符合时代要求，继续被观众接受。

《古城会》这出优秀的传统剧目，百年来已被艺术家们不断推陈出新了。且不谈所见到的老本子比更老的本子有了多少改动，仅自己所演出过的，与所见的老本子就有许多不同。

老本中《问樵》一折，当年我与周信芳、林树森、李洪春等诸位演出时就删去了。再如一九七六年，中央电视台录制的高盛麟同志与我合演的《古城会》录像，也有了进一步的改进。关羽上场只唱两句【吹腔】，把关羽力斩蔡阳后的疲乏和此战的危险性做了交代，去掉念白和后两句唱【吹腔】。张飞上场道白为突出其粗犷、直爽、爱憎分明的性格特点也做了改动删减。当年录后观看觉得对该剧颇为满意，而今让小海看录像学《古城会》，又觉一些地方不尽合理。小海从导演的角度对全剧进行分析，也向我提出了一些问题和建设性的想法，力促我借机对此剧在一九七六年本的基础上再进行一些尝试性的改动。于是我们父子两人边讨论边动了笔。

这次的改动力求剧本的情节更合理，脉络更清晰。艺术手段根据人物情感的需要予以丰富或删减。除对剧中重要配角蔡阳、马童的表演加强外，也对刘备这个人物进行了充实。小说《三国演义》中描写的古城相会是关、张二人，出面调解的是二皇嫂。前辈们在剧中改为桃园三弟兄在古城相会流传至今。刘备是关、张矛盾的调解者，不应轻描淡写，修改时为其增加四平调，以表达刘备听到即将与分别十二载的关二弟重逢的欣喜情感，可与关羽急切寻兄寻弟的情感遥相呼应。

最主要是丰富了关羽的音乐形象，体现在关羽《训弟》一场戏中。这场戏，我从科班到与周信芳、林树森、程永龙、李洪春、高盛麟等合演此剧，关羽均是以念白训弟，只有繁简之别。

因关羽历来被敬奉为神，在舞台上的形象具威武、肃穆、凛然、神圣的特殊风采、神韵。所唱的曲调有着只用【吹腔】、【倒板】、【原板】、【二六】、【散板】、【流水】、【拨子】等气魄豪壮的板式定格，有着服装、头盔、髯口的定格，有着举刀亮相的定格，有睁眼、闭眼的定格。甚至，对扮演者也都制定了一系列清规戒律。前面已谈过，科班演出《临江会》，我饰关羽这一天，不能任意和师兄弟们说笑，进入后台勾脸必须先在嘴下面用笔画"×"，即封嘴，更要严禁说笑。戴头盔之前，头上要顶一张木版印的关老爷纸像——老爷码。卸装时，恭敬地烧香把老爷码焚掉。据闻，许多前辈在演关羽前还要沐浴净身，足见之尊敬。也正因此，在相当大的程度上对红生的艺术发展起了局限作用，再加诸多因素使各有千秋的八大红生，延至现在只有硕果仅存的年近九旬的李洪春老先生，即便还保存着一些红生戏，也大都由武生兼演了。

今天，在舞台上应该恢复关羽是一位历史上有着丰富情感的英雄人物的形象。我们要继承关羽戏中原有的、成功的、公认的雕塑美的形象，也应该充实关羽的情感，深化他的人物性格，丰富塑造他的艺术手段。因此，考虑关羽训弟时如全用念白体现，按现在的欣赏标准而论，显得艺术处理太单调，又觉得训弟一段草草结束，颇有蛇尾之感。于是，我斗胆地突破了常规，在关羽训弟的念白中加了大段唱段，而且采用了以前关羽戏中所不用的较为抒情的【二黄三眼】，期望能更深刻地揭示关羽对桃园弟兄的思念、奔赴古城相会的艰辛、对张飞拒之城外的气愤与多种情感交织在一起的复杂心情。

总之，这样改是想通过演唱的艺术手法丰富弟兄相会的情景，深化三人之间的深情厚谊，将戏一步步推向高潮再进行结束。

……

这仅是初步试改，而且改本在舞台上检验尚很欠缺，之所以做一介绍，目的是抛砖引玉，渴望引出同志们的高见。

这出《古城会》于一九八七年八月在天津演出了。最大的收获是名焕文同志对此戏给予了肯定："确使一出老戏生发了新意。"这些评论，非常宝贵！感谢他的支持，意见更使我受益匪浅。

一出精品如果不能广泛吸取意见一改、二改，连三改，甚至三十改，那么是不成的。可惜的是，这种风气还不足，还应有更多的、多角度的不同观点的探讨。

最后，要写在这里的是：我为京剧的红生、红净行当呼吁：希望随着文艺改革的深入、京剧事业的振兴，随着关羽这个历史人物在舞台观念上的转折，愿我们的京剧红生、红净行能继承前辈创造的精华，跟上时代的步伐，大胆创新，发展红生、红净行，创出更多更好的红生、红净剧目。

壹陆陆 重普及 广交益友

一九八七年四月十八日，参加了北京石景山发电总厂京剧协会举办的《艺海无涯》座谈会，这是个非常值得纪念的一天。

北京石景山发电总厂在一次厂京剧协会活动中，有人建议希望请我来厂为买书的人签名。说归说，能不能请到谁也没底，就试着写了信，很快接到我热情洋溢的复信，非常高兴。石景山发电总厂李振江来信说了阅读《艺海无涯》的心得，并谈到如何使上中学的女儿喜爱和反复阅读，鼓励她努力学习。我看信后很感动，就回信说，来信使我非常受鼓舞，感谢你们对祖国京剧事业的热爱，拙作《艺海无涯》是初次试写，不足之处尚多，还望提出宝贵意见。贵单位组织京剧协会，为振兴京剧贡献力量，我很愿意前去学习。之后又同他们协会有书信往来。

四月十四日，石景山发电总厂的三位同志费了不少劲儿，按信上地址找到我的住处，说明来意，特别还问问我要什么报酬。我的脸色一下就阴天了。没等我开口他们就解释："因为就在前几天，厂里准备请人来厂演出，他们提出要专车接送，管吃管喝，外加每人二百元报酬，就这样，一听说去石景山还不去呢。谁让社会上有这么一股风呢！"

我听了这些话又笑了说："请什么，只要大家需要，打个招呼就行啦，下厂为工人服务，是我应尽的义务。只是我有三个要求：一不收礼，二不吃饭，三不用车接。"

三位来者站起来深深地给我鞠了一躬，说是谢谢！

我很愿意有这个机会跟京剧爱好者和读者亲切见面，既能听取意见又能与工人观众、爱好者们交朋友。

四月十八日，我如约到石景山发电总厂京剧协会参加座谈会，受到厂里职工自发的热烈的夹道欢迎，容纳二百人的会议室里足有四百多人，挤得水泄不通。

厂党委副书记、工会主席在座谈会上首先讲话，他们代表全厂五千名职工，对我的到来，表示热烈欢迎和衷心感谢。

京剧协会会长田平月说："京剧是祖国优秀文化瑰宝，是中华民族的巨大精神财富，我们必须使之发扬光大，京剧要振兴，需要有观众，大量的观众在基层，袁老师的到来对我们职工文化生活是个促进。"

座谈会主持人李振江说："今天实际上是我们的集体拜师会，袁先生就是我们京协的老师。"他的话音刚落，会场上就响起了一片叫好声和鼓掌声。

杨宝安代表阅读了《艺海无涯》的三十多名同志谈了学习心得和体会。杨宝安说："袁老师艺术概括为一句话：博大精深，真俏美帅。"

我赶忙接过话筒对在场的职工说："从贡献上讲，你们对国家、对人民的贡献是当空皓月，我作为演员不过是萤火之光，即使这点儿光也是电业职工这个月亮给的，反过来，我受到职工们这么大的尊重和鼓舞，我一定把它变成动力，在工人阶级领导下，有生之年为京剧事业多做贡献。"

谈到拙作《艺海无涯》这本书，我说是解放后，经过党三十多年的培养和教育，逐步学习了些文化，看了点儿书，但知识尚缺，写起来是比较困难的。经出版社同志的鼓励和支持，今天出版了。这本书得到同志们的鼓励和喜爱，并专门为我这本书的出版召开了这么隆重的座谈会，我在这里还是用那两个字向大家表示："谢谢！"

我在工人们中间兴致勃勃地听了石景山发电总厂京剧爱好者演唱的《李逵下山》《九江口》《将相和》《洪洋洞》等选段，我不时打着节拍，鼓掌叫好，并亲自指导和纠正，勉励大家在搞好本职工作的基础上，为振兴京剧做贡献。

我还和小海一起为职工们演唱了《华容道》片段。一个从小就看过我戏的老人，叫家里人搀扶着来看我，听了《华容道》高兴得落下泪来说："真是父子英雄啊，没想到老了老了还能当面听袁先生唱，死了也值啦。"

为我操琴的杨宝安兴奋极了，他说："做梦也没想到，太幸福啦！"

座谈会原定开一个半小时，可是已经开了三个钟头啦，人们还是不肯散去。许多人拿着自己购买的《艺海无涯》请我签名。

我到厂的消息就像长了翅膀，有不少人从石景山、门头沟和长辛店赶来，我被众人围着，职工和家属争先恐后请我签名，更有成群的青年们拿出笔记本请我签名并和我合影留念。实际上，这签名早已冲破《艺海无涯》初衷之局限，早已艺海无涯了……

从此，我与电业职工结下了不解之缘。

有一次电厂举行消夏文化晚会，大家希望我能参加。我毫不犹豫地推辞了一个比较重要的宴会来到电业职工中间。我再次听了电厂京剧爱好者的清唱，和小海一起为职工再次演唱了《华容道》，把消夏晚会推向了高潮。

一九八八年，在我从艺六十周年的祝贺活动上，我在全国政协礼堂举行的有众多文化部门领导和文化艺术界名流四百余人出席的格外隆重的拜师会上，收了李振江、田平月、杨宝安三位徒弟。当时国内外通讯社特意进行了报道，舆论界对此感叹不已。

后来，《中国水力电力报》记者采访我时问："您如此隆重地收三位业余徒弟,在京剧界还是首次,您是怎样想的?"

"我收这几个徒弟,有人会说我是开玩笑。其实我并不是想培养他们搞专业,我的理解是京剧需要提高,也需要普及,要在群众中扎根,观众的热情会鼓舞我们演员。"

一九九三年春节,天降瑞雪,我从城里来到西郊高井李振江家中,他全家人欢欣至极,厂领导听说后,也都到他家来了。"过春节来看看我徒弟,给石景山发电总厂的领导和职工们拜个年,感谢给了我们第二个太阳的电业人。"

振江陪着我从高井电厂到了石景山热电厂。闻讯而来的人越来越多,签名、合影,我亲身感受到电业职工给我送来第二个太阳般的温暖。

一九九五年十二月十七日,石景山发电总厂厂庆,我冒着寒风来厂与职工们联欢。回忆起来,就在这样的不断来往之中,心里总是被温暖的激情鼓动着、推动着。以一斑窥全豹,其中的故事太多了!在大连、在天津、在邢台,数不清……

我有个河北邢台的票友徒弟霍长林。那还是一九八〇年十一月二十九日中国京剧院一团与邯郸市业余京剧团一起举行联欢座谈会。会上著名演员冯志孝、李金泉和业余京剧团的演员霍长林、马良臣、步少秋、安素花等分别唱了《十老安刘》《遇皇后》《宇宙锋》《空城计》等,我从此认收下了霍长林这名票友徒弟。虽说人分两地,但彼此关系很铁。一九八五年我带中国京剧院改革试点团到邢台演出,他为我这师父忙前忙后,跟着看戏、学戏。

这年,霍长林打电话来邀请我去一同欢度春节,我又是不假思索地满口应承。放下电话,我对福瑷说,这不光是和徒弟去过年,也是和邢台的票友们、戏院的张高升经理一起过年欢聚,太应该去了。邢台、邯郸他们爱京剧,是我们京剧的"老根据地",我也很想他们。福瑷和孩子们当然理解和支持。

一九八七年一月二十七日,我单人独骑坐上火车赴河北邢台与票友、观众们吃饺子过大年,过得高兴极了!留在家中的福瑗也不寂寞,他们商量着改变模式,由五个孩子每家携儿带女三四口人,带来一两个自做的菜,余下的由福瑗增补,互相品尝,评选谁家的菜做得最好。这个年过得又快乐又别有风格。我回了家一听,说:"有意思!咱们家也过了个推陈出新的年!"

我和票社的结谊,可是不少。

一九八七年十月,我插空在二十五日下午到沧州地直业余京剧社参加联欢。

这个京剧社,可了不得!锣齐鼓齐,声声节奏鲜明,铿锵有力,听了社员演唱的《追韩信》《贵妃醉酒》等选段,我高兴地说:"不看不知道,一看吓一跳!"我赞不绝口。联欢会上,有人录音,有人录像,有人请我签名、合影留念,剧社小礼堂充满欢快而喜悦的气氛。我兴致勃勃地说,我知道沧州是林冲发配之地,我在《野猪林》里演过鲁智深,满脑子是沧州的凄凉荒野。来到沧州看改革开放后的沧州,已不再是"疏林冷落尽凋残"了,勤劳的沧州人民把它旧貌换新颜了。等我们重新排好《野猪林》,定再来为热情的沧州同志演出。

九十年代初,就在三里屯的大马路边,新开了一家穆斯林餐厅,主营火锅。经理何凤仪是位京剧爱好者,他把穆斯林餐厅办成一处有名望票友的相聚地,成了朝阳中国戏迷协会日常活动的地方。他也拜我为师了。就在一次参加他组办的戏迷活动中,我与一位久别的老朋友又相见了,他是喜爱我的一位票友,也是有恩于我的不寻常的朋友。他叫张宝龙,是小汤山种子基地的领导。

七十年代,我虽已解放,登上舞台,但舞台下磕磕绊绊的事情一刻也没停过。

一次让我单独到小汤山粮食局良种库去劳动,需要我背着行李步行十八里地,这对五十多岁的我来说,不是件轻省事。我咬咬牙,勒紧裤腰带上路了。没走出几里已大汗淋淋,正想找地方歇歇,可四野无人,只得走吧!正行间，见一小伙子，骑着飞快的自行车从对面过来，看了我几眼，绕过来停在我面前："我是粮食局良种库的，知道您来我们这儿劳动，我来接您的！"

"接？"我有些迷惑不解，几乎不敢相信。

"听说是您来，您老这大岁数，十八里？！瞧您这行李还挺大，您上车吧，我带您过去！"

"说好让我走着去的……"我真不敢坐上车。

"良种库的事，我说了算，您甭顾虑……瞧您这身汗！赶上倒拔垂杨柳的啦！"

这句话可把我说乐了，我们的距离也贴近啦！

"我是您的戏迷，看了您许多戏，佩服！电话里一听说是派您来，我蹬上车就接您来啦！反正就这一条路，错不了。您赶快上车，能把您驮回去，我比愚公移了山还高兴！"

"好！我上车。咱们赶紧走，真不知怎么谢你！"

在良种库，每日饭菜，他可真没少照顾我，从家中给我带肉菜是常事，我怎能忘记他！后来时常找我给他说戏，也到我家来过。

就在这次见面后，他跟我提出拜师之事。大家聚会中，我多方应酬，没时间和他多谈。我也想了，满足他这点儿小愿望还用谈？！就在聚会即将结束时，我站起来说："我向大家宣布一件事，今天我在这里正式宣布：我收喜爱花脸的张宝龙同志为我的学生。"我把七十年代的故事讲给大家听。我们的拜师就是在这天热烈的掌声中结束的。张宝龙演唱的《九江口》是很不错的，他真是酷爱！

我还与一位士兵戏迷——济南军区某部电影队放映员王建军结成了忘年交。

在解放军艺术学院美术系学习的王建军，从小受酷爱京剧的爷爷和父亲的熏陶，喜爱京剧，常在课余时间去人民剧场观看演出。一九九三年六月十一日晚，我到剧场看戏，演出结束后，正准备往外走，就见一个解放军战士从不远的地方匆忙向我走来，我立即热情地向他伸出双手相握。他向我介绍了自己。我把自家的电话号码和详细地址都写给他，并邀他有空时到家里做客。

几天后，王建军带着自己的美术作品来到我家中，受到我和福瑗的热情接待。我看了王建军的画，是脸谱！我赞不绝口。其中有一幅脸谱画的背景是中国地图，这一张我看了较长时间，说："这幅画，画得很有创意，体现出京剧艺术是中华民族文化的瑰宝！如果画的背景是象征全球的背景……也许会更好些吧。"

王建军重新调整了画面，总体视觉效果和寓意都上了一个档次。我看了很喜欢，在上面题词："京剧艺术是民族文化的瑰宝。"王建军高兴地说："您是我一生中宝贵的精神财富。""是你学到了扎实的基本功和丰富的绘画技巧，自己勤学苦练的结果。"两年解放军艺术学院的学习生活结束了，他创作了大量高质量的作品。他的山水画《故土情》系列作品参加了毛泽东视察黄河四十周年画展，受到同行的高度评价。

还有一位忘年交，与京剧不沾边，与艺术也不沾边，一旦结识，我也视他为知己。

那还是一九七六年唐山大地震后，我在长春电影制片厂拍摄资料片，回京时飞机的临座上是位年轻人，我两个聊起来，得知他叫刘海青，是天津制药公司物资供应站的业务员，因为地震急需药品，他到东北地区跑原材料。从海青的介绍中得知他父母都没有恢复正常生活，而他不顾家人的安危，外出跑材料，我对他非常有好感。临别时，我说见报上登了一种中成药可降血糖，小刘回到天津马上把药寄到了北京。久而久之，我和天津制药行业结下了不解之缘。

十年后，一九八七年十二月底，刘海青已提拔为天津市制药公司物资供应站的站长。他给我打来一个求助电话，说有三种化工原料遍找不到，直接影响着天津制药行业的药品生产，求我帮帮忙。于是，在雪花飘落的寒冷的元旦前夕，化工部供销局有机处的大门被我推开了。正在办公的两位一看，一人惊奇地站起来说："您是袁世海同志吧！"他姓田，是位京剧爱好者，哪能不认识我呢！

"错不了。"

"您好！我姓田。"

"怎会认识我？"

"他是戏迷！我姓张。"另一位一边与我握手，一边介绍。

"这么大雪天，您老怎么光临化工部呢？"老张紧握着我的手，不肯松开，亲切而又不解地问。

"我来帮这位天津的小伙子向你们求援来了。"

"我是天津市制药公司物资供应站的，叫刘海清。"

"天津制药行业明年一季度生产缺几种原材料，我陪他跑跑，看看能不能帮助解决。"我故意学着天津口音说。

老张、老田两人感动了，终于设法解决了缺口原料。

天津制药行业新的一年生产上保证开门红了！刘海清感谢不尽，他说："我在北京跑原料的局面，是您老帮我打开的，十年来，天津制药行业能较好地解决各种生产原料，这里有您老的一份功劳！"

事后，《中国医药报》记者也来采访了我。

我说："我演戏，是为满足人民艺术享受；帮助跑跑原料，也是为患者做点儿事情，都是应该做的。不过，这样做了，也许有人说我的手伸得太长了，你是否入股了吧？捞到什么好处了吧？凡是伸点儿手对人民有利，就得伸手助一把，为振兴天津制药事业相助一下，我是友情为重，人民的事业为重。"

"我每次给袁老寄药送药，袁老都是分文不差付钱。天津制药行业领导要是来他家空手做客，他欢迎；搞请客送礼，他是翻脸不认人，'拒之门外。'"刘海清插话。

刘海清说："我还得说，袁老经常提醒我，搞供应、跑原料，一定要走正道，以一个共产党员的标准要求自己，不要让不正之风吹进头脑，徇私舞弊。袁老不仅帮助我们解决了生产上的具体困难，还帮助我为人处事儿、走路做人。"

壹陆柒 里程碑 艺术庆典

一九八八年初春,小雪飘飘而下,时已近晚七时,新街口南大街有几十个人围聚,这些人并不上车,他们的帽檐、围巾、肩头洒满雪花,显然已经等候很长时间了。

一会儿,有一辆一〇三或一〇五路无轨电车进站,这些人立刻手举人民币向下车的人高呼:"有剩余的票吗,有剩余的票吗?"

随着急行的乘客前行拐进护国寺西口,迎面会有更多的人手持人民币走来问:"有多余的票吗?"

人民剧场门前,各型汽车整齐排列得无一点儿空间,三五相聚的人争买剩余票的情景,在剧场门前展现出一道亮丽的风景线。

来得晚些的观众,开始跑步入场。

剧场内,舞台上檐挂着红色横标:"祝贺京剧表演艺术家袁世海舞台生活六十年。"

这是一九八八年三月五日,中国文化部艺术局、北京文化局、中国国际文化交流中心、中国艺术研究会、中国戏曲学院、北京京剧院、北京军区战友京剧团、中国京剧院等各届友好人士联合为我隆重举行的舞台艺术生活六十周年祝贺活动开幕，并以名角聚会强强阵容，联袂演出《群·借·烧·华》。六日上演《龙凤呈祥》，七日上演全本《连环套》。首都的京剧爱好者闻讯，三场戏票被争购一空。

七点半，大幕拉开。舞台上，灯光辉煌明亮。

开幕式的主持人，十分靓丽的刘长瑜身穿黑色旗袍、佩戴红色鲜亮胸花，风度翩翩地走上舞台。

她以脆亮甜美的京腔京韵开场："'祝贺京剧表演艺术家袁世海舞台生活六十年演出开幕式现在开始。首先由袁世海老师致谢词。"

群起的掌声中，我身着深蓝色笔挺西装，胸口别着鲜红色绒毛小装饰，精神焕发地健步走上舞台中央，向观众鞠躬敬礼。掌声更加沸腾！

我十分振奋，声音也洪亮如钟："回首艺海生涯，甚感奉献微薄。党和人民赋予如此厚爱，我心中实为不安，愈加体会到郝寿臣老师生前曾多次对我说'你可赶上好时代啦'的深刻含义。尤其庆幸的是，我还赶上了改革开放的好时代！

"艺术是集体智慧的结晶。如果说我在艺术上有所收获的话，也应归功曾授艺于我的各位老师、前辈和与我一起切磋技艺、一起演出的同行。在此，我谨向诸位良师益友们致以诚挚的谢意。"

欢快的京剧音乐伴奏响起，石景山发电总厂职工子弟学校的少先队员向我献了红领巾，并赠送了孩子们自己动手制作的小飞机；工艺美术爱好者栾崇岳做了一件松鹤延年画的工艺品献给了我；工人书法家王老荣赶制了条幅，亲笔写录了李振江为我到来而作的诗。

演出开始了。今晚《群·借·烧·华》由我饰曹操，方荣翔饰黄盖，叶少兰饰周瑜，张学津饰孔明，孙岳饰鲁肃，寇春华饰蒋干，演员阵容也是名副其实的群英会。

七日演出《龙凤呈祥》，我再次登台演张飞，方荣翔演孙权，冯志孝演乔玄，王晶华演太后。这出戏将有三个孙尚香，杜近芳、梅葆玖和杨秋玲衔接合作献艺。

九日演出全部《连环套》。其中方荣翔饰《坐寨》一折的窦尔敦，吴钰璋饰《盗马》一折的窦尔敦，我饰《拜山》一折的窦尔敦。张春华饰朱光祖，李光饰黄天霸。

三场演出，生、旦、净、丑各行几乎排出了目前的最佳阵容，众位热情高涨各显身手，又通力合作。

三场演出，前来祝贺观看就座贵宾席的陈丕显、彭冲、叶飞、廖汉生、王忍之等领导同千余名中外观众完全沉醉在精彩的演出之中。

就在演第三场《连环套》之前，我的心情颇感异样。

是紧张？不！是因为全本《连环套》的再度上演，几十年的漫长过程，了却了我多少年的心愿呢！《连环套》经过金秀山、黄润甫、郝寿臣、金少山、侯喜瑞等几代前辈名家的精心锤炼，已成为一出可由架子花脸和铜锤花脸两门抱演，各展其表演风采的、深受观众青睐的一出艺术精品剧目。在二三十年代，《连环套》更是架子花脸行当中为数极少的正功戏之一。

今天已七十二高龄，重演已被叫停三十多年的剧目，我忍不住想道：首先告慰万春兄，他刚走了不到三年，就梦想成真！虽是纪念我的舞台生活，也是告慰你，告慰少春，告慰所有与我演过黄天霸的前辈、平辈的先行而去的同行们，在深入改革开放的今天，我们京剧剧目已恢复山花烂漫之境，你们放心吧！

可惜的是我已七十有二，演全本《连环套》望尘莫及，只演《拜山》一折体现大团结的盛况，倒也没有遗憾，更是满心欢喜！

这场戏，我一定要演好！我心中斟酌着每一个应注意的细节。

窦尔敦的脸谱要加大眉间的桃心才显丰满漂亮，念白用比较低的音调体现窦尔敦已入老年，但动作要开阔、夸张、优美，才能声情并茂地体现出窦尔敦的粗犷、豪爽、仗义。观众是没见过窦尔敦的，可一定要让观众认准窦尔敦"该这样"。

演对手戏黄天霸的李光，条件优秀，扮相、嗓音、武功都好，为了帮助他理解掌握，我把历代名家的演法，尤其是少春在前辈演出中的改进，也向他一一介绍。

李光接受能力很快，演出效果相信错不了。

这天的演出果然还算满意。全场戏流派交融，各显特色地展现出了窦尔敦、黄天霸的人物形象。

每场演出的盛况不单单是票卖满堂，还有观众们为和我见面，早早来到剧场，专等我的车一来，马上团团围住，一双双炽热的手紧紧相握……车窗伸不进手来的观众大声地说着："袁老！祝贺您从艺六十周年。""袁老，祝您老越老越健康！""祝贺您雄风不减当年！"还有的观众忍不住将祝贺袁世海艺术生活六十周年的画册，递进车窗内，让我签名。待我演完卸了装走出后台门的时候，又有那么多的观众站在院中、等在门口，向我祝贺演出成功。

观众们喜爱我，观众们心里有我，是我六十年艰苦艺术实践所追求的，是我一生最渴望的。今天观众们给予我的高度热情，即是给我的最高奖赏。

满怀观众给予的热情，满载三场演出大获全胜的喜悦，回到家中我和福瑗、孩子们共享着胜利的兴奋、幸福，你一言、我一语地数说着剧场内外的动人情景……

三场演出大获全胜，是演员们打破剧院、打破地域，老中青相结合，师徒同台、同戏、同人物以不同流派同奉献的展示，友爱团结的演出，这一点在最后的致谢词中一定要讲，要号召大家团结起来为共同的京剧事业奋斗。

可惜的是，自己老朽了，只能演《拜山》一折，而且与自己同台共创过成功的一代人都走了。但是能和盛戎师兄的高徒方荣翔，与先拜裘又拜在我的名下的学生吴钰璋联袂献艺全本《连环套》，也是我晚年的大幸事！尤其荣翔勾好窦尔敦脸谱,到化妆室看我。我看着荣翔勾着盛戎的脸谱,有着酷似盛戎的神韵,恍惚间好像真的又回到科班,我们在后台嬉笑的情景历历在目……

开戏了。我在化妆室耳听着荣翔在台上得了多处的掌声,荣翔已高高挑起裘派大纛旗,真为盛戎高兴,这场演出不也是对我们六十年友谊的最好纪念吗?也使我了却了多年的一件心愿!大群子,盛戎,你听见我说的话了吗?

这次演出留下了完整的录像。虽然我只演出了《拜山》一折,这三场演出的盛况风靡全京剧界,北京、天津、山东、上海等各处爱好京剧的观众争相传诵,这是我和所有策划者们始料未及的!

后来,老友冯其庸对这次演出也写了感言:"最近我又看了一次《连环套》,窦尔敦由三位演员轮饰,世海演最后一段《拜山》里的窦尔敦,看前面《坐寨》《盗马》的两个窦尔敦,觉得也还可以,待到世海的窦尔敦上场,顿时觉得精光四射,雄风逼人,其一举一动,一言一笑的分量,有如千斤坠石,使你感到看了既过瘾,而又回味无穷。饰黄天霸的一位后起之秀,也不示弱,基本上可以对阵。然而在这出戏里,应该是黄天霸的气势压倒窦尔敦的,但两位演员的修养、功夫、气质毕竟相差较远,虽然在戏词上是黄天霸压倒了窦尔敦,但在他们所显示出来的艺术气氛上,却感到窦尔敦的气势笼罩一切,甚至使我感到世海这次的窦尔敦,比他三十年前的窦尔敦还要好。这丝毫也不是我的主观夸大,事实上那时的世海才三十出头,而现今已是过了古稀之年了,自然他的修养又大大前进了好几个里程了。"

三月十日,中国文化部艺术局等九单位在北京政协礼堂主办了祝贺我舞台生活六十周年座谈会和收徒仪式。会场以茶话会形式布置,一张张大圆桌上,摆满了各式水果、花生、糖类小吃。主席台前摆满了朋友、京剧爱好者、学生们送来的琳琅满目的贺品，特大的扇面、国画山水、牡丹及笔法苍劲的书法。

更有别出心裁的，将色彩跳跃的七十二个脸谱组成了一个大大的"寿"字，这是我五十年代所收爱徒李嘉林不顾演出繁忙没日没夜赶绘出来的。我深知，嘉林每一笔中都注入了学生对老师的爱。

还有石景山发电总厂党委副书记、副厂长等人写的庆祝我艺术生活六十周年来的一些表扬的话语。音响中放着我的演唱，会场四处喜气洋洋。多日来劳累的我，仍神采焕发毫无倦容，迎出迎进地忙乎着。我迎来了参会的各位领导，迎来了老舍夫人胡絜青老，迎来了我最敬爱的郝寿臣老师的公子师兄郝德元教授，迎来了同拜郝老师的大师兄樊效臣，迎来了与我同台几十年的老同行、老朋友，迎来了几十位从小一起长大的富连成科班的师兄、师弟，迎来了沈阳、天津、邢台等远道而来的剧团参会的代表，迎来了专程从美国赶来的朋友涂青，更有许多行内外的徒弟、学生……

会场内，人们互相打招呼、互相问候，更有多人聚在一起，侃评着近年来少有的、成功的三场演出，一片笑语喧哗。

"同志们，朋友们！"中国京剧院院长吕瑞明首先道开场白。

"今天我们的聚会有两个内容：一个是共同表达我们对取得卓越成就的艺术家的祝贺之情，同时也通过自由发言、座谈来学习世海同志的卓越艺术成就和他丰富的艺术经验，以及他不断紧随时代的步伐大胆的创新精神等，从中汲取精神力量，坚定我们振兴京剧的信心。另一个内容是举行拜师仪式。今天的拜师也很有特点：一个特点是拜师的人数很多、规模很大，一共有十二名同志拜师，这是以往少见的；另一个特点是世海同志一贯主张拜师不要铺张，也就是一杯茶的精神，符合社会主义新风尚的拜师仪式。首先请张庚同志讲话。"

张庚是文化部的老领导，他看我的戏有四十年啦，仍觉没有把我所演的戏都看完。他说趁着世海同志艺术六十年的纪念会，要提倡向世海这样的老演员学习,学习他一辈子认真学习的精神,来振兴我们的京剧。

艺术局局长王杰代表文化部、艺术局,向我从艺六十周年表示祝贺,同时也向我收徒表示祝贺。他还说:"我要强调的是京剧是我们国家的国剧,是我们的国宝。对于京剧艺术,决不会因为改革削弱,不但不削弱,而且要强化、要优化。这一点是毫无疑问的……"他的讲话对当前改革有着指导意义。

紧接着是刘厚生同志讲话。他代表中国戏曲家协会对我的纪念活动和收徒仪式,致以亲切的、热烈的祝贺!他还说:"我觉得他写《艺海无涯》,这个题目就很好,它说明了艺术没有止境,艺术就是不断在发展。我希望他的学生向他学习这一点。"

接着,中国戏曲学院于兵同志讲话。

他讲:"世海同志在艺术上能有今天的造诣,确实是他广泛吸收很多艺术家的成功因素,然后加以自己的丰富和发展创造。郝老师是他的老师,侯喜瑞的东西,他学过;高庆奎的东西,他吸收过。后来和周信芳同志一起的时候,他更吸收了很多东西,才有今天的袁世海的艺术。"

随后,请中国京剧院的老院长张东川讲话。

吕瑞明还宣布了因为另故不能参加打来电话的有习仲勋同志、周维驰同志、文化部副部长高占祥同志、中宣部副部长李岩(音)同志、马少波同志,还有中国戏剧家协会主席曹禺同志。发来贺电的有日本的伊藤邦彦、留留先生,香港的岑德美女士、邓宛霞女士,大连艺术学校的马明捷、闻占萍同志,大连京剧团,贵阳文化局,锡林浩特赫尔基同志,长春木材公司的姚宏春同志,贺电内容就不一一宣读了。写来贺信的有北京京剧院艺术辅导交流中心、湖北省京剧团、天津市食品综合贸易中心、太原市实验晋剧团张嘉信同志,以及天津水上贵宾园的两位,还有方荣翔同志、萧盛宣同志、冯志孝同志及北京大学戏剧爱好者协会的同志都写来了贺信。

接下来是与我同台与共几十年的杜近芳讲话,她说:"袁老师,他是一个很重感情的人，我看到马先生收徒、地方戏演员拜师等等的（指我介绍冯志孝、申凤梅拜马连良为师），我看袁老师是不带架子，跑前跑后的，这点我深受感动。他经常告诉我说，近芳咱们要拼搏、要占领舞台。我在袁老师带动下，也是这么干的。"

我从出科时起就与张云溪一家人都结下了深厚友谊，后来又同为迟门女婿，云溪是非常了解我的人。他说："我今天来的时候粗略地算了下，世海从科班到现在，他演了恐怕有二百多个角色。六十年一贯兢兢业业。

"再有一点，我借这个机会感谢党、感谢各级领导、感谢各个方面的艺术有关团体，给世海搞这个舞台活动六十周年，虽然是祝贺他，但他代表我们整个京剧界。感谢领导同志们在各个方面对世海、对我们京剧振兴的支持。"

接下来还有艺术家名武丑张春华、师弟贾世珍讲话。

还有张君秋讲话。他说："我看了他这次演出，可以说老当益壮。连我都快七十岁啦，六十九啦。我就希望我们老中青团结起来，我们再为振兴京剧努一把力，把京剧振兴起来！"

吴钰璋作为学生代表也发了言。讲述自己怎样崇拜、热爱袁派艺术，和十几年来学习的心得。虽出自学生的总结，却也清楚地看出我长期以来培养并非徒弟的青年演员的一片诚心、苦心！

接着，开始拜师。拜师的学生有：中国京剧院的吴钰璋、谷春章、李广仁、刘琢瑜，天津市青年京剧团的杨光、李文英、刘德杰，天津市京剧团的王德刚，黑龙江省鸡西市京剧团的宋志伟和业余爱好者北京的黑永宽，石景山发电总厂京剧协会的李振江、杨保安、田京乐。

在欢乐的京剧乐曲声中，十二位弟子一字儿排开站齐，向我三鞠躬。我为每个弟子赠送了一本自传《艺海无涯》。众弟子捧着《艺海无涯》与我团团相伴，留下珍贵的影像……这种盛况在京剧界也属罕见。

加上过去已经有的弟子，我至此共有三十五名弟子。

一九八五年，我收徒后与弟子合影留念，前排左起：黑永宽、李广仁、杨保安、王德刚，后排左起：李文英、杨光、李振江、宋志伟、吴钰璋

谷春章是《红灯记》中的那个磨刀人。五十五岁的他，是中国京剧院的名武丑，五六十年代曾因演《三岔口》《连环套》而誉满京华，名利俱在，又年过五旬，为何又拜师学艺？

原来，谷春章虽演的是小花脸，几十年来想的却是大花脸。他与我在一起演戏三十年，我一边演出，他一边偷学我的玩意儿，早就萌发了拜师的念头。春章说："现在京剧舞台冷冷清清，演员青黄不接，改行的改行，走穴的走穴，谁关心京剧的前途？袁派博大精深，是花脸行当的里程碑。趁着袁老健在，我要拜师学艺，以后我当个老师，教教学生，把袁派传下去，别毁在咱们手里。"所以，这一代名丑谷春章向我恭敬地鞠了三个躬，拜在袁氏门下。

大家你一段、他一段的发言句句都是鼓励的话，段段都是鞭策我继续前进。我边听边激动！

最后，我满怀感激地向大家致了谢词。我感谢赶上了我们改革开放的好时代，感谢党和人民对我们的厚爱。"赶上好时代啦"本是郝老师在解放初期对我说的话，现在"赶上我们改革开放的好时代"是我由衷而发，并紧紧伴随我年逾古稀的晚年。

我清楚地知道，举办这次活动真是体现了从中央到地方各级领导对我的一片苦心、无比关爱，大家为此事运筹了近一年。三个月前，由部里定调做了具体的部署和分工，院里许多同志为此开始紧锣密鼓地张罗，更有众多热心人出资印制各种宣传资料，促成这次活动的圆满成功。我怎不由衷地感谢党，感谢自己欣逢改革开放的盛世！

祝贺我舞台生活六十年演出活动的消息不胫而走，引起各界的高度关注。演出实况播放了，中央电视台《新闻联播》播放了座谈会实况中我的一段致辞。《人民日报》《新华社新闻稿》《北京日报》《北京晚报》《工人日报》《文艺报》《河北日报》《黑龙江日报》《戏剧报》《戏剧电影报》……纷纷发表有关消息和文章。一九八八年三月十四日出版的《瞭望》周刊，无论是海外版还是国内版均以我便装照、戏装照做封面，加注"袁世海舞台生活六十年"，刊登了我写的《我赶上了好时代》一文，还有朱继功写的《袁世海大开山门》。全面介绍了我几十年来，教徒，传帮带的苦心，赞扬我对待艺术事业执着、刻苦的精神。海外版还用插页、前页选登了我的一组生活、演出、教徒的照片。

纪念会后，我满心欢喜，满身轻松。所谓满身轻松，是我甩掉了一些不明事理的人的闲言碎语。之前《戏剧电影报》刊登了一篇以不实之词哗众取宠的诽谤文章。我愤怒了，许多朋友、观众们也愤怒了，纷纷给我来信慰问。更有许多热心的同志推荐律师，让我起诉至法院。此事惊动了习仲勋总理，文化部、局院的领导，呼吁爱护老艺术家。《民主与法制》等刊物也从法律的角度对此文章给予驳斥，有关人员登门道歉，事情就平息了。

我的心态与计划再次出于福瑷的意料。不光是福瑷，包括儿女们和许多亲朋好友，他们的共识是办了这次从艺六十周年的纪念活动，我应该解鞍歇马颐养天年了。哪知我在这一动力的鞭策下，非但鞍未卸马未歇，身上扎的大靠反而越扎越紧！以下是我在日历上所记下的：

3月14日上午北京日报、晚报三十五周年纪念会（并发言）。

3月15日元俊等约面谈《野》剧本。

3月18日准备20日拍剧照。

3月20日至4月11日早九点政协报到参加政协会。

4月4至6日为人大、政协两会在政协礼堂演出《连环套》。

4月19日早九点去天津教戏。

5月1日参加天津市房地产开发公司、天津市市政建设总公司、天津市国际信托投资公司、中法合营葡萄酿酒有限公司、天津电视台、天津广播电台、天津市演出公司、天津市青年京剧团联合主办《亚运之友》京昆名家联合演出《连环套》。

5月9、10、12日下午去北京军区文工团排《九江口》剧。

5月23日夜彩《九江口》剧。

5月26日夜军区排《群·借·烧·华》剧。成绩很好，群剧尤甚。高兴！

5月27日下午1：30来车排《借赵云》。

6月8日早8：50直飞香港，第三次赴港，认真准备一个月未得演出而回。回京病休直至8月。期间只7月10日上午看黑永宽彩排《九》剧。7月29日下午2时叶龙章大哥追悼会。

8月9日《今晚报》相约，赴津演唱一段自编词曲：老朋友、新朋友欢聚一堂。祝大家事业遂心发达兴旺，改革开放的政策一定要大放光芒。

8月20、21日为华人世界社录制《群·借·华》。

9月8日上午谷春章来说戏。下午黑永宽说戏。夜电台来谈艺术介绍说稿。

9月9日下午参加清华大学联欢座谈。

9月13、14、15日参加业余京剧大选赛。并与君秋上台颁奖。

9月19日去人民剧场与刘秀荣排戏《牛皋招亲》

9月22日为天津新车站落成演出《牛皋招亲》。

10月16日去永宽家贺喜永宽结婚。下午李浩天（少春之长子）和剧协苏明慈同志来谈少春艺术。

10月31日李浩天借走"菜园"录像带。下午参加老年会。

11月8日文代会下午报到。

11月9日袁、杜先行郑州。

11月10、11日早、下、夜，排戏、给不熟者加工。

11月12日在郑州头场演出《别姬》。

11月18日顺利结束。

11月19日老母寿日（逝世22周年）早饭后启程赴开封。

11月20日头场演出《别姬》。

11月21日夜观看刘永贵二代"气周瑜"。

11月24日保定老调剧团党员李淑荣（刀马旦兼花脸）来京求师提高表演丰富老调，可谓苦用心，甚为敬佩。而在京的学生却无此要求，真是遗憾！应为京剧、老调互相学习，尽力帮助其达目的。

11月25日中午天津电视台来车去录像（《探母》中《行路》一折）。元旦播放。

11月30日突患急性滑囊水肿，住中医研究院研究所骨伤科。

通过半月抽水、理疗可出院恢复。半个月后去中医骨科复查,基本治愈,仍需养疗理疗一疗程。

福瑗只能是看在眼中,疼在心中,为我急不得、恼不得!

壹陆捌 庆徽班 振兴京剧

一九九〇年十二月二十日，是京剧史上重要的一天！这次的演出，对京剧艺术来讲更不寻常，有着永久性的纪念意义。

我起得不太早，吃过早点，福瑗赶快在客厅写字台上摆好了剃头、刮脸的用具。

我在演出前最多隔一天就得剃一次头。早些年，都是去理发店或请理发师来家理发，老来觉得太不方便，福瑗就练习着用刮脸刀给我剃头，一来二去，我尝到甜头儿，按福瑗的话说"剃头、刮脸、搓澡，我是'全活儿'！"最后，我还得拿起镜子，用手把头的四周摸个遍，才去清洗。

"我办事，你放心，还查得这么细……"福瑗有点儿不满意。

"为今儿这场戏，多少人，忙了多少日子，非同小可，盔箱又换人……"的确，对花脸演员而言，自勾脸谱，难。掭头，也是一难，掭紧了，眩晕；掭不紧，动作幅度略大时，就会捰头，即盔头、水纱、网子全掉下来。因为花脸为了显得威武雄壮，脸谱已勾至发际往后一寸多，几乎快到头顶中部。

盔头是朝后上方仰在头上的。

下午,福瑗还给我做了最拿手的红烧牛尾,还加了西红柿、山药、洋葱、洋白菜,可真诱人哪!我忍不住夹了一块山药放入口中,说:"迟同志,今儿不唱《九江口》怎么如此厚待?超标啦!"

"你这一大阵子,太累!再说,今儿晚上的戏非同一般,吃吧,多吃点儿!"

"感谢迟同志的照顾,'当不负卿'!"

"唉!谁让你有收不完的豹尾呢!"

"收不完的豹尾……高!这个比喻恰如其分,说明咱们京剧在发展、在振兴……"

"少说吧,时候不早了,牙口又不好,先吃吧。"

我点了点头,不再说话,默默在心里又给我做了个迈进九十年代的总结。

尾,的确是收得没结没完不说,还越收越大。进入一九九〇年,新年去参加中国京剧院到武钢、二革剧场、第二汽车厂等地演出。春节到怀仁堂演出《牛皋招亲》。庆祝中国京剧院建院三十五周年演出《龙凤呈祥》,又应日本文化界和华侨国剧会的邀请,飞赴东京、大阪等地进行了为期两周的文化交流。直到最热的七月才进摄影棚,苦战七天,终于完成《九江口》电视艺术片。接着,为亚运会忙一系列活动,直到举国欢腾庆祝亚运会开幕。六月间,在中国石化科学院领导支持下,为了弘扬民族艺术,由中国石化科学院电视台、中国京剧院联合摄制电视艺术片《赤壁鏖兵》(《曹操》专集)录像片。导演申健慰,副导演兼剧本改编袁小海,由高占祥题写片名《赤壁鏖兵》。

累是累,我却在日历上写下:"夕阳虽近晚余热尚(似)清晨。"

一进入十二月忙得又加个"更"字。开始正式复排《红灯记》,鸠山的表演全面恢复到一九六五年,我每天没结没完地重新背戏词。这还不算,还要把《捉放曹》的唱词改了、动作加上……

十二月六日演出《红灯记》,我高兴地在日历上写下:"领导、观众给予热情鼓励。希能找差距加强提高质量,从实际出发……京剧大有希望。"紧接着又去康乐宫排练《捉放曹》。这两天又去石油院接片,去参加翁偶虹兄编剧生涯的庆祝会。

我一天没休息地忙,福瑷心疼、埋怨。我一口气把这碗牛尾汤都喝了,直喝得满脸冒红光。莫怪孩子们都说:"爸爸喝了我娘做的牛尾汤,满脸增光彩!"这是逢我演《九江口》才喝的,今儿额外了。福瑷看我吃得很香,心里很是安慰。

我带好演出的用具、加餐牛奶,早早下楼等来接我的车,好去剧院。

每每我未下楼之前,福瑷都会推开厕所的窗户,探出身子,看看车到了没有,直到看着我坐上车,福瑷才关窗做她自己的事。今天,离车到的时间还有十五分钟,车还没影儿呢,我不听劝地下楼去等车了。

望着出了门的我,福瑷叹了一口气,想,寒冬腊月的,吃得热乎乎的,非去路口喝西北风,七十多岁的人啦,真是被司机治怕了。

福瑷如此说,是指七十年代末,我因患糖尿病,满口牙在短时间内掉光了。没牙,满嘴漏风,无法念白,更无法演唱。为了不耽误演出,我央求医生立即给镶上一口假牙。谁知牙床萎缩了,假牙戴不上,又重新配。配也难配,假牙稍有一点儿不适,吃饭时疼得不敢咬东西。好不容易勉强吃饭不太疼了,上台念白又不敢用力。一次遇到有喷口的字,假牙一下就被喷出,掉了,幸好有髯口挡着,牙没喷远,对付着演完这场,又在台上找牙。这笑话常被鼓师赓金群开玩笑。这个阶段,我被牙折腾苦了。

一次司机按时到,不知我牙疼吃不了饭,晚了十几分钟,司机一生气造了反,把车开走了,认为这是与角儿脾气做斗争。虽然此事后来都说开了,但自此我总是提前几分钟,下去等司机。有时等的时间长了,我就迎着司机来的方向走过去。不料也闹过笑话,我往东找,他有事例外从西边来了……

之所以这样，是因为我有病领导才如此照顾，得知足！得自我要求严点儿，别再给组织找不必要的麻烦！而且我非常不愿听"角儿脾气"这几个字，我是共产党员哪！

我来到北京展览馆剧场门前一看，真是"莫道君行早，还有早来人"，戏迷们早已聚集在此颇有兴致地辨认着自己熟悉的演员。

"袁老来了。"

戏迷们一下围了过来。他们看我穿着新衣新鞋，头脸刮得干干净净，要过年似的透着喜庆劲儿。

"今儿您演张飞，台上可要悠着点劲儿啊。"一位戏迷关心地嘱咐。

"怎么悠着点儿？袁老一辈子在台上都是铆上！何况他还是徽班进京二百周年纪念会的委员，你这话也太不实际……"另一位票友马上反驳。

"诸位，心意我领了。怎么说呢，我们这辈子赶上徽班进京二百周年盛大纪念活动，心情不是一两句话能表达的。振兴京剧，弘扬民族文化，咱们老演员得当仁不让！放心吧，别瞧我七十五岁了，还能卖卖老。"

我又转过身来，回答《光明日报》记者的问话："京剧艺术要发扬光大，就得让艺术跟着社会和时代前进。中央领导对京剧艺术如此关心、爱护，我们要借这股东风把事业搞上去。我希望有关领导，要给中青年演员尽量创造多看、多学、多实践的机会。我寄语中青年同行，要抛开一切私心杂念，努力提高艺术质量，在用艺术手段刻画人物上下苦功。我也希望咱们《光明日报》，权威报纸能开辟个栏目，请老演员谈谈心里话。我就很愿意把自己的艺术实践和体会写成文字献给广大读者。"

今天，是由中华人民共和国文化部、北京市人民政府、中国戏剧家协会、中国戏曲学会联合举办的纪念徽班进京二百周年振兴京剧观摩研讨大会，在北京展览馆剧场隆重开幕的日子。

纪念活动的宗旨是在为期二十四天中，通过京剧以及对京剧的孕育和形成产生影响的徽剧、汉剧、秦腔、昆曲、婺剧等剧种的传统戏、新编历史戏和现代戏等优秀剧目演出并京剧艺术展览，和京剧艺术学术研讨会等丰富内容，回顾总结京剧形成、发展的历史经验和艺术成就，探讨振兴京剧的良策，并以此为契机，宣传、普及京剧艺术，振兴京剧和整个戏曲艺术事业。

开幕式上，李瑞环、李铁映为纪念活动剪彩，高占祥致开幕词后，由著名艺术家们联袂演出吉祥大戏《龙凤呈祥》。

我走进化妆室，桌子上已摆好了那面擦得干干净净的镜子，水银仍完整至极。这还是一九四〇年我和宋德珠一起去上海演毕，休息一个月逛街时买了这面货真价实的镜子。五十年了，照上去，一点儿都不走形。若说脸谱勾得好，该给它记一功。镜子旁边仍然放着笔架子，红色、白色、蓝色的毛笔，笔头上挂着洗后残存的颜色，整齐地插在上面。下边摆着红、黑、蓝三色油彩和一块做调色板用的正方形的白瓷砖。那边还放着倒好热水的白镀银小盆，上面还横放着三支毛笔，为了防尘，按常规用一张白纸盖扣在笔上。一切都是那么井井有条。

我平心静气地换上水衣子、彩裤，穿上草履，准备勾脸。

演出开始。剧中，王金璐扮演的赵云身手不俗，孙岳、汪正华扮演的刘备得心应手，张学津扮演的乔玄潇洒飘逸，叶少兰扮演的周瑜英姿勃勃，张君秋、李炳淑、杨淑蕊扮演的前、中、后孙尚香，马长礼扮演的鲁肃，吴钰璋扮演的孙权，黄德华扮演的乔福，各尽其职，精湛的表演艺术倾倒三千二百名观众。

大家说七十五岁的"张飞"神形兼备，雄姿英发；七十岁的"孙尚香"高雅端庄，婀娜妩媚。两位领衔主演的《龙凤呈祥》，为纪念徽班进京二百周年振兴京剧观摩研讨会开幕式增添了光彩和喜庆。

在三个小时的演出中高潮迭起，欢声笑语不断。江泽民、万里、乔石、李瑞环等同志与观众一起把掌声送给为京剧事业做出贡献的老艺术家及中青年优秀演员。

为京剧二百岁生日增添光辉，本应是我七十五岁艺术生活中浓墨重彩的一笔！然而，我却留下一大憾事。

那一幕，时刻都会浮现在我眼前。

紧敲密奏的"急急风"锣鼓点儿声中，几位小张飞们手执阵旗如风般地上场了。我扮演的身着渔装、足蹬草履的张飞，快步上场了。直伴随着我那尚轻快的小跺泥、飞天十八响、飞脚和那越跑越快的圆场……我精心地、尽可能地将每个动作神沛气完、干净利落。接下来抒耳毛子、抒扎，配合着眼睛转动的神气，使出浑身解数。该念四句定场诗了，可偏偏就在念定场诗"草履莽鞋渔夫装，豹头环眼气轩昂。丈八……"低头要往后甩发时，忽感异样，心中大叫不好！甩发松动！怎么办？咬牙接着演，甩发肯定掉。这么重要的场合，露出花脸的光头，是对观众的极其不礼貌。含着劲儿演，削去应有动作，这更是对观众的极其不负责任。在一两秒的刹那间，我选择了第三种办法，下场去摞好头，重演！

我停下来……向观众鞠躬，说："对不起，我勒头去。"急急回后台重新勒头。

当时，舞台上和后台的同志很紧张，为我捏了一把汗，我倒还算沉着……

在等待的六分钟里，全场鸦雀无声，没有一人离席，秩序很好。等待中的观众多么文明、多么理解演员的苦衷，充分表现了对演员的尊重与体谅。

我二次出场，从头重演这场戏时，得到了在场几千名观众的热烈掌声的肯定，是对我这七十五岁老演员认真对待艺术、尊重观众的赞赏和鼓励！

演出结束，观众们起立长时间热烈鼓掌。中央领导上台祝贺演出成功，并合影留念。江总书记、朱总理、李瑞环同志在和演员们握手时，反过来安慰我，都笑着说："这不赖你，彩条子没掉（彩条子由自己勒），捧头是盔箱的责任，不要紧。"还说："精神真好！一点儿也不像这么大岁数！"这些话说得又温暖又亲切。真没想到，中央领导同志不仅如此爱京剧，而且懂京剧，这么体贴入微地关怀文艺工作者，使我感动不已！

通常给我撂头的师傅患了病，尚未完全恢复，我果断地换了另外一位没有合作过的新手，新师傅不敢使劲儿撂，怕把我这老爷子给撂晕了，结果难为了观众。

早年，程砚秋先生的开蒙师傅、京剧著名刀马武旦荣蝶仙老前辈的盔箱师傅是很有名望的阎世祥前辈，大家叫他阎七。荣蝶仙每演拿手戏《战金山》中梁红玉的七星额子，非老阎师傅为他勒戴不可。

一次，演出《战金山》。荣老前辈扎好靠，来到盔箱，老阎师傅上厕所了，阎七举着七星额子迎上，荣老不接他递来的七星额子，说："等他来吧。"直到老阎赶来，老阎师傅搭上了扣，只听吓的一声，荣老说："再紧一点儿！"老阎师傅再一用力，吓的一声，荣老满意了。

阎七看在眼里、记在心里、练在手里，等待机会。

荣老又演《战金山》。老阎因见阎七有长进，帮着说情。荣老没言语对镜子坐下来，接过小阎递上的七星额子，对好了口，说了声"勒！"阎七高兴、紧张地搭好盔头绳扣，铆足劲儿地勒，可是荣老说："不行！使劲儿勒！"阎七已面红耳赤，荣老说："就你这点儿劲，上场没有不撂头的。"老阎师傅急忙接过来吓吓干净利落地打上了扣，戴好了盔头。这事对阎七的刺激非比一般，他立志非勒荣老的盔头不可。

从此，阎七拜了拉硬弓的老把式为师，日日苦练。当他把拉硬弓的成绩表演给老阎师傅后，老阎说："你手上的硬劲儿有了，可你勒的是人的脑袋，还得结合柔软劲儿，既勒紧盔头不掉，演员还不能难受。"老阎边说边给小阎勒上网子、水纱，戴上有翎子、狐尾的大额子前扇（帽盔名称）来示范，小阎体验了勒头的滋味儿，体会到盔头勒得不掉的程度、技巧。

荣老又上演《战金山》了，照例在盔箱大镜子前坐了下来。阎七说：

"荣老板,我爸爸病了,今儿我来侍候您。"荣老看看信心十足的阎七:"好吧,你把吃奶的劲儿都使出来勒吧!"阎七熟练地操作起来,咔叭一声,盔头上两根旧绳断了!他从容地掏出备好的绳换上,咔咔两声,荣老大声喊道:"行了,行了!"小阎边答应边又在系扣时使了点儿软劲,加强了紧度。

戏结尾了,荣老快步进场忝去盔头,哇地吐了一口酸水。老阎忙扶着荣老说:"都怪我,都怪我!"荣老摆了摆手:"都不怪,怪我这脑袋吃紧的功夫还不行。"

阎世祥师傅终于成为余叔岩、孟小冬、杨宝森三位大师均离不开的盔箱师傅。

这失误的责任,是自己应该承担的。这个教训一定要吸取!

十二月二十七日在人民大会堂开会三天,李瑞环同志就振兴京剧发表了重要意见。

期间,我观摩徽剧《临江会》《单刀会》。感到十分亲切,可谓是古老而又年轻的艺术,既有继承又有革新,还具有鲜明的民间气息。《临江会》中之周瑜,比京剧的更为粗犷、火爆。与京剧相比,别有一种情致与风貌。

特别值得称道的是从港、台、海外赶来的邓宛霞、王海波、贾丽妮和顾铁华,他们以弘扬民族艺术为己任的赤子之心与精湛的技艺赢得了观众的阵阵喝彩。

四十三年前去往台湾的孙元彬、孙元坡,是著名杨派武生孙毓堃的公子。虽年过花甲,昆仲俩自费漂洋过海,来大陆参加京剧盛会,以京剧艺术实现海峡两岸沟通的夙愿。他们与外甥女四小名旦宋德珠之女宋丹菊及河南省京剧团于一月五日合演《战宛城》,还盛情邀请我到场观摩。《战宛城》全场演出严整规范,深沉隽永,而其深远的意义更在戏外。

从香港专程来京的邓宛霞,被戏迷一眼认出来了。这次,她给纪念活动带来了唱、念、做、打俱全的《大英杰烈》。邓女士热情地向记者表述了自己的感受:"我曾在瑞士学了八年钢琴,但对京昆更有亲切感,因为它是最崇高、最美的祖国传统艺术。"她演的《大英杰烈》唱、念、做、打俱佳，不论是旦角的高拨子、小生的娃娃调，还是做派、身段，"靠旗打出手"都娴熟自如，稳健大度，长于刻画人物的性格特征与心态情貌。再加之她学识广博，兼融中西文化，故演来清新洒脱，具有独特的艺术魅力。她鼎力创办的香港第一个京昆艺术团，更显示了她的魄力。

香港的顾铁华与侨居美国的贾丽妮，作为京剧票友，他们数十年为发展推广京剧艺术而孜孜以求，坚持不懈的精神，实为可敬。

同时，样板戏重新开始上

一九九〇年，在纪念徽班进京二百周年振兴京剧观摩研讨会召开时，中国京剧院决定由原班人马重排停演十几年的《红灯记》

演，标志着社会又前进到新的历史阶段。我的心情是很复杂的，有久别重逢之感。从艺术上看，《红灯记》比较完整地用京剧形式来表达现代生活，它是中国京剧院一团全体人员吸取《白毛女》《林海雪原》等京剧现代剧经验的成功实践，凝聚着广大戏剧工作者的艰苦劳动。这出戏代表着京剧发展史上一个新的里程！十几年的搁浅，能不想吗？尤其是看到《沙家浜》《智取咸虎山》逐渐恢复上演。

历历在目的是，我与此剧缠绕纠葛在一起的酸甜苦辣，还渴望能恢复到一九六五年在舞台上表演一个日本军阀的感觉。

当然，这个愿望实现了。复排的《红灯记》，回归到一九六五年的基础上，鸠山被删掉的"这个人的心思不好猜""这一阵气得我血压增高、手冰凉"的似唱似念，都恢复了。我认真地参与排练全剧，又感受到了《红灯记》那独特的艺术魅力。

复排时，李奶奶仍由高玉倩扮演，铁梅由刘长瑜扮演，她们的演唱风采比当年更臻成熟。尤其排练中看到她们把京剧艺术程式与生活完美结合的《痛说革命家史》，感动得我两眼泪汪汪。李玉和由孙岳演。孙岳是中国戏曲学校第一届毕业生，这次敢于在表演上向自己挑战，有很大突破！李玉和的演唱既有流派的浓郁之香，又有共产党员之刚。阿甲导演还去掉了空洞的戏词，改了不合情理的情节，我对这出戏的再度上演充满信心！

十二月九日、十一日由中国京剧院再度公演的现代京剧《红灯记》吸引了大批观众。有文章说："犹如一声惊雷，使京剧舞台顿时春意盎然。"剧场内一千四百个座位座无虚席，剧场外护国寺大街上等待退票的戏迷数百人排成长蛇阵从人民剧场门前一直排出百米之外。

演出开始，大幕拉开，一列火车鸣笛，冒着白烟飞驰而去，一小股日本巡逻兵迈着机械的步伐，从舞台穿越而过，呈现出高压恐怖气氛。可是，谁又能想到，就在火车鸣笛、日本巡逻队上场之际，观众席中爆发出了震彻剧场的掌声！这掌声把毫无精神准备的后台所有人员震动了！拉大幕的、搞灯光音控的、搞服装道具的，无不停下手中的工作，或反思，或要去检查工作的失误……正在化装穿服装的演员都停顿下来跑到上下场门张望。如果不是舞台上出现大错，怎能呢？观众更怎能在日本兵刚上场的时刻来个如此狂热的碰头好？幸亏受宠若惊的"日本兵"们只在心里纳闷儿，没敢东张西望，经住了考验。

接着，李玉和、李铁梅、叛徒王连举、交通员、李奶奶都得到热烈的碰头好！第二场幕一拉开，观众见到台上是李玉和家的布景，又狂热地鼓起掌来；李奶奶撩开内屋的门帘出场，立即获得狂热的碰头彩。鸠山三次不同着装出场，第一次出场穿日军军服，第二次出场穿日本和服，第三次出场穿中国长袍马褂,每次出场都是狂热的满堂好。这使我心里忐忑不安。"文化大革命"前,只头次出场得了碰台好就没少挨整。

正好台下坐着我的学生李振江,他也甚觉莫名,就问了身边几位鼓掌十分起劲儿的观众:"为什么给鸠山这么鼓掌?"他们说:"您这一问就外行啦,我们是给演人物派的袁先生鼓掌,给他的精湛表演鼓掌,这跟鸠山沾不上边。"李振江听后放心地笑了。

谭派老生孙岳扮演的李玉和,嗓音清脆嘹亮,演唱得慷慨激昂,震撼着戏迷的心。六十四岁的高玉倩《痛说革命家史》一场表演达到了炉火纯青的境界,她的唱、念、做紧紧抓住了观众的心,观众们说高玉倩比过去演的李奶奶还好看!

四十九岁的刘长瑜扮演十七岁的李铁梅倾倒了全场观众,如果不知其情,谁能说这个活灵活现的小姑娘是一个半百之人呢。她把铁梅对奶奶、爸爸天真纯情的爱、骨肉至亲的孝表演得淋漓尽致,把对敌人的刻骨仇恨刻画得入木三分。

最令人动容的是一些唱段,观众擦着眼泪,使劲儿地鼓掌,打着节拍跟着一块儿唱!那种台上台下情感共鸣的景况是多少年来罕见的!

一位老戏迷说,日本鬼子枪杀李玉和,他在刑场上高呼"中国共产党万岁!毛主席万岁"时,观众报以热烈的掌声,谁能说这不是爱国主义产生的效应?艺术界的人士说,京剧在继承传统的同时,多编、多演一些现代戏,京剧的兴旺是不成问题的。

也有人对《红灯记》复演持不同态度,说一听《红灯记》就想起江青、"四人帮"。其实《红灯记》是广大京剧工作者创作的,不能因为江青曾插过手就否定。但愿《红灯记》的演出成功为京剧工作者带来更多的思索。

纪念期间,我十二月二十八日和梅葆玖弟合演《霸王别姬》,轻车熟路的演艺精品,当之全胜!

一月九日,我应旅居美国不远万里回到祖国的沈泰魁先生热情相邀合演

一九九〇年十二月二十八日,我与梅葆玖(左)合演《霸王别姬》

《捉放曹》中的曹操。

我一生中饰演过曹操的剧目有二十多个,《捉放曹》这出戏从在科中直到解放前,是与李盛藻、杨宝森、奚啸伯等人的常演剧目,自一九五〇年与谭富英先生演出后,四十年来一直未再演过。为了满足沈泰魁先生的夙愿,我当然相允。

京剧脸谱宝贵得很,它是京剧艺术中的特种艺术,靠油彩的颜色、线条,让观众了解角色的忠、奸、善、恶。因此,我在勾画此时曹操的脸谱就与《群英会》等剧中的曹操脸谱不同,要将脑门儿稍向上移,而且谱式少纹、干净,以示其尚在青年时期。

《捉放曹》一剧经过几代艺术家的锤炼,已是一出艺术性很高的传统剧目。但在我重看剧本准备排戏时感到,剧中曹操的唱词和剧情乃有不相符之处,对唱词、表演都进行了修改。

的确,我对曹操这个人物的创作,是用一生的时间把一本《三国演义》

翻烂、反复咀嚼，是长久思考之后的顿悟。

最后，盛会的大轴戏是来自十四个京剧院（团）的老中青艺术家四百余人合演的《名家演唱会》，京剧艺术得到全面展示，将演出推向了高潮，充分展示了京剧艺术底蕴之雄厚、人才之广博、观众基础之牢固。

……

纪念徽班进京二百年的锣声住了，而今后京剧该如何走向振兴之路？

这是我考虑最多的问题。我信心满怀地认为：有党和国家的重视，京剧界多做些努力，不愁京剧没有观众。这就是轰轰烈烈的徽班进京二百周年纪念活动中我最深的体会和感受！

我寄语青年演员要把握住艺术发展规律：艺术是竞争的，也是提倡发挥个性的。学流派，不能只演某一派哪几出代表作，也不要几个剧团都唱一个剧目。当年梅兰芳先生排出了《霸王别姬》大受欢迎，程砚秋先生就不是亦步亦趋，而是排出了《红拂传》，尚小云先生排出了《林四娘》，三出戏都有精彩的舞剑，又都结合了自身的条件和特长。有了这种精神，遵循这种艺术规律，才能出人才。

回顾我的舞台生涯，更感到自己的渺小和微不足道。我每前进一步，都无不凝聚着前辈、老师的辛勤培育和集体的力量。艺术是集体智慧的结晶，它永远不属于个人。在艺术的海洋里，我们是永远不会到达彼岸的。

壹陆玖 忆幼春 情长谊厚

九十年代初，一个初秋，全家人都在午睡。外面有人敲门，声音越敲越重、越敲越急。

"您找谁呀？"小保姆通常不立即开门，先问清是谁。

"我找你！"声音十分洪亮而肯定。

"找我？"保姆忙从门镜往外看，来人戴着一副墨镜，身上穿着一套有红、黄、白条纹的运动服，头戴一顶紫红线帽。这人眼太生了，只好隔门又问，"我不认识您！您贵姓？"

"开门吧！你不是姓袁吗？他是我三哥，我是他三弟。成了吧！"

"我大爷和大妈都睡午觉了……"保姆说。

"别叫他们，我等会儿。"他轻轻走进来，小声地说着走向客厅。

保姆把他让进客厅，然后去给他沏茶。不料，只见来客噌地站到小方凳上，看起挂在墙上的大相片——一九五七年为毛主席接待伏罗西洛夫演出《野猪林》后的合影。

此举着实把保姆吓了一跳,这个胖子哪像三弟?瞧这劲儿不过才四十岁出头。

他仔细地看着相片,好一会儿才下了地,摘下帽子和墨镜坐在椅子上。

"啊!"保姆这才看清他的脸,来人竟然是位长者。保姆不禁说:"您身体真好,还是多留点儿神吧。"

"好久没见了,想他们,看着亲切。"

来人是李幼春。幼春环视这十几平方米的客厅:一面是窗,电视机放在斜角,中间是一张可推拉的饭桌,四把椅子,靠墙有几个木方凳。就这?!和当初南池子的客厅是无法相比的。然而他再仔细一瞧,盖着电视机的大方格布盖得怎么还那么的正、那么的平整。上面放着一盆脱水插花,又美又大方。餐桌上的餐巾纸也是红黄交错,叠得花一样插在玻璃杯里。这些倒还散发着这位三哥那份整洁美。怪不得二哥少春也说他,在"牛棚",一天干活累得喘不过气来,他还没结没完扫他的床,惹得看管的人骂他"穷扫"。他还是他。

我午睡后推开客厅门一看,有客人,忙说:"对不起,有点儿缺觉……"

坐在饭桌前看报纸的幼春听见我说话,忙抬头扭脸四目相望。

两人都像年轻了三十岁似的互相快步向前,紧紧拥抱在一起。

"没想到吧?"

"没想到,其实常想……"互相又对看……

"福瑗!快!看谁来啦!稀客,稀客!贵客来啦!"我大声地叫,不如说是在大声地喊。

"三哥,您真精神。身体怎样?我们一别多少年没见了,起码十年!""文化大革命"以后,我们都搬了家,串门儿的机会没有了。七十年代后期,少春去世后,他没上舞台,互相见面的机会更少了。祝贺从艺我六十周年纪念会时幼春去了,匆匆见面未及细谈,不算。

"我身体尚可,就是有糖尿病,你三嫂身体不太好,冠心病。"

"我心脏也不好,不管它。我每天坚持跑步两小时,您瞧,我这扮相,运动起来,方便。"

我仔细观察幼春,他仍然是白白胖胖,大大的双眼,满面春风,脸上没什么皱纹,一点儿不显老。嗯,保养得不错。唯独我一见到幼春那对和少春一模一样的又平又长的眉毛,心就被重重地刺痛,那种思念少春的心绪,悲怆、沉重,不由得在胸中翻腾奔涌……少春要是有他这样的心宽该多好呀!我清楚地知道,这次和幼春的相聚不易,告诫自己,应该是欢聚,是欢聚!正好福瑗进门,我急忙背转身去趁机擦擦双眼。

充裕的阳光把室内霎时照得亮亮堂堂,我的心情也略平静了些。

"弟妹身体怎么样?"我问。

"她比我强。她让我问三哥、三嫂好!我也是七十出头的人啦,现在只能对付着活。"

保姆正在给他往杯中续水,闻听他已七十岁,十分吃惊,说:"您有七十岁?"

"这还有假?三哥您给算……"

"少春比我小三岁,你比他小三岁,可不,七十出去了!"

保姆说:"真没想到!"

她向我们叙述了幼春敲门、进门即站上凳子的情况,逗得我们大笑。

"江山易改,本性难移。岁数这么大了,还跟当年毛头小伙子一样。"我和福瑗异口同声地指着他说。

"这个李大爷的武功,可比你袁大爷的武功好啊!"我伸出大拇指说。

"你甭听这袁大爷的,他捧我呢。要说,是您墙上这张相片的魅力!我一瞧,唉!天蟾大舞台四十天大满堂、进中南海、拍电影……一股脑儿……恍如回到当年啦!怎不蹿凳子?"幼春指着演毕《野猪林》在舞台上与毛主席的合影说。

"蹿凳子,太小菜儿,蹿桌子,也不过一般般!"我说完,转脸对保姆说,"你看,相片里那个勾歪脸的坏解差,薛霸,就是这位李大爷演的,有工夫你好好看看!"

说着我站起来去拽电视上的盖布。

"三哥,我不看电视,咱们说话吧……"

"谁要看电视?你这么难得来,聊还聊不完呢。我是把这布拽正点儿……"

"多正啦!您还嫌不正!"

"这是你三哥的常事,要是没事的时候,吃顿早点,能去修正三次,正了歪、歪了正……"

"三哥要是有事呢?"

"坐那儿发愣!"

"满脑子就是戏!哈哈哈!"幼春大笑。

"你们哥儿俩坐着,慢慢聊着,我去准备晚饭。幼春最爱吃虾,我给你烹大虾!"福瑗站起来说。

"从来三嫂都是最照顾我!"

幼春端起茉莉花茶连喝几大口:"真香。好茶!"

"一个卖茶叶的朋友,戏迷,他送的,不是多贵,就是真香。他告诉我,茶叶超五百元上千元的不一定有多好。我心说,拿两月工资去买一斤茶叶,可能吗?其实,别看喝了大半辈子的茉莉花茶,真还不懂茶。我只认香,香就好!"我说。

"您这套理论,没变。我让您熏得是彼此彼此。六十年的演出,我把三场戏都看了,我不是捧您,您台上风采依旧!二百年的《龙凤》,也在电视里看了,胜似当年!"

"说点儿真格的。"

"您脚底下,圆场还是那么溜,人就没老。而且,人物也更深沉了。"

"怎么个深沉?"

"就说《拜山》吧，和黄天霸刚见面的比试，多好！"

"加佐料了吧？"

"掏心窝子的话，我十五岁，咱们就在一起，又是一师之徒，我……真的！换个说法，您就信了。我每天坚持跑步两小时，动力在哪儿？就在您这儿。肯定您每天踢腿、练功，是不是？"

我含笑点了点头。

"所以，我不想上台，干脆，跑吧……"

"这跑，有点儿过吧？不如踢腿，中间有歇。"

"我也是跑会儿走会儿。"

"好，殊途同归，我们都力争长寿！"

"但愿！"

"你接着说《连环套》。"

"《连环套》幸亏还有春华，这要是你们老哥仨，那是什么成色呀！李华亭讲话，活脱儿。可惜呀！叶三哥（叶盛章）走得多惨！唉，更甭提我二哥。您说，他都熬到七五年九月了，眼看就有出头之日了，多好！偏偏他就挺不住了，偏偏大夫就治反了！把脑梗死诊断为脑溢血，越治病越重。您说，他怎么那么命苦，四十多岁，多好的时候，糊里糊涂地被踩上千万只脚！五十多岁就又被糊里糊涂地给治死了！院里让我唱，我唱的、练的、学的，全是他的下手活，我傍谁唱啊！"幼春越说越气、越说声越高，控制不住激动的情绪，已到了不吐不快的程度了，然而他的话说至此竟戛然而止。

我更是满面泪水难抑……

福瑗提着热开水壶，往暖壶中蓄水："这些事……咱们总算是熬过来了。老绕这点儿事，几天几夜也说不完！十年哪！"

"三嫂，我们都听说了，您没少……"

"唉，我很少再提了。忘了吧，当年的事，恍若隔世，现在又恍若隔世……咱们挺过来了，就是福！知足！那句话了，眼睛朝前看吧。天下太平了，咱们的日子越来越踏实。哥儿俩多年未见，都七十多了，说点儿高兴的。"

"来之前，我就想好，尽兴而欢！瞧我，不由自主……"

"说吧，不把话说痛快了，何言尽兴、何言而欢？你不说，我也得问，你我坐一块儿，能不谈少春吗？本就不该少他！"我说。

又是一阵沉寂，房间里的空气吸来都变成苦涩的了。

"所幸者，宝春的艺术也已立住，这几年在台湾不错了。浩天，也来我这儿，给他说了《野猪林》。经吕瑞明介绍，还来了一位……名字想不起来，他要给少春写传，我尽力而谈。唉，惭愧，作为这么多年的同台合作者，只能做这一点点事……"

"您写的那些篇博大精深的文章，我都看了……"

开饭了。幼春的碗里、盘里都布满了菜。

"尝尝，这虾还成吧！"

"岂止，就是去同和居、北京饭店，也未必比这味儿能怎么样！"

"我爱吃生虾！当年去无锡天天一大早就去找你们。"

"我和你三嫂刚起床，你就来了，等我们洗漱了，去吃早饭（实际是吃午饭）。咱们发现大街上有一家不大的饭馆，看上去非常干净……"

"饭桌被水冲洗得露白木茬的那家吧！连这，您都没忘。"

"看到菜谱有生吃河虾，咱们俩都提出要尝这江南特色的吃法。就你，偏不。"福瑗说。

"我还不是顾虑生吞河虾，太生性。万一生吃闹肚子没劲儿了，晚上的戏谁唱？才不顾老板娘和你们的轮番轰炸，非让她给我上一盘蒸熟的。"

"生虾用大盖碗端上来，揭开盖，二寸长乌青的活虾蹦起多高，我不知该怎么办，亏得幼春赶快半扣盖伸手提出两只，给我一只，他一只。"

"我将虾头一拧，虾皮一剥，蘸上配好的佐料，用手一挤虾尾，送进嘴里，那鲜！"幼春说着还吧唧吧唧嘴。

"我一尝,真是鲜!赶紧又剥一只给您吃。"

"我当然不能吃,我只等着吃熟的,可是我给你们出了个好主意!"

"对,您说把这配好的佐料改成姜末加醋,吃起来会更爽口。果然地道!"

"我更忘不了,幼春吃得那份专注,把那眉毛挑得平平的,话都不舍得说一句,你不说话,太少见了。"

哈哈,三人笑成一团!

"所以院里搞改革,我总想,多亏有近芳、春华,但还是杯水车薪!要是他们都健在,有什么难的?!"我重重地一拳打在桌子上!

我们谈到我们共同的郝老师、谈到了出国、谈到李桂春先生……谈话,让我们重新又走了一遍人生之旅。

墙上无情的钟声敲打了十一下,再留恋,兄弟也得分别了。

"三哥,这趟我没白来,流行小曲说跟着感觉走,今天我就是跟着感觉走到您家的。我这心里呀,痛快、舒畅!"

"问你三嫂,我们总念叨你,留下来的人太少了……"

我和福瑗坚持将他送到楼下,又坚决地送出小区,直送到马路边。

目送出租车载他远去,消失在路灯的尽头。

万万没有想到,没多久就接到他去世的噩耗,此次的小聚竟成了我们的永别。

幼春,真令我有着不尽的思念之情。

我初见幼春与他同台演戏,他才二十岁。我和福瑗都很喜欢这位小师弟。舞台下的幼春是天生的乐天派,性格开朗不知愁滋味,说话幽默,常会让人捧腹大笑。和他在一起,生活中会增加许多乐趣。

舞台上,幼春是少春的好搭档。在《野猪林》一剧中,幼春饰演解差薛霸,他使用山西土语,将其凶狠、贪婪、怕死的神情,表现得淋漓尽致。少春演《智激美猴王》,幼春演猪八戒,他有着酷似猪八戒的天然大肚皮,表演风趣、传神,活灵活现,还能挥舞猪八戒的大耙开打,在众多饰演八戒的演员中,我认为幼春是佼佼者。少春演《大闹天宫》,幼春饰演巨灵神,手使双锤,力大无比,笨拙地和孙悟空的一段对打引观众大笑,至今让我难以忘怀。

　　李桂春先生对幼春的现状并不太满意。有时责怪他,学了这些年戏了,也拜了郝(寿臣)先生,又守着你世海三哥,用点儿心学呀,怎么老是演丑婆子、猪八戒这类活儿,不长进。后来,因马连良先生从香港回京,约我去东北演一个月,期间少春演《野猪林》,就由幼春饰演鲁智深。等我回京后,少春说:"三哥您可回来了,您说幼春,他嗓子也不错,扮鲁智深的形象也不错,在台上就是不像鲁智深,观众就认他薛霸。您说,我是他哥哥能不拉他吗,老爷子(李桂春先生)又有口谕,演了一场还是收了。"

　　之所以这样,一是幼春实践鲁智深这个角色的时间短,多演几次会提高,如果让我饰演他经常演的角色,我会远不如幼春。另外也说明每一个演员都有其表演特色,适应表演的角色有一定范围限制,不可能有全才。

　　幼春确实是一位不可多得的好演员,他为我们的演出增加了光彩。

壹柒零 话三国 几去扶桑

一九九三年春节将过，我忙碌地与北京京剧院赶排三国剧目，准备四月初赴日本演出，为庆祝北京与东京两市缔结友好城市一周年、中日邦交正常化二十周年。

由于东京话剧社导演津田忠彦等人提出要演三国戏，经过协商，北京京剧院带去了《群·借·烧》和《长坂坡·汉津口》两台节目，日本许多观众点名要看我演戏，邀请我参加北京京剧院演出，饰演曹操。

难以忘怀，一九九〇年去日本的点点滴滴……

一九九〇年四月二十日恰是纪念徽班进京二百周年庆祝之际，日本友人、众多在日的华侨朋友，都愿在海外隆重庆贺一番。三十四年前，我曾与梅兰芳先生率领的中国京剧代表团进行访日演出。我演出的霸王、鲁智深、李逵等舞台形象，给海外观众留有深刻记忆，尚有健在的少数人，对我十分尊重，诚意邀请我参加华侨组织的京剧二百岁生日庆祝活动，与日本艺术家就中日戏剧艺术的渊源与相互借鉴等问题进行探讨。好客的主人还安排我偕福瑗同犬子小海夫妇飞赴日本讲学和观光。中国大使馆的同志告诉我："能请一家四人来日讲学观光，国人当中您是第一位，影响巨大。"

抵达东京后，在新亚饭店百余位名流参加欢迎我访日的招待会上，许多祖籍山东、河北、江苏、北京、上海的华侨名士争着在我面前唱上一段京戏，露一手，场面踊跃。一位华侨戏称自己："我是在圣人面前卖《三字经》。"一位老华侨告诉我，唱完一段京剧，就如同回到老家，舒畅！

有两位上海籍华侨太太，一位唱程派青衣，一位唱余派老生，都唱得有滋有味。我边听边点头称赞："真不赖，水平不低于专业演员。"千里他乡能遇到这么多京剧戏迷知音，我感到高兴。

东京此时正值樱花遍地盛开的时节，我没有过多留恋异国风情，主要精力投入到讲学和交流演出活动之中。我做的《中国京剧二百年发展史》的讲座，从京剧的产生、形成、发展，讲到流派和表演要领，"四功"的唱、念、做、打，"五法"的手、眼、身、法、步，各种程式和形体动作由小海当场示范，大家耳听眼见，感到易懂、易学。

我认为不能只讲好的，既讲京剧的辉煌历史，还讲到目前的继承、创新、改革等所存在的问题，并以坚定的口吻否定了京剧是"夕阳艺术"的论点。提倡演员要自强，振兴民族瑰宝、京剧艺术，并深有体会地说："华侨不忘京剧不仅只是喜爱，更深一层的心意，就是不忘祖国。日本人民很喜欢京剧，日本戏剧界也不断借鉴京剧的表演程式。过去，他们学了京剧《三岔口》《野猪林》；现在，在两国艺术家的共同努力下，中日文化交流又前进了一大步，由中国京剧院和日本歌舞伎同台演出的《龙王》，在北京公演已连续满场近一个月了，第二个月份的票已全部售完。来咱们东京也公演啦！演出的成功，市川先生的大胆构想实现了，他把从祖父开始建立的两国艺术家的友谊又向前推进了一大步。

"我们的周总理说得对，越具有民族性的艺术越有世界性，中国京剧之所以在世界上占有重要地位，原因就在于他是纯中国特色。"

日本舆论界称我此行大功有三：其一弘扬了中华艺术，其二促进了中日文化交流，其三加强了与侨胞的联系。

我则说，最强烈的情感意识是世界的中华情！这是几十年中，去了几十个国家最深切的体会！

四月三十日，我们在东京一条中国街上参观，偶被眼尖的华侨和日本朋友认了出来。我正在和相陪参观的华侨王老先生说笑，突然有几个人走到我面前很有礼貌地问："您是袁世海先生吧？"我下意识地点了点头，只见这几个人跑到附近的屋子里高声喊着："袁世海先生来日本啦！快出来欢迎！"刹那间许多华人似从天而降，簇拥着我，嘘寒问暖，争着握手问候、签名合影。突如其来的"袭击"使我一时有些难以招架，但是兴奋和真情竟使我几天都不能平静！

一位华人经理亲切地说："听说您要来日本，我们都盼着能见到您，一了平生夙愿。"

一位长者拉着我的手激动地说："您虽然老啦，可这精神头没减，身体还那么硬朗，真高兴！我是您的老观众，神交六十多年，五十年前我在北京天天看您的戏，曹操、霸王、窦尔敦、鲁智深忘不了！"说着拉过一个年轻人对我说："这是我孙子，从未回过中国。我们爷儿俩都喜欢京剧，我常对孙子讲祖国有个花脸大王袁世海先生，今儿我见到您，死而无憾啦。"我也动情地连连说："谢谢，能在日本见到故乡人太高兴啦。"华侨们纷纷围拢过来与我们合影。

王老先生笑着说："月是故乡明，人是同胞亲。"

"亲不亲，故乡人！"我也大声地向大家说。

这时，我还遇到一件趣事。

大家正在这拉不断、扯不断，"老乡见老乡，两眼泪汪汪"的时刻，来了一名日本警察，跑上前来严声询问，要轰散人群……

一阵的叽里呱啦日语对话后，警察笑嘻嘻地挤进人群走到我面前，向我端端正正地敬了一礼，笑着说了一大通。

王老先生帮着翻译说："他说，打扰您了，想跟您合张影。"

原来，他正在街上执勤，见这样一大群人围聚，以为有人滋事，后一听是中国的客人，京剧"大师"，才要与我合影。

几年来，忘不掉这些动人的事情，忘不了穿针引线、出钱出力的非亲非故、仅几面之交的日本华侨王老哥！我总是会回忆起侯宝林讲的那首诗"他乡遇故知"改成"千里他乡遇故知"的不同感受，品味着其中的滋味。

又三年啦！

这次再赴日本，我再和这些老朋友相聚的心情是极为迫切的！但也有些许的顾虑，是因为剧目。

这次我和元寿、学津、少兰等应邀到日本演出的是三国戏《群英会》《借东风》等最具京剧艺术特色的、以唱念为主的袍带戏，这与多年来京剧团出国演出剧目不是《三岔口》就是《闹天宫》，不是《拾玉镯》就是《盗草》，似乎大相径庭。即使日本和我们相邻最近，他们很熟悉我们的文化风俗，但毕竟有语言障碍。演出团的成员也都有忐忑不安之情。

然而，十五场演出所受到的欢迎程度，确实超出了人们的预料，不仅场场爆满，台下观众在看戏时精神之贯注、气氛之热烈、上下交流之通畅，令演员们为之惊异。台下不时掌声骤起，或哄堂大笑。演完戏后，全场观众坐在台下经久不息的掌声，一连五六次的谢幕，以及谢幕后，许多青年男女拥上舞台献花，赠送礼品，或请求与演员合影、签字留念，久久不散。这一切表明：京剧文戏的唱、念、做，以其艺术魅力完全可以征服外国观众，得到外国观众的欣赏并欢迎。

我的戏虽然很轻，观众很是欢迎。相聚会的诸多朋友们纷纷夸赞，无论在舞台上还是舞台下，"雄风依旧，不减当年"，不愧当代的"活曹操"！

最令我兴奋的是青年观众特别多，太出人意料了。我说："大概因为咱们不是诸葛亮，没有远见卓识吧。"

答案找到了。原来日本学校的教材里都有三国故事，青年人对三国都很熟悉。一位观众说，学校正讲到《赤壁鏖兵》，我们是停了课来看戏，这如同上一堂形象的课吧。都说日本人喜欢三国，真是一点儿不假。

不仅如此，在演出、会友的路上，原来东京最繁华的街市上都看到有巨大的电视屏幕，不停播放着日本话剧、电视片《三国演义》，东京木偶剧团常演三国戏，甚至商品玩具、游戏机、游戏卡都以《三国演义》为内容。

东京还有木偶雕塑的三国人物陈列馆，男男女女、老老少少来参观的人很多。我在这里看到有一百多个一米多高的三国人物的木偶造型，许多人物的典型特征、服饰打扮与中国人的欣赏习惯有着惊人的吻合！

《南阳居士》雕塑中的卧龙诸葛亮、凤雏、黄承彦、徐庶、崔州平、石广元等人物真是栩栩如生。蒋干的造型虽没有京剧丑行脸上勾的豆腐块谱式，但眼神眉宇之间那酸腐、自以为是的滑稽样子均活灵活现。

这个展览会的主办者征求京剧团的意见，我提出《三国演义》的关羽是面如重枣，脸色应再偏红些，他们听后认为很有道理，并马上进行修改。他们还问我演过多少三国戏、演过多少三国人物，可见他们对三国的研究广泛而深刻。"三国热"在日本影响如此之深远，可见一斑。

我们京剧团的剧目《群·借·烧》，不带《华容道》，戏的演出顺序居然是先演后部的《借东风》，再演头部的《群英会》。预料不到吧？我从十三岁开始演这出戏，还没这么唱过呢！细一想，噢！原来日本人最崇拜诸葛亮，许多企业的智囊人物被誉为"活诸葛"。三国时的诸葛亮在今日日本企业家眼中，竟神仙般地谓之促事业成功的偶像。所以，这出戏只要演到诸葛亮巧施连环计烧了曹操的船就足够了。

引起我深思的是：三国是我们所有啊，日本人却如此热衷？之所以如此，因为日本与中国相交千年，有浓厚的华夏文化积淀；因为出于对三国人物、故事情节之熟悉，因此奠定了这次三国戏在日本演出能获得巨大成功。

壹柒壹 手足情 血浓于水

到台湾演出去！这是我多少年的愿望，也是台湾喜爱京剧的观众们殷切盼望的心声。

早在八十年代，我首次到香港演出时，许多台湾观众赶到香港看我们的节目。我结识了许多票友，各行各业的都有，他们对京剧都很有研究，能演唱各流派的剧目。

在港时，曾经商于日本的一位港胞刘先生说下功夫收集了五百多部京剧录像带，热情邀请我到他家做客。我见到几个大书柜整齐存放的录像带，大陆、台湾的，各行当、各流派的无所不有。我挑看了台湾同胞演出《白蛇传》的录像，有许多值得学习之处，更引起我对尚在台湾，曾与我同科学艺、同台演出的师兄弟、老同伴们的思念。何时我们才能交流分别几十年的艺术心得呢！

一九八八年，我已经七十三岁，又在香港演出《芦花荡》，艺惊四座不敢说，全场观众还是赞许的。其中一位台湾赶来的戏迷兴奋地说："台湾报纸称您是京剧的常青树，名不虚传。我是您的老观众，如今离别大陆四十载，袁老一出场，我就好像回到了北京的广和楼，心里甭提多美啦！真像一场梦啊！"

一位曾住在北京外交部街东堂子胡同的王先生说："袁世海先生在富连成坐科就红了，他们排队上戏园子从我家门口过，我们常从家里跑出来看哪个是袁世海，哪个是裘盛戎。那时，袁先生每演我必看。我希望不久有一天，能到台湾去演出，那里也有大量的观众。"

自从祖国改革开放以来，有许多热情的观众包括港澳同胞都在积极协调推进两岸文化交流工作，两岸演员之间也通过书信联络，但均未成行。九十年代，这种信息就更频繁了。

就这样，一年盼一年，终于盼来了去台湾演出的那一天。

一九九三年五月初，中国京剧院应台湾传大艺术事业有限公司和中国时报的邀请，组成最大规模的赴台演出团赴台演出。其中有我、杨秋玲、孙岳、冯志孝、李嘉林、刘长瑜、杜近芳、刁丽、陈真治、袁小海、于魁智、袁国林、高牧坤等共九十六人，于五月七日和五月十一日先后抵台访问。

中国京剧院院长吕瑞明及主要演员一行九人于七日下午到达台北，受到出乎意料的欢迎。当日下午四时在环亚十一楼召开记者会，由传大艺术事业有限公司总经理周敦仁及中国时报副社长简志信共同主持。京剧名家曹骏麟、李桐春以及王海波都讲话，对大陆演员表示热烈的欢迎。

中国时报的田培林先生热情提出，说我此次演出《群·借·烧·华》和《龙凤呈祥》戏码太少，希望能增加。

我很理解大家的心情，只能以当年钱金福老前辈在七十三岁时唱完《芦花荡》就告辞舞台为例，何况我已七十八岁了呢。并许愿以后再来，若身体好，观众点什么，我就唱什么。

十一日在国际会议厅隆重举办几百人的欢迎酒会，中国京剧院全体演员出席。中国时报发言人余范英，中国京剧院院长吕瑞明及我、杜近芳、刘长瑜都先后讲了话，传大艺术事业有限公司总经理也上台致谢。台湾名旦顾正秋上台讲了她早年与我演《法门寺》的往事。

首轮在台北的头场打炮戏是由新中国培育的第一批艺术家杨秋玲、王晶华、冯志孝、刘琪、李嘉林等演出《杨门女将》，全剧洋溢着崭新的舞台风格、全新的气氛，人人精湛的技艺，使剧场里二千多名观众自始至终欢声雷动。前"台湾行政院院长"李焕也连声赞扬："戏编得好，演得也好。"

我们一炮而红！

翌日，报纸纷纷冠以醒目标题：《三十年前打响名号，三十年后征服宝岛戏迷》。

紧接着出出剧目连连打响。刘长瑜、寇春华、刘学钦等主演《春草闯堂》。然后，杜近芳与刘琪率刁丽与林燕、陈淑芳与耿巧云三对白蛇、青蛇主演《白蛇传》。杜近芳被誉为梅派艺术的真正范本。观众说，在台湾多少人学梅派艺术，今天看了杜近芳的表演才使我们得识庐山真面目。重要的是，这几场戏都是一九五一年以来中国京剧院的新编历史剧目，再次验证了中国京剧院创编新戏的活力！

《群·借·华》是中国京剧院此次访台我领衔主演的生、净、丑各显神通的第四档大合作戏。演出前三天票就已售罄，许多老戏迷，不停向主办单位要求加演。幸好，中视已录影将择期播出，仍有欣赏的机会。

五月十五日，在拥有二千六百个座位的"国父纪念馆"首演《群·借·华》。票价虽然昂贵，爆满不算，许多政界要员还临时纷纷告之订票，主办单位只好与剧场方面召开紧急会议协商解决办法，馆长不得不同意打破惯例，临时特许在座位前面加了一排沙发作为贵宾席。剧场负责人说："为了促进两岸交流和加深同胞手足之情，这可第一次破了我们纪念馆开馆以来二十多年的例。"这已成为该馆创纪录的艺坛佳话。

这一天，张学良、俞国华、黄少谷、辜振甫、倪文亚、梁肃戎等政要夫妇都就特座观看，梨园界也有相当多的演员前来捧场。剧场四周站满了观众，楼梯台阶上也坐满了人，上下都得挤着走。真可以说是站也没地儿，这是始料不及的。

演出中每个演员互相鼓励较劲，引发观众情绪高涨。当饰演曹操的我一上场，顿起的满堂彩几乎淹没了锣鼓点儿的声音，待"统雄兵下江南，交锋对垒"唱腔一出口，全场立刻掌声雷动，一片叫好之声。

此外饰演孔明的冯志孝和饰鲁肃的孙岳，两位老生再度铆上劲儿，把孔明的足智多谋与鲁肃的心直口快，表演得十分得宜，观众句句叫好。江其虎饰周瑜，翎子、醉舞双剑的干净利落；高牧坤扎靠的赵云也令人激赏；陈真治的黄盖，则是曹操之外，叫人惊叹的架子花脸。观众看得如醉如痴，掌声此起彼伏。

演出结束，演员多次谢幕，许多观众长时间不散，上台来将我们同场的父子团团围住，献花、签名、合影，忙得我们爷儿俩应接不暇。

当地的老戏迷们惊赞："四十多年了，功夫不减当年！那漂亮的身段、那架式十足的威傲台步，骄狂的涮步，将一代枭雄的神韵与霸气，诠释得非常纯熟。"

还有观众连连说："名不虚传，大饱眼福。袁老先生宝刀不老，雄风依旧。"

"过去我们可没少看您的戏，天天盼着您来呢。"几位四十多年前由北京到台湾的老乡拉着我的手说，还拉过小海说："果然父是英雄，儿好汉。大陆京剧有优秀的接班人，可喜可贺。"

我赴台演出颇受戏迷重视，成为公众注意的焦点。新闻媒体对我进行了大量的报道，有的极为赞赏我架子花脸铜锤唱，地道深厚的唱功，多变的表情。与丑角冠春华饰蒋干的对手戏，甚是有趣等。

有老观众在报上感慨："五十年前世海在'富连成'科班时，笔者即常看其演出。当时认为其将郝侯两家之长集于一身。如今其表演已至化境。曹丞相一出场之亮相，即不同凡响，双肩一摇以涮八字脚步迈出，将得意昂扬统率八十三万大军睥睨天下的曹孟德之性格表现无遗。末场华容道残兵败将之落魄状，连声音也变成低沉沙哑味。将人物性格，随剧情演变而充分把握，把角色表演得栩栩如生。实令人拍案叫绝！"

也有许多人对华容道上父子会很感兴趣。最后曹操战败华容道，前来阻击的关羽正是袁小海所饰，这是观众最感兴趣的敌对相遇的父子会。

台湾同胞敬关羽为神。身高六尺余的小海饰演关羽加上夫子盔与虎头靴，颇有气势。再左手拢刀，右手抚髯，微闭凤眼，威如天神一般的亮相，观众自然十分欣赏。况小海嗓音高亮，我们父子两人在华容道的唱、做、表互不相让，尤获观众激赏。最值得一提的是，加上李嘉林的周仓、俞大陆的关平，二位名家将戏衬托得益增威武，将一出《华容道》推入最高潮。

五月二十一日在台南市文化中心、五月二十九日在台北市立社教馆文化活动中心演出《龙凤呈祥》，我扮演张飞。

可以理解，许多观众都想看看我这七十八岁的老人如何以充满律动、遒劲中带妩媚的舞蹈表演把年仅三十多岁的豪迈洒脱的张飞表现出来。我也自知到了这把年纪才来宝岛献艺，演好这几个角色对我来讲挑战性很强，很不轻松！但这两场戏，我要一丝不苟地尽全力，把自己之最展示给相隔四十余载的台湾同胞，让他们亲睹祖国瑰宝之魅力，圆了在台戏迷的思乡之梦。

《中国时报》刊登了黄寤兰一篇赞"两岸第一架子花脸袁世海"的文章，文中说："只有'老海'这样承前启后的人物，可以把戏台上注定要当绿叶的'架子花脸'，提升为挂头牌的主角。也只有'老海'，七十八岁还能叫观众排山倒海似的齐声喝彩。"

别听观众们把我捧得高高入云似的，这是血浓于水的同胞们、朋友们饱含着对故乡的思念，爱屋及乌，热爱着故乡一切的热心捧场，"月是故乡明"嘛！

当然整场演出是非常成功的，整体效果也如人意。

我在《龙凤呈祥》中的表现尚可，但我对在《群·借·华》这场戏的表演，是很不满意自己的。

为什么呢，那天到了台北，从七号到我演出的十五号天气忽冷忽热变化很大，我不小心着了凉，嗓子实在不理想。

后面要唱曹操的【导板】、【原板】了，嗓子不能随心所欲，很不自如。我紧张，不知道能否圆满唱下来，嗓音失润与不失润，唱法是不同的。紧张之下，我出现了失误，我竟然忘了把蟒角掖起来啦。虽是嗓子不给劲，观众是同情谅解，掌声不断，我心里很不安，留下很大的内疚，心情不舒畅，很对不起观众。

作为一个演员，文的也好，武的也好，文的就怕临场嗓子不给劲；武是腰腿，临场不能随心所欲，借此也诉一诉演员的难处。天有不测风云，能赖谁呢？只能是想办法，在败中求平稳，内心里知道是败了，但是别暴露出来是败了，嗓子不能随心所欲，精神倒也没有松懈，作为弥补吧。

我还要介绍的是，那天的演出，《回书》一场，临下场前斥责邀功的蒋干的唱词，我唱的是老词"你本是书呆子一盆面浆"。在大陆及我录制的曹操专辑的词已改。为什么我在台湾却唱原词？因为这句词给老观众印象太深了，这对蒋干是很准确的讽刺语言。

在台的演出剧目繁花似锦：刘长瑜的《桃花村》、于魁智的《打金砖》、杜近芳的《挂帅》《凤还巢》、杨秋玲的《霸王别姬》等。

中国京剧院演出团在台湾的艺术交流活动中，最具有特殊意义的是最后一幕——海峡两岸艺术家联袂演出《四郎探母》。在中国时报热情组织下，台湾京剧界派出了魏海敏、唐文华、毕正琳、叶复润、朱传敏等名演员；演出团则派出了于魁智、刁丽、于万增、刘学钦、王晶华、孙岳、冯志孝、刘长瑜等实力雄厚的中青年新秀。选择在返京前的最后一个晚场，两岸演员怀着依依难舍之情。这是海峡两岸京剧艺术家们相隔四十年之久的首次同台演出，表现了共同振兴京剧的意愿，象征着团结合作的前景，意义深远。

剧中，魏海敏与于魁智的《坐宫》；毕正琳与刁丽的《盗令》；叶复润与王晶华的《见娘》；刘长瑜、冯志孝与唐文华的《回令》。您想象得到吗？两岸断绝往来四十多年，可是两岸"四郎"同演探母居然不用对词，是一拍即合呀，天衣无缝！

演出前，两岸演员摩拳擦掌。

开演了，高手们纷纷使出浑身解数，竞相献艺。这场戏是好琴、好鼓与好嗓的轮番较量！剧场内里三层、外三层看戏的观众和台上演员的心情一样激动难平，一句一鼓掌地伴随着精彩的表演，还忍不住扯开嗓子大喊"好"，表达难以遏制的兴奋，直把中国京剧院此次赴台之行的演出推向最高潮。

演出结束后，在雷鸣般的掌声中许多献花者纷纷涌上舞台。

"明年再来！明年再来！"台下观众异口同声的呼喊声无法停下来。

中国京剧院吕瑞明院长答礼表示，一定要把广大台湾同胞的深情厚谊带回北京去。

所以有人说，两岸三通未通，台上通。两岸京剧演员在舞台却早已走到一起，而且越走越近了！整场演出将两岸同根生的京剧展现得精彩绝伦。

台湾同胞情不自禁地说："闻名不如见面，见面胜似闻名，没想到大陆对京剧保护得这么好。不但有袁世海、杜近芳这样的国宝级艺术家，又有孙岳、杨秋玲、刘长瑜一批拔尖人才，还有于魁志、于万增、袁小海这样的后起之秀，我们民族的瑰宝——京剧艺术是大有希望的！"

与以往在别地演出最为不同的是，演出团的主演们演出的翌日下午都要参加中国时报举办的连台好戏讲习会，与二三百名戏迷见面，并结合头一天自己扮演的角色，讲经验、讲体会，现身说法和观众直接交流。尽管主演们很劳累，但从观众的热情反馈中得到了充足的精神补偿。

中国京剧院就这样从台北到台中、台南连演连满，刮起了一股又一股的京剧旋风，震动着宝岛。

我们台上演出进行得如火如荼，而在台下忙着会见分别数十载的师弟、同台姐妹、老友们也是不亦乐乎!

见到同科学艺的董盛村、孙元彬,同台演过《连环套》的胡少安等,我们是大喜过望,话不尽言!还有些是曾从台湾去香港看过我演出的戏迷们,更是对我厚爱有加。

当七十八岁的我与八十二岁的章遏云大姐相见时,不由得互相对视着……当年轻春靓丽、风采过人的章大姐如今站在自己面前,她已是白发苍苍的老人,但依稀还是当年的模样,她两眼有神,我很感欣慰。刹那停顿后,我们俩不约而同地亲切呼叫着:"大姐!章大姐!""贤弟!"

"岁月不饶人啊!"我们异口同声地感慨道。

"知道您在这儿,来时就总想,能见到您多好哇!如愿啦!"

"真是如愿啦!老听说你要来,这回终于来啦!"

接着,我们回忆了最初的合作,就是读者也不会忘记章遏云第一次组班去南京公演,演《霸王别姬》就是我的霸王。在张云溪母亲张老太太的帮助下,章大姐以每月包银七百五十元约了初出茅庐三年、在困境中挣扎的我。从此,我才走出低谷。

接着我们又谈起多少次在上海合作的往事。

……

当我与名旦顾正秋见面时,顾正秋一声"袁伯伯"把我叫得暖融融的!她一九三九年加入上海剧校从关鸿宾先生学习京剧,一九四四年在上海拜梅兰芳先生为师。我情不自禁地回忆起同台演《法门寺》的事来。

最有戏剧性的是跟桐春的见面,在跟我热情握手时,我看着他,觉得非常面熟,就是叫不出他的名字。

"您真的认不出我啦?再想想!"他不肯说出姓名。

我反复在脑海里搜寻,还是想不起来:"真……不好意思……想不起来了。"

"不应该吧!太不应该……万春?二弟,李桐春!忘啦?"

"哎哟，贤弟！"我恍然大悟，两人顿时拥抱在一起。

"怎能忘了你！你怎么这么胖了？！还……"

"还老了！"

"难怪我认不出来！真心话，一直惦记着你！见面了，反倒被你……我真是的！"

"咱们当年可是'铁三角'！我到现在都忘不了，当年您有一个请关羽上土山的动作，演到这儿，哗！准是满堂彩。"桐春连说带比画。

当年我们唱《白马坡》时，总是我的曹操，万春兄的关羽，桐春弟的颜良。

"文林大哥呢？他身体……"

"我哥他也是多年的糖尿病，走了！七六年，唐山大地震，天津、北京也不轻。生活难以规律……咳！你跟他也是铁哥们儿。"

"我们哥儿俩没得说！那年，我们都说定了，一块闯台湾。"

"没错，他非要跟你上台湾。"

"往事如云呀，这回可有时间了，咱们哥儿俩得好好聊聊！"

此后，桐春弟每逢我有演出，都到后台帮我张罗，演出的最后一场完全是由他给我穿戴戏装，依依惜别之情尽在不言中。

在这看似有二十天之长的日子，只觉转眼即逝。朋友们深知这一点，抓住不放过。每天都有络绎不绝的朋友到我所住的台北环亚饭店去看望，有的同行还把当年同台演出的戏单复印了送给我。大家在一起谈京剧、叙旧情，经常到深夜两三点。

一天，台北葛香平先生说，为了从我身上学玩意儿，没少看我的戏。一九四五年，庆祝日本投降，我和少春排了新戏《文天祥》，就去看了好几遍。说到兴奋处，葛先生抑制不住激动地对我说："老了，老了，我们能在台湾见面也是天赐良机。我和桐春贤弟愿与您结为金兰之好，不知您意下如何？"

我被老朋友的至诚所动，当场响应。于是，七十四岁的葛先生称七十八岁的我为大哥，七十一岁的李桐春为三弟。在场的人无不为炎黄子孙的手足情谊欢呼鼓掌。由于我是从桃园机场入境的，台湾及香港报界戏称我们是桃园三结义，成了此行台湾演出的一段佳话。

　　这还不算，最精彩的是在舞台下还演绎了一出真实的戏，权叫《收徒记》吧！

　　一次演出刚刚结束，观众的掌声还萦于耳际，便见一年轻、英俊的青年直奔我而来深鞠一躬，口口声声要拜师。我上下打量着这位年轻人，天生一派风流倜傥的小生模样，怎么想起学演花脸？

　　"你就不在乎抹一脸锅烟子？"我不无惊奇地问。

　　"爱！"他毫不犹豫地只回答了一个字。

　　这个字的分量太重了，一下子便拨动了我的心弦，当初自己不也只因这一字，与花脸结下毕生之缘吗？

　　后台之地哪得细说，我即去洗脸了。

　　这位年轻人就是台湾很有希望的一位青年净角演员何国栋。

　　已经是深夜时光，环亚饭店我下榻的客房里仍然亮着灯。

　　桐春还在做着我的工作："何国栋这个青年早已拜您的录音带、录像带为师，私塾您好几年了，从中颇得教益，只恨与这师傅无缘相见，这回是诚心诚意拜师，您收了他吧！这孩子有出息，决不会给您丢脸。您的艺术在台湾有人继承是件大好事呀！"

　　"贤弟，你为我推荐徒弟我很高兴，非常高兴。你想，为两岸艺术交流做贡献，这是咱们义不容辞的责任，我当然满心满意愿意收他为徒。可是你知道我的为人，我不愿意当有其名无其实的师傅，落个徒有师名，对我、对人家都不好。况且，后天我就走了，没时间了解他，更没时间教他，这么仓促总觉得不那么……"我很认真地对桐春说，我对收徒的事很认真的。

　　桐春知道我对艺术一丝不苟，只得把掏心窝的话都端了出来："老兄，我太清楚了,您为艺术一向就是这么较真!这么说吧,人家孩子开口托了我,咱不能叫人失望不是?今儿是我替国栋求师,要不……先举行个见师礼,你们多谈谈,拜师仪式……再说。"

我明白了,再不应承下来,说不过去,便说:"就依贤弟吧。"

第二天一早,敲开房门走进来的就是那要拜师的英俊青年。

他向我深施礼,自我介绍:"我叫何国栋,仰慕您已久,昨天托李老师代我求师。因为我拜师心切,又听说您就要回北京啦,所以我冒昧来拜访您,请收下我这个徒弟。"

眼前这位青年虽说唐突但不失可爱的举动,使我惊讶得竟一时有点儿语塞。

给他让座之后,我便问:"我都听说了,你毕业于台湾大鹏戏校,现为海光国剧团主演,先天的天赋聪明,又加上后天的勤奋好学,已成为当今台湾颇负盛名的后起之秀,你演过《李逵探母》《九江口》《打陶三春》,还先后两次获得大奖,什么奖,我可没记住。"

"台湾演艺界的金像奖及最佳净角奖。"他不好意思地一笑说。

"对呀!是不可多得的净角中比较全才的演员,在台湾已是知名演员了,为什么还要拜我?"

"三年前郭小庄女士请您来台,我就下决心、憋足劲儿要拜师,可惜未能实现。这次您能来台,是我千载难逢的机遇,我决不能错过,请您收下我吧。"国栋答。

"你演的《李逵探母》《九江口》一定很不错……"

国栋抢过话茬儿:"我是跟您的录像带学的,净是皮毛。我看了您的演出,才大开眼界,您真不愧是'活曹操',与您的艺术相比我的分值很低!我要拜您为师,从头学起。"说罢流下了眼泪。

执着动师心哪!面对国栋的痴情和执着,我喜在心头:眼下的这位青年对艺术的追求令人欣慰!有些很有作为的中青年演员图一时物质利益而放弃京剧艺术，令人可惜。何国栋，他有着立志京剧的雄心，这是京剧的幸事，我有责任尽力帮助他！

想到此，我笑着爽快地说："好！你说得非常好，我被你感动了，我接受你的要求，今后我们一起切磋交流。这样吧，将来我有机会再来台湾或是你有机会到北京，我们再举行拜师会吧，你看如何？"

"好啊，老师，就等您这句话呢！"

这时李桐春已推门而入，笑吟吟地说："昨晚我从您这儿一走，就立刻告诉国栋拜师的事有门儿，国栋高兴得夜不能寐，一大早就来看您。刚才，我与胡少安及台北京剧界同仁都约定好，明儿设一小宴，一来为国栋举行见师礼，二来为您饯行。我也请了吕瑞明院长、杜近芳二位参加，他俩已慷慨应允，您意下如何？"

"恭敬不如从命，一切听贤弟安排。"

在有关方面的支持下，何国栋于当年八月中旬，抵京向我学戏，在北京演出了我亲授的《九江口》，演出后行拜师大礼，正式成为袁门弟子。

还有更精彩的哪！

国之瑰宝的艺术，不仅牵动着台湾普通观众的心，也深深吸引着许多政见、信仰不同的台湾政界要人和社会名人，更有久居台湾年高体弱、深居简出的台湾大佬们为睹乡音、会乡亲而青春焕发，兴致盎然。他们晚上不停地看戏，白天"尽职尽责"会乡亲，忙得不亦乐乎。

前三任的"行政院院长"孙运璿、李焕、郝柏村和蒋彦士、黄少谷、王叔铭、金克和、熊先举等几乎是每晚必到的观众。

大陆都知道四大家族的陈立夫，他更是欣然"赶三关"！中国京剧院一到台湾，陈立夫先生抖擞精神，又主持欢迎会，又宴会作陪，还在家里会见了中国京剧院的部分演员，给京剧院的每一位主要演员书赠一幅条幅。晚上还不停地去看戏！这比"赶三关"都够忙吧！

正在同汪道涵进行海峡两岸问题会谈的台湾海基会董事长辜振甫先生，

京剧院一到台湾，就请我们至台泥大楼，还请我等两次去他家做客。他看了激动人心的演出，看到大陆京剧这么受重视十分感动，他当着中国京剧院艺术家们的面宣布："当年我父亲就盖过剧场，我现在也出资兴建大中型两个京剧剧场。建成之后，一定争取你们来演出。"他表示要为振兴京剧做努力。

辜振甫先生也是一位京剧名票，他诚请大陆同胞观看他的义演《空城计》。他眯着眼笑说："我粉墨登台唱戏，是一种宣传，也是有点示威性质。京剧是中国的国粹，堪称是民族艺术的瑰宝。可是现在台湾的青年们都热衷迪斯科、卡拉OK，反而忽略了京剧艺术，所以我要带头唱。我要推崇民族文化！"中国京剧院对辜振甫先生振兴京剧的精神深为佩服。

辜振甫在"国家剧院"粉墨登台，在《空城计》里演出孔明，同时还有在台李宝春的《洗浮山》和王复蓉的《红娘》等折子戏的搭配，由于辜家在政商界的人脉，台湾政要纷纷前往欣赏。

我观看了辜先生彩唱《空城计》中的诸葛亮后，赞曰："字是字，味是味，恰似当年的张伯驹。"

辜老说自己就是余派，自己每周都吊几次嗓子。介绍他的夫人也会唱戏，是程派。

有人提议由七十八岁的辜老与我合演一出《捉放曹》。我当场赞成，辜先生也慨然允诺。只是这桩心愿当时未能得偿，遗憾！

大家一向所钦慕的九十三岁的张学良老将军竟然不辞辛苦地看了在台北演出的七场戏，《杨门女将》《春草闯堂》《白蛇传》《群·借·华》《文昭关》《辛安驿》《龙凤呈祥》。要知道，从他寓所到剧场，中途不遇堵塞，汽车也得走一个多小时，这对于自称"整天睡觉"的九十多岁的老人的确够累！张学良先生也热情地邀请了吕瑞明、我、近芳、俞大陆、高牧坤等几位主演做客少帅府。当我们去他在台北的寓所拜望他时，正在休息的张学良马上高兴地和大家见面。久仰大名的赵四小姐更是热情地与大家叙谈。

张学良听说眼前的刘长瑜就是当年奉系旧属故友周大文的女儿时，他异

我与赵四小姐合影

常兴奋，笑指着刘长瑜逗趣说："还记得我吗？小时我见过你。"

"你妈妈好吗？"张将军关切地问起刘长瑜家中的情况。

刘长瑜向他述说了在台湾和自己从未见过面的大哥、二哥等兄妹已欢聚的喜事，他连连点头很为她高兴。

"我除去眼睛有点花，耳朵有些背，其他都很正常。我常看京戏，舞台灯光亮，锣鼓声音大，音响好，又坐在最前排，我既可看戏又能听戏，所以我都能够看得清、听得真。"少帅话锋一转，就谈到他喜爱的京剧。

张学良堪称是位京剧迷，他精神振奋地说："看了你们好几场戏，改得不错。你们要知道，我看戏的标准很高。也看过谭鑫培、杨小楼的戏。"他说："我从年轻时就是一个余迷，最爱听余叔岩唱戏，他的唱腔悲壮苍劲、味正韵足，十分耐听。过去，我在北京请朋友听戏，常把当时的京剧三杰梅兰芳、余叔岩、杨小楼请到家里演唱，大过戏瘾……"

他滔滔不绝、谈笑风生地向我讲述在他年轻时家里唱堂会的情景，还细致地描述了唱武二花脸的钱金福在张府如何学侯俊山（艺名老十三旦）的绝活。虽是六七十年前的事了，却还记忆犹新，说"像极了，逗趣极了，简直把我笑坏了"，一向安静的少帅府不时传出阵阵欢声笑语。

一个多小时的交谈全是围绕着京戏。少帅津津乐道，并对京剧前辈的演唱功力大加赞赏，他的话也赢得在座京剧艺术家们的赞同。

"看到将军虽年逾九旬，仍神采奕奕、身体硬朗，我们很高兴。我有一件小时候的所闻，跟您求证一下……"我是当年唯一见过张学良的人，忍不住问。

"好哇!"

"那年，直奉战争后吴佩孚跑了，奉军进北京，曾有一安民告示，署名四人，即少帅、张宗昌、褚玉甫、李景林。对吗？"

"对!"接着他定神一算，"那年我才二十岁出头……"

"我才……只有七八岁。恍若昨日……"我感慨地说。

吕瑞明院长提到希望将军能回大陆故乡走一走。

在台演出期间，张学良先生先后七次前来观看。我与九十三岁的张学良先生合影

"有机会我一定要去，我很想念家乡。"

中国京剧院的演员们将一册来台演出的剧照专集赠他留念时，他爱不释手地翻看。大家问他能否看得清楚？他爽朗地笑道："有看不清的，我还可以拿放大镜看!"

蒋纬国先生见到大陆的京剧演员异常高兴，京剧也是蒋氏兄弟的特殊爱好。他说从中国京剧院在台湾受到的欢迎中，就看到两岸统一是历史的必然。

给我印象最深的是，蒋先生特别强调海峡两岸的团结。他说："我们只有一个中国，海峡两岸必须团结起来。"他还谈到要加强亚洲国家的团结，促进整个亚洲的繁荣。

吕瑞明请蒋纬国先生回大陆看看时，蒋先生说："是，我是要回去的。

我与蒋纬国先生合影

前一段我刚要回去,就有一小撮人往我脸上抹黑,我还是要回去的。我们要赶快统一,什么理由都不要说了!"显然,中国京剧院的演出使台湾统一的呼声更高、更迫切了。

赴台演出虽然结束很久了,但只要谈起在台的二十多个日日夜夜,我仍然会兴奋与激动。我认为收获是多方面的,中国京剧院访台不仅在台湾掀起了一股股京剧热潮,更重要的是增进了两岸人民的了解,体验到台湾同胞的友好情谊和统一祖国的愿望。我深切地感到,有了改革开放的政策,有了"一国两制"的构想,海峡两岸团结的光明就在前面。

余热

YURE

壹柒贰 庆元宵 喜获殊荣

我家简洁明快的饭厅兼客厅窗前电视机旁，有两个仿古式高高的花架，上面各放一盆吊兰，叶挺宽，镶着金边，花茎参差下垂，每个茎上都长着浓密的小吊兰叶，看上去金黄葱绿，生机勃发；还有一盆碧绿的小吊兰放在两花中间的小方凳上。甭说，这颜色调得很舒服。

谁来这里，都会夸几句这花看上去真有精神，您养得花真棒！

说来挺有意思，遇到别人夸我戏演得好，我不以为然，不会因此而怎么样，这是应该的；可如果您夸我的花养得好，嗬！我会精神一振，喜形于色。客厅中那放在墙角的龟背竹，尺把大的叶子墨绿发亮。封闭式的小阳台上有块水磨石板，上面有大大小小十来盆吊兰，旁边两个小铁罐里泡的也是吊兰；另有海棠、竹节万年青各一株，分放吊兰左右。这都是勤劳所得的可人的果实。

不知您注意没有，我家没大盆花，更无名贵花，名花到我家就要"走麦城"。

那年全国政协会上,我饭后散步转到宾馆温室看花。未曾想到,管花的是我的师弟江世升(著名武生)的哥们儿。他见我爱花,就盛情托人给我送家来两盆代代,上面大代代、小代代结了不少,屋里阵阵清香,名花!可把我喜欢坏了!有空就浇水不说,还特地去花店买来一大包马掌,极偏心地都埋进这盆里。可不知怎么啦,不但一片新叶不长,一层的大小花蕾让我眼瞧着一点一点往回抽,颜色也变深了,香味大减。简单地说,眼看就不行了,我赶快到养花的朋友那里询问,朋友到家给花看病,热情地把花搬回去研究研究。过了两天,他见了我大声喊道:"哪见你这么养花的,好家伙,把能用几年的马掌都放盆里啦!不是爱,是害!"

这可是我明知故犯又坚决不改的老毛病了!在西草厂,母亲给茉莉花上芝麻酱渣子,我不帮忙还好,一帮忙,那盆茉莉花就是长了花蕾也得掉。母亲清楚了原因,又舍不得扫我的兴,只要我愿上手,娘儿俩边干边聊别的还显得挺高兴。等我前脚出门,跟着就把我上肥的花盆土全倒出来,自己重来。到了南池子,使劲儿给果树上过多马粪,招了好多虫子,没办法把树锯了……

为什么呢?我总琢磨:花跟人一样,吃饱喝足才能长得快、长得壮。何况还在长花蕾、长果实呢!我就没想到这花和人一样,倒是高收入了,可没法子让其高支出,像人一样吃得过多,不生病、不撑死,才怪呢!

这一天,通知我到文化部开会。原来,日本一个京剧爱好者代表团来京访问,文化部副部长邀请我画张画馈赠日本友人。我欣然答应了。

八月里,天气正炎热。我紧张地练习着画兰花,不打无准备之仗嘛!临阵磨磨枪,总会光点儿。

说起绘画,一九五八年时开始,我画的写意荷花,像不像?总有两分样吧!别忘了,我可是从十一岁就练画脸谱,拿着毛笔的手还算有点儿根吧。

八十年代春花浪漫,走到哪儿都让留个字、题个名的,硬是把我这画脸谱的逼到画画、书法的"梁山"上去了。

我自造的无体无章的书法，爱写和我碰心气儿的"腾飞""振兴"之类的词。我喜欢画画，爱画兰花、竹子，喜爱它们的高洁，自喻保持晚节。当然，这也是初练必经之路。为把兰花画好些，我还特地买了盆兰花，没画几天就弃我而枯，只能受益于那盆盆吊兰的耳濡目染啦！

这一天，只用不多时，舒展的一丛兰花跃然纸上，依我看一般！人家日本人挺给面子，《兰花》博得赞叹，他们目的还是落款，日本友人说："袁大师，您的'海'字很有特点。"

众人低头细瞧，果然，落款的"海"字中间一横拉得很长，初始弯弯曲曲颇具波浪，最后甩出很长……

我笑了。我自知我写的字很不好看。我写这个"海"字，不同时期有不同时期的写法，有不同时期的寓意。五十年代中期，活动渐多，又屡次出国，签名的事越来越多。福瑷上夜校，时不时有意无意地跟她搅和着练几笔，当时"袁世海"三个字大都横写。

进入六十年代，像申凤梅拜马连良时，我就把名字竖写了，用"袁"字下面的竖勾把"世海"两字串起来，追求点儿艺术性了。

八十年代中后期、九十年代以来写成这样，一方面表达艺海无涯，另一方面呢，两岁不到，父亲就去世了，我今年八十岁，已有七十年的舞台生涯。回忆自己坎坷的人生与艺术跋涉，颇为艰难。如今赶上好政策，生活越来越幸福，我要健康长寿，要永葆艺术青春，为京剧的振兴做出长远的贡献！

不是吗？全国政协委员年龄是有限制的，自己早超标十年有余了，可还在继续，这是党和人民给了自己多大的信任哪！近几年来逢年过节都能与江主席等中央领导同桌共话，大感荣幸，深受鼓舞！在场的有那么多科学家、院士，作为区区一名演员，还有什么比这些荣誉更高的呢！当然，应该看作是我有幸代表京剧界坐在这里，这不仅仅是我个人的荣誉，也是中央对文艺界、京剧界的极大鼓励和鞭策。我们应当努力，使京剧艺术跟上时代的步伐。

我更觉有幸的是身逢盛世，许多中央领导与京剧艺术相知。朱镕基总理会拉京胡。我没听过，闻知朱镕基总理从小就爱京剧，读书时在上海买"挂票"（看戏指没钱买坐票或客满买楼上墙边挂着扶手看戏），还看过我的戏。

这些领导都不是对演员的表演简单地夸几句，而是琢磨戏，然后提出具体而中肯的意见。朱镕基总理给我留下印象最深的是和他一起观看京剧《空城计》，孔明的词唱成："凭阴阳如反掌保定乾坤，东西征南北剿博古通今。"朱总理对我说："这两句词的后四个字颠倒了，词义不通。应该是'凭阴阳如反掌博古通今，东西征南北剿保定乾坤。'"

我一琢磨可不是嘛！后来再唱就按朱总理更正的戏词唱了。

李瑞环同志更是京剧行家，是京剧的教育家。在天津工作时抓京剧建设，成立了青年京剧团，培养出一批目前活跃在京剧舞台上的佼佼者。到中央工作后，又组织音配像摄制工作，想尽各种办法收集京剧艺术前辈的唱片、唱段，由中青年演员配上动作，恢复其原貌，为京剧也为后人留下了宝贵的艺术资料。弥补了经过十年浩劫京剧剧目严重缺失的遗憾。不论是对传统剧目的保存，还是培养今人，满足观众欣赏，都为京剧艺术做了功德无量的大好事！

我曾亲眼看到过，李瑞环同志提前修改京剧戏词、剧本，一边改一边和青年演员探讨，说："为什么说你这句词不合适？……"

再说中宣部丁关根部长非常懂戏。记得一次我们演出后，朱总理上台接见。观众走后，朱总理在台上对我们说，丁部长非常懂戏，他在任，你们好好排几出戏。的确，京剧的朝霞工程、彩霞工程、晚霞工程是丁关根部长主抓的，国家为振兴京剧花费了多大的力量呀！而且后来丁部长创办了京剧研究生班，紧紧抓初出茅庐的青年，给予强化培训，这工作对京剧振兴真是抓到点子上啦！

壹柒叁 金婚别 痛断肝肠

我被邀请参加全国首届自作诗词书法作品开幕式活动，恳辞后又不好执意拒绝，只得硬着头皮，模仿我喜欢的袁了凡的《醒世词》，写几句我内心的醒世词：

再休去寻人算卦，吉凶事问问自家。
不论是属羊属马，苦学练事业发达。

我这几句顺口溜，再配上我这几笔刷子字，居然得了奖。

朋友们说得好，言语不多，却是您一生处世和成功之道的生动写照。我想，也只这点儿精神还有点儿意思罢了。

回顾这一段，凭自己写的回忆录，到人民大会堂领了首届华阳杯传记文学奖；自己录制的唱片，也获金唱片奖。真顺！

就在我夫妇沉浸在幸福之中的时刻又传来喜讯。我和福瑷被评为首届蓝宝石婚姻十佳侣之一。

这是由中国婚姻家庭研究会和蓝宝石集团献给国际家庭年的一分厚礼,也是为了向社会推出一批在爱情生活道路上风雨同舟、携手共进、忠贞不贰幸福美好的夫妻典型,激励人们特别是年轻一代,树立正确的恋爱观、婚姻观和家庭观,追求高尚的道德情操和美好的情感世界。我国首次举办的蓝宝石婚姻佳侣评选活动,评出了十对佳侣,有工人、农民、少数民族同胞,也有外交家、艺术家、科学家、机关干部、新闻和医务工作者。虽然职务不同、职位不同、经历不同,对爱情的忠贞不贰却是相同的。

我与福瑗蓝宝石婚纱照

"人生风雨同磐,岁月同舟相伴。"陈慕华副委员长的贺词正是这十对夫妻肝胆相照四十五年生活的真实写照。

人们通常把结婚四十五周年称为蓝宝石婚,它标志着爱情的忠诚、坚贞、纯洁与永恒,能荣幸当选是件幸事,但实际上我已结婚四十九周年,我曾向组委会提出。组委会告知,虽年限超过,尚未到金婚,还是允许的。

十月的北京,秋高气爽。新华社新闻大厦会议厅中的十对在人生道路上风雨同舟四十五载的夫妇站在主席台前,他们就是荣获首届国华蓝宝石婚佳侣殊荣的夫妻。经过一世的风雨洗礼的十对老鸳鸯还荣幸地被精心化妆,定制了婚纱,留下了蓝宝石婚纱照,以做永久的纪念。

然而,残酷的现实不顾及这一切,来得突然至极,我接受不了!福瑗接受不了!

一九九六年三月下旬周五晚,我给每个孩子打了电话,电话异常简短,只讲:"明天早晨回家来一趟,有事。"

"什么事?"孩子们都问。

"到家再说吧!"我把电话挂断了。

孩子们谁也没有多想,只想爸爸说有事,肯定是有事。事,不会是坏事。这些年,家里多顺哪!

孩子中,老大想:"是商量爸和娘的金婚如何志喜?也不尽然,全国政协会、文联会结束了,准是有文章要写。"

老二想:"家里可能什么东西坏了,要修。"

老三、老五想:"可能要打扫卫生、收拾东西,爸娘要祝贺金婚了,得抓星期日赶快行动。"

老四想:"准是又要安排演出和排戏。"

第二天上午就是三月二十四日,周六九点多钟,孩子们高高兴兴回了家。

我和福瑗吃了早点,我坐在客厅正面椅子上,几个孩子自然分散坐在客厅四周,福瑗也过来坐在我旁边相对的椅子上。

"今天,给你们都叫回来,告诉你们一件事,大事!经过检查,你妈得了肝癌,咱们商量商量该给你妈怎么治疗。"

一句话犹如晴天霹雳,孩子们瞪着眼呆了,全蒙了!

"不、不对吧,前天我娘不是刚摘了冠心病的帽子吗?还说是大好事……"

福瑗近来总感到心慌、肚胀,趁我去参加全国政协会期间,自己到朝阳医院住院,请心内科专家胡大一教授检查心脏。周五查房,胡教授高兴地对福瑗说:"祝贺你,你的冠心病帽子可以摘了。心脏正常,血压也尚可,坚持吃药,没大事了。"

福瑗很高兴。孩子们来电话时，都一一告诉了。

"你妈想既然来住了院，索性把全身都检查一下，反正每年都要检查，何必再跑医院呢。就在周四做了B超，下午，临床医生建议做CT检查，朝阳医院的CT机在检修，恰好我在电话中知道此事，就与中日医院联系好第二天一早去检查了。主任看过片子确诊肝部有3×2的肿物，边缘不清，当场认定是肝癌！昨天晚上，我和你妈对哭了一宿、商量了一宿，都舍不得这个家……把你们叫回来，看看怎么治你妈的病……"我强忍着说完。

福瑗说话了，她在孩子们面前冷静得让人出奇："我想好了，绝不开刀！我看得多了，本来还活得好好的，一开刀，就再起不来了。绝不去活人受那死人的罪！吃药，中药、西药都成！治得好，当然好！治不好……如果受罪……就安乐……"

更让孩子们悲痛的是，眼看三月三十一日（阴历二月十三）就是父母的金婚大喜。世上成亿对的夫妻，能有多少夫妻成双成对携手走过风风雨雨五十年？全家人早就议论着如何隆重庆贺了，怎么仅差这一周的时间，偏偏出了这样难以面对的状况。

孩子们清楚该是儿女们尽心尽力的时刻了，不能让父母增添焦急和痛苦。他们迅速把流出的眼泪擦干，要把这个充满爱的家维系下去！他们表示：癌在早期是能治的！在玉渊坛公园晨练的人里有好多是治愈的癌症病人。不要多想，要有信心。当务之急，想尽一切办法寻医治病！

从这一刻起，五个孩子分头到处咨询各大小医院肿瘤科的放射、介入、治疗状况。

此期间裘少戎不幸也患了肺癌，前些天刚与他通电话劝慰，再次通电联系，少戎把他吃中药的医生推荐给我。朋友介绍的信息茶、信息水用了，求救一位中医，药方剂量之大，要用特大炒锅来煎熬，正在试用，这位医生又推荐一种气功治疗，细一了解在大连，我马上又与杨赤联系。

三月三十一日，我、福瑗与十六个儿孙一起度过了金婚纪念日。我和孩子们统一了思想，无论如何要控制情感，将担心、忧愁、烦恼暂抛脑后，高高兴兴地度过一生中不易得来的金婚纪念日。

我和福瑷也敞开心扉，尽兴地与儿孙们度过金婚纪念日。

我和福瑷满怀期望地住进了大连华日酒店。

经过几天治疗，福瑷的病情不知是否有所转机，在餐厅准备吃早点。我望着餐厅从上到下的玻璃墙，望着窗外马路对面的山坡上顺山势建筑的影视宾馆及一座座奇型异样的别墅群，被浓郁的晨雾弥漫得扑朔迷离，颇感这一切无法看清。

"多少天来，我心慌或时间长或时间短从没间断过。今天没心慌，而且脚也没凉得冒凉气。"早餐时，福瑷对我说。

福瑷的一句话，对我来说喜出望外，就像光芒四射的太阳拨开了我心里沉沉的浓雾。

"太好了！有精力，吃过饭后，咱们出去转转。"我兴奋地提议。心想，对福瑷得多支持，更得多鼓励。

"你还得和编剧接着研究改剧本呢！"

"昨晚上，和杨赤他们团长、编剧就在这餐厅都研究完了，这么一改简洁多了。"

"唱了快四十年啦，还得改。这行真不易！"

"艺海无涯嘛！"

饭后，我和福瑷顺路走到海边。路边卖贝壳、珊瑚的排排小摊，引起福瑷的极大兴趣。她像个小姑娘似的挑挑这个、看看那个，爱不释手。

"喜欢就买吧。"

"现在看着好，回家摆起来，没工夫看它。"

"摆着的，全是废品。废品也买几个，当作在这治好病的纪念品。"

福瑷笑了。

"不过别像那年南京捡雨花石似的，好家伙！扛回一面口袋！"

"那时候年轻,我才二十出头!才结婚……五年吧!现在结婚五十年都过了!我快七十了……"

可不是!戏多精彩,为什么要给我们落幕了呢?

一九五〇年初去南京演出,最让我和福瑗、大家感兴趣的是中华门外雨花台附近那光滑如玉、五彩斑斓的雨花石。我本没什么心情。当时起社后续演出包银尽无,众人陷入困境。福瑗一见这色彩特异的雨花石,立马就挪不动步了,蹲下身认真精选一些有写意图案、色彩鲜明的小石子,还一边叫:"看!瑞麟,这石头上的红色花纹多像夕阳晚霞!"

我接过石子故意左看右看,不冷不热地说:"不过挂了块土红!"

福瑗又从手中的几块石头中挑出一块递给我:"这块石头上像不像流着一条小溪!"

"什么小溪?我怎么就看见石头上有几道黑纹,还小溪!"我又故意说。

福瑗这回可明白了:"你成心这么说,真不浪漫!"她不再理我,专心地挑选她相中的雨花石。

我望着福瑗,不禁又想到,那年她还不到二十三岁,可她已经是我家中的顶梁柱,三个孩子的母亲了。想到此怜爱之心油然而生。

"别愣着看,捡呀!多捡点儿,小蓉准喜欢!"福瑗催促着。

我点头蹲下身来帮她一个一个地挑。

福瑗高兴地哼唱起:"咱们工人有力量,嘿!咱们工人有力量……"

我不禁问道:"现在流行那么多的歌,你怎么白天、黑夜、做饭、洗衣裳,全唱这个《咱们工人有力量》啊?"

这首歌是福瑗在上海学会的,住在天蟾舞台三楼,每到早晨八点钟,上海各界的工人、干部都唱着歌来天蟾舞台开会,他们楼上楼下的人互相拉歌,歌声朗朗,情绪高涨,由不得学不会,可是福瑗老唱这首《咱们工人有力量》,倒使我颇为不解。

福瑗说:"不知道?那你猜吧!"

"一直在猜，早就想问了。"

"再好好想想！"

福瑷见我还算认真，她笑了。"还没想出来……我觉得这首歌有力量，就像架子花脸的唱一样雄壮有力。"她说这话令我吃惊。

"哎呀！想不到贤内助有如此高的鉴赏眼光！我都没往这儿想！你这一说，还真有点儿意思。不简单，莫怪是京剧世家女公子名门之后！愧不及之……"我之所说也是由衷的。

是呀，我想，自己已过八十岁，可是近二十年来的老龄生活，每天不是忙这就是忙那，弄得福瑷也跟着劳累、紧张，和福瑷哪过过这么悠闲的生活。如今是她得了这么重的病，才与她同来海边，有这短暂的轻松。

我忽地感到自己重了事业冷落了她！都是她事事处处无微不至地在照顾我，想到此，心头还不由得涌起一股有愧于她的追悔心情！

但愿这人生之戏中，这仅是一段小曲折，而后峰回路转，最终是一场战胜恶魔的传奇故事，但愿乌云就此而散去。

"我们回去吧，你别太累了。吃过午饭，你午睡，我也眯一会儿，就去大庙给杨赤排《九江口》，先看响排，然后再磨。"大庙是一座古老的庙，修缮后是大连京剧团团址。

高高台阶上的大庙，古老痕迹已被装修抹淡，但那根根大红柱还保留着原有特色，庙中特有的阴冷仍很袭人，京剧团怕我冷，早备下一个电暖器放到我膝前。

《九江口》开始响排，人人认真。"张定边"穿了服装，这样便于看他的髯口、水袖、蟒的动作配合，不适之处我不时打断，纠正示范后重来。这出戏从一九八二年至今，算来已学演十几年了，应是严要求之下的精品。

福瑷早上又高兴地去海边拾了许多海菜和石子等"战利品"。宾馆后厨还用海带做了一盘凉拌海带，她吃得香极了。

晚上，福瑷累了，吃得很少，早早就休息了。霎时，我又添一份担心。

就在这时，来了一个人。长得敦实健壮，头戴礼帽，身穿到膝的大衣，俨然一位生意人。只见他摘下礼帽，深鞠一躬："老师！"

"哟，金泉！这扮相……为师的都不敢辨认啦！"

刘金泉到了。因大连京剧团要演出《九江口》，一时缺饰演陈友谅的演员，我就出面约了弟子——北京军区战友京剧团的刘金泉来支援。他正在无锡拍电影，提前拍摄完最后的两个镜头赶来大连。

我参与排戏每每是早八点半到十一点、下午两点到五点。

十六日八点一刻去大庙看《九江口》的彩排。这次彩排，每个人都把脸刮得干干净净，整整齐齐地穿上服装，排练场特意安装了紫色天幕，台前的桌子搭上紫绒桌布更显庄重，还请了录像师架起录像机。我边看边向旁边记录的女士说出意见，她记了好几页。

福瑗的感觉也有好转，她写下心得："精神大见好转，明显体力增强，面色红润，心慌次数减少。"尤其是已不将癌症挂在心头，思想得到解放，坚定了信心。

我面对日益精神的福瑗，又看了杨赤加工后《九江口》的表演前进了一大步！两份收获，两个大喜，额外又在大连结识了许多朋友，心情更是高兴。十七日圆满返京。

回京的我，从时间上又是由不得自己了。

坚强的福瑗每天妥善安排自己的生活，按时吃药，无事听广播、听录音，还有孩子们轮番看望陪伴，毫不牵绊我。

期间，女儿们陪福瑗到中日医院做B超检查，发现福瑗的肝癌增大至$6.1 \times 5.3 \times 4.7$，女儿们和医生提前定好，只按原大小说，按原大小写，免得母亲着急，医生非常配合。总算瞒过去！正好，儿子们去山西求医寻药回来，福瑗见病灶未增，身体也无大不适，就安心服药。

我的事情没受到影响，应酬各处记者采访；在北京给杨赤加工《将相和》并看他演出《将相和》；又看杨赤《九江口》剧响排及演出；夜观上海

《长坂坡》，又与日本朋友座谈；参加北大附小票友会座谈等，全是不能不去的。期间五月二日至十二日、八月七至十九日，都是离开北京去大连给杨赤说戏。

五月二十八日至三十日，每天去艺术研究院录制解析《九江口》的艺术表演和如何继承发扬的录像。九月五日至十四日，中国京剧院一团赴港演出，我任艺术顾问，戴永禄为团长，于魁智为副团长。

福瑗安心静养，每日在家写日记记下吃药的感受，连续不断地吃了山西崔医生五个多月的药到九月底。

整个服药期间，福瑗只要自我感觉尚好，吃饭香、心慌少，便很释怀。我一听也高兴。过些日子福瑗又不断出现点儿症状，如恶心、肚胀……全家的心又紧缩起来！福瑗就这样时好时坏地到了九月中旬，再次到中日医院做B超，肿瘤仍在长。这次孩子们不敢再隐瞒，必须想办法再寻药。

福瑗在吃药日记里记下："10月14日，下午和老伴聊聊，彼此都很动心，五十多年的夫妻啦，真要离别，确实痛心哪！"

了解到中日医院有一种药物对癌细胞的控制有效，福瑗下决心住医院输液、打针。直到转过年来的四月间，病灶疼痛加重，不思饮食。福瑗紧张了，我紧张了，孩子们更紧张！

我们老两口又是一夜未眠，福瑗坚决要求安乐！

这时小妹说在电视广告中看到光子刀，不开刀专治癌病，当即派两个女儿去实地考察。尽管福瑗在五次光子刀治疗期间，出现过几次每分钟心跳一百五六十下的房颤，回到家可高兴极了。她想到我爱吃韭菜馅儿饼，回家的第三天就下厨给我烙了韭菜馅儿饼，我吃得甭提多高兴了。

可谁知这就是福瑗最后一次下厨为我做饭了！毫不懂医的我怎么也没想到，这是与自己同甘共苦、风雨同舟的老伴为自己做的最后一餐！我只是劝说福瑗："刚回来，多缓缓，千万别累着！"

"真香，真好吃！是宴会上都没有的吃食！"

在福瑷做第二次光子刀后，我插空赶到医院，见病房如二室一厅的单元，有女儿给做饭。福瑷很精神，我一见高兴得蹦跳起来，大有返老还童的喜悦。我是希望福瑷的病已被光子刀治好了！

我万万没有料到，一周后她甚觉不适，请医生来家诊疗也说不出原因，只是吃药、输液。病情是反反复复，精神也是好两天坏两天。

八月初，我到大连去给杨赤说戏，小蓉去大连参展，小玲进藏慰问演出。福瑷十分支持我们去正常工作。

然而就在八月十日这一天，她腹胀、胸闷、出虚汗，彻夜未眠。第二天上午住进了医院。我电话中闻知，杨赤急去想法也没买到当日机票，我急疯了！独闯机场，述说原因。没想到，机场的层层关卡全给我开了绿灯。我无票直登飞机，机长让出自己的座位！这样在当日下午赶到中日医院！

仅仅才几天未见的福瑷状态急转直下，我见了不知有多心疼！她那一直端庄秀丽总显年轻的面庞一下子衰老了十年！福瑷见到我，似乎又安定了许多，但也只是少言寡语，万般无力。

医生所讲的病情更难以让人接受，说已转移，存活时间不超过一个月⋯⋯

我有许多推不掉的事情，还得去！只能靠通电话，或晚上来医院看福瑷。孩子们日夜守护在她的身旁，逢周日孙儿们甭管是上大学、上中学、上小学的都会在此相聚。福瑷被搀扶着坐在沙发上小歇，见到孙辈们你争我抢、友爱地逗嘴玩笑，福瑷笑了，笑得那么幸福。

我的心早已碎过无数次了！

八月三十一日晚九点，我又匆匆赶到医院见了福瑷，心中大吃一惊！我最可依靠的人被折磨成这个样子！我的心疼无以复加，不顾当着孩子们的面，坐在福瑷的床边，深深地吻了福瑷。福瑷回吻了一下我，脸上又闪过一丝笑容。

我握住福瑷黄黄的手不肯松开，不肯起身。福瑷不时闭上精疲力竭的双眼，又不时挣扎着睁开难睁的双眼，不动眼珠地望着我⋯⋯

一九九七年九月三日，福瑷安然辞世

两天后的九月三日早八点二十二分福瑷辞世。

孩子们在我的指挥下，从顶柜里取出早为自己和福瑷备好的双龙瓶中的一个。

那还是十一届三中全会后不久，我率领中国京剧院一团的年轻一代巡演至山东淄博地区，请瓷器厂特地设计烧制了一对近二尺高的瓷瓶。叫它双龙瓶，就是因为细瓶颈上的双耳各为一条龙。

回家后，我边欣赏瓷瓶边对福瑷说："你看这瓶口的龙多神气，正合你我这两条龙！"大家知道，我和福瑷都属龙，只是福瑷小我一轮。

我让孩子们将这对瓷瓶包得严严实实收藏起来。

"这么漂亮，为什么不摆出来？"孩子们好奇地问。

"自古龙归大海，我和你妈商量好，等我们到了那天，骨灰就装在里面，把我们这两条龙放归大海吧！"

"北京没海呀！"孩子们接着调侃地说，"噢！忘啦！五百年前的北京城不就是大海吗？"

我挺认真地说："现在北京可不是海啦！可以到天津嘛，天津塘沽新港离北京也近！想我们了呢，去看看也还方便。"

由于这件事离现实太遥远，最初孩子们谁都没往心里去。倒是我们夫妇常提起将来要去天津塘沽的事，这事似乎在孩子们心目中也已成定论。

在我守候福瑗的日子里，我们夫妇几次彻夜长谈后，重新做出了决定：我们的骨灰存入双龙瓶中，放入大连燕窝岛海中，并告诉孩子们："这是我们权衡了很长时间才定的，慢慢你们会理解的。"孩子们深知我说这些话是发自内心的感受。

十几年间，我每年都被频繁请到大连教学、排新戏。长者一两个月，短者三五天。而每次去大连，得到大连各级领导和观众的大力支持，点点滴滴的情谊始终温暖着我的心！多年来，我与大连产生了深厚的感情，回到北京我向福瑗、孩子们介绍起来总是滔滔不绝！十几年间，走遍了大连的剧场、俱乐部，留下了演出《九江口》后踏雪而归时欣喜的步伐。十几年间冬去春来，我用心血培养的架子花脸的好苗子杨赤已经长大成才。

杨赤自一九八六年以来，先后以《九江口》获得了辽宁省中青年京剧演员表演赛的总分第一名、第八届中国戏剧梅花奖。一九九四年一举夺得梅兰芳金奖！

大连和杨赤、杨赤和大连已是密不可分。杨赤是我心中京剧艺术的希望、延续、寄托！说笑间，也曾向杨赤调侃过："你一定要努力举起京剧架子花脸的大纛旗，就是我走了，也在海里看着你！"何况，我深为成为大连的荣誉市民而倍感光荣！

所以，当孩子们得知我们要到燕窝岛定居时，认为这是我必然而坚定的心愿，同时也很庆幸我能有这样好的安身之处。

福瑗乘坐双龙瓶入海时，我咬着牙无法放手！我仿佛看到福瑗乘坐双龙瓶频频回首，难舍难离！她在向我挥手，脸上却透着那么多无奈。万般留恋的福瑗，你终是走了！一路走好！

我忘不了你！把家安置好，等我！忙完了，我就回家去找你！

壹柒肆 脑梗死 养病刻徒

在此之前，我无论如何也没想到比自己小十二岁的福瑗能先行自己一步，抛下我这八十多岁的老头无人照管。家中一切如旧，一切依然整洁，都执行着原来的规律。福瑗爱整洁，我也极爱整洁，我自称是受郝老师和母亲的影响。

只是这个家和原来就是不一样了，尽管孩子们常回家看我，国庆节全家十七口人又去了几十年未去过的北海，谈天说地，欢欢笑笑；过春节时，天津起士林到北京开分店，对我这老客户热情关照，三十晚上将西餐摆到我家中设宴。

但是，不一样仍留在我心中，心底里深藏的那份冷清、凄凉是任何欢乐都驱除不了的。无情的生活，让我一而再，再而三地品味到我跟孩子们无数次说过的一句话："你妈走了，最苦的就是我了……"

我只有为我的艺术事业而努力时，自己空空如也的心境才觉得充实些。所以我奋力去做一些力所能及的事，不管是哪里或是谁来邀我去讲课、旅

一九九八年，我和五个子女欢度春节时合影

游、演出、开会、观摩，我都全力参加！我知道，我在奋力与自己的命运抗争！我不能服输，不能就此败下阵来！

我对孩子们说："你妈走了，去燕窝岛等我。可我的事儿太多，没做完。事没了结，我就不能走。既然不能走，我就得好好活着，你们不要挂念我，好好工作去！"

五一期间，我由济南回到北京家中，呕吐不止，只觉头晕腿软，孩子们要把我送进医院。

"不行！今天赶回来，是为（叶）少兰收徒，我答应他了，下午必须去！"

我去了，我还讲了话。而后，我住进了医院。

半身瘫痪，我坐上了轮椅。

对京剧艺术有着不了情的我、对未来充满信心的我，没有多想，在接受治疗的同时，每日在医生的指导下，用不灵活的臂膀、手指，不厌其烦地在练习捡豆子。

"一个、两个、三个……三十三……哈哈！今天下午比上午又多捡了三个！离上台，又近了三步！"尽管我满脸的汗珠，可是荡漾的笑容是发自内心的！

"明天上午，再争取多捡五个，离上台，又近了五步！这样算下去，一个月，恢复正常！"尽管我很疲乏，累得直想躺会儿，但我的决心是大的！

左半身的不灵活，一点儿没拦住我在病房里完成该完成的工作。当时，晚霞工程进行得如火如荼，正准备录制我的一部专题片。正好是在病房中完成了补拍镜头，完成最后的审看。

送走探视的朋友、亲属、同事、记者，我也没闲着，一边输液一边背戏，谁让我这辈子戏瘾大，说戏痴也不反对！

我又高兴地接受了祝贺少春八十寿辰的录像工作。原本是医生们讨论治疗方案的会诊中心，也协助我的工作，架起了有CCTV标志的摄像机。医桌前，身穿白底蓝条病号服的我，用那刚刚打完点滴、贴着白色胶条的右手扶了扶录音话筒，随着编导一声"开始"，我侃侃而谈："我与李少春同志初次见面是在六十多年前，当时他十八岁，我二十二岁，我大了他几岁，又在社会上有点儿小名气，所以是带着几分自负和藐视他的心理去见他的。记得当时正是热季，少春却穿着棉袄、戴着盔头在练《八大锤》陆文龙双枪大战四锤将的武戏，旁边有两个人倒换着跟他对打。练完了，少春脱下大棉袄，擦擦汗，紧跟着就是《四郎探母》和《珠帘寨》的唱腔，这样的真文真武让我十分的惊奇、佩服！后来我们俩合作《百战中兴唐》《文天祥》《野猪林》，一直到解放后参加中国京剧院、出国演出。我们互相尊重，有始有终。他是少有的文武全才，我对他非常敬佩。遗憾的是他故去得太早了……

"如果他延寿到今天，就八十岁了。在纪念他八十岁寿辰的时候，我更加怀念他。怀念他的人品，怀念他的艺术。我们要学习他永不知足的追求艺术的精神……"

导演一声"停",在场的人不由得喊了声"好"。摄像师低头看过机器显示:"整十五分钟。"

关闭了机器,导演、摄像等轮番上前与我合影。

之所以导演满意,是我没有讲稿,即兴式一气呵成,不打"奔儿"。因为这都是我亲身经历的实事,一切都记得那么清晰,全在嘴边争着要往外流似的……

我目送这一哨人马离去,病房里还有一彪音配像的人马,在焦急地等我。

"我得快点儿出院。"我自言自语,也是下了决心!

我的心里有几件事放不下:一是大连京剧团正在排演五十年大庆的献礼剧目《西门豹》,我得赶去给杨赤说戏,加加工;还有,作为文化部晚霞工程的一个重点项目,拍摄我和张学津合演的《青梅煮酒论英雄》尚在搁浅中。

日前,负责音配像的刘长江又来看我。

我刚住院时他听说我住院,担心极了,见我坐着轮椅在花园中透气,心里顿时凉了大半截。《赤壁之战》的音配像,还有三个镜头没录完哪!半个多月后又来看,哟!这袁老居然能拄拐自己走啦!好苗头,高兴极了!当刘长江第三次再来医院,呵!可是想不到,这八十多岁的我,又行走自如啦!他忍不住向我提出完成这三个镜头的补录,我认为这是件大事,满口应承,录像时间定在六月十五日。

我向医生提出出院要求,医生不同意。

这次,我住院的病情可是不轻,血糖之高,已经由吃药升级到打胰岛素了。当然这也有保护我内脏的全面考虑,眼下的血糖尚不稳定,再有脑梗死更是大问题,其实早在八十年代中期,我时有头昏、头痛、头晕的现象。因为这,从香港撤回;因为这,台湾名旦郭小庄相约演《霸王别姬》未能成行。这次出现胳膊、手腕失控,腿迈不开步的症状,现虽经输液治疗也尚未巩固。

我的态度坚决，医生只得无奈地让步。

孩子们听说我要去录制《赤壁之战》的音配像，心都提到嗓子眼儿了。从人生意义上来讲，当然是留作珍贵的历史纪录，而且满台主角是唯一的一位原人配像。能补拍这几个镜头对音配像来讲是完成了一件大事。可是这勒头的部位正勒在梗阻的血管处，恐有闪失。而且，虽说可以走路，两腿并不是很得力，再穿上三寸的厚底、沉重的戏装，走上软软的台毯，再做动作，倘有闪失……

孩子们先试着劝我，是否《赤壁之战》录像待大连回来再补录。

"我会量力而为，也会尽力而为。我能坐飞机去大连排戏，就能补这几个镜头！"我斩钉截铁地回答，孩子们不敢再劝。又背着我与刘长江商定，动作都将减掉，只对好几句唱词就可以了。

第二天下午四点钟，我来到北京戏曲学校新址，赞叹不绝。大家纷纷向我问好，还有许多人居然为我鼓掌！我知道，是大家希望看到我又重回我们的方寸天地！

后台十分宽绰，内外间的化妆室内白白的墙面一尘不染，新式化妆桌，配备明亮的三面灯光。尤其是迎面扑来丝丝凉风的中央空调，无不显示着先进的时代气息。这与我小时学艺演出多处透寒风的"五风楼"——广和楼怎能比！与郝老师在松柏庵初建的艺培戏校怎能比！与后来的北京戏曲学校旧址怎能比！与中国京剧院的人民剧场又怎能比！

我坐下勾脸了，右臂用笔的雄风犹在，我很庆幸，也很骄傲！摄制组想得很周到，将勒头桌放在上场门台口，以减少往来的路程。还安排我先别穿厚底，我没同意，坚持着穿上了。勾完脸，由两个人搀扶我去勒头候场。

准备开机录像了。

扬声器中，嘹亮地放出原录音，让各演员先感受一下节奏。

正式录制了。这里已经删减了曹操走上场的过程，只需我在原地随着录音配合动作假唱。我听过门该唱了,就随着演唱节奏表演,刚一迈腿做动作就没站稳,栽歪扶在桌上……

录音戛然而止。化妆室内原就有些紧张的人们一下涌到上场门台口,见我无恙,才都大喘了一口气。

摄制组果断地临时决定,这几个镜头都坐下表演,我不用站起来了。中间休息时,按平时习惯加饮一袋牛奶。这天甚觉不够,临时又买来一袋,我连喝了两袋奶。这才叫"鱼没钓着,饭量见长",有意思!

我卸装后,在大镜子前,不禁自言自语:"谁相信我会有病呢!"镜中的我,出过大汗,又用热水洗得干干净净的脸,红通通地泛着光,光头剃得闪亮,又身着一套淡灰色西装,多精神!我已经从轮椅上重新走下来,我已经扔掉拐杖,一步步重新走回艺术殿堂,一步步登上难舍难离的舞台,完成了补拍音配像工作。尽管不那么太圆满,但从有病到眼下才刚刚四十三天哪!时间再长点儿,绝对还能更上一层楼,再次延续自己的艺术生命!努力!

八十多岁的我顽强地挺住了恩爱夫妻成永诀的悲痛,又再次与病魔刀枪相对,取得决战性胜利!此时此刻的我,心中有多兴奋是可以想象得出的!

晚上九点才回到医院休息。

颇有影响力的《北京青年报》刊登了整版赞扬我的文章:"大师,您真不愧为大师。"两天来,医院的护士、医生、餐厅厨师、病友,包括昨天录像后去吃晚饭的政协餐厅经理、服务员等,所见到的人们都对我投以尊重的目光。

第二天,我起床都快七点了,昨天太累。

陈主任查房,认真负责地再次向我讲解出院后的养护问题,此时,我已患了糖尿病肾病。

随后是紧张地收拾行李和洗澡,以至于中午都未睡觉,打乱了入院以来的生活规律。

这次到大连，与往次去住宾馆不同，是一家公司资助了一处宽敞的房子，这样我可以给大连京剧团节约一笔吃住的资金。为这件事忙坏了杨赤，他本着少花钱多办事的原则，找来双人床、单人床、衣柜、碗筷等生活日用品，连华日饭店的电视机也让他给借来了。

为了生活上方便，我已派两个小女儿先行到大连购买了必需的生活日用品：冰箱、洗衣机、被褥、枕头、沙发……也提前将我要带往大连春夏两季的衣物整理好。

总算带着八件沉重的行李进了机场，求得机场管理人员的特许让送行人帮助推车进机场，过安检也大开绿灯。送行人长驱直入送到登机口，解决了行李过多的搬运困难问题。

登机的困难也不小，梯阶较高，我刚上了两层，腿根本不听话了，只能停住，请来两位飞机上的男士将我扶上去了，准确地说是给我架上去了。

"您是袁老？"

"当年我看过您的《红灯记》！"

"鸠山，鸠山来啦！"空姐们欢喜地将我搀扶到座位，又热情地接过小蓉手里的提包。

登上飞机已是五点半了。我在医院吃晚饭早，在候机时就饿得吃了一块点心，必须在飞机起飞前将胰岛素打了。但此时乘客正在登机，过往的人很多，互相碰来碰去无法打。一位坐在里面的好心乘客主动起身让出一等舱的座位，坐到小蓉的座位去了。

一等舱和普通舱是完全不一样的，票价贵好几百元，吃的、喝的均不同。小蓉打过针后，我请他回来，那位热心的乘客执意不肯，我又让空姐带了致谢的口信。

飞机降落了后，一等舱的乘客先下，我要求后下，要等后面的那位热心乘客，当面向他致谢。

空姐让普通舱的乘客先下，只有这样才截得住那位助人为乐的热心乘客。那位乘客来了,穿了一件花T恤衫。

"谢谢你!头等舱和普通舱价格不一样、待遇不一样。"

"没什么。应该的!这样才便于照顾您。"

"请给我留个电话。我和您联系。"

"我有名片。"

原来他是冶金部生产协调司副处长,叫吴力忠,看上去三十多岁。

"我们联系啊!谢谢!"

"多好的同志啊,年轻有为又助人为乐,栋梁之材呀!"我望着他下机的背影。扶我登机的两位男士已在停机前就备好轮椅扶我下机。

接机的杨赤和大连京剧团的其他同志看到坐在轮椅上出来的我,不禁大惊失色,解释后才大喘一口气。

新家很美,宽敞痛快,环境也好,这是大连永发城建集团热情支持我在大连的工作,让我挑选的房子,专供我在大连居住用的。走进门来,房内中式装修,色调明朗,见小妹、小玲已将房间布置妥帖。

接机的大连文化局局长一落座,就向我讲述:"多亏听您的话,《西门豹》这出戏排对了,要是排《楚殇》哪成呀?!"

"什么《楚殇》?"我问。

"后来改的名。您的学生跟您的看法一样……"

上次我来大连,听说为国庆五十周年准备的节目是《乌江恨》,当时改名《楚殇》,我认为不妥,应换成更有积极意义的剧目,比如《西门豹》。这出戏又风趣,又有喜剧色彩,又反对迷信,还颂扬了为国为民干事业的成功!大连文化部门采纳了我的意见,请我一方面养病,也来协助排戏,争取在五十年大庆时能进京演出获奖,给大连市增光。总之,全团上下对这出戏的期望值很高。

小妹、小玲在忙着与小蓉交班,晚上八点钟,她们就回京工作了。

我太累了,没有再吃晚饭就睡了。第二天,早晨六时,觉得浑身酸痛,行动迟缓，起、坐、躺很困难。挣扎着起床下地，右腿膝盖后面的筋疼，不能吃力。测血糖也高达16.9至19.8，我想血糖高有药控制，腿是大问题。吃过早点，没有卧床休息，我拄着拐杖去外边遛弯儿，尽管一步一步走得很艰难，走得很慢。

下午，杨赤来了，朝气蓬勃的，使我也随之精神抖擞。我滔滔不绝地给杨赤分析西门豹这个人物，希望把他演成一个"有文化的李逵"，要有勇有谋、潇洒大气，放得开！西门豹究竟什么样，谁也没见过，但要演得让人一看就认准，这就是西门豹！接着又给杨赤讲出场的唱，要注意念白的语气。

此刻，我的精气神儿大不同早晨，谁看了都会夸说："老爷子身体太棒啦！"

哪知，第三天早晨，我几乎起坐能力都没有了，只能被小蓉搀扶起来，穿袜子时稍用力往上一推，我一下子就头碰墙仰倒在床上。我心里着急，就不信了，我毅然拄着拐去散步，哪怕慢慢地……

当我看到就在这小区内有一家挂牌的骨伤私人门诊部时，就走了进去。经检查，说是骨刺碰了副韧带，可以做药导入的理疗，外加按摩。

晚上，我照样到剧场看《西门豹》的汇报演出。由于出门略晚，车又走错路，多转了两圈，本只五分钟的路程，却走了二十分钟。剧场内市长们都到了，真急坏了大连京剧团团长、文化局局长、宣传部部长。

不料想，我一走进剧场，观众们立即认出了我这个老"西门豹"，顿时掌声四起，那热烈的程度撩动我的心弦！我一手拄拐，一手摘下巴拿马式帽子，往拐杖上一挂，向观众招手示意。掌声更热烈了，我兴奋而激动，控制不住地向观众高声大喊："大家好！对不起，我来晚了！"后面的话，全被扑面而来的更热情的掌声盖住了！

开幕曲响起，打出字幕："艺术指导：袁世海。"掌声再次雷动，大有当年《红灯记》字幕打出"鸠山——袁世海"时一样，有过之而无不及！

一天后，文化部的潘部长从北京赶来正式审查《西门豹》，这对地方剧团来讲是件极重要的事情。整场演出气氛良好，尤其是后半部舞台效果更好些。

汇报演出结束，潘部长上台讲话。他认为这是一出思想性强、艺术性强、观赏性更强的戏。这三者能完美结合，是件不容易的事。排练时间短但很好看，希望在袁老师的指导下，大家共同努力，争取到北京演出！

第二天，市委宣传部王部长主持会议，请潘部长及有关领导、导演、编剧、艺术指导、主演在一起探讨修改方案。剧组人员在听取了各方意见后，对剧本做了大量的修改完善工作。

我深有感触地赞不绝口。为了打造一出精品剧目，为了打造大连市京剧团成为"王牌军"，为了培养人才，为了大连市的文化品牌，为了京剧的振兴，大家出了多大的力啊！

始终处于兴奋状态的我，腿的兴奋度也很高，居然恢复得很快，仅几天就能完全自理了，行动自如。

我非常感谢骨伤诊所，特别是所长姚金宝医生。在我第二次去治疗时，姚医生等人就认出了我。

每次都是他亲自加大力度全身按摩，多次理疗。原讲好一次付七十元，就是不肯再收："只要能给您的病治好，袁老能多为京剧艺术做贡献，我们就是为民族艺术尽了份心、出了把力！"

姚医生所讲的不是漂亮的口号，这里只是他谋生的个人诊所。他每次为我按摩都是大汗淋淋，付出了极大辛苦。我在大连三个月，只要时间允许，初时每天一次，遇到我忙，给我晚上单加。后来，隔两三日都要来一次，我受益太大了！且不谈我九月底回京后，十月份就在二十一世纪宾馆为中国重型汽车公司演出《红灯记》，与袁小海同演《斗鸠山》一场。就说在大连，七月二十二日能够顺利参加大连电视台录制《久久合家欢》节目，就足以显示出姚医生的威力！

在大连电视台录《久久合家欢》，拍摄现场导演设计得非常别致，醒目的"合家欢"字样的霓虹灯，不时转换着红、黄、绿、蓝四种颜色，光灿灿的闪亮在迎面的最显眼处。录像厅正中挂着六盏大红灯笼，两旁各挂着两副很大的脸谱像，是孙悟空和张飞。四个圆顶柱子上也各挂着孟良、金钱豹等脸谱。二百多名观众，每人左手拿着脸谱面具，右手拿一对小竹板带着红绸子。观众们陆续地认出我，边手指边相告说："那个穿红衣服的就是京剧界最有名的老前辈了。"一些业余爱好者纷纷过来向我问好，我开始应接不暇。

长瑜和高玉倩也被从北京请来，她们进来一眼就看见我。

"袁老师，您好！知道您病得不轻，都好啦！"

"袁老师！看您多精神哪！真没想到，您恢复得这么快！"

"我这一场病快三个月了……能好成这样，有医生的功劳，还有我的学生杨赤的功劳！"

"袁老师，听说您……吓得我什么似的！我也不好，还是心脏病，再犯病，可要安起搏器啦！"

我看高玉倩头发虽已花白，但身穿一件黑条白底配红花的上衣，十分的精神，说："你多精神！你呀，千万甭想这些，我们还有一搏哪！"

"听您的！舍不得这方寸之地呀！"

"就是舍不得！能干什么就干什么吧！"

节目制作中，高玉倩讲自己从艺时十七岁跟我同台演出，一次去张家口受到无赖霸主的欺负，我还出面打圆场。

高玉倩、刘长瑜二人合演《红灯记》中《痛说革命家史》一段。

我针对观众的问题讲了铜锤、架子、武二花、摔打花的区分，边讲边示范。当提到与杨赤合演《九江口》时，表演了《九江口》中《挡驾》的念白，再让杨赤接唱……

大家听得出来，我气力恢复得很足，这就是血压正常、血糖平稳下降的重要标志！这场大病初愈，离不开三个月来各级领导的关心、医生的负责、群众的处处支持和大连市层层领导的关照、杨赤夫妇的尽心尽力，我

非常感谢！

当然，此时我更是雄心勃勃，在九月回京前，已打好如意算盘！就是随着身体的恢复，饮食上又有点儿出格表现，时不时犯一回"偷吃供果"的老毛病——捏一口甜馅、来一口小甜点什么的。

至于新排的《西门豹》一剧，由于层层重视，齐心合力，导演到位，杨赤苦练，顺利进京参加艺术节会演，荣获全国二等奖！对《西门豹》一剧的愿望，杨赤终于帮我了却。我的一颗不服的心气儿，总算从此平复了。

壹柒伍 青梅酒 再论英雄

《青梅煮酒论英雄》这出戏的重排已经在我心头萦绕几十年了。特别是文化部主办的晚霞工程要给老龄艺术家们整理录制资料，我马上想到要抓住机遇把这个戏整理出来。

那还是一九八一年八月下旬九月初，很热的一天，我正在练功，电话铃响了。"老三吗？"电话里传来格外熟悉的声音，真给了我一个惊喜！敢情是我时常思念的孙盛文师兄来的电话。

自从我搬到三里屯居住，和宣武区红土店相距远了，除了逢年过节的拜望外，也就靠电话联系。电话中，盛文哥一再嘱咐要把《青梅煮酒论英雄》整理出来。他说，这出戏是郝先生的独创，曹操的表演吃重、念白吃重，演技要求很高，再不整理就要失传了。我答应一定把这出戏整理出来。

谁想，不久即接到电话告知盛文师兄病重住院的消息。

后来，盛文师兄的女儿在撰写《净门师魂》一书曾写道："这是他面对世海师弟的第四次动情——第一次是在'富社'的课堂上，他苦口婆心地教育袁世海和裘盛戎如何演戏,如何做人;第二次是三十年代他从上海给父母启灵回京,在永定门火车站紧紧拥抱专程来接他的袁世海与裘盛戎;第三次是北平解放前夕的'困城'时期,袁世海亲自给他送来了救命的金条……而此次的动情,他们万万没想到这就是师兄弟之间的永诀!"

一九八一年九月二十三日,年仅七十一岁的著名戏曲教育家、中国戏曲学院学术委员及京剧表演系教授孙盛文师兄因病逝世。盛文师兄在教育战线上培育出多少净行的好苗子,我和盛戎只是其一,有数不清的其二、其三。放眼看,中国戏曲学校每届毕业生,有多少花脸演员支撑于六十年代至九十年代,京剧舞台上的架子花脸也好,铜锤花脸也好,都是经过师兄调教出来的!我万万没料到电话中声音雄厚、洪亮的盛文哥会在短时间一病而去,这次的电话竟成对自己最后的嘱托和期望。

我下决心一定把这个戏整理出来,绝不能让这出戏失传!否则就对不起郝老师的信任、孙盛文师兄的期望!

《青梅煮酒论英雄》一剧最早见于元杂剧《石榴园》和明传奇《射鹿记》;清道光年间演《鼎峙春秋》,有《赐衣带血诏潜投》一剧;一九二二年郝寿臣老师与马连良首演此剧于北京。

出科后,正因我与师兄李盛藻合演郝老师独创的这出《青梅煮酒论英雄》,使自己得以出名,生活事业才有了转机,渐渐走出困境;也正因与师兄李盛藻合演郝老师独创的这出《青梅煮酒论英雄》,演得与郝老师有几分相似,才得以拜郝寿臣老师为师。

四十年代后与李世芳、李少春的合作偏多,这出戏演得少了。直到六十年代,与李世霖演了几场,深得评论家冯其庸的肯定。一九六三年我准备推出曾和马连良先生演过的马先生代表作之一《青梅煮酒论英雄》,进一步推出冯志孝。我请翁先生重新整理了全部《青梅煮酒论英雄》。这次修改是想将马先生与郝老师、高庆奎先生和郝老师演此剧的表演加以融合丰富。经过考虑,翁偶虹在故事的基础上脱离了《三国演义》的窠臼,我极赞同,与马先生也取得共识。

此时近芳新学梅派名剧《廉锦枫》，正好与《青梅煮酒论英雄》合成一个晚会。响排后，全团上下一致认为是台好戏，决定在北京展览馆彩排式地演一场，请领导审查。不料，当时文艺界对于封建时代的忠孝节义已经展开批判，为了慎重，只得建议暂缓演出。

六十年代几次演出的《青梅煮酒论英雄》，与三十年代的该戏《论英雄》一折的改动不大。至于表演，就我初出茅庐之时与历练三十年后的自己，纵使没能提高，也不会相差甚远。但从一个演员的亲历舞台的感受来讲，深觉剧场气氛大不相同。三十年代时，几乎是一句一动无不获得满堂彩，为什么现在这种掌声没有了？我很不适应，细想之后，还是找到了原因。这掌声是来源一个"像"字。嘿！这句白念得真像郝爷！这个动作多像呀！那时郝老师虽告别舞台，人们对他印象之深、之爱、之思，全放在自己的身上了。不用说三十年过去，这种掌声冷落了，及至一九八五年与张学津再演这出戏，已是五十年过去，半个世纪的时间这些观众没有了，新一代的观众有了新的看戏标准、新的要求，意味着要推陈出新！

一九八五年的演出，时间紧迫，只演了《菜园相请》和《论英雄》两折，更使我感觉到暴露出一些新的问题。

这个戏的特点是通过青梅煮酒谈论谁是乱世真英雄的情节，刻画两个不同英雄人物之间尖锐的殊死斗争。而这种尖锐斗争，又是通过文雅的小酌形式文绉绉地表现出来。那么就需要观众对这段故事的前因后果充分了解，才能理解这段戏中双关语的含义，才能品味出这段戏戏词中隐藏的尖锐的矛盾斗争。

再者，现在观众欣赏京剧，很注重人物的整体形象。在论英雄时长达数十分钟的对白或大段念白，这曾是我在演出中最得意之处，现在观众却反应淡薄。于是修改方案也就产生了。一个是小改小动，但是要接受教训，不搞单折，搞全剧。

另一个是大改，精练场次，突出矛盾，增加曹操唱段。如同探讨修改《西门豹》一剧一样，以新的时代元素来充实这出三十年代的传统剧目。

我先把小改的剧本交给晚霞工程，他们希望脱旧更新，促使我下决心采取了第二个方案。所以病愈后，我立即组织人马，对全剧剧本做了较大修改。立意是以简洁的手笔、新颖的表现方式，完成故事全貌。

改本的关键是简捷了斩车胄的过程。紧贴主题，既简化过程，又保存了故事的完整性。

全剧音乐唱腔设计张炎培、李祖铭、张学津，对这新增唱段下了不少的心血，听来流畅、自然而且新颖。

我非常喜欢其中曹操的唱段，经常闲时哼唱，以舒惬意的心情。

我特别遗憾的是新靴子不合脚，又紧又小，心想凑合凑合吧！谁想第一次拍摄就把脚磨破了。糖尿病病人最怕的是足病，血糖高使得伤口十分不好愈合。结果每次穿上靴子磨得都很难忍受。所以，老了的我，脚下本就不给劲了，这下又加个"更"字，全身都不自在，差着大分数了！而且学新唱腔，我的记忆力也差了。为了赶时间，演出时唱腔不熟练等诸多不尽如人意之处，只能请大家原谅了。

我很清楚，戏虽是改了，但没有经过舞台实践，是一出没有经过加工修改、再加工再修改的剧目，是一次彩排的记录，是不成熟的作品，只算是推陈出新的一次抛砖引玉的尝试吧，请大家多多批评指正！

壹柒陆 乔迁喜　颐养天年

"出牌！该你了。"

"没见过这么差的牌！不管！"

"我们围在这儿的，再加孙男弟女捆绑一块儿也比不过老爹您一个！"

"什么呀，爸爸！您这同花顺，怎么还短二呀！"

脱下了官带蟒袍、卸下了草履芒鞋、扔下一双板斧、回归了家庭生活八十五岁的我，在家中休闲，不过我的"造摩"精神可是永存的。这不，创新的同花顺为我玩争上游大展宏图。逢此时，我都会被哄得开怀大笑："这是为父今天第十二次吃贡！"

孩子们已订立攻守同盟，类似同花不是顺的同花顺及其他的花样创新，只对老爸，不跟他争，但不争两句又不热闹，只要看到老爷子笑容满面高高兴兴，就恰到火候！

孩子们深知，此时我这个父亲不再是京剧舞台上胸怀雄才大略而又奸诈多疑的曹操，不再是粗鲁的草莽英雄李逵，不再是侠肝义胆、进退有度的花和尚鲁智深，更不再是老谋深算、忠心报国的老元戎张定边……此时的我，才真正属于这个温馨家庭中的主角——爸爸、爷爷！我心里很清楚，只有此时，孩子们才会感到我这个老爸真的是老爸啦！

发牌时，评论新家的话题又展开了。我的认真态度，颇像我演出回来听取全家人意见的那个劲头儿。

"咱家不错，地点在长安街上，去哪儿都居中，尤其去官园的中国京剧院、长安大戏院、协和医院都甭拐弯，方便多了，后边还有复兴医院，您可以去那儿拿点儿药，只当是散步。"

"新家的房子布局比较合理，现代。客厅大了，又是大阳台，大开门。暖气和三里屯一样，暖和。"

"厨房餐厅也不错，干活顺畅吗？"

"挺好的！"保姆说。

"我觉得有两大问题！"

"噢？"拿着牌没再玩的我，听了这话，把牌扣下了。

"一个厕所，太困难！我们的家里也都是一个厕所，就因为爸爸您用的时间太长，有急点儿的，太……"

"这倒是，我也提了，目前没房，说等有房了，再调。你们得学会打穿插！"

"刚开始，把我急坏了。爷爷占一个多小时，又洗脸，洗脸时间也特长……"在一起玩牌的小保姆说。

"我爸爸洗脸得洗前胸、后背……"大家笑着解释。

"爷爷用了前后快两小时了，现在学会打穿插，爷爷还给我买了脸盆，在厨房洗漱，方便多了。"

三里屯的房是三套二居室打通墙连上的，有三个卫生间，洗浴、厕所都方便，保姆和孩子们单有住处。

"这个不算是问题了，还有一个？"我追问。

"您的衣柜安的推拉门，推不开、拉不上。"

"都说推拉门省地儿，就安了。才几天哪，我已经觉出这门不听话了。修不好，只好让他们换门！还有吗？"

"咱们家的文化氛围还不够浓。"

"客厅迎面挂了毛主席、周总理和我的合影都有！"

"不光是照片，比如大花瓶呀！好看点儿的盆景……"

"我想了，快过年了，准备好'福'字呀、脸谱吊挂呀等等的，咱们来个'武装到牙齿'！"

甫说，没多少日子，寿桃盆景呀、阿福等都纷至沓来，红红火火的。日子火火红红的，我的心里暖暖的……

之后我又问："还有什么好处？"

"没什么了。"大家异口同声。

"但最关键的你们都没说。"我忽然很严肃。

"什么？"大家莫名。

"有了电梯，解决了我爬楼的燃眉之急！"

"这还用说！"大家异口同声大声地说。

"所以说，尽管有不足，我还是十分知足！一个人的愿望得到满足是很难的，但一个人一定要懂得知足。爸爸有何德何能？充其量也不过是个光头老百姓，党和国家、人民如此厚待我，知足，所以爸爸高兴！好！接着玩！"

的确是，这个燃眉之急已经成了全家人关注的焦点。三里屯的房，说是四层，由于一层是商场，有一层半高，实际是四层半高。这对于年龄逐增，又患双膝滑囊炎的我，就是在福瑗没走之时，也日趋困难。爬楼真算得上是"咬紧牙关"，全靠孩子们往上托我的后腰。

尤其这两年来，先后在楼梯上摔过两次，一次是踩空了脚，幸亏我有点儿童子真功夫，快步下梯，紧倒了几步，手扶住墙没倒下，脑门儿磕了个大包。还有一次是抓住了楼栏杆，却磕破了腿。我思想斗争了很久，觉得这困难已到了极限，终于鼓起勇气给朱镕基总理写信汇报提出请求，很快国管局（国家机关事务管理局）来出面解决了。

又玩了几把牌，保姆起身要去做饭。

我拦住了："别走，玩吧！忙了这些日子，好不容易家里都踏实了，今晚上咱们去外边吃饭！小妹，给永仁打个电话，说一下，咱们六点到……"

永仁是二女婿，是海军设计局的副局长，退休了不甘寂寞，承包了一个餐厅。我常带着孩子们到那里吃饭，钱照付，但总是多了一层亲切感。

饭后，我回到家中，看表才将八点钟，正是晚上散步的时间，带着保姆、小蓉下了楼。

我们一行三人漫步向天安门方向前行。

"多美呀！"小蓉感叹。

"岂止是美！是繁华！与国外没什么区别！瞧，这高楼大厦，瞧这通明透亮的大宽马路！远的不说，就是六十年代南池子长安街上，就那么一座北京饭店是高楼，现在……怎么比！要不说赶上改革开放的好时代呢，咱北京发展得多快，一天一个样！"

说话间，已走到长安商厦西侧过街天桥。

"咱们上桥！"

"上去，还得下来！您不累？"

"你细瞧瞧，上桥的阶梯层不高，还行。"

"这里行人道上花坛很多，可以坐下来休息，改明儿去我买俩草垫子。"

"我也想了，那个叫……泡沫！厚的！用不着花钱，又轻又暖，还废物利用……这个任务交给你！"

"行，我找找。"保姆答应说。

南池子箭厂胡同五号房的问题终于得到解决！房子归国管局管理，已经决定退给我南池子房，我退回原房管局付的九千多元房钱。我也是高兴得喜上眉梢了。这房毕竟是我几十年的血汗钱攒出来的呀！把房子还回来，是党的政策英明！我的心情很激动。原来有顾虑，动乱致使福瑗的身体大受损伤，落下很多不愿启齿的病，二十多年的调养，有的好转，有的还犯。如果福瑗重回那受迫害不堪耻辱之地，怕对她仍有伤害。现在这层顾虑打消了。我也兴奋地告诉了儿女们，大家举双手赞誉党的政策英明，到时要好好庆祝一下。

我开始动脑筋想如何装修。前一度曾经去看过这所一别三十年的房子。房子真是好房子，面积比那时的大，已经把西部临南池子大街的楼房套进院子里。北房呢，已经隔成一个个的套间，没有了原来的宽绰、明亮之感。总之，那感觉和自己当年偏爱的北京四合院的风格已相差甚远！修，太困难啦！即使可以修好，就这烧暖气的锅炉所用的煤和请人烧锅炉的工费……难了。想到此，顿时想起福瑗当初算过的一笔账，煤要成吨、一次性买够烧四个月的，都置备了，就甭吃饭了。还得请位保姆做饭、搞卫生吧？福瑗走了，孩子们都独立了，就剩我个孤老头，住这么大的个院子太冷清，让孩子们都回来……不现实。即使都能成，修这房不是一两个月的事……我还得继续长时间在那里爬四楼？八十五岁喽，我真爬不动了。

俗话说，穿衣吃饭量家当，一千多元的工资、八十五岁的我，我的能力真扛不起南池子的房喽！要面对现实，这个年龄啦，需要安稳、淡定、知足！能调整得有电梯，冬暖夏凉，人舒服，得以安度晚年方为上策！

好在我是赤裸裸而来，穷光蛋一个；将来赤裸裸地走，这身外之物全扔！祖先没给我留，这不是什么祖业，我不会落个将祖业败光的名声。所以，在"文化大革命"中整个这个家全都完了，没动我的心，何况不是我一家。比我功高盖世、对人民有贡献的如何？他们比我还惨！我还能留下来，这多幸福呀！赶上这个时代了，好像给自己很大的动力。

如果不要南池子的房，孩子们会怎么想？会愿意？会的，他们都早已认定自力更生的。如果不同意呢？想了整整一宿，我一切想通、想透了！只留下这一丝犹豫。

孩子们对我的想法很支持："您怎么舒适，就怎么办吧，我们都同意。"

我签了字。拨了木樨地的房，每月五百多元房钱交着有困难，二次申请减免到二百多元，我十分感谢。

还挺快，没过几天，小保姆真就找来一块二寸厚的包装泡沫做了三块垫，只要出门散步全带着。拿着不沉，又方便，走一会儿，觉得累了，就把泡沫垫往洋灰台上一放，坐下还暖暖的。

春夏秋冬，除了刮风下雨雪，最寒冷的三九天都会来散步。

尤其夏天的上午，我吃过早点也就九点钟，我穿着一件特别凉快的中式鸡心领、带点袖、开襟绸汗衫和一条宽松肥大的半长绸裤，手中不但拿着泡沫板，还拿一把圆圆的大蒲扇，走出二十一号楼的院拐上马路就到木樨地桥下，那里有很宽敞的阴凉地儿，还有高些的花坛。我就在花坛边压腿，阴凉地踢腿，累了就坐在矮些的花坛边上，放正泡沫垫一休息，几个孩子不管是哪个，准有人陪我。

吃过晚饭，我迈着摇头、晃肩、涮腰的独特行走步伐，走一段，累了，坐下休息时，手不停地扇一阵大蒲扇，一是凉快，二是驱蚊。这时候更是我和孩子们海阔天空、古往今来聊天的好时候，我们聊戏、分析戏，说以往的故事，聊家中该买的、该修的杂事。

有一次，我正边散步边兴趣盎然地讲说什么，忽然停住，改了话题："你看，满长安街过往行人的穿着，都挺时髦，就剩我！"

"您怎么啦？"

"我这身打扮，再加上这个……"我使劲儿地扇扇大蒲扇。

"四十年代就这样，进二〇〇〇年啦还这样，可谓是六十年不变的老顽固了！"

"衣服不变是老北京人的标志！您思想不顽固哇！再说这会儿在长安街上走的有多少人，又有几个是北京人哪。"小蓉说。

"倒是。你妈说夏天只有穿这，才凉快……我和你妈结婚的那年夏天她就给我做了这样的三套,六十年代搬了南池子又做了三套……"

"后来八十年代,还是我陪我娘去王府井百货大楼,正好碰上处理这块料子,我娘说,好绸子,花纹是睡衣样,才降价,正好给你爸做三条夏天的短裤,套裁省衣料。怪不得从我一记事起,您夏天在家就老是这个样。对啦!您排《野猪林》时把我们丢了,也是穿这样的衣服,我满处找您,老找肥腿的半截裤……"爷儿俩全笑了。

回家的路上,只要斜对着二十二号楼,马路边上卖酱肉的店面没关门,我准要去买点儿。

"明天咱们包饺子,用这酱肉做馅儿,又香又少油。"

"我娘从没这么用过。"

"你想,油和汤都让他们煮出去啦,香味也都入了肉啦,这是我的最新……"

"造魔!"

"嘿,毛主席一向提倡的,敢想敢干嘛!"

进入二〇〇二年后,我高兴地挨个儿向孩子们说:"告诉你们一件大好事,爸爸又调工资了,工资涨到三千多元了。房租、小保姆、水电钱一千挂零够了。我也不买什么衣服,余下二千元饭钱,足够用了。以后咱们全家人聚会,爸爸可以请客了!高兴!由衷的!"

我的工资从一九五四年初评定的国家一级演员三百三十三元以来,不谈附加工资了,进入八十年代,大家都在提级涨薪,由于我已经是文艺界中的最高级别,无法再提级也就无法涨薪。到了一九八二年前后,物价涨了很多,工资就有些不够了,日子全靠福瑗精打细算。

当时我心中有两大负担:一是嫂子,一是福瑗。她们两人都从没参加过工作,哥哥文林一九七六年去世了,我每月如数给大嫂生活补贴,同时也让孩子们每户每月拿出两元来孝敬他们的伯母,他们小时没少受到伯母的爱护。孩子们都按时把钱送回家来，福瑷给存好，大嫂来家时给她。

我自己呢，步入老年，考虑到福瑷比自己小一轮，怎么也不会先走，那么生活来源呢？靠孩子们，才几十元工资的孩子们能保证让她生活舒适吗？我几番动脑筋后，找几个孩子都谈了，讲清了顾虑，要求他们："从眼下这个月起，每月从工资中提出五元为你妈存起来，拟做贴补你妈的生活费用。"孩子们也都这样做了。

"您在家有活鱼、活鸡、虾的，还人来人往。您外出，我娘只买几毛的猪肉吃好几天，下月一开工资先补上亏空。"

"那三条夏天短裤的账，花了二十七元，就是从其他余额中提取的。"

"八十年代，我多忙，只听你妈一报：'凑合着，能够。'"

"尽管这时家里紧张，我娘对我们从没有两样待遇，甭管是谁帮家中买菜、买东西，都是如数报回，而且只多不少！我娘多好哇！"我们都沉默了。

福瑷虽然去了，但她永远都是和这个家在一起的，无论何时何地都会有她的存在！

"我记得那时工资改革后，按工作时间计工资补贴了，您的工作时间只从一九五一年参加中国京剧院算起。我找来了工资有关规定原件，上面明明写着不是旧戏班班主的均可计算工龄……您从富连成科班出科，是一九三五年腊月初五直到一九四九年，没有组过班社呀！"

"我向中国京剧院汇报请示了，回复说现在是正确的，我也就不再去想。你妈常讲自己是'干消费'，可能就是这种内急的心情吧！都过去了，改革中难免。一点点都好起来了。话还得说回来，你妈这场病的药费十几万，中国京剧院都给报销了，又该怎么想？"

我知道，直到九十年代，我家的经济状况就好多了。直到一九九七年三月，福瑷去山东万杰医院做光子刀时，我工资也只一千三百元，而且每月团里要扣住房公积金三百二十一元，只能取回月工资九百五十六元。账本直记到一九九七年六月……那是一个新账本，才使用了不多页，后面全是空白了。九月,福瑷去世。我看过,心酸酸的……

既然这样,那么我家逢年过节、过生日,或者有事都是去便一坊、全聚德等高级的地方聚会,是哪里的钱呢?这就是福瑷的教育有方、管理有方了,孩子们从小就养成了孝顺父母、各家自立的习惯。逢此费用,几十年如一日地都是孩子们各家分摊。实际上,九十年代后,在部队的孩子们工薪早已比我高了,而我的开支与他们各个小家是无法比的,时常哪个孩子经济宽裕就主动请客了。

至此,我对此次涨工资后超过三千元的高兴心情便可以理解了吧。

我知足极了,更要把余热贡献出来,把京剧艺术传下去,不带到八宝山去!

壹柒柒 原班人 红灯再亮

二〇〇一年四月五日下午一点半，在开往济南的特快列车上，坐着《红灯记》的原班人马。

他们应邀参加泉景房产之夜活动的中国京剧名家演唱会。

久违的高高大大的钱浩梁，尽管身材魁梧，但大病初愈的面容尚显憔悴。坐在他身旁满面春风、笑语不停的是他的妻子曲素英。

再往前坐着的是一眼就会被认出的人。她身着黑色镶花边的上衣，满头银丝上系一黑色宽发带，明亮的双眸神采飞扬，谈笑风生。她就是饰演李奶奶的高玉倩。她对面是白白净净身穿红色细线毛衣，看上去仍很年轻的"铁梅"。有人问刘长瑜准备再排什么戏，她皱皱眉说："不想再排了，想排也不能再排，我这个年龄花旦行当不允许呀！"演叛徒王连举的孙洪勋可比原来胖多啦！还有磨刀人谷春章，"磨剪子嘞戗菜刀！"想当年这句唱响遍大街小巷。

是呀，时光似箭！这三代人能在舞台上重聚首，掐指一算，从一九七六年至今已是二十五年过去。如今"李玉和"六十七岁,"小铁梅"已六十岁,"李奶奶"七十四岁,"王连举"六十四岁,"磨刀人"六十九岁,"鸠山"队长呢?我八十六岁高龄喽!我此刻十分高兴,能成功组成这场原班人马《红灯记》的一至六场的演出有多么不易呀!

"四人帮"倒台后,《红灯记》被库存长达十几年。八十年代中期就听到很多呼吁,赴香港演出也有许多朋友问我。我坚持的观点是《红灯记》的成功不是江青,《红灯记》的整个创作过程是文化部领导亲自抓、中国京剧院领导组织,还有全体演职员们共同努力的结果。我是从头至尾参加的一员,敢说这句硬话!后来在《文汇报》上看到一篇文章,也谈到是江青利用了《红灯记》,《红灯记》却不是江青的。而江青正是利用这长达数年的修改,将《红灯记》修改成她那并不符合艺术规律的高、大、全的艺术理论的作品!

一九九一年一月九日,纪念徽班进京二百年庆典的纪念活动,中国京剧院复排上演了一九六五年本的《红灯记》。演出受到超乎寻常的热烈欢迎,也说明了这出戏标志着京剧现代题材的剧目达到相当高的艺术水平。观众们对《红灯记》是极其喜爱渴望的,演出中《红灯记》李玉和的扮演者是孙岳,他演得很到位,但他终归不是当年演出时的钱浩梁。

我不由得想起与钱浩梁的往事。一九六六年年三十晚,他到我所住的南池子家中征求演出《野猪林》后的意见并拜年时,走进北客厅深深地鞠了一躬,对我如同对师辈尊重;当年他诚恳、谦虚、好学、肯练;为了培养他,少春和我托着他排演《战渭南》,被戴上"歌颂修正主义"的帽子,他的笑容也消失了。少春和我都怕这个初出茅庐的青年人想不通会灰心,分别找他谈心,继续精心指导加工《野猪林》,直到我们看见钱浩梁又重新发出希望之光。

钱浩梁苦学苦练的精神有增无减,这是让少春和我无可挑剔并感欣慰的!"这个年轻人是块好坯子,我没看错他!"这是我当时一句由衷的感言。

直到一九六五年十月四日，这天的晚场，仍安排我和钱浩梁在人民剧场演了《野猪林》，这也是"文化大革命"前上演的最后一次传统戏。

这些镜头、片段控制不住地在我的脑海中轮番跳跃！六十年代初，我看了中国戏曲学校实验京剧团演的《甘宁劫魏营》，主演甘宁的青年武生演员钱浩梁在舞台上很有光彩，一下子吸引住了我。我从侧面了解到，钱浩梁出身梨园世家，六岁学艺，曾进入上海戏曲学校，与"正"字的张正芳、孙正阳同过学。一九五〇年，进入中国戏曲学校研究班深造，系统学习长靠武生戏。尚和玉、迟月亭、茹富兰、傅德威等仅存的前辈名师都给他授过课。一九五六年毕业，一直在中国戏曲学校实验京剧团。

钱浩梁还年轻，可塑性极强。如果通过一段时间的精雕细琢，他的演唱、表演、化装会有大幅度的改善提高。如果再帮钱浩梁选排一些适合他演的新剧目还会更好。我总算是找到了预想的人选，可以作为中国京剧院一团的接班人之一。

之后不久文代会召开了。一次我四顾一看，中国戏曲学校史若虚校长也在座，我发言了。我讲了中国京剧院一团主演少春治疗音带小结、近芳生产、盛兰患病的现状，最后提出"不能眼看着一团自生自灭，要挑选有实力的青年演员充实一团"。

周扬部长笑了，说："提得很好！你是不是有什么具体的想法啦？"

"有！"

"说说看。"

"中国戏校实验京剧团的钱浩梁，我追着看了他几出戏，他虽是武生，嗓子够用，适合往文武老生上发展，走走少春的戏路子。希望能调到一团来，让少春带带他，这样《野猪林》等戏都可以由他试着接……"

"这可不成，钱浩梁调走，中国戏曲学校实验京剧团怎么办？"史若虚校长没等我的话说完，立即反驳。

"戏校培养出的人才，毕了业就应当往剧团输送，充实剧团。为什么戏校还要把毕业生留下搞实验剧团？搞，也不是不可以。但当剧团需要时就应往剧团输送。"我深知，机会不可错过，据理力争，当仁不让。

话语针锋相对，会场非常安静。短暂的沉默后周扬当场拍板："史校长，世海同志这个意见我非常支持，毕业生应该往剧团输送！"

"您……拍板了，我们……执行。但是，光调钱浩梁一人不成，要调就调一批……"

"具体的，你们去研究。"

散会后，我在前面走，史校长追上来开玩笑地说："您这一本奏得够可以呀，把我们学校的饭碗抢走啦！"

我笑指着史校长："我知道，这等于戳了您的心窝子啦！可您培养的学生送剧团正对口哇！您都清楚，说悬点儿，再不增加新人，一团危矣！我也是想之再想，没办法呀！"

史若虚校长，这位一九三八年参加革命，曾是老区挎过盒子枪的有名程派青衣，从事戏曲改革工作的老延安文艺革命干部，自五十年代初调到中国戏曲学校担任教务长，后来任校长。他在戏曲教育战线上，为培养戏曲艺术人才，为戏曲教育事业做出了卓著贡献。遗憾的是他也难逃"文化大革命"，受到严重摧残，后来因心脏病突发，于一九八三年七月二十二日过早逝世，享年六十五岁。真是我国戏曲教育事业的重大损失。

此时的史校长尽管内心非常不愿意，却又能在那么短的时间里，不推、不拖、不扯皮，干净利落脆地立即表态同意，这种工作作风使我十分感动加佩服。

但在后半生中，我和钱浩梁在舞台上演的剧目并不多，在舞台下却演了一出出忽上忽下、时近时远、骤聚骤散、悲欢离合近四十年之久的人生之戏！这些还真让我始料不及！

《红灯记》开排了，这在我的思想中，钱浩梁应在少春的带领下，好好地学学表演，在少春嗓子需要休息时，钱浩梁上。岂料江青一句话，立时少春就被赶下舞台，这在我心中是难以接受的！我和少春，两人在舞台上二十多年的默契配合，钱浩梁刚迈进老生的门槛，演这样的一个重要人物甭谈整出的唱、念、做、表，即使是一个眼神、一句戏词的应对，怎抵少春之丝丝入扣！

"文化大革命"开始了。我是"三反分子""黑帮"。钱浩梁先扮演李玉和后受重用扶摇直上。《红灯记》拍成电影，又延伸出钢琴伴唱，钱浩梁一跃成了中国京剧院的顶梁柱！从革命派组织的头，到成为中国京剧院革委会副主任、院党委副书记，最后升至国务院文化组成员，当了文化部副部长。

他早已从《平原作战》的舞台上撤下来，成为此剧的负责人。一九七三年至一九七五年间大多演的是《平原作战》，《红灯记》电影上映后，演出相对少多了。

江青在一次看戏后上台来说"钱浩梁"这个名字不好，"钱"字是资本主义的，无产阶级怎能要钱？于是给钱浩梁改名为浩亮。那些年浩亮在中国京剧院讲话是掷地有声的，我始终认为他是江青最亲信的人之一。

而我对江青的看法呢，随着时间的推移，无数次地聆听教育逐渐又对江青有了新的认识。

四十多年前与江青第一次的见面情景至今还能在我面前清晰重现。我从上海飞回北京是在半夜，回到家中把母亲和孩子们一一喊醒："快起来和我握手，这是和毛主席握过的手！还有和他夫人，他的夫人敢情叫江青，都握手啦！"

全家人都很兴奋地一一与我握手，然后听我讲和毛主席的见面过程，高兴得不得了。这是我第一次见到江青。对我来讲，江青是个既陌生又令我崇敬的人。

一九六三年年底，我排的一出出剧目被莫名其妙的理由枪毙掉，苦闷中的我去寻找新的剧目目标，到吉祥戏院观摩常香玉主演的《朝阳沟》。我得知江青也来看戏了，休息时，我满怀希望地去到休息室看望江青。这时的江青也很热情。谈话中，她甚至提到了《西门豹》，她说戏还不错，但是剧本还要改一改。现在不要演，收一收。先搞京剧革命，你愿意吗？

我的心情激动得不可言状。说不仅愿意并希望您领导我们搞京剧革命，还提出少春、近芳我们都想去看您。江青说，我安排一下找你们好了。

说心里话，搞现代戏、搞京剧革命，我由衷赞成，但《西门豹》的能否上演，我认为这是两码事。后来张东川安排二团老生排，我又去据理力争，又犯下一明知故犯的大"罪"，是把江青让"收一收"的话当成耳旁风。

一九六七年八月一日，周总理在解放我时，江青也说了，"搞现代戏给你记一功"，这也足使我感激不尽。此后修改《红灯记》，全面否定反面人物的表演，和给我记一功拉大的反差，使我手足无措。亏得绞尽脑汁、冷静对待鸠山的表演，坚持要让她点头，又不失使观众满意才总算过了关。

但是随着对几出戏的修改，以及江青对少春，对赵燕侠，对玉倩、长瑜等同志一些小事轻重不同的对待方式，开始我都尽量去从正面理解，然而，她的言谈听得太多，逐渐感到她心胸过于狭隘、尖刻，与我心目中的主席夫人的风范不太一样，而且越来越无法接受她的说了不算、反复无常。江青在我心目中的威望大减，但也绝没有也不敢有任何怀疑，只是敬而远之、避之。原来还多次向江青检讨自己的思想，后来就此停止了。

所以这期间对浩亮是有明智的认识，他已经不再是自己看好的、培养的艺术上难得的苗子，自己已是六十多岁的人了，把能做的工作做好以保晚节吧，因此对浩亮是敬而远之。

事情要说巧，就巧得让我自己都难以相信。

一九七六年正月初二下午，小曲忽然给我打电话，说领导要去看你，别出门，在家等着。我全家都有受宠若惊之感，忙着做饭好招待他。约六点，浩亮、小曲来了。

"主要来看看你们。这次《斩马谡》录像不错，很得首长的好评。准备春节后拍电影，孔明换李和曾，马谡出场时要加蹉步……"浩亮讲。

饭后，两人又到我各房间看了看，说"路太远啦（中国京剧院已迁至解放军艺术学院），楼也高一点，真够你上下楼累的"等。临行时，我把从广西演出带回的一斤桂圆肉送了他。

事后我和福瑗说："他们主动来看咱们，咱们别太拿架子了。"于是，过了十几天，我同福瑗去看了他们。当时是小曲接待的，说："领导在看文件，待会儿下来。"等了较长的时间，浩亮才下楼来。他主要还是嘱咐要加蹉步，一定要拍好。我略坐一会儿就告辞了。

四月，我在西苑拍资料片，见到小曲，她问我："您家的冰箱是哪里买的，能不能替我买一个，因为浩亮的药和食物都很需要。"这样，我就认真负责地给他买了一个处理品，价钱是四百七十余元。七月份冰箱厂通知取货时，小曲说只有二百余元，其余二百七十多元先跟我借用，以后再还。

就在国庆节前几天，我正在吃晚饭，浩亮、小曲带着孩子来我家送了一纸袋苹果、四个面包。

"看看你们，也是致谢，欠的二百多元暂时还不了，今年年底可能还一些。"浩亮讲。

在谈话时，提起排《平原作战》时我们曾吃的烤肉，浩亮说："很有回味，怎么样，请客吧！"

从解放初始，我在与团内人相聚时，请客大都是自己，尤其在晚辈面前，所以我顺理成章地说，我先联系一下。

十月十日，已经和该店订了桌，我、福瑗及两个儿子和大儿媳都去了，也是做了两手准备，浩亮若没时间，我们一家人自己吃。

结果六点多小曲来电话说："领导马上来，刚开完会洗洗脸。"

吃饭时浩亮非常高兴，笑声不断，时而拿出中华烟给服务员抽，时而又同饭馆负责人干杯、致谢。临走时，又和服务员一一握手，告别致谢。总之与他平日趾高气扬、盛气凌人的态度明显不同。

这顿饭是吃到点上了。这些天是什么日子？！后来是知道了。就在十月六号这一天，党中央已将"四人帮"彻底清除了。

所幸者，我把事情说清楚也就得了。

浩亮入监狱接受审查，最后被定为"犯有严重政治错误，免于起诉"。一九八二年恢复了自由。一九八三年在高占祥同志的力荐下，到河北省艺术学校任教，受到省领导及学校领导多方面的照顾。

几年里，他对一批批入校不久的生坯子学生因材施教，严格训练，这些学生有很大进步。他自己也是不辞劳苦，夜练技艺不止。这些事情源源不断地传到我的耳朵里。

自一九八九年起，经请示文化部同意，《新体育》杂志为庆祝创刊四十周年，钱浩梁首在北京中山公园音乐堂举办的晚会上露面，又引起我难改的爱才之心。然而忽闻钱浩梁夫妇在山东蓬莱演出《龙凤呈祥》，他舞台上突发脑溢血晕倒，幸而抢救及时得以脱险。病的考验，对钱浩梁是严酷的！他的舌头也有一半麻痹了，说话吐字含混不清，在小曲耐心的帮助、抚慰下，从学练发音开始重学说话。病情稍有好转，就恢复练功。惊人的毅力、难得的夫妻和谐，相濡以沫，不离不弃！七年的奋斗，七年哪！病魔节节败退！钱浩梁的身体基本康复。有一次，钱浩梁夫妇演出《战宛城》，我特赶去观看，认为要进一步提高，更认为在当前京剧人才缺乏的情况下，对于像钱浩梁这样虽犯过严重政治错误，属可以接受再教育的人，理该发挥他们的积极性，为我们的京剧服务！

二十五个年头走过去了。钱浩梁不再是那时的浩亮，通过党的教育，他又回到他的原位上，把京剧艺术奉献给观众！

这次的泉景房产之夜大型中国京剧名家演唱会，在八千多人的济南体育馆举行。前半部是梅葆玖、童祥苓、叶少兰、孟广禄、赵葆秀等人清唱，钱浩梁、曲素英对唱《白毛女》选段，天津京剧团演出《三岔口》，后半场由原班人马演出《红灯记》一至四场，《痛说革命家史》结束。

晚上，省长在齐鲁宾馆的百寿厅里宴请。这一代领导人都在五十岁上下,他们是听着、看着《红灯记》等戏长大的,而今又有十几年看不到,都很怀念。其他剧目不是原人演出,而且还都觉着不过瘾,所以才对《红灯记》的欢迎显得那么强烈!火车站站里站外、大街上就能看见热烈欢迎《红灯记》原班人马来济演出的字样,票价最高八百八十元一张,七千张票居然全部售完。

晚十一点了,我的房间里仍很热闹。先是济南的新朋旧友众多人前来看望,而后是几个人在商量准备将二人报幕变成三人报幕,增加一名孟加拉留学生做翻译。

房间里终于安静下来。我必须得看光盘,背戏词找节奏。

化妆室是开戏之前最忙的地方。别看今天前半场清唱的都是大腕,可全提早来到后台化装,忙着做演出前的准备。有道是早扮三光,晚扮三慌。这是在论的。

女化妆室里服装、道具都次序井然地安排好了。女士们化装比较复杂,精神十分专一。

男化妆室里,叶少兰很快化好装。他还担任报幕,拿着报幕单一遍一遍地反复念着。

梅葆玖的装也已扮好,开始打开录音机放伴奏带试唱,那柔润的嗓音、委婉的梅腔飘荡后台,冷耳一听,犹如梅兰芳大师在世的余音绕梁。这就是梅兰芳先生留下的好习惯,进后台认真背戏。

童祥苓的夫人在接受报社采访。

"您开的饭馆,听说很红火。"

"现在生意难做。刚开业时,好极了。"行内人喜称童祥苓小名"小冰棍",他端着炮弹似的杯子边喝水边和几位笑谈。

"什么菜系?"

"上海本邦菜,加北京味,很普通的。"

"将来到上海去,给他打个电话,免费用餐!"梅葆玖已试完嗓音,走过来打趣,"您别不愿意,明儿我去给您做广告,就说'味道好极了',请袁老也去,再一同说'味道好极了'。"一句话引得大家笑声不绝,尤其是他说的那句"味道好极了"似上韵非上韵,真是风味独特。

童祥苓笑过后,话锋一转:"您说的这是广告词。新鲜的是现在管唱词叫唱歌,我演完了,领导拍我肩膀说'歌'唱得好极了!我听着,真别扭!"

梅葆玖吃着苹果又走过来。

"您为什么老吃苹果?"有人问。

"因为苹果可以将很多痰压下去,口中有唾液,还有一种清凉感,唱时嗓子是润的,不会感到口干。这是我们老爷子的老传统。"

"您可以试试,含一片苦瓜。如果晚上含一片苦瓜,第二天早晨苦瓜会变成黑色,是把体内的毒都吸出来了。"童祥苓的夫人说。

这时叶少兰披着蓝外衣走过来:"您这苹果还没吃完?"

"演出前不能多喝水,喝水把津液都冲走了,而且老上厕所哪行?"

那边,童祥苓仍在高谈阔论,吸引了许多人:"现在上海京剧追求大和洋,处处争第一。争第一是好事,可现在,《智取威虎山》还有人来约,老百姓想看,领导不提倡。上海电视台不播,只有北京教育台播。《曹操与杨修》也有人约,好戏!约不成,为什么?一百多人的队伍,大批道具布景,有人请了一次,演两场赔几十万,再也没人敢请了。《贞观盛世》到北京四部演了一场,没能和观众见面,没那么大的后台呀。"

"没错,我也听说上海求大,有人投资二十万,做了一个宝莲灯。现在排《红楼梦》,做了一条六米的船,搬到舞台上。搞这个,京剧好得了吗?"有人也在旁插话。

预备铃响了,各自候场。

前台,舞台上方高挂"庆祝建党八十周年中国京剧名家演唱会"的红底黄字大横幅。八千多人的体育场,笑语喧哗,热气腾腾!原定前台、舞台背后的座位不卖票，谁想在观众的强烈要求下，只得将舞台背后座位的票也临时出售了。

七点半，刘长瑜身穿黑纱绣花裙，风姿绰约走上舞台。叶少兰原就是一位英俊小生，身着一套得体的黑西服，越发显得风流倜傥。还有位微黑皮肤浓眉大眼的小伙子，他来自孟加拉国，是中央美术学院的留学生。顿时观众掌声四起！

孟广禄一句响彻体育馆的"包龙图打坐开封府"的【导板】，拉开演出大幕。接下来每个名家的清唱都使这八千观众振奋无比，掌声热烈。尤其钱浩梁、曲素英对唱的《白毛女》选段，更是让观众激动。

《三岔口》即将开始，我从贵宾席上退下去到后台化装，路过场边，凡路过之处的观众都向我鼓掌，热情地伸出手……

《红灯记》的演出，更是一番令人兴奋、激动的场面。演员们一个个老当益壮，雄风依旧，而且表演更加成熟、细腻。尤其那几段妇孺皆知的名唱段，几乎要成为几千人的大合唱！

演出的成功、观众的满意，使我们这些个跨马横刀不下战场的老英雄们个个精神振奋。而我对这场演出仍是不满意的！作为半场《红灯记》，没有斗鸠山，没有李玉和与鸠山的对面较量。就是在济南，我与钱浩梁当面约好，用半年的时间一定把《赴宴斗鸠山》一场恢复上演！

在钱浩梁的努力之下，不到两个月即成事实，这半场的《红灯记》进入合乐中。

合乐在中国京剧院三楼一间二百多平方米的排练厅进行。我进门来，一位身穿黑T恤、黑裤子，白头发的人立即向我走过来。他是我入党介绍人之一，舞台上是演了几十年鸠山身边的日本军曹侯宪补的曹韵清。他握着我的手说："我对您佩服得五体投地！您这么大的岁数，又组织又上台，还得重新背词，您的词改动多大！我背词，好，新的、老的老打架！"

"你上不上啊！"我问曹韵清演不演侯宪补。

"上不了啦！衣服太瘦系不上扣子，一系上扣，喘不上气，念不了台词！皮靴子也穿不上了，人一胖，腿肚子都粗了。不能给您捧场了。"

刘长瑜上穿梅红色短袖T恤，下穿血青色裤，她比在济南略瘦了。高玉倩戴着黑边眼镜，穿一件深灰短袖上衣，坐在长椅上喝水。

记者们不知从哪里得知了消息，提前将录像机悄悄架起，及时对准几位主演。

钱浩梁看上去可比在济南精神多了，步伐也有力多了！照我看演员就得用演出治病，越演出越刺激，病就越好得快！

一个演员能在舞台上演出，能得到观众的欢迎，真比打强心针都管用。尤其是钱浩梁能重回京剧院，能重登人民剧场的舞台，我理解，他该是何等的振奋、何等的高兴！别看他不言不语一切低调，相信他心里恐怕有十二级风浪般地不同寻常！我从心里替他高兴！

乐队中的京胡、二胡、月琴、琵琶、大提、小提、鼓、锣、小锣、铙钹、指挥以及日本兵等配角全是一水儿的青年人，与几位主演拉开了强烈的反差。复排的难度很大，乐队连各种乐器的分谱都找不到了。

"我是《东方时空》的记者，袁老能采访您一下吗？我是您忠实的戏迷……"

"把《红灯记》原班人马再次聚集起来，是我多年来的一个心愿，这个心愿终于在今年得以实现。可惜的是时隔三十多年，我们这些当年的主要演员都年事已高，平均年龄已七十多岁，钱浩梁六十七岁，高玉倩七十四岁，刘长瑜六十岁，孙洪勋六十四岁，谷春章六十九岁，而且身患疾病。这些人再次同台演出，确实是非常难得的，值得珍惜！"

合乐很复杂，演出中必须要使用一部分录音。录音的声音强，现场伴奏相比声音要弱，如何协调是大问题。演员们的互相配合也都要重新对，像李玉和回到家中，李奶奶是先接李玉和手中的饭盒，还是先接红灯都需要在回忆中求得统一！

总算排到《赴宴斗鸠山》了。

这场念白的岔口，我们一再加快速度、提高音调，进行得比较顺利。

就在李玉和与鸠山交锋时，鸠山站起再坐下的时刻，啪地椅子倒了，我摔倒在地上！众人吓坏了！就在他们还没反应过来去搀扶我时，我一骨碌从地上爬起来，用手拍身上的土，这时人们才赶过来。

"没事，坐偏了。倒是没摔着！"我不以为然。

大家急着找原因，让放椅子的人要注意位置，要钱浩梁注意压住桌子。

"不要紧，不要紧，我往下坐之前，先把腿靠住椅子就好了。"

《红灯记》一至六场与观众见面了！就在二〇〇一年全国上下隆重纪念中国共产党建党八十周年之际，于五月二十六日、二十七日在中国京剧院、中国工商报主办的新世纪之夏京剧名家演唱会上，现代京剧《红灯记》的原班人马，又一次在人民剧场登台演出了这一红色经典剧目。

多么相似呀，和一九九一年一月九日庆祝徽班进京二百周年纪念会复排演出一样，大幕拉开，天幕上一列火车驶过，八个手端刺刀凶神恶煞的日本兵上场大踏步走过，观众竟然情不自禁地爆发出震动剧场的掌声。在《红灯记》的演出史上只有这两次，这掌声是表达着观众的思念、表达着观众的盼望，是观众期待已久的不可遏止的热情的大爆发。我和许多人听着这动情的掌声在后台几乎都是眼中含泪，我掐指一算，可不，又是一个十年啦！这掌声也道出了几十年心血付出所得的成果，这掌声更是告慰着导演阿甲、编剧翁偶虹、出谋划策首演李玉和的少春、演皮鞋匠的孙盛武、演慧莲的夏美珍……多少位远在天堂的合作者……

至于这两场戏观众有多么热忱，演员们有多么认真，无须再介绍。演出从头至尾，观众的情绪热烈高涨，欢呼声、叫好声、鼓掌声不断，一浪接一浪。

钱浩梁饰演的李玉和与观众久违了！自一九七〇年拍成电影以后，他几乎就很少在舞台上再演李玉和。这一次观众能宽容地、毫不吝惜地一次次给予鼓励，他是最激动的。而且感情极其复杂，与久违的观众见面，他是高兴的、激动的，但再现当年的风采，却是心有余而力不足。他有太多、太多的遗憾和无奈吧。

演出后，高玉倩表示："很高兴又有机会与观众见面。又是《红灯记》，又是人民剧场，还是原来的那些搭档：磨刀人、交通员，包括日本兵，很不容易。我第一次演《红灯记》就是在人民剧场。"

同样是原班人马，但时代不同了。

记者问高玉倩，三十多年前选中她出演《红灯记》中李奶奶这个角色时，她是什么心情。她说："我被选中后，读了剧本很高兴，很喜欢这个角色。为了李奶奶这个角色改老旦应工，由小嗓变大嗓，这是有风险的，弄不好老旦唱不成，还断送自己旦角的艺术生命。可是太喜欢李奶奶这个角色了，哪怕失败了，嗓子坏掉，也值得。没想到的是自己一生受益于李奶奶。做人应该怎么做，李奶奶给了我力量。我认识到，演员就应该把戏演好。演员把戏演好，天经地义，演不好就是失职。"

这次《红灯记》原班人马的演出，创下了四项吉尼斯纪录：剧组合作时间间隔最长达三十八年之久；平均年龄最大七十一岁；登台演出的演员年龄最大（八十六岁）；剧组全体皆长寿，主演均健在。

设在上海的吉尼斯世界之最给剧组发来了证书。

"没想到老了还创了这么一个纪录。"我把它摆在了客厅显眼的地方，将来要把它交到中国京剧院，给剧院添点儿彩吧。

演出成功，我非常高兴，没想到晚年又做了一件促进京剧繁荣的有意义的事，在了却了我一桩多年心愿的同时，又给我竖起了新的目标。我认识到《红灯记》等一批现代京剧影响了几代人，至今盛演不衰，个中原因自然很复杂，但有一点是肯定的：艺术毕竟是艺术，观众所欣赏的、能够流传下去的，只能是靠艺术本身的魅力。这出戏，一定要继续演下去，要让更多的观众看到，满足他们的渴望！

但是也要总结这两次《红灯记》演出的经验，一定要按照一九六五年版来演。李玉和个别唱段和鸠山的唱段没有伴奏，许多念白没有锣鼓点儿，既不能带着庞大的乐队去外地，又不能只靠录音，要有比较全面的准备空间。

这期间迎来了二十一世纪的第一个国庆节。十月七日在长安大戏院演了一场音配像式的《群英会》中《回书》一场，算作是八十五岁的我为庆祝国庆节的一片心意吧！

一九九六年十月开始使用的长安大戏院的后台，与几十年前盖的老长安大戏院，不用说前台的华丽与多功能，单就演员的化装条件就大大改善了。

想当年，拆长安大戏院、拆吉祥戏院，我的心里不是个滋味！这是自己演了一辈子戏的地方，这两座戏院地理位置何其优越，也曾在建议书上签字，不要拆。舍不得，这是真情感。却忽略了那句老话，旧的不去，新的不来！

这会子，化妆室里有了木质扶手的双人沙发，还有了厕所、洗脸池。顶棚上镶嵌着几大根节能灯管，与两排白色化妆台上一个个明亮的大镜子相照应，通明透亮。这与老长安大戏院的男厕所就在后台通往前台的过道上，观众、演员合用，怎么比？！

此刻，我正用黑色的毛笔描黑眉。八十岁的人拿着毛笔在脸上勾画，尤其是勾眉心，全是细笔细画，却一点儿不手颤，幸运。

正在这时，中宣部刘副部长来了。我马上放下笔要站起来，却被刘副部长按在了座椅上，他握着我的手说："我代表关根同志来看您，现在这几件大事，您都热情支持！第二届研究生班毕业，又有您的学生，戏迷票友大赛有您的参与；长安大戏院的演出……您对京剧的贡献，培养那么多学生，关根同志非常敬重您！"

"真是赶上好时代了，我八十五了，为了庆祝新世纪的国庆演出，能做点儿事就做点儿事！感谢丁部长的关心、爱护！我们中国京剧院全体演员都感谢中宣部对振兴京剧的支持!"

刘部长要走了:"您不要站起来!不要送!"

别怪我礼貌不周,我的膝盖,坐下、站起已经吃力,又穿上三寸高的厚底,站起来更困难了。我对和平说:"场上我的椅垫一定要高……不成,我得自己去看……"这的确很关键,台上椅垫矮了,我坐不下去、站不起来就麻烦大了!

准备工作细致地做好,舞台上当然掌声依旧!

为了筹备《红灯记》的再次演出,我们特意到北京军区战友文工团重新录制伴奏带。念白中间穿插的锣鼓点儿要求演员配乐节奏一点儿都不能错,尤其是鸠山这个角色念多唱少,句句念白节奏都要与锣鼓点儿配合严密,否则你没念完,一响就给你打在句中——"腰眼"上了,或者念完了得傻等这一锣。

不巧的是,玉倩的心脏情况不好,不能再登台,只有请赵葆秀来演。她是个忙人,《红灯记》时间也就往后推迟了。

壹柒捌 丹心献 华彩翩翩

进入二〇〇二年,我更忙了,不得不记流水账,就按我在日历上记下来的日程录在这里吧。

仅就春节,我接下两大任务:一是除夕夜在怀仁堂演出《回书》一场。二是接受参加中国京剧院的演出。实际上这场与青年演员刁丽演出的《牛皋招亲》,也是我自己争取来的。为什么大过年的不在家过年却要加场演出呢?中国京剧院换了新院长吴江,他自上任以来,工作努力,身体也并不太好。我认为自己有责任支持他开展工作,尽力做他个所谓的后盾吧。眼看着京剧票房急骤下跌更是急在心里,也是想出场提升提升人气,这是自己唯一可尽的努力。另外提出正月初一即二月十二日与刁丽演出《牛皋招亲》,也有其原因。

二十年前刚刚毕业的年轻姑娘刁丽,分配来到中国京剧院。八十年代,我当时是中国京剧院副院长。看了刁丽在学校演出的《李慧娘》,有扮相、有嗓子,是个能文能武的好旦角苗子。安排刁丽在一团,冯志孝与她合演

《苏武牧羊》《龙凤呈祥》等剧,一度有了知名度。一九八四年赴港演出时,我也曾为她力争名额,目的就是去香港不能只看老一辈,必须显示京剧有后起之秀,有青年接班人,也主动提出与刁丽合演《霸王别姬》。这些努力对一个初出茅庐的年轻演员来说是何等的激励呀,但刁丽曾一度消沉。几年后,当我再度看到刁丽披挂上阵,上演《杨门女将》即将奋起的时候,她需要有力的支持,我提出与刁丽合演《牛皋招亲》。刁丽不会,我教,我觉得善唱的刁丽演此角色唱段少,便亲自给该角色编词加唱……果然演出的效果非常好。

除夕夜在怀仁堂演出《回书》一场,后来改了清唱《九江口》选段。其中还有段小插曲。

除夕夜,怀仁堂的演出任务传达下来,是自报剧目。我平素对不化装的清唱是有不同见解的。我认为京剧的服装、化妆、表演是融为一体的,穿着西服打着领带谈何人物,尤其花脸,演唱时的面相更需化装。所以上报了《回书》一折,始终也未接到不同意的指示。于是发动人马,认真排练加工,当天兴冲冲早早到了怀仁堂。不料其他人却进不来剧场,个个打着"急急风"找我。我在勾脸,也不知就里,以为是缺办进门手续,

刁丽与我

赶忙请示，这才知道为了安全起见晚会一律清唱。我一看表，自己排在最后清唱，好在来得及，忙叫和平打车回木樨地家中速取回《九江口》的伴奏带，总算圆满完成任务。而且我还临时在心里背好了几句戏词，大意是自己非常有幸赶上了改革开放的好时代，一定要与时俱进地搞好改革，振兴京剧！

正月初五，我飞往大连，初六看杨赤演《九江口》。

正月初九，是我八十七岁大寿。全家人团聚在永仁承包的餐厅里为我祝寿。

二〇〇二年，我八十七岁生日留影

三月二日，北京戏曲学校开会讲话。

三月三日至十三日，参加九届五次全国政协会议。政协会议结束的前两天，孩子们都按照惯例回到家中，里里外外收拾得干干净净在家等我。我心里暖融融，喜在心间，并在日历上记下了："夜归家，孩子们汇报，屋内卫生干净，很好。"

原本三月十六日要到北京戏曲学校讲课，因我应山东济南孙总等朋友之邀去山东一带商谈建立戏曲学校事，三月二十四日才回京。三月二十七日下午才到北京戏曲学校讲课。

  三月二十五日和三月二十七日上午九点，到中国京剧院与奚中路排《连环套》。

  这是应程砚秋先生的侄辈程九石热情相邀，参加奚中路主演的专场节目。我很高兴。这些年来，与我演这出戏黄天霸者仅三个人。李光，大家都知道了。八十年代后期还曾与天津后起立秀王立军演过一次。这不仅是因为奚中路不是外人，乃当年好友奚啸伯兄之孙，主要是他一九九三年在全国梅兰芳金奖大赛中，以《挑滑车》和《夜探浮山》荣获梅兰芳金奖。而且一九九九年，他与杨赤同毕业于第一届中国京剧优秀青年演员研究生班。我多次去研究生班讲课、排戏。看到他经研究生班内名师指点，文武老生条件优秀，基础扎实，是武生行当难得的人才。对于这些后起之秀，全力支持是正理，是应尽之责。

  更早的不谈了，就是一九八六年，李光参加梅花奖表演，希望我伴他演《野猪林》中《菜园结拜》一场。我演鲁智深肚子当时是用啤酒硬充起来的，到这七十岁上没有了丰满的肚形。福瑷就不同意我再演这出戏，想给观众留个好印象。但当李光打来电话，说明情况，我是毫不犹豫满口答应了，就是一个"责"字。

  为使奚中路这场演出达到效果，于是找来李长春、杨赤与我分演窦尔敦，与奚中路合演全部《连环套》。我演最后一折的《释仇认罪》，前部《拜山》的窦尔敦由杨赤演，《坐寨·盗马》的窦尔敦由长春饰。

  三月三十一日夜演《连环套》中《释仇认罪》一折。戏是简单得不能再简单，仅十分钟的收尾戏，但要将窦尔敦表演得光彩照人才行。这一天，甫说碰头好的热烈，就我的一句"昔日盗钩的恩情厚哇"的"厚"字，把架子花脸的炸音一用，以重彩渲染由衷而发的内疚、愧对，直使观众大叫"好！"随着念出"也——罢！"这里是窦尔敦决定投案即是决心去死的，应尽显出窦尔敦的英雄本色！观众大声喝彩！

这一天，更使我非常高兴的是，新朋友张金静热情地偕好友张文瑞给我录像、照相。他们六点半钟即去长安大戏院，文瑞认真负责地从我换水衣子、换彩裤、穿厚底的每一步勾脸前的准备工作都照了相，勾脸也是一步不落，每个步骤分别照了彩照。更有穿全套服装、勒头、带盔头的全部化装过程。这是一件非常有意义的事情。我七十五年的粉墨生涯，照过无数的相片，不管是有准备的还是即兴拍摄，却从没有拍摄过这么完整的、系统的留影。

金静呢，仅是我认识没多少日子的戏迷朋友。

我喜爱吃西餐，很爱吃起士林的味道。起士林的奶油烤杂拌、烤鸡卷、鸡蓉汤、红菜汤等老味犹存，价格公道。忙时爱吃麦当劳、肯德基，他们的鸡腿特别嫩，对无一颗真牙的我正对牙口！还有那早就被大夫给禁了的咖啡，想八十年代，我每天早晨是一杯牛奶加咖啡和面包、鸡蛋。后来，肾功肌酐有点儿偏高，为了慎重起见，在福瑗的再三劝说下忍痛割爱。现在偶尔喝之，也解解思念。

我搬到木樨地，坐车路过必胜客，往往看到中午十二点多了还人满为患，仍在排队等候，这不由得使我闲时就想起去必胜客尝一尝。

年初二月七日下午六点多，我走进了必胜客。等座位的人很多，但很快走来一位女士向我打招呼。

"您好！您……是袁老先生吧?!"

我一愣神，见这位女士很年轻、很干练，又有点儿眼熟："我好像在哪儿见过您。"

"不会不会，我……哪儿就见到您了，您是大名人。"她连忙摆了摆手。

"我是有名之人（有名字的人），你也是有名之人，咱们一样。"

她叫张金静，是这处必胜客分店的管理者之一，官称么，我问过，没太留意。第一次见面，我们从晚六时聊到九时多。她喜爱京剧，于是我们成了忘年交。当然，我也喜欢吃那里的各式沙拉和各式比萨，在儿女们回家来的时候也会带他们尝个鲜。

仅一周的时间，金静、文瑞把所照的高质量的相片都按顺序放在相册中，送到家来让我过目，并热情地放映三月三十一日录的《连环套》中的《拜山》。金静全家人邀请我全家在宣武门全聚德烤鸭店欢宴，临行又送我烤好的鸭子，真是周到热情。

从四月二日开始为北京戏曲学校加工《打金砖》。这出戏是戏校成立五十周年纪念活动的重点剧目。学生们差着分数是自然，要想让学生们成绩提高，首先要让老师先提高。于是四月三日下午两点，请戏校老师来家先细说《打金砖》。

四月四日下午，阳光卫视来访，与我商定要拍一部大型纪录片《百年婚恋》，片中都是述说百年来各行业成功者们百年偕老的良缘。

四月十七日早，到政协礼堂参加京剧音配像工作总结会，会上李瑞环同志对整个音配像工程的酸甜苦辣、成绩困难的克服做了较全面总结，也对有突出表现的个人给予表彰。会后，我同杜近芳一同回家。上路时已近午饭时候，就在途经的一家肯德基店内共进午餐。

我们两位从一九四九年首次合作直到二〇〇二年的今天，是与我在舞台生涯合作时间最长的老搭档。

四月二十日九点院会。晚上京剧音配像工作总结会后在中央电视台录制祝贺音配像工程胜利完成晚会，与全国政协万国权副主席同台清唱。

四月二十五日阳光卫视来拍摄我练功镜头及挑选一些照片拍摄。

五月一日下午去天津祝贺大厦开张致喜。

五月三日在天津聚会，向音配像新领导升政协副主席祝贺，共研一百天大战的剧目，胜利归京。

五月十五日荣获文化部举办日本朋友投资的动作表演造型奖。

五月二十二日早八点到人民大会堂参加纪念毛泽东《在延安文艺座谈会上的讲话》。

六月一日下午两点演出。

六月九日在长安大戏院参加北京戏曲学校成立五十周年大庆。

六月十一日晚观摩《智取威虎山》，非常好。唯群体念白应加强，请教师注意，不能满足。永宽要在这次北京戏曲学校成立五十周年大庆《龙凤呈祥》一剧中饰张飞，他来家让我给他加工。

这个学生我始终没得介绍。他曾是北京戏曲学校的学生，还是郝老师给他开蒙的。五六十年代，也曾与同学一起到我家来玩过多次。那时他个子最矮，黑黑的小脸、大大的眼睛。我一问他话，他就脸红躲在同学身后，很招人喜欢。二十多年后，他再到我家来时，竟是个已经蹲了十七年大狱的三十多岁的人了。

原来"文化大革命"初期，他被判处死刑，缓期两年执行。一九七五年改为有期徒刑二十年。狱中，黑永宽没间断练功、吊嗓子唱戏。一九七九年，他申诉，法院复审后裁定：定性不准，量刑过重，予以提前释放。

黑永宽出狱后不改初衷，有那股爱唱戏的执拗，我喜欢。我只要有空时，叫他到家中学戏，或晚上与我边遛弯儿边说戏。面对三十多岁的黑永宽一副胆怯自卑的神态，一双大大的、黑黑的、发直的眼睛，我很心痛，我也极力帮助找剧团接收他。

记得一九八六年，天津《剧坛》杂志编辑部为纪念创刊五周年举办的两场京津著名京剧演员合作祝贺献艺晚会，我演《群·借·烧·华》，带黑永宽一同去天津，让他客串剧中的太史慈，希望天津剧团能留用他。此时我也才明白，各剧团经费紧张，添人进口的事太难！我由衷地对黑永宽说，戏好唱，要先喂饱肚子，先把生活问题想办法解决好。

永宽很听话，开始和兄弟们一起卖羊肉片，改革开放的好时代让他发家致富了。

"最好的时候，我一天就是一级演员的钱，能挣三百多块！"黑永宽自豪地对我说。

"太好了，一天能赶上我一月挣的，青出于蓝！祝贺你！早点儿成家吧！"

不久，永宽结婚成家了，我去贺喜，愿他早日抱个大儿子。他还真就抱了个大儿子。钱多了，生活好了，他仍然时常找我学戏，而且在业余比赛中获奖。长瑜得知此事，也深为感动，她决定演出《桃花村》时，让黑永宽扮鲁智深，让这个深爱京剧艺术的黑永宽上台亮亮相。

这次他的母校五十周年大庆，六月十五日时演《龙凤呈祥》，永宽理应再亮个相！

六月十三日观摩《打金砖》，陪前来祝贺的朱总理观摩，同时有市领导、市戏校领导等。

六月二十三至二十五日杨光下午三点接去天津教戏。原定要教他《九江口》，第二天刚学了不大工夫，杨光接到团里电话，不日有重要演出《龙凤呈祥》，希望我先给他整理一下张飞。杨光需要连日排戏，我回京了。

七月一日夜，观摩战友京剧团演出。

七月日日夜，长安大戏院观摩。

七月五日金静所在必胜客店在长安街新号开业，请我参加剪彩。我如期赴约。

七月九日上午赴塞浦路斯、孟加拉大使家宴，受到热情接待。

七月十日上午十点加政协画展。晚，陪外宾观看北京实验京剧团演出《新白蛇传》。

七月十一日金静约我、小妹、小玲偕子乐陶一起到必胜客，祝贺毕业之成功。

七月二十一至二十三日早登机赴香港参加企业家合影，祝贺开张。

七月二十五日上午去同仁医院住院开刀治疗白内障。我在一次演出《回书》时，发现勾曹操脸谱左侧眼睛视线有些模糊，曾几次问："我两眉勾的一边高吗？"嘴上没说，心里十分着急，我心中的目标是九十岁要登台演《回书》，只要出现障碍就得清除，演出后主动去医院检查预约。手术一切顺利。

第二天即坚持出院回家疗养。

八月三日在二十一世纪饭店与小海同台演出《红灯记》中《赴宴斗鸠山》一场，袁军跳踢踏舞并独唱《我是一个兵》。

八月四日试配助听器，两大困难解决：一是耳朵，二是眼睛。

八月八日两个女儿回来烹调好菜，与我聚餐。

八月十五日电视台来录音配像的祝贺发言。

八月十七日晚听刁丽《杨门女将》。很整齐，刁丽很有前途。我对她多次语重心长地劝说："刁丽呀，你对不起自己、对不起观众，多好的材料呀，你必须是第一，要珍惜、要努力，不管遇到什么困难也不能打退堂鼓呀。"

我也听说在这夏天突破三十八摄氏度的桑拿天里，就是过去的戏班也该歇伏的时候，刁丽却顶盔贯甲地在练功厅内跑圆场，打"快枪"，连续的鹞子翻身，大段的高拨子唱腔，在练功厅里奋战了整整一百天。我太清楚了，那厚厚的棉胖袄比三层棉衣还厚，那四根靠旗加上皮托，足有十几斤，再加上里三层外三层的大靠裹在身上，甭说练，就是穿上坐在那儿不动也得满脸通红，大汗淋漓了。而刁丽在这一百天中多次中暑、发烧、呕吐，甚至出现休克、抢救，却没有请过一天假。中国京剧院的领导通知我前往指导刁丽上演《杨门女将》时，强烈的责任感使我顾不得做完白内障手术尚需休息，即赶到长安大戏院去观看演出。

当我看到剧场里几乎满座，人气很旺，就是一喜；看到刁丽出场时神采奕奕，台风庄重，嗓音甜美，武打干净，一句唱一个彩声，连一句"哭头"都唱得声情并茂，获得满场喝彩，更是一喜。情绪激动的我说，看到刁丽受到观众如此欢迎，比我自己唱戏还要高兴。京剧太需要人才啦！

春节，我要再次演出《牛皋招亲》，点名要与刁丽合演。

八月十八至二十日中午去济南，赴孙总之约。

八月二十三日中午金静约吃午饭。

九月一日到首都师范大学讲课。

九月十日参加中国戏曲学院青年演员研究生班开学典礼。

九月十一日郑岩来谈老脸人物表演，高明，无愧逐角成功。

九月十二日中午中央6台来谈当年少春的录音一事。

九月十三日去全聚德招待黑龙江来京朋友吃饭，被许多桌的不相识的朋友们认出，他们敬酒、慰问，又与我留影，非常热情。

九月十七日早去达美集团。

九月二十一日到协和医院检查身体，我见组织得极为有序，十分赞赏。

九月二十二日杨光电，《野猪林》剧要录像，如何加工？听他电话。

九月二十五日夜去人民看《龙凤呈祥》。

九月二十七日上午九点到中国京剧院开会发言。

九月二十八日早葆秀来电，十一月中有《风雨同仁堂》演出任务，时间定准再通知。晚七点车到中宣部。

九月二十九日研究京剧振兴，如何推陈出新，继承发扬。

十月一日五十三周年伟大国庆日，全国欢庆。三个女儿同两个女婿来家晚餐必胜客。杨光电，赴津日可能改期。

十月四日家庭欢聚。

十月六日早杨赤电，约十至十一日晚看朋友张宇演《将》剧《挡道》一折，次日上午请客。

十月九日上午院电，十一月党的十六大，参加演出。明早八点半去政协参加《在延安文艺座谈会上的讲话》的学习。

十月十日夜观香港京剧业余爱好者张宇演《挡道》一场。

十月十三日晚看相声全场。

十月十四日文艺宫看姜昆相声。

十月十五日电赵葆秀，约安排《红灯记》三代人对戏。

十月十七日去天津，永泉介绍去参加第六届和平杯业余京剧票友大赛，全国六十多家省市、地方爱好者参加。当晚回京。

十月十八日早赶到长安观昆曲《火判》。

大家都知道这出戏是我小时在师大爷叶福海教练下苦练功架、念白的一出戏。与此戏久违，格外感到亲切。儿时初进富连成、初改花脸的往事一一涌上心头，对师傅叶春善、师大爷叶福海、萧长华先生、王连平师兄、孙盛文师兄的感念，更是言之不尽……

十月十九日早到北京戏曲学校参加活动。

十月三十日中午到中宣部开会。

十一月三日给浩亮、葆秀电，日期需改九号走，再定在京排戏时间。

十一月六日文联介绍巴西摄影家来家访问，很热情。

十一月八日十六大开幕，喜开十六大，全国富强。

十一月十三日上午去中日医院。葆秀演出。

十一月十五日母亲三十七年冥辰。

十一月十七日中央电视《戏曲频道》准备要请我讲架子花脸表演艺术。特与袁菁、郑岩商量写出大纲。

十一月十八日下午去小海处录音。三点半到，《红灯记》剧进行顺利。

十一月十九日参加聚会，《红灯记》剧排练日已定好，并参加与子女同台演出，庆祝东方行业大会。

十一月二十一日从今天排《红灯记》剧。下午两点文化部301会议室开会。

十一月二十五日，老肖，大连军舰职工京剧爱好者今来拜师求艺。

十一月二十六日下午到军区排《红灯记》剧。

十一月二十七日早继续排《红灯记》剧。老徐来电沈阳有企业需要演出。

十一月二十九日电上午电视台来谈架子花脸表演艺术之事。之后，郑岩和袁菁去电视台谈具体内容和时间安排。

十二月一日上午准备行装。下午（谭）元寿父子来家，商讨春节合作剧目有二可选，一是《将相和》，一是《连环套》，待我从沈阳回京再定。

因为要参加《沈阳晚报》在二日上午举办的袁世海做客《沈阳晚报》与新朋老友面对面的活动，必须提前先行到沈。

十二月二日中午，坚持独自乘飞机从北京飞至沈阳。

再次到沈阳演出。这是我一九八三年九月间在沈阳演出时许下的心愿。当沈阳以改革开放的崭新面貌出现在我面前时，我万般感慨地说："沈阳，我已经不敢认识你了！"我没忘记一九三九年曾与李盛藻、陈丽芳两次来到沈阳北市场的共益舞台（现沈阳北市剧场）演出。那时的池座都是木条椅，看戏也不对号，热心的观众总是自带两顿干粮，早晨八点半就涌进剧场去占好座，然后耐心地等到晚上开锣。我更没忘记，解放后，我与李少春、叶盛章等组成新中国实验剧团，两次来沈演出红极一时的新编剧目《将相和》。其后，当志愿军光荣归国之际，我参加北京人民欢迎团直抵丹东，一路演一直演到沈阳。再一次赴沈是在一九五八年，我与李少春、杜近芳、叶盛兰合作演出《白毛女》。八十年代，该怎样回报沈城观众呢？惭愧！由于这次的中国京剧院一团是刚组建的改革试点团，许多戏还来不及恢复，只能在九月二十六日、二十八日在沈阳演出两场《群·借·烧·华》。

可是看我演出的人非常多，很多人买不到票，就干脆站在剧院门前，直到散场都不愿离去。我当时就对观众说，有朝一日我一定会再次回沈阳演出的。

十几年的愿望，许了，没有偿还！

尤其是这次原班人马再演《红灯记》时，我心里马上就闪出了一个念头，应该再次出关将这出原汁原味的《红灯记》给观众们送过去！

于是我开始了赴沈演出的准备工作，但由于多方面的因素，一直从八月推延至十二月初。

我在解放初到东北时，唯一的一个叩头拜师的小青年叫范成玉，现已七十五岁高龄，并卓有成绩。知我要来沈阳，他执意到机场迎接。当我从贵宾舱走出来时，看到范成玉紧走几步，上前跪在地上给我叩了一个响头，我赶快把他搀起来。就在这时，范成玉看到我的裤带松了，他单膝跪在地上为我紧好裤带，这种发自内心的尊师重教的传统美德，令在场的人对成玉的敬意油然而生。

"能看到您身体恢复得这样好，真高兴。"八十年代我来时他中风了。

"瞧，你的头发都白了，但气色还好。当年你拜师时，还是个小青年，现在变化太大了。我也是，当年三十三四岁，现在老态龙钟了，还不甘寂寞……"我感慨地说。

"所以，我这次是来还愿的，还十几年前亲口对观众许下的愿。京剧中的打我是不行了，唱两句的功底，谈不上不减当年，只能说尽量满足观众的要求吧。请沈阳的观众、朋友多多指教。"我对大家几次拱手表示。

当晚，《沈阳晚报》记者盖云飞采访了我。在一个多小时的谈话中，我向他剖白了对京剧就是一个"爱"字的内心世界。七十多年来，学艺、唱戏经历了无尽的波折与困难，但对京剧的挚爱始终没有改变。

我表达了不同意"袁派"说法的意见。我认为对京剧而言，如果把自己限定为一个派别，就把自己的艺术表演限制住了。架子花脸的角色都是性格刚烈、粗暴的人物，像张飞、李逵等，但这些粗人当中，还有很多不同之处，各具特色。如果真要归类还不如把它称为人物派。

人物派的提法，我和李少春意见是比较统一的，而且在我们的剧目中、艺术中没有着明显的流派体现。不是吗？演谁像谁，才是我们追求的目标。

十二月三日一早儿，社会各界的百余名戏迷和票友就来到沈阳晚报报社等候。

我也提早洗漱，穿上了最喜欢的一套米黄色西装，头戴呢帽。我向来认为把衣服穿整齐了,这是见人的起码礼貌,也好让人看了舒服。

"走吧,早点儿去,别让大伙儿等急了。"我催着要早去报社,好与新朋老友面对面。

就在我走进报社现场时,另一位徒弟、沈阳师范大学戏剧艺术学院的教师杨吉松也跪拜了我,我非常受感动,这感人的场面博得了现场经久不息的掌声。

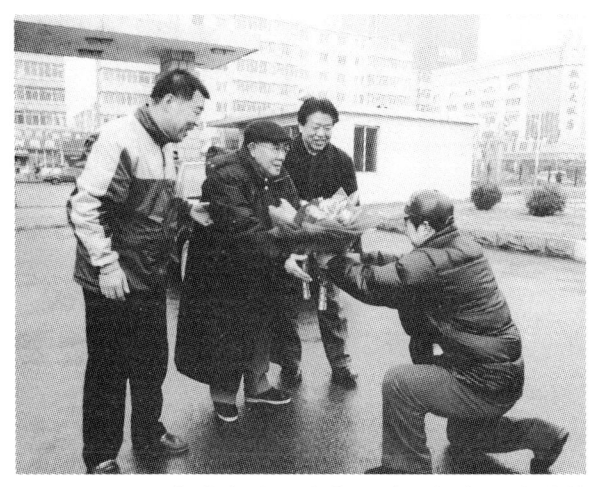

二〇〇二年我去沈阳演出,弟子杨吉松跪送鲜花迎师

杨吉松是我一九八三年在鞍山收的学生。他说,相隔这么多年才有机会在自己的家乡见到师傅,心情无以言表,回去一定把自己的学生带好,为我们国家京剧事业的振兴尽一份力量。

我刚刚在报社的会议室一露面,全场百余名戏迷为欢迎我可着劲儿地鼓掌,我一生经历过无数这样的场面,但看到沈阳观众的热情,依然难掩激动之情。我清楚,我们在台上演戏演给谁看呀?没有观众的支持,就什么都没有啦!

八十二岁的赵世璞贤弟,特意赶到沈阳晚报和我叙旧。猛一见面,我还真没认出曾一起学艺的这位师弟,等到过去的记忆一点点回到脑海时,我一声惊叹,随即和世璞的手紧紧地握在了一起。

我与沈阳的渊源,还有一层是我还有一位师弟和两位徒弟都是沈阳人。

无论徒弟、学生、票友们与我面对面时,最不放过的是让我现场点评。

这次,从小到七岁的黄静尘小朋友,大到七十五岁的范成玉,和平区文化馆职工京剧团的票友们都在现场演唱了《红灯记》《坐宫》《赤桑镇》和《打虎上山》等多个剧目的选段。当五位女票友唱完《红灯记》中"都有一颗红亮的心"选段,大家请我现场指教。

"我唱了一辈子花脸,按理说我不能对旦角戏指手画脚,但因我有幸和四大名旦都同台演出过,略知皮毛。说非常好是鼓励也不是鼓励,因为你们唱得确实不错。"

众位戏迷相邀,希望我也唱上几句。我诚意说:"这里的条件不允许,唱砸了对不住大家对我的期望。十二月七日、八日在南湖剧场的演出,是我向沈阳观众献丑了,还望大家多多指教!"

我也提到二〇〇一年五月二十六日,以《红灯记》原班人马的整齐阵容上演《红灯记》非常不容易,因为像钱浩梁等人身体都不好,长期患病,但是大家还是坚持住了,并且创下了四项吉尼斯纪录。

有人说:"袁老,您知道吗?您这次到沈阳演出也在刷新自己创造的吉尼斯纪录!"

"是吗?我怎么没有注意。"我停顿了一下,忽然眼前一亮,"你说得对,我又要创造登台演出演员年龄最大的纪录了!"

"'活到老,学到老,改造到老',这是周恩来总理当年在全国文代会上的讲话,应当当作座右铭。我现在八十七岁了,身体还很硬朗,争取活到一百岁;我现在还没间断学习,学习各种新鲜事物;改造也很必需,改造什么?就是改造我的戏,怎样把戏琢磨得精彩,让我的戏与时俱进,这是我每天的功课。"

我还到吉松所在的沈阳师范大学戏剧艺术学院去看了孩子们的基本功训练并讲了课。

七日,八十七岁高龄的我,与年近七旬的钱浩梁,在沈阳登上沈阳南湖剧场舞台,献上一台原汁原味的《红灯记》。

不料七日天气突变,大风降温,剧场后台十分寒冷。那天看戏的人在剧场里都穿着皮大衣，戴着皮帽子。

　　为了表演灵活，我不愿多往服装内加穿厚衣服，仍然穿着鸠山的单衣单裤，冻得直哆嗦。

　　剧场现场火爆，谢幕时，我拉着赵葆秀的手向观众们致意。

　　观众们都想与我合影，因为剧场里很冷，有的戏迷就对围住我的观众喊："天气太冷了！别照了！让袁老师休息吧。"观众动情地说："袁老和钱浩梁的演出比当年的电影还要精彩，但是我们真不忍心让袁老挨冻呀！"都劝我早点儿回去休息。我还冷吗？！直觉得热血沸腾啦！

　　《红灯记》呀《红灯记》，我与你结下几十年的缘分，就单凭一个谢幕，站在中间、最旁边，还是退至后台，又站回中间，就可以看出我的沉沉浮浮的几十年。在一九六五年十一月，毛主席观看《红灯记》时，鸠山站在中间；浩劫中，我被赶下舞台一年有余，周总理解放我以后，因我演的是反面人物，上头不让再参加谢幕，一度退至后台；周总理过问了此事，说："演员和他演的角色不是一回事，谢幕是对演员艺术的肯定。"这样，"鸠山"才能和"李玉和"等又一起出来谢幕，可是只能站在最旁边。在一九九〇年纪念徽班进京二百周年时，也可能是习惯，尽管"李玉和""李铁梅""李奶奶"都要拉我"鸠山"站在中间去谢幕，但我还是站在了最旁边！我说，以前是不让我站中间，现在是谦虚不去站中间。当然，原班人马时，我再谦虚，也得站在中间了。

　　我演鸠山虽受到不少不公正的待遇，但也给我带来了无尽的快乐。几十年来，甭管在哪里，只要走在大街小巷，不论是大人小孩都会亲切地叫我一声"鸠山"，而我也会很亲热地和他们打招呼，互致问候。看来，鸠山对我而言，不再是那个狰狞可恶的日本军官的代名词，倒成了人们对我的爱称。

　　家中孩子们关注着沈阳的天气预报，一看沈阳有寒流袭击大风降温，立即给小海打电话，天气太冷，明日必须立即返京！

壹柒玖 转瞬间 幕合衣叠

二〇〇二年十二月八日下午，我回到北京家中。

九日，我吃过早点，照例穿好衣服要去练功，被劝住了。我一想也是，风尘仆仆的先别练就散散步吧，出门直奔桥头的河边。这里四面高楼，河边岸柳成行，路修得十分平整开阔，还有许多长椅供人们休息。

我来到这里，那跑步的、放风筝的、坐在长椅上休息的男女老少，许多人都向我点头微笑，也有伸手打招呼问好让座的。也难怪，几年来，这里是我必来散步的地方。在这里曾和许多票友聊过天，和一些退休的老头儿谈天说地，交换治糖尿病和化痰的偏方，当然有时他们也告诉我，看过我演过的剧目。我在这里以我八十七岁高龄和一位五十多岁的女士竞赛，居然倒退步地跑了二百多步，深获大家钦羡。

这时，走过来一位我熟悉又叫不上名字的老者："您上哪去啦，这些天都没来，大伙儿都挺惦记您，还有人找您有事儿呢！"

"有事儿？什么事儿？"

"说印了个什么材料,解放前的,要给您。他刚还又来找您,您不在,他就走了。"

"没关系,明儿我还来呢。"我说着就和小蓉沿着河岸向南走,去看放风筝。不大一会儿,那位报信儿的热心老者追了过来。

"您慢走吧,好几个人去他家找他啦,一会儿就来!"

"他家远吗?"

"不远!就在那边!"他伸手指了指说。

印材料的人来了,说:"找了您好几回,您都没来!我们大伙儿都直惦记……得,您精精神神的,我们都高兴。"

"谢谢大伙儿这么惦记我!"

"上月派我出差去图书馆查旧报纸,发现解放前旧报纸上有关于您的文章,想问您需要不,我就复印了一份,给您看看吧。"说着从衣袋里取出叠得整齐的纸。

我接过一眼就看到《殴打保甲长,抗交兵役税》醒目的标题。我用手弹了弹纸:"确有这回事!不堪回首哇!保甲长讹诈,让我多交十几倍的税,我急了,打了他一个耳光,竟惹出一场官司……新旧社会两重天呀!"

"咱们都是从那时候过来的,太清楚了!您看着玩吧!"

"其实,这文章早一天、晚一天给您没关系,一连两星期没看见您,真有点儿不放心。"

我听了这话哈哈大笑!

"谢谢。放心吧,老伙计,我结实着哪,前两天去了一趟沈阳,演了一场《红灯记》,还了十几年前的愿。"

"老哥,您都这大岁数啦,别往那冷地方跑,千万注意身体!"

我又拍了拍胸口,说:"没事!瞧,多棒!等我九十岁时,一定登台演一场《群英会》里《回书》的曹操。到时候,请你们都去看!"

"好,好,好,我们一定都去!"

我回到家刚坐定，就得到通知十二日中午到沪。

万伯翱准备在上海天蟾舞台搞纪念《野猪林》演出五十周年暨纪念少春的活动。这是一定要去参加的。

十二月十日，上午沉沉的天还刮大风！我刚一出门风卷尘土迎面扑来。

"好冷！好大风！"

"咱们就在院里转一圈透透气吧，土太大！"

我和小蓉没出大门，拐向楼前。楼前朝南，阳光充足，风也小多了。

"我想去理理发，在这大门口的对面，就几步路。"

我理发回家，中宣部艺术局孟祥林局长抱着一大束富贵竹来看望。他向我传递了一个好消息，丁关根老部长将一如既往地致力于京剧的振兴工作，他要在中央电视台频道开办《空中舞台》栏目，给京剧节目提供一个平台，而且演员可以打破地域限制，搞联合演出，搞高质量的戏曲节目。于二〇〇三年一月一号起开播。

我听了这消息十分高兴。京剧的振兴是离不开各级领导的关心和提倡的。

孟局长走后，我先是订好十二月十日去沪的飞机票，答应下午送来。我越想越高兴！我觉得有丁关根部长的支持，那一个久想的愿望这回可以实现了！

一九九二年至一九九三年间，有人曾愿出资支持我组织人员，聚集群英，将所有三国戏排成可连续、可分演的京剧舞台形式的艺术片电视连续剧。我年轻时搭李洪春先生的班社，就这么一天唱一段地演过，很有信心。我也组织开过会，策划的编排方案也已基本成形，却未能实施。这次如果能集中人马，必会耳目一新，否则只能空望三国故事片、电视连续剧而兴叹了。

说动手就动手，我写出建议信，强调翻新的六十出剧目一定要去芜存精、推陈出新，让三国戏与时俱进，焕发时代气息。

午睡前，我坐在摇椅上轻轻哼唱起《牛皋招亲》的唱段，准备春节期间再与刁丽演一场《牛皋招亲》。

下午三点多钟，小海来了，陪我去燕京洗澡。

女儿小蓉在家中完成那封建议信的抄写。

我和小海洗过澡又去吃西餐，直到晚上十点才回到家。

我们爷儿仨聊天说话，我兴致勃勃。说起京剧院春节时大联演，我准备上台再演一回曹操，因为大年初九是我八十八岁生日，自己要健健康康的，力争九十岁上台还能扮演曹操演一次《回书》。

"孙菊仙先生九十岁登过台，那是虚岁。现在都是实岁数，要超越前人。"

"明天一早把建议信寄出，这是我学习十六大精神和学习'三个代表'的心得体会吧。"

我很想喝点儿咖啡，及至要沏，一看表已近十一点。都劝我别喝了，否则吃安眠药也难入睡。

我放弃了喝咖啡的想法，又聊到"你们奶奶的墓得修修"，并说，墓碑落款的名字不用写太多人，就写我和你妈、你二姑妈和你们五个孩子，孙辈全免。

十一点多了，我休息前，又查看了一下压在日历下的去上海的机票，说："赶明儿到上海，永宽饭店里肯定是张灯结彩。"然后照例吃了安定，靠在门上换好睡裤，上床睡觉。我从年轻时起，穿脱裤子从不坐着，直到患脑梗死之前，都是金鸡独立式。

福瑷在世时，从我迈进七十岁，就劝我靠着墙或靠着门，以防摔倒。我就是不肯，可有几次脚伸到裤腿被兜住，身子失去平衡，幸亏我连蹦了几蹦，手扶住墙，才没有闪失。患病后，也试过，不稳了，只得靠门了。

小海赶回军区。

小蓉站在卧室门口，向躺在床上的我说："今天您睡得太晚了，明天早上多睡会儿，甭刻意七点半前叫我去医院透析，如果您醒了，就叫。"

"什么时候给你换了肾，就好了！"医生说，小蓉换了肾就好了。我真希望早点儿给她换了。

"快了！您睡吧，太累啦！"

小蓉像往常一样直到关上了我卧室的灯，才回到对面房间休息。

第二天早上，我睁眼一看表，八点了，起床去看小蓉已去医院。我去厕所方便后，做腰部按摩二百下，这是"文化大革命"被踢腰痛后，几十年的坚持，还是很管用的。

然后去卫生间漱口，多少年的习惯了，我必须含三口淡盐水，仰脖在嗓子含漱再吐出。

忽然，我好像被水呛了，我咳嗽，痰堵门……

保姆在客厅打扫卫生，听到卫生间里发出异样的声音，赶快进来看。只见我站在洗脸盆前，我向保姆指了指嗓子，保姆见我嘴唇发紫连忙将我扶出，坐在餐桌椅上捶背，不行！我无法说话，向她示意去医院，她扶我到床上穿衣。

保姆拨打了120和孩子们的电话……

身后

SHENHOU

壹捌零 悼先贤 漫漫白雪

父亲昏过去了。后面的情况只有我来补叙。

急救车来了,将父亲送进木樨地医院抢救。医生们给父亲强心、人工呼吸、吸痰,痰吸出很多……

中国京剧院党委书记和院长上午九点四十分接到小海急匆匆打来的电话,十点十五分他们就赶到医院。

两位男医生仍在给父亲采取急救措施。医生们把父亲抬上担架,走出房间……

不幸的是,十点五十分,抢救室的大夫宣告:"抢救失败,袁老心肺猝死。"

在场的所有人都禁不住泪如雨下!

真的吗?不,不!不会!我们不相信您就这么匆忙地走了!滚烫的泪水伴着一声声心灵的狂喊:"爸爸!爸爸!不能走!"

爸爸!我们还想跟您一起悠闲地围坐在陪您一起吃过三千多次饭的饭桌

前，等着和您玩争上游。您用力甩出的那自创的、独一无二的同花顺酷毙了！哪怕让您再吃千次、万次的贡，也跟您玩不够！

您听，您那自编词的《牛皋招亲》中"洞房中比拳棒……"铿锵有力的唱腔仿佛仍回荡在整个房间，还在等您编完，春节要演出的，您必须得回来！

您看，写字台上还放着那件酝酿许久的建议书，直到昨天下午才刚觉得有机会实现。您说了，《空中舞台》栏目新建，正需要大家献计献策的时候，您必须得回来完成任务！

事情多，您可也别忘了，信旁边，还有一叠厚厚的稿纸，那是明年央视戏曲频道要做一期《知识库》节目，要不计时间地请您讲解架子花脸的知识和表演方法的讲稿大纲，有二十集之多。

还有机票，明日飞赴上海的机票压在日历下，更是呼唤您！去上海纪念《野猪林》公演五十周年，也纪念故去多年的"林冲"，您这"鲁智深"是早在一个多月前就答应了的，您从来说话算数，您必须得回来！

电话铃响啦！天津的学生也在翘首盼望哪，他们等您回来就去天津指导学生们进一步精排《野猪林》！

您一定要回来！无数的声音在呼唤着您！真就是呼天喊地再也唤不回至亲至爱的老爸了吗？太突然啦，我们难以接受！

尽管父亲一句话未来得及讲，匆匆乘鹤西去，想必您是到那边赶包上演原班人马的《群英会》去了！

我们懂得，您一辈子都希望我们儿女们自力更生、自己创业，家庭和谐。听您话的我们做到了。这是父亲您心中的骄傲！而一向不想拖累儿女的好爹爹，您也才刹那潇洒而去！多少人说，您这么快就走了，这是您素来积德行善修来的福分！

父亲，出乎意外地走了！父亲，匆匆忙忙地未留一言走了！在您八十七年的一生中，在京剧艺海中七十多年倾尽全力遨游！但我们知道您应该没有遗憾！留下的只是盼望未竟事业与时俱进地振兴！

您所创造和塑造的曹操、李逵、廉颇、鲁智深、窦尔敦、张定边等也永远定格在京剧舞台上，永远定格在观众们心中，永远定格在我们子孙后代的心中，更定格在祖国文化艺术事业的振兴上！

如果，父亲想给这边留下什么遗愿，那您一辈子放不下的都是京剧艺术，现在也一样，一定是希望京剧能够振兴振兴再振兴！

我们遵照父亲几十年前的遗愿，"将来我只上大连燕窝岛找你妈去"，找出那个收藏在高阁上被尘封二十多年的双龙瓶。

爸爸，您知道吗？！您猝然逝世的噩耗传出，有多少人为您痛惜、为您流泪吗？

中宣部、文化部、中国文联、全国记协、中国京剧院的领导来到家中志哀、慰问。中共中央政治局常委李长春同志专程到家中看望，并转达了中共中央总书记胡锦涛同志的亲切问候，赞誉您"功在传承"的功绩。

中央电视台《新闻联播》报道了为您举行追悼会的部分实况。北京电视台、中央电视台分别到家中、到京剧院、到八宝山为您录制了许多专题节目报道。

我们在家中也接到全国各地认识的、不认识的朋友们打来的无数慰问电话。

爸爸，您知道吗？您离世后，大家在悲痛中是怎样赞颂您的吗？！

吴江院长说，在他看来，您不仅是中国京剧院的一员，也不仅因为两家是世交，在他看来，您是他的后盾，更是长辈。自从他担任院长工作以来，京剧院面临重重困难，而首先支持他工作的恰恰是一批老艺术家，其中您的态度最为鲜明。前不久，京剧院成立艺术指导委员会，您作为资深顾问，提出了许多非常有价值的建议，实际上就是替吴江动员老艺术家发挥余热，把京剧院的艺术质量搞上去。

这几年，您以耄耋之年演出了《群英会》《红灯记》《连环套》和《九江口》等戏，每次演出都是您自己主动提出来的。您说，有我上场，提高点儿上座率，给青年演员增加点儿信心。

二〇〇一年春节晚会上有些演员不愿意化装，您就带头化装。您说，京剧是综合艺术，怎么能跟唱歌一样呢？由于您和刁丽化装演出了《牛皋招亲》，创造了人民剧场票房的新纪录，然而您分文不取。一次次主动请缨献艺，一句句热情的话语，表现出一位共产党员对党的艺术事业的无限忠诚，也表现出一位长者对子侄辈的呵护。所以吴江院长亲自给您穿好衣服，守护在灵前久久不肯离去。

吴江院长还说，您在给北京戏曲学校讲课时拒收讲课费。每年您都主动要求带青年演员参加院里演出季的演出，但每次都拒绝报酬，最后只能按照您的要求把劳务费交了党费。

孙毓敏校长说，这两年，作为名誉校长的您一心扑在教学上，多次在学校讲大课，还把教师叫到家里"吃小灶"。在教学总结会上您特别强调学生要奠定扎实的基本功。从不愿意得罪人的您看到有些学生台步欠功夫，就反复强调这个问题。每次到学校的第一件事就是检查学生的台步，以至于你们一见面就会同时笑着说出"台步"两个字。

孙毓敏校长说，第一次讲课，她悄悄给您塞了一点儿讲课费，第二天您就打来电话批评，说："学校的事情，我义不容辞，都是为祖师爷传道，今后不许见外。"

谭元寿说："前两天我还到家中对戏，袁老排起戏来，真是青春焕发，没有丝毫的病态，更不像快九十岁的人！这位大艺术家走了，我们的京剧界也失去了一根擎天柱，使青年演员失去了一位真正的导师，这是我们京剧事业的重大损失！"

于魁智得知您故去的噩耗，正好是在涿州拍摄《将相和》京剧电视剧的那天。在从影视基地回北京的高速公路上,他说,当时的感觉就像五雷轰顶,中国京剧界的一面大旗倒了。他还说,不了解戏曲界的人恐怕不清楚"袁世海"这三个字在梨园界的分量。他面对着中央电视台的录像机,泪流满面地述说,您的离开很多人都非常难过,他跟其他同志感受不太一样。八十年代初期,他刚刚毕业,一个初出茅庐的小子、一个工人的后代,被中国京剧院吸收在您这个团跑龙套,一跑就是三年,翻跟头。是您顶住了社会上的种种压力,在鞍山破格提拔他跟您合作演出《群·借·华》中的关羽,利用白天休息的时间给他说这个《华容道》。所以当时媒体上说"小关羽轰动大鞍钢"。可以说他整个艺术道路当中始终没有离开过您。哪怕您不说戏,都喜欢跟您聊天。

刁丽本来要在二〇〇三年春节与您再次合演《牛皋招亲》。这几天正等电话,约时间让您给她说戏。闻知噩耗,她哭泣着说,二十年前她分配到中国京剧院工作,您就像慈父一样关爱提携她,您主动提出要与她演出《霸王别姬》和《龙凤呈祥》,不管到外地,还是到港台,您都极力举荐她。这两年正是由于您的激励,她恢复演出了《蝶恋花》《白蛇传》和《杨门女将》等大戏,最近院里又安排她跟李玉芙老师学演《穆桂英挂帅》,还被评为全院的先进工作者。她每有一点儿进步,您都及时打电话鼓励她。今年夏天,她在长安剧院恢复演出《杨门女将》,您刚刚做完眼科手术,被搀扶着来看她的戏,说刁丽在舞台上死而复生,比自己演出还高兴。

刚刚当选为省戏剧家协会主席的黄梅戏演员黄新德回忆说,他和您都是全国政协委员,都在文化组,他参加了三届政协会议,每年开一次会都能和您见面。最后一次看您的演出是在北京看的《九江口》,那时您已经七十多岁了,他赞您那规范而丰满的功架、高亢而浑厚的嗓音、清晰而厚实的念白、端庄而大气的扮相,给他留下了很深的印象;赞您是当今京剧舞台上的第一人,是架子花的第一人……

黄新德还说,您没有一点儿架子,十分平易近人。有一次全国政协会议期间，您到他的房间去串门，正遇上几位黄新德的戏迷，那几位戏迷见到您，十分高兴，希望与您合影留念。您说："来来来，咱一个一个来，别一锅煮，别照了一堆人，到时找不着自己了。"于是戏迷们心满意足地一个一个地与您合影。

父亲的遗体告别于十二月二十一日举行。党和国家领导人以不同形式向父亲的逝世表示哀悼，李瑞环、刘云山、丁关根等到八宝山殡仪馆向父亲作最后告别。

二十一日这一天是冬至，冬至春来是众人美好的愿望，大家都在祝愿您，一路走好。

上午八时左右，八宝山殡仪馆大礼堂前已有上百哀悼者在西风碎雪中向一代花脸艺术大师的您献上最后的敬意。九时三十分，礼堂门外数千人排起了长长的队伍，京剧界人士、文化界人士、普通市民和外国友人冒着严寒守候在现场，许多人是专程从外地赶来。

大礼堂外摆放着十一幅比真人要高大许多的巨幅彩色剧照，窦尔敦、鸠山、李逵、楚霸王、廉颇等经典艺术形象的剧照依次摆放在告别室外，一个个鲜活的艺术足迹令您的生命定格在了京剧艺术创作的华彩上！记录着您生平与艺术成就的纪念册再次成为戏迷票友等送行人争相领取收藏的纪念物。大家在剧照前纷纷拿着它肃穆留影。

告别室内花环如山。

九点半，父亲穿着他最好的呢子大衣，锃亮的皮鞋，头戴呢帽，戴着最爱的眼镜，和睡觉一样静静地、安详地，躺在馨香郁郁的鲜花丛中。郝德元师大爷偕全家赠送的鲜花篮和我们儿女们敬献的鲜花篮，紧紧偎依在脚下。芬芳的袭人之香，弥漫着整个告别厅。

哀乐响起，几位国家领导人满怀沉重重的心情，迈着沉重的步伐，缓缓走来。

紧接着文艺界的各级领导、叶少兰、杜近芳、李世济、谭元寿、梅葆玖、孙毓敏等京剧名家告别送行。

十点整，礼堂大门缓缓打开，再也无法抑制哀悼心情的人们蜂拥而入，竟引起了不小的骚动。很快，在工作人员的维持下，人们八个一排步入大厅。

曾与您合作过几十年、在《李逵探母》中饰李母的李金泉坐在轮椅上被推过来，年逾八旬的他再见最后一面曾经的老搭档。

五十名穿着戏校校服的学生，整齐有序地进入告别室后自觉脱帽，露出一个个花脸行当标志的光头，深深地向您鞠躬告别，祈愿袁爷爷一路走好！

戏迷崔大爷带着正乙祠戏楼票房百余位票友连夜写成的千言长诗来了，他是受北京、山东、徐州等地戏迷之托前来。

北京四十四中的赵老师是您忠实的戏迷，就在您去东北演出之前还通过电话，您在电话里还问赵老师："我就要去东北了，给你带点儿什么呀？等我回来请你吃炒窝窝头！"没想到，这竟然是最后一次听到您的声音。

秩序井然，不得停留，告别的人们走了一个多小时，这里面有多少迷恋您京剧艺术的戏迷们，有多少是您不认识的人，谁也说不清楚。但他们都在哀乐声中依次向您鞠躬行礼，把手中鲜红的玫瑰轻轻地放在您的身旁。

当为您送行的各界人士渐渐离开，一直守在遗体前的范成玉、李嘉林、吴钰璋、刘永贵、罗长德、刘金泉等几十名弟子以及李欣、李长春、马名骏、康秉均等花脸名家们，向您行了最后一次大礼。

您的第一大弟子、沈阳京剧院的七十多岁的范成玉，刚把演完《红灯记》并向自己征求改进意见的恩师送回北京，忽闻恩师去世消息，难掩悲痛，不顾高龄有病之身，让儿媳陪伴来京为您送行。

让人悲伤的是，他回沈后即被查出癌症，手术两周后，竟也紧追您西去了。

六十多岁的李嘉林大哥，泣不成声，跪地不起。他是您在解放初收下的弟子，曾在《将相和》中饰演秦王，一眼被您看中点名收为学生。一年后，他随沈阳的京剧班一同并入中国戏曲学校来到北京，您更怜惜他是架子花脸的材料，又是举目无亲的孤儿，周日常让他到家来吃饭，给他买鞋，往事历历涌上他的心头……

几天前还见面的、您的得意弟子杨赤在跪拜恩师时更是痛哭失声，难以自抑："去世前一天老师还说要去上海看我的演出，还跟我研究春节期间演出的戏码，他把自己的一切都给了京剧……"

黑永宽，这一名特殊的学生，从上海赶回北京！这个在北京朝阳门长大的穷孩子记得，结婚那年，万万没有想到老师特意到他那破旧的新房中为他贺喜，轰动整整一条秀水街。不会忘记，那年他演鲁智深，您早早就到了剧场，让女儿给他送去一张鲁智深的相片，转告他："沉住气，不要慌。因为我要陪首长，不能给你勾脸，照着相片把脸谱勾好吧！"更不会忘记半年前，北京戏曲学校校庆，黑永宽要清唱《九江口》，演出《龙凤呈祥》的张飞。您还把他叫到家中，给他一招一式地排练，然后又到京剧院亲自指导他的排练。

黑永宽说，他将利用自己的条件，多培养业余袁派演员，在票房中普及袁派艺术，现在已经有十名袁派爱好者向黑永宽学戏，其中最小的还不到十岁。

似乎有知的父亲在火红的花海间睡得格外安详。他劳碌一生太累了，也将就此得到安歇。

壹捌壹 龙入海 拳拳诚心

　　二十二日上午,我们捧着双龙瓶走出大连机场时,等待在这里的是更多的难舍之情。机场路边停满了各式大小轿车,是许许多多不知姓名的朋友们自发等候着双龙瓶的到来,秩序井然地跟随在我们汽车后边伴送着开往燕窝岛。

　　时值隆冬,海风浸骨,大连水域早已经封海,是大连政府特许开海。而且,大连市几位市领导早已在船上迎候,市长亲念悼词送父亲,以感谢您对中国京剧事业的奉献,您为大连培养了京剧传人。

　　前进中的轮船将激浪甩在后尾,双龙瓶随浪翻腾要去大海中远行遨游,您的儿女们哪里舍得,就如同六年前,您送我们的母亲去先行等候一样……

　　就这一刹那,您永远永远和双龙瓶一起,永远永远离开了您的儿女们……

　　就这一刹那,您永远永远追寻我们的母亲共同留在了大连燕窝岛……

　　就这一刹那,您将永居大连,您和大连一同融入了儿孙们的心灵深处!

　　大连燕窝岛,成为我们心中神圣的宝地。

四年后,二〇〇六年,正值父亲诞辰九十周年之际,大连市委、大连宣传部、大连文化局以及大连京剧团连同中宣部文艺局、全国政协京昆室、文化部艺术司、中国京剧院、中国京剧院一团一起为父亲举办了隆重的纪念活动。

父亲,您当欣慰吧?!

后记

袁少海

为纪念家父京剧大师袁世海先生百年诞辰，缅怀其对京剧艺术的卓越贡献，弘扬传承京剧艺术，由文化部、中国文联、全国政协京昆室主办，国家京剧院承办的一系列文化活动相继展开。中央政治局委员、书记处书记、中宣部部长，全国政协副主席、政协京昆室主任，文化部党组书记、部长，中宣部副部长，中国文联党组书记、副主席，文化部党组成员、副部长等人出席了相关活动。

回顾父亲的人生历程，有很多艺术遗产值得珍视，有很多精神财富需要传承。在四月一日举办的座谈会上，与会领导介绍了父亲的艺术生平与重要贡献，盛赞他是"我国著名的京剧表演艺术家，国家京剧院建院元勋，也是国家京剧院艺术风格奠基人之一"；高度评价他"以身许党、一心一意跟党走"的坚定信念，痴戏如命、千锤百炼的艺术品格，揉碎化用、推陈出新的创新精神，甘为人梯、功在传承的人格风范；追忆他作为党的文艺工作者自觉深入基层、深入生活、深入群众的赤子情怀；缅怀他作为一代艺术大师对于戏剧事业传承的责任担当；并号召广大文艺工作者学习其爱党爱国、以人民艺术家为毕生追求的思想境界，学习他对艺术、对观众高度负责的敬业精神，学习他一生践行"德艺双馨"的崇高风范，以使我国的戏曲事业薪火相传、兴旺发达。

著名京剧表演艺家谭元寿、杜近芳、刘长瑜、于魁智、杨赤等分别从不同角度缅怀了家父的高尚品德和人格魅力。

座谈会前夕我与梅葆玖老师通电话，邀请他参加父亲的纪念活动，梅老师说："太好了，多忙我都要参加，而且还要发言！我父亲和我都与你父亲合作演出过《霸王别姬》，这在京剧舞台上是绝无仅有的。"座谈会当天梅老师因病未能参加，由学生李胜素代读了他的发言稿。所有发言都是情真意切，令人感动不已！

座谈会后，山西人民出版社与问鼎坤豪图书有限公司决定联合出版《袁世海自述》一书。

书中记录了父亲从旧社会到新中国成立，从发奋学艺到推陈出新，从改革开放到跨世纪的传帮带，从将架子花脸推向一个新高度到完成"音配像"和"晚霞工程"等京剧资料抢救、传承任务，将毕生精力奉献给京剧艺术的不平凡的人生历程，真实地再现了父亲近八十载的舞台生涯，堪称二十世纪中国京剧发展的缩影。

说到此书的撰写和出版，可谓历经艰难。二〇〇二年父亲突然离开了我们，在此后的十四年间，姐姐袁菁忍受着透析的病痛，在病床上仍然忘我地整理和修改书稿，肾脏移植后依旧奔走在各大图书馆，一丝不苟地核实书中的资料。此书从构思动笔至全部完成，前后长达三十六年之久。

结稿后我和女儿姗姗奔走于各个出版社之间，当北京问鼎坤豪图书有限公司的黄伯华总经理得知我们要出版《袁世海自述》一书时，立即意识到京剧是中华民族文化之瑰宝，为弘扬传统文化，在不讲任何条件的情况下，给我介绍了山西人民出版社。姚军总编认为京剧是中国国粹，京剧艺术的传承、振兴与发展，自己应尽心、尽责、尽全力支持！于是热诚满怀、果断决定，马上着手出版工作，并委派富有工作经验又认真负责的吕绘元、郝文霞来编辑此书，使本书得以顺利出版。

在书稿即将付梓之际，我们兄弟姐妹及全体家属谨向大力支持此书出版的国家京剧院、各级有关领导部门和亲朋挚友们致以衷心的感谢！希望此书能让朋友们更深入地了解京剧的魅力，祝愿我们的国粹艺术在以习近平总书记为首的党中央领导下，迎来大发展、大繁荣的喜人局面！祝愿袁派艺术薪火相传、永葆青春！祝愿中华文化繁荣兴盛！

二〇一六年八月一日